딥러닝 일러스트레이티드

시각적이고 인터랙티브한 인공지능 가이드

존 크론, 그랜트 베일레벨드, 아그레이 바슨스 지음 박해선 옮김

Σ 시그마프레스

딥러닝 일러스트레이티드 : 시각적이고 인터랙티브한 인공지능 가이드

발행일 | 2021년 1월 25일 1쇄 발행
      2023년 1월 5일 2쇄 발행

저 자 | 존 크론, 그랜트 베일레벨드, 아그레이 바슨스
역 자 | 박해선
발행인 | 강학경
발행처 | ㈜시그마프레스
디자인 | 고유진
편 집 | 이호선

등록번호 | 제10-2642호
주소 | 서울특별시 영등포구 양평로 22길 21 선유도코오롱디지털타워 A401~402호
전자우편 | sigma@spress.co.kr
홈페이지 | http://www.sigmapress.co.kr
전화 | (02)323-4845, (02)2062-5184~8
팩스 | (02)323-4197

ISBN | 979-11-6226-299-3

Deep Learning Illustrated

A Visual, Interactive Guide to Artificial Intelligence, 1st Edition

* 책값은 뒤표지에 있습니다.

딥러닝 일러스트레이티드에 대한 찬사

"오늘날 거듭되고 있는 딥러닝 분야의 혁신 덕분에 인공지능은 향후 수십 년에 걸쳐 우리 생활의 거의 모든 면면을 극적으로 바꿀 것입니다. 저자들의 명쾌한 설명과 그림을 곁들인 배려 덕분에 인공 신경망으로 현재 할 수 있는 것을 광범위하게 살펴보고 앞으로 다가올 마법과 같은 세상을 엿볼 수 있습니다."

 – Tim Urban, *Wait But Why*의 작가이자 삽화가

"이 책은 읽기 쉽고, 실용적이며, 폭넓은 주제를 담은 딥러닝 입문서입니다. 이 분야에서 가장 아름다운 삽화를 담은 머신러닝 책입니다."

 – Dr. Michael Osborne, 옥스퍼드대학교 머신러닝 부교수

"이 책은 딥러닝 입문자에게 안성맞춤입니다. 구체적이고 쉽게 따라할 수 있는 많은 예제를 주피터 노트북으로 제공합니다. 강력 추천합니다."

 – Dr. Chong Li, Nakamoto & Turing Labs 공동 설립자, 컬럼비아대학교 겸임 교수

"오늘날 머신러닝 능력 없이 새로운 제품 개발을 상상하기란 힘듭니다. 특히 딥러닝은 실용적인 애플리케이션이 많습니다. 이 책은 이해하기 쉽도록 명확한 설명과 시각적 자료를 제공하기 때문에 딥러닝이 무엇인지, 향후 수년간 비즈니스와 삶에 어떻게 영향을 미치는지 누구나 쉽게 이해할 수 있습니다."

 – Helen Altshuler, 구글 엔지니어링 리더

"이 책은 멋진 삽화와 재미있는 비유로 딥러닝 이면의 이론을 독창적으로 설명합니다. 이 혁신적인 기술을 관심 분야에 당장 적용하고 싶은 독자들을 위해 간결한 예제 코드와 모범 사례를 제공합니다."

 – Dr. Rasmus Rothe, Merantix 설립자

"이 책은 딥러닝이 무엇인지, 오늘날 챗봇, 음성 인식, 자율주행 자동차까지 어떻게 딥러닝이 모든 자동화 애플리케이션의 성능을 높일 수 있는지 이해하려는 모든 사람에게 매우 유용합니다. 삽화와 생물학적 설명은 복잡한 주제에 생동감을 불어 넣고 근본적인 개념을 쉽게 이해하도록 돕습니다."

— Joshua March, Conversocial CEO 및 공동 설립자, *Message Me*의 저자

"딥러닝은 머신 비전, 자연어 처리, 순차적 의사결정 업무의 최첨단을 계속 재정의하고 있습니다. 심층 신경망에 데이터를 입력하여 고성능 모델을 만들고 싶다면 혁신적이고 시각적으로 뛰어난 이 책이 이상적인 출발점입니다."

— Dr. Alex Flint, 로봇공학자이자 기업가

추천사

머신러닝은 고객 서비스, 설계, 은행, 의학, 제조 및 다른 많은 분야와 산업을 재구성합니다. 그래서 많은 사람이 머신러닝을 통계학과 컴퓨터 공학의 미래로 생각합니다. 하지만 지금까지 머신러닝이 세상에 미친 영향과 앞으로 수년 또는 수십 년 안에 가져올 변화를 과장해서 말하기 어렵습니다. 규제가 있는 회귀regression, 랜덤 포레스트random forest, 부스티드 트리boosted tree와 같이 전문가들이 적용하는 많은 머신러닝 방법 중에서 아마도 가장 흥미를 유발하는 것은 딥러닝입니다.

딥러닝은 컴퓨터 비전과 자연어 처리 분야에 혁명을 가져왔습니다. 연구자들은 신경망의 능력으로 변화시킬 수 있는 새로운 분야를 여전히 찾고 있습니다. 가장 큰 영향은 앞서 언급한 비전과 언어 처리, 또 오디오 합성 및 번역과 같이 사람의 경험을 흉내 내려는 분야에서 볼 수 있습니다. 하지만 딥러닝 이면에 있는 수학과 개념이 어렵게 보일 수 있어 처음 시작하는 사람들에게 방해가 됩니다.

이 책의 저자들은 전통적이라 생각되던 장벽에 도전하여 지식을 쉽고 재미있게 전달합니다. 그 결과로 즐겁게 읽을 수 있는 책이 나왔습니다. 이 시리즈의 다른 책들처럼 이 책은 다양한 배경을 가진 많은 사람들이 쉽게 읽을 수 있습니다. 수학 설명은 최소화하고 필요하다면 이해를 돕는 설명과 함께 공식을 제시합니다. 이미지와 삽화를 사용하기 때문에 훨씬 더 이해하기 쉽습니다. 또한 케라스 코드는 따라하기 쉬운 주피터 노트북으로 제공합니다.

존 크론Jon Krohn은 수년 동안 딥러닝을 가르쳤습니다. 특히 New York Open Statistical Programming Meetup에서 기억에 남을 만한 발표를 했습니다. 이 커뮤니티에서 딥러닝 스터디 그룹을 시작했습니다. 딥러닝에 대한 해박함이 그의 글에 그대로 나타납니다. 독자들에게 충분한 지식을 전달하면서도 동시에 흥미로움을 잃지 않도록 합니다. 그랜트 베일레벨드Grant Beyleveld와 아그레이 바슨스Aglaé Bassens는 그들의 전문 기술을 딥러닝 알고리즘과 세련된 그림에 적용했습니다.

이 책은 딥러닝을 광범위하게 다루기 위해 이론, (필요하다면) 수학, 코드, 시각화를 결합했습니다. 밀집 신경망, 합성곱 신경망, 순환 신경망, 생성적 적대 신경망, 강화 학습과 이에 연관된 애플리케이션을 포함하여 딥러닝 전반을 다룹니다. 신경망을 배우고 구현하기 위해 실용적인 가이드라인이 필요한 사람에게 이상적인 책입니다. 존, 그랜트, 아그레이와 함께 이 책을 읽는 시간은 누구에게나 즐겁고 유익할 것입니다.

— *Jared Lander*
시리즈 편집자

머리말

일반적으로 뇌 세포라고 부르는 수십억 개의 상호 연결된 뉴런이 사람의 신경계를 구성합니다. 이를 통해 느끼고 생각하고 행동할 수 있습니다. 스페인 의사 산티아고 카할Santiago Cajal(그림 P.1)은 뇌 조직의 얇은 조각을 꼼꼼하게 염색하고 검사하여 처음으로 뉴런을 식별했습니다(그림 P.2).[1] 그리고 20세기 초에 연구자들이 생물학적 뉴런이 어떻게 작동하는지 밝혀내기 시작했습니다. 1950년대까지 뇌 이해의 발전에 고무된 과학자들은 컴퓨터 기반의 인공 뉴런을 실험했고 이것들을 연결하여 생물학적 뉴런의 동작을 어설프게 흉내내는 인공 신경망을 만들었습니다.

뉴런의 간략한 역사를 바탕으로 딥러닝이란 용어를 아주 간단하게 정의할 수 있습니다. 딥러닝은 인공 뉴런(일반적으로 수천, 수백만 개 또는 그 이상)을 적어도 몇 개의 층으로 쌓은 네트워크입니다. 첫 번째 층에 있는 인공 뉴런은 두 번째 층으로 정보를 전달하고, 두 번째 층은 세 번째 층으로 보내는 식입니다. 결국 마지막 층이 어떤 값을 출력합니다.

그림 P.1 산티아고 카할(1852~1934)

---

1 Cajal, S.-R. (1894). *Les Nouvelles Idées sur la Structure du Système Nerveux chez l'Homme et chez les Vertébrés*. Paris: C. Reinwald & Companie.

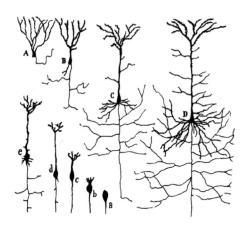

그림 P.2 뉴런의 성장을 보여주고(a~e) 개구리(A), 도마뱀(B), 쥐(C)의 뉴런과 사람(D)의 뉴런을 비교하는 카할의 논문(1894)에 있는 손 그림

하지만 이 책에서 정말로 설명하는 딥러닝을 생각하면 이 간단한 정의는 딥러닝의 놀라운 광범위한 기능이나 기이한 뉘앙스를 만족스럽게 드러내지 못합니다.

제1장에서 자세히 설명하겠지만 충분히 저렴한 컴퓨팅 파워, 충분한 대규모 데이터세트, 여러 획기적인 이론의 발전 덕분에 딥러닝 쓰나미의 첫 번째 물결은 2012년 머신 비전 대회에서 달성한 탁월한 성능이었습니다. 학계와 기술자들의 주목을 끌었고 그 이후 딥러닝은 셀 수 없는 애플리케이션을 탄생시켰습니다. 테슬라의 오토파일럿Autopilot부터 아마존 알렉사Alexa의 음성 인식까지, 실시간 번역부터 수백 개의 구글 제품에 통합된 것에 이르기까지 딥러닝은 많은 컴퓨팅 작업의 정확도를 95~99%로 또는 그 이상 향상시켰습니다. 이 몇 퍼센트 때문에 자동화된 서비스가 마술로 작동하는 것처럼 느낍니다. 이 책에 있는 구체적이고 인터랙티브한 예제 코드가 이런 마술을 걷어가겠지만 딥러닝은 실제로 얼굴 인식, 텍스트 요약, 복잡한 보드 게임과 같은 다양한 복잡한 작업에서 사람을 뛰어 넘는 능력을 기계에 부여했습니다.[2] 이런 눈에 띄는 발전을 보면 대중매체와 직장, 가정에서 '딥러닝'이 '인공지능'과 동의어가 된 것은 놀라운 일이 아닙니다.

흥미로운 시대입니다. 이 책을 통해 알게 되겠지만 이렇게 짧은 기간에 이렇게 광범위하게 파괴적인 개념은 아마 평생에 단 한 번쯤일 테니까요. 여러분도 딥러닝에 관심을 가지게 되어 기쁩니다. 이전에 없었던 혁명적인 이 기술을 함께 나누고 싶어 참을 수가 없네요.

---

2 사람에 비교한 기계의 성능에 대해서는 다음을 참조하세요. https://bit.ly/3UqJvfC

이 책을 읽는 방법

이 책은 네 부분으로 나뉩니다. 딥러닝을 소개하는 제1부는 관심 있는 모든 독자에게 잘 맞습니다. 여기에서는 딥러닝이 무엇인지, 어떻게 일상생활 곳곳에 사용되는지, AI, 머신 러닝, 강화 학습과 같은 개념과 어떻게 연관되는지에 대한 높은 수준의 개요를 설명합니다. 상황에 꼭 맞는 생생한 삽화와 알기 쉬운 비유, 캐릭터 중심의 설명으로 제1부는 소프트웨어 프로그래밍 경험이 없는 사람을 포함해 누구나 이해하기 쉽습니다.

이와 달리 제2부에서 제4부까지는 소프트웨어 개발자, 데이터 과학자, 연구원, 분석가 또는 딥러닝을 자기 분야에 적용하고 싶은 사람에게 알맞습니다. 여기에서는 수식을 최소화하고 직관적인 그림과 파이썬 실습 예제를 통해 핵심적인 이론을 설명합니다. 이론과 함께 주피터 노트북[3]으로 제공하는 코드 예제는 딥러닝의 주요 접근 방법과 애플리케이션에 대한 실용적인 이해를 돕습니다. 머신 비전(제10장), 자연어 처리(제11장), 이미지 생성(제12장), 게임 플레이(제13장)와 같은 내용이 포함됩니다.

이 책에 있는 것보다 딥러닝의 수학적·통계적 밑바탕에 대한 더 자세한 설명이 필요하다면 다음 자료를 추천합니다.

1. 마이클 닐슨[Michael Nielsen]의 전자책인 *Neural Networks and Deep Learning*.[4] 비교적 짧으며 재미있고 인터랙티브한 애플릿을 사용해 개념을 설명합니다. 이 책과 비슷한 수학 표기법을 사용합니다.
2. 이안 굿펠로우[Ian Goodfellow](제3장에서 소개합니다), 요슈아 벤지오[Yoshua Bengio](그림 1.10), 애런 쿠르빌[Aaron Courville]의 책 *Deep Learning*.[5] 신경망 기술에 필요한 수학을 광범위하게 다룹니다.

꼭 필요하지는 않지만 흥미롭거나 도움이 될 만한 읽을거리를 제공하는 친절한 삼엽충을 이 책 전반에 걸쳐 찾을 수 있습니다. 책 읽는 삼엽충(그림 P.3)은 독자의 지식을 늘리고 싶은 책벌레입니다. 반면 주의를 환기시키는 삼엽충(그림 P.4)은 문제가 될 수 있는 텍스트를

---

3 https://github.com/rickiepark/dl-illustrated

4 Nielsen, M. (2015). *Neural Networks and Deep Learning*. Determination Press. Available for free at: neuralnetworksanddeeplearning.com

5 Goodfellow, I., et al. (2016). *Deep Learning*. MIT Press. Available for free at: deeplearningbook.org 옮긴이_ 이 책의 번역서는 심층 학습(제이펍, 2018)입니다.

그림 P.3　책 읽는 삼엽충은 지식을 확장시킵니다.

그림 P.4　이 삼엽충은 까다로운 설명이 있다고 주의를 환기시킵니다. 조심하세요!

경고하여 상황을 명확하게 알려줍니다. 사이드바에 거주하는 삼엽충 외에도 각주를 마음
껏 사용했습니다. 비슷하게 꼭 읽을 필요는 없지만 새로운 용어나 약어를 간략하게 설명
합니다. 또한 관심 있다면 찾아볼 수 있도록 중요 논문과 참조 자료를 표시했습니다.

차례

제 III 부 | 딥러닝 애플리케이션

I

소개

1

생물의 눈과 기계의 눈

이장과 이 책에서는 생물의 시각 시스템에 빗대어 딥러닝^{deep learning}을 살아 있는, 음 … 그러니까 일종의 생명체처럼 설명합니다. 이런 비유를 통해 딥러닝이 무엇인지 높은 수준에서 이해할 수 있을 뿐 아니라 딥러닝이 얼마나 강력한지, 얼마나 넓게 적용할 수 있는지에 대한 통찰력을 얻을 것입니다.

생물의 눈

5억 5,000만 년 전 선사시대 캄브리아기에 지구에 있는 종의 개수가 급격히 늘어나기 시작했습니다(그림 1.1). 화석 기록에 의하면 현대 갑각류와 관련이 있는 작은 해양 생물인 삼엽충이 빛을 감지하기 시작하면서 종의 폭발이 시작되었다는 증거[1]가 있습니다(그림 1.2). 원시적이더라도 시각 시스템은 많은 보상을 가져다 주는 신선한 능력입니다. 예를 들어 조금 떨어진 거리에 있는 음식이나 적, 친구를 포착할 수 있습니다. 후각 같은 다른 기관으로도 이런 것을 감지할 수 있지만 정확도가 높고 빛의 속도를 가진 시각에는 미치지 못합니다. 이 가설은 삼엽충이 볼 수 있게 되면서 군비 경쟁이 시작되었고 캄브리아기 폭발이 일어났다고 합니다. 삼엽충의 먹이뿐만 아니라 포식자도 살아남기 위해 진화해야 했던 거죠.

삼엽충의 시각이 발달된 후 5,000년 동안 감각의 복잡도는 크게 증가했습니다. 실제 현대 포유류에서 뇌의 회백질 표면인 대뇌피질의 상당 부분이 시각 지각에 관여합니다.[2] 존스

---

1 Parker, A. (2004). *In the Blink of an Eye: How Vision Sparked the Big Bang of Evolution*. New York: Basic Books.

2 큰 관련은 없지만 대뇌피질에 관한 몇 가지 사실 : 첫째, 뇌에서 가장 최근에 진화하여 발달한 것 중 하나입니다. 파충류나 양서류같이 오래된 동물들의 행동에 비해 포유류의 행동이 복잡한 이유입니다. 둘째, 대뇌피질이 뇌의 표면이고

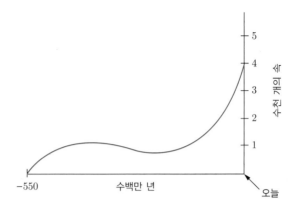

그림 1.1 5억 5,000만 년 전 선사시대 캄브리아기에 지구에 있는 종의 개수가 급격히 늘어나기 시작했습니다. '속'은 관련된 종으로 이루어진 그룹입니다.

그림 1.2 안경을 쓴 삼엽충

홉킨스대학교의 생리학자 데이비드 허블David Hubel과 토르스텐 비셀Torsten Wiesel(그림 1.3)은 1950년대 후반 시각 정보가 포유류 대뇌피질에서 처리되는 방법에 대한 선구적인 연구[3]를

이 외피 조직이 회색이기 때문에 뇌를 비공식적으로 회백질이라고 부릅니다. 하지만 사실 뇌의 대부분은 백질입니다. 회백질보다 백질이 정보를 더 멀리 실어 나릅니다. 그래서 백질의 뉴런이 신호 전달 속도가 높은 하얀 지방으로 코팅되어 있습니다. 과장되게 비유하면 백질의 뉴런을 '고속도로'로 생각할 수 있습니다. 이런 고속 자동차 도로는 진입로나 진출로가 거의 없지만 뇌의 한 부분에서 다른 부분으로 매우 빨리 신호를 전송할 수 있습니다. 반대로 회백질의 '국도'는 속도를 희생하는 대신 뉴런 간의 상호 연결 가능성을 매우 높입니다. 따라서 전체적으로 보면 대뇌피질(회백질)을 뇌에서 가장 복잡한 계산이 일어나는 부분으로 간주합니다. 포유류 같은 대부분의 동물들, 특히 호모 사피엔스 같은 유인원이 복잡한 행동을 할 수 있도록 만듭니다.

3 Hubel, D. H., & Wiesel, T. N. (1959). Receptive fields of single neurones in the cat's striate cortex. *The Journal of Physiology*, *148*, 574-91.

그림 1.3 노벨상 수상자인 신경생리학자 토르스텐 비셀(왼쪽)과 데이비드 허블

수행하기 시작했습니다. 나중에 이 공로를 인정받아 둘이 함께 노벨상을 받았습니다.[4] 허블과 비셀은 마취된 고양이에게 이미지를 보여주면서 동시에 눈에서 시각 정보를 받는 대뇌피질의 첫 번째 부분인 일차 시각피질^primary visual cortex에 있는 개별 뉴런의 활동을 기록하는 연구를 수행했습니다.

　허블과 비셀은 고양이에게 [그림 1.4]와 같이 간단한 모양의 슬라이드를 화면에 투사하여 보여주었습니다. 초기의 결과는 실망스러웠습니다. 그들의 노력에도 일차 시각피질의 뉴런은 어떤 반응도 하지 않았습니다. 해부학상 나머지 대뇌피질로 시각 정보를 전달하는 관문인 이 세포가 왜 시각 자극에 반응하지 않는지 절망하면서 고심했습니다. 흥분한 허블과 비셀은 뉴런을 자극하기 위해 고양이 앞에서 팔을 휘두르고 뛰어보기도 했지만 허사였습니다. X-선에서 페니실린, 전자레인지까지 다른 위대한 발견들이 그랬듯이 허블과 비셀은 우연한 현상을 관찰했습니다. 영사기에서 슬라이드 하나를 뺐을 때 수직 가장자리가 기록 장치에서 뚜렷하게 틱틱 소리를 일으켰습니다. 이는 일차 시각피질의 뉴런이 활성화되었다는 뜻입니다. 허블과 비셀은 너무 기뻐서 존스홉킨스 실험실 복도를 뛰어 다니며 소리를 질렀습니다.

　우연히 발견한 틱틱 소리를 내는 뉴런은 이상한 경우가 아니었습니다. 추가 실험을 통해 허블과 비셀은 눈에서 시각 입력을 받는 뉴런이 일반적으로 단순한 직선 모서리에 제일 민

4　미국의 신경생물학자 로저 스페리(Roger Sperry)와 1981년 노벨 생리의학상을 공동 수상했습니다.

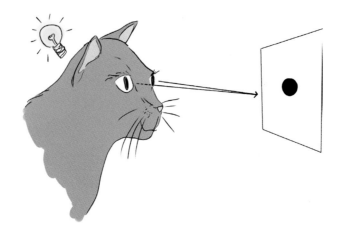

그림 1.4   허블과 비셀은 투광기를 사용해 마취된 고양이에게 슬라이드를 보여주면서 고양이의 일차 시각피질에 있는 뉴런의 활동을 기록했습니다. 실험에서는 전기 기록 장치를 고양이 두개골 안에 심었습니다. 이를 그리는 것보다 전구로 뉴런 활성화를 표현하는 편이 입맛을 떨어뜨리지 않을 것 같네요. 이 그림에서는 일차 시각피질이 우연히 슬라이드의 세로 가장자리에 의해 활성화되고 있습니다.

감하다는 것을 발견했습니다. 그래서 그들은 이 세포에 **단순한 뉴런**^{simple neuron}[5]이란 적절한 이름을 붙였습니다.

[그림 1.5]에서 보듯이 허블과 비셀은 단순한 뉴런의 반응이 특정 방향의 모서리에 최적화되어 있다는 것을 알아냈습니다. 특정 모서리 방향을 전문으로 감지하는 단순한 뉴런이 많이 모이면 360도 회전을 표현할 수 있습니다. 이런 모서리-회전 감지 단순 뉴런은 정보를 다수의 **복잡한 뉴런**^{complex neuron}에게 전달합니다. 복잡한 뉴런은 단순한 뉴런이 이미 처리한 시각 정보를 받기 때문에 여러 방향의 직선을 더 복잡한 모양으로 연결할 수 있습니다.

[그림 1.6]은 점점 더 고차원 뉴런에 정보를 전달하는 식으로 계층적으로 조직된 뉴런의 층을 통해 뇌가 복잡한 시각 자극을 어떻게 표현할 수 있는지 보여줍니다. 눈이 생쥐의 머리에 초점을 맞춥니다. 광자나 눈의 망막에 있는 뉴런을 자극합니다. 이 원시 시각 정보는 눈에서 뇌의 일차 시각피질로 전달됩니다. 이 정보를 받는 일차 시각피질 뉴런(허블과 비셀의 단순한 뉴런)의 첫 번째 층은 특정 방향의 모서리(직선)를 감지하는 데 특화되어 있

---

5   옮긴이_원서는 단순한 뉴런과 단순한 세포(simple cell)를 혼용하여 쓰고 있습니다. 복잡한 뉴런과 복잡한 세포(complex cell)도 마찬가지입니다. 허블과 비셀은 '단순한 세포'와 '복잡한 세포'라고 불렀지만 번역서는 읽기 쉽게 되도록이면 '단순한 뉴런'과 '복잡한 뉴런'으로 썼습니다.

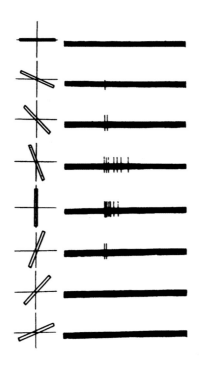

그림 1.5 고양이의 일차 시각피질에 있는 단순한 뉴런은 고양이에게 보여준 직선의 방향에 따라 다른 비율로 반응합니다. 왼쪽 열이 직선의 방향을 나타내고 오른쪽 열이 시간(1초)에 따른 세포의 반응(전기 신호)을 보여줍니다. (위에서 다섯 번째 행에 있는) 수직선은 특정한 단순한 셀에 가장 큰 전기 신호를 발생시킵니다. 수직선에서 조금 기울어진 직선은 세포를 덜 활성화시킵니다. 반면에 수평선에 가까운 (가장 위와 가장 아래 행에 있는) 직선은 세포를 활성시키지 않습니다.

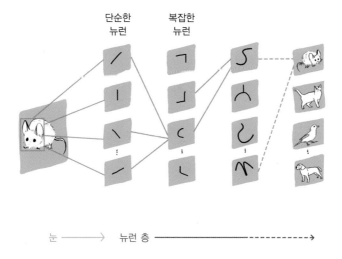

그림 1.6 고양이나 사람의 뇌에서 연속된 생물학적 뉴런의 층이 시각 정보를 표현하는 방법

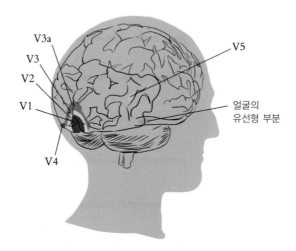

그림 1.7   대뇌피질의 시각 영역. V1 영역이 눈에서 입력을 받고 모서리 방향을 감지하는 단순한 셀을 가지고 있습니다. (V2, V3, V3a 영역을 포함해) 무수히 많은 연속적인 뉴런 층을 통해 정보를 재조합하여 추상적인 시각 자극을 표현합니다. (여기에 보이는) 사람의 뇌에는 색(V4), 동작(V5), 사람의 얼굴(얼굴의 유선형 부분)을 감지하는 데 집중적으로 특화된 뉴런을 가진 영역이 있습니다.

습니다. 이런 뉴런은 수천 개가 있습니다. [그림 1.6]에는 간단하게 4개만 그렸습니다. 이런 단순한 뉴런은 특정 방향의 직선이 존재하는지에 대한 정보를 그다음의 복잡한 세포 층에 전달합니다. 이 층은 정보를 흡수해서 재결합하여 생쥐 머리의 굴곡 같은 더 복잡한 시각 자극을 표현할 수 있습니다. 정보가 연속되는 여러 층을 거치면서 시각 자극에 대한 표현은 점점 더 복잡해지고 추상화됩니다. 이렇게 여러 층에 걸쳐 계층적으로 처리하면 가장 오른쪽의 뉴런 층에 나타난 것처럼 뇌는 궁극적으로 생쥐, 고양이, 새, 강아지 같은 추상적인 시각 개념을 표현할 수 있습니다.

오늘날 MRI^magnetic resonance imaging[6] 같은 비침입성 기술뿐만 아니라 뇌수술 환자의 대뇌피질 뉴런에서 얻은 많은 기록을 토대로 신경과학자들은 색깔, 동작, 얼굴 같은 특정 시각 자극에 특화된 영역의 고해상도 지도를 만들었습니다(그림 1.7).

---

6   특히 fMRI(functional MRI)는 뇌가 특정 활동에 관여할 때 대뇌피질의 어떤 영역이 두드러지게 활성화되거나 활성화되지 않는지 알려줍니다.

기계의 눈

(앞 이야기가 흥미진진했기를 바라지만) 단지 흥미롭기 때문에 생물학적 시각 시스템을 이야기한 것은 아닙니다. 이 절에서 자세히 설명하겠지만 기계의 비전 시스템을 위한 현대 딥러닝 알고리즘에 영감을 주었기 때문에 생물학적 시각 시스템을 다룬 것입니다.

[그림 1.8]은 기계와 생물 유기체의 시각 시스템에 대한 타임라인을 간략하게 보여줍니다. 위쪽 타임라인은 앞 절에서 다룬 삼엽충의 시각 시스템 발달과 허블과 비셀의 일차 시각피질의 계층 특징에 관한 1959년 논문을 표시하고 있습니다. 기계의 비전 시스템에 대한 타임라인은 두 가지 접근 방식으로 평행하게 나뉩니다. 중간의 분홍색 타임라인은 이 책이 다루는 딥러닝 분야입니다. 하단의 보라색 타임라인은 비전 시스템에 대한 전통적인 머신러닝 방법을 나타냅니다. 역설적으로 이를 통해 왜 딥러닝이 남다르게 강력하고 혁신적인지 알 수 있습니다.

신인식기

허블과 비셀이 일차 시각피질층을 형성하는 단순한 세포와 복잡한 세포를 발견한 것에 영감을 받아 1970년대 후반 일본의 전자공학자인 후쿠시마 구니히코Fukushima Kunihiko가 신인

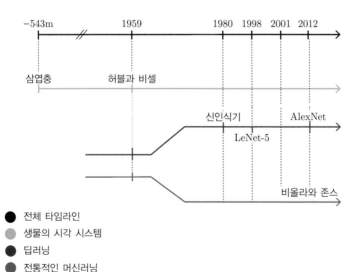

그림 1.8 생물과 기계의 시각 시스템의 간략한 타임라인. 비전 시스템에 대한 딥러닝과 전통적 머신러닝 방법 중 이 절에서 다루는 주요 사건이 표시되어 있습니다.

식기[neocognitron][7]라 부르는 머신 비전을 위한 알고리즘을 제안했습니다. 여기에는 두 가지 특이한 점이 있습니다:

1. 후쿠시마는 논문에서 허블과 비셀의 작업을 명확하게 언급했습니다. 실제로 후쿠시마의 논문은 일차 시각피질의 구조에 관한 허블과 비셀의 기념비적인 논문 세 편을 인용했습니다. 또 허블과 비셀이 사용한 '단순한 세포', '복잡한 세포' 용어를 빌려 신인식기의 첫 번째 층과 두 번째 층을 묘사했습니다.

2. [그림 1.6]의 생물학적 뉴런처럼 인공 뉴런[artificial neuron][8]을 계층적으로 정렬하면 일반적으로 원시 이미지에 가장 가까운 층의 뉴런에서 직선의 회전을 감지합니다. 반면 깊어질수록 층은 연속적으로 복잡한 추상적인 객체를 표현합니다. 이 장의 마지막에 있는 인터랙티브한 데모를 살펴보면서 신인식기와 여기서 유래한 딥러닝의 강력한 특징을 확인해 보겠습니다.[9]

LeNet-5

신인식기가 손으로 쓴 문자를 인식할 수 있었지만[10] 얀 르쿤[Yann LeCun](그림 1.9)과 요슈아 벤지오[Yoshua Bengio](그림 1.10)의 LeNet-5 모델[11]이 정확도와 효율성 면에서 크게 발전했습니다. LeNet-5의 계층 구조(그림 1.11)는 후쿠시마의 연구와 허블과 비셀이 밝힌 생물학적 영감에 기반합니다.[12] 또한 르쿤과 그의 동료들은 모델 훈련에 탁월한 데이터[13], 빠른 컴퓨팅 성능, 특히 역전파 알고리즘의 혜택을 보았습니다.

역전파[backpropagation]는 딥러닝 모델에 있는 인공 뉴런의 층을 효과적으로 학습하도록 도

---

7 Fukushima, K. (1980). Neocognitron: A self-organizing neural network model for a mechanism of pattern recognition unaffected by shift in position. *Biological Cynbernetics, 36*, 193-202.

8 제7장에서 인공 뉴런이 무엇인지 정확하게 정의합니다. 지금은 각각의 인공 뉴런을 작고 빠른 알고리즘이라고 생각하는 것으로 충분합니다.

9 특히 [그림 1.19]에서 연속된 추상 표현의 계층 구조를 보여줍니다.

10 Fukushima, K., & Wake, N. (1991). Handwritten alphanumeric character recognition by the neocognitron. *IEEE Transactions on Neural Networks, 2*, 355-65.

11 LeCun, Y., et al. (1998). Gradient-based learning applied to document recognition. *Proceedings of the IEEE, 2*, 355-65.

12 LeNet-5가 최초의 합성곱 신경망이었습니다. 합성곱 신경망은 심층 신경망(deep neural network)의 한 종류이며 현대 머신 비전 분야에서 매우 많이 사용합니다. 제10장에서 이에 대해 자세히 다루겠습니다.

13 고전적인 손글씨 숫자 데이터인 MNIST 데이터세트입니다. 제2부 '핵심 이론'에서 이 데이터를 많이 사용합니다.

그림 1.9 파리 태생인 얀 르쿤은 인공 신경망과 딥러닝 연구 분야의 대표 인물 중 한 명입니다. 르쿤은 뉴욕대학교 데이터 과학 센터 설립자이고 소셜 네트워크인 페이스북의 AI 연구 소장입니다.

그림 1.10 요슈아 벤지오도 인공 신경망과 딥러닝 분야의 리더 중 한 명입니다. 프랑스에서 태어났고 몬트리올대 학교의 컴퓨터 과학과 교수이며 캐나다 고등연구소의 유명한 '기계와 뇌' 프로그램을 공동으로 지휘합니다.

와줍니다.[14] LeNet-5는 네이터와 컴퓨팅 성능, 역전파 알고리즘 덕분에 충분히 안정적인 초기 상용 딥러닝 애플리케이션이 되었습니다. 미국 우정청은 LeNet-5를 사용하여 편지 봉투에 쓰여진 ZIP 코드[15]를 자동으로 읽었습니다. 머신 비전을 다루는 제10장에서 직접 LeNet-5를 만들어 훈련하고 손글씨 숫자를 인식해 보겠습니다.

LeNet-5에서 얀 르쿤과 그의 동료들은 손글씨 숫자에 특화된 어떤 코드도 작성하지 않고 손글씨 숫자를 정확하게 예측할 수 있는 알고리즘을 사용했습니다. 이런 점에서

---

14 제8장에서 역전파 알고리즘을 자세히 알아보겠습니다.

15 미국 우정청이 사용하는 우편 번호입니다.

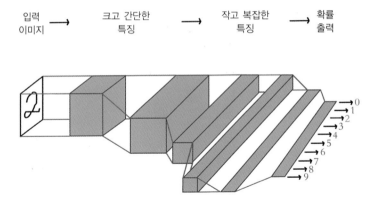

그림 1.11 LeNet-5는 허블과 비셀이 밝힌 일차 시각피질과 후쿠시마의 신인식기에서 사용된 계층 구조를 그대로 가지고 있습니다. 다른 시스템과 마찬가지로 가장 왼쪽 층이 간단한 모서리를 감지하고 연속된 층이 점점 더 복잡한 특징을 표현합니다. 이런 방식으로 데이터를 처리하면 예를 들어 손으로 쓴 '2'를 (오른쪽 출력에서 초록색으로 표시된) 숫자 2로 올바르게 인식합니다.

그림 1.12 원시 데이터를 입력 변수로 변환하는 특성 공학은 전통적인 머신러닝 알고리즘을 사용한 애플리케이션에서 큰 비중을 차지합니다. 반대로 딥러닝 애플리케이션은 특성 공학을 거의 또는 전혀 사용하지 않습니다. 대신 대부분의 시간을 모델 구조를 설계하고 튜닝하는 데 사용합니다.

LeNet-5는 딥러닝과 전통적인 머신러닝 개념 사이에 근본적인 차이점을 잘 보여줍니다. [그림 1.12]에 나타난 것처럼 전통적인 머신러닝 방식에서는 기술자들이 특성feature을 가공하기 위해 많은 노력을 기울입니다. 이런 특성 공학feature engineering은 전통적인 통계 기법으로 쉽게 모델링할 수 있는 입력 변수로 데이터를 전처리하기 위해 원시 데이터에 기발하고 정교한 알고리즘을 적용하는 것입니다. 회귀, 랜덤 포레스트, 서포트 벡터 머신 같은 기법들은 전처리되지 않은 데이터에서는 별로 효과적이지 않습니다. 따라서 역사적으로 입력 데이터 가공은 머신러닝 전문가들의 주요 관심사였습니다.

일반적으로 전통적인 머신러닝 기술자들은 머신러닝 모델을 최적화하거나 가장 효과적

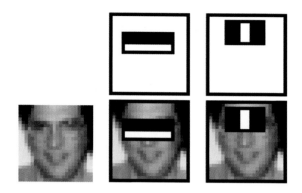

그림 1.13 얼굴을 잘 감지하기 위해 비올라와 존스가 사용한 특성 공학(2001). 효과적인 이 알고리즘은 처음으로 후지필름 카메라에 적용되어 실시간 오토포커스 기능을 구현하였습니다.

인 모델을 선택하는 데 적은 시간을 사용합니다. 딥러닝의 데이터 모델링 방식은 이 우선순위를 반대로 뒤집습니다. 딥러닝 기술자는 일반적으로 특성 공학에 거의 또는 전혀 시간을 들이지 않습니다. 그 대신 원시 입력을 처리해 자동으로 유용한 특성을 만드는 여러 가지 인공 신경망 구조로 데이터를 모델링하는 데 시간을 들입니다. 딥러닝과 전통적인 머신러닝 사이의 이런 차이점이 이 책의 핵심 주제 중 하나입니다. 다음 절에서 이 차이점을 잘 보여주는 고전적인 특성 공학의 사례를 알아보겠습니다.

전통적인 머신러닝 방법

LeNet-5 이후 딥러닝을 포함한 인공 신경망 연구는 인기를 잃었습니다. 이런 자동 특성 생성이 실용적이지 않다는 의견이 많았습니다. 비록 손글씨 숫자 인식에는 잘 맞았지만 특성이 필요 없는 방식은 적용 범위가 제한적이라고 생각했습니다.[16] 특성 공학을 포함해 전통적인 머신러닝이 더 가능성이 높아 보였고 딥러닝 연구에 대한 투자는 시들해졌습니다.[17]

[그림 1.13]에서 2000년대 초 폴 비올라[Paul Viola]와 마이클 존스[Michael Jones]의 유명한 한 사례가 특성 공학이 무엇인지 명확하게 보여줍니다.[18] 비올라와 존스는 그림에서처럼 검은색

---

16 그 당시에는 딥러닝 모델 최적화와 관련된 장애물이 있었습니다. 나쁜 가중치 초기화(제9장), 공변량 변화(제9장), 상대적으로 비효율적인 시그모이드 함수의 과도한 사용(제6장)과 같은 장애물은 나중에 해결되었습니다.

17 인공 신경망 연구를 위한 공공 투자는 세계적으로 감소했지만 예외적으로 캐나다 연방정부의 지속적인 지원으로 몬트리올, 토론토, 앨버타 대학교가 이 분야의 강자가 되었습니다.

18 Viola, P., & Jones, M. (2001). Robust real-time face detection. *International Journal of Computer Vision, 57*, 137–54.

과 하얀색의 수직 또는 수평 막대로 이루어진 사각 필터를 사용했습니다. 이 필터를 이미지에 적용해 생성한 특성을 머신러닝 알고리즘에 주입하여 안정적으로 사람의 얼굴을 감지합니다. 이 알고리즘은 효과가 좋아 무생물로서는 최초의 실시간 얼굴 감지기가 되었습니다.[19]

수년간 얼굴 특징에 대한 연구와 협업을 통해 똑똑한 얼굴 감지 필터를 개발하여 원시 픽셀을 머신러닝 모델에 입력할 특성으로 바꾸었습니다. 물론 이런 얼굴 감지 방식은 일반적으로 제한적입니다. 앙겔라 메르켈이나 오프라 윈프리[20]의 얼굴처럼 특정 얼굴을 감지할 수 없습니다. 오프라의 얼굴이나 말, 자동차, 요크셔 테리어처럼 얼굴이 아닌 물체를 감지하는 특성을 개발하려면 이 분야에 대한 전문 지식이 필요합니다. 효과적이고 정확한 알고리즘을 만들려면 수년간 학계와 커뮤니티 간의 협업이 다시 필요할 수 있습니다. 음, 모든 노력과 시간을 어떻게든 우회할 수 있으면 좋을 텐데 말입니다!

이미지넷과 ILSVRC

앞서 언급한 것처럼 신인식기에 비해 LeNet-5의 장점 중 하나는 대량의 고품질 훈련 데이터였습니다. 신경망 분야에서 그다음 획기적인 발전은 훨씬 더 대량의 고품질 공개 데이터세트로 가능했습니다. 페이-페이 리[Fei-Fei Li](그림 1.14)가 만든 레이블[label]된 사진 데이터인 이미지넷[ImageNet]은 엄청난 양의 훈련 데이터로 머신 비전 연구자들을 무장시켰습니다.[21, 22] LeNet-5 훈련에 사용된 손글씨 숫자 데이터는 수만 개의 이미지로 이루어져 있습니다. 이에 비해 이미지넷은 수천만 개의 이미지를 가지고 있습니다.

이미지넷 데이터세트에는 1,400만 개의 이미지와 2만 2,000개의 카테고리가 있습니다. 이 카테고리는 컨테이너선, 표범, 불가사리, 엘더베리 등처럼 다양합니다. 2010년부터 리는 이미지넷 데이터 일부를 사용해 ILSVRC[ImageNet Large Scale Visual Recognition Challenge]라 불리는 공개 대회를 열었습니다. 이 대회는 전 세계 최고의 머신 비전 알고리즘을 평가하는 최고의 장이 되었습니다. ILSVRC 서브세트는 1,000개의 카테고리에서 140만 개 이미지로

---

19 몇 년 후에 이 알고리즘은 처음으로 후지필름 디지털 카메라에 적용되어 최초로 얼굴에 자동으로 포커스를 맞추는 데 사용되었습니다. 요즘의 디지털 카메라와 스마트폰에서는 평범한 기능입니다.

20 옮긴이_앙겔라 메르켈은 최초의 독일 여성 총리입니다. 오프라 윈프리는 미국의 방송인입니다.

21 image-net.org

22 Deng, J., et al. (2009). ImageNet: A large-scale hierarchical image database. *Proceedings of the Conference on Computer Vision and Pattern Recognition.*

그림 1.14　대규모 이미지넷 데이터세트는 2009년 중국계 미국인 컴퓨터 과학과 교수인 페이-페이 리와 프린스턴 대학교 동료들의 발명품입니다. 현재 스탠퍼드대학교의 교수진이고 구글 클라우드 플랫폼의 AI/ML 분야 수석 과학자입니다.

구성되어 있습니다. 다양한 범주의 카테고리를 제공할 뿐만 아니라 선택된 카테고리에는 여러 품종의 개^{dog}가 포함되어 있습니다. 따라서 많이 다른 이미지를 구별할 뿐만 아니라 미세하게 다른 카테고리를 구별하는 알고리즘의 능력을 평가합니다.[23]

AlexNet

[그림 1.15]의 그래프에서 볼 수 있듯이 ILSVRC 처음 두 해에 참여한 모든 알고리즘은 특성 공학을 사용한 전통적인 머신러닝 방법이었습니다. 세 번째 해에서 하나를 제외한 모두가 전통적인 머신러닝 알고리즘이었습니다. 2012년 유일한 이 딥러닝 모델이 개발되지 않았거나 ILSVRC에 참가하지 않았다면 매년 나오는 이미지 분류 정확도는 무시할 수준이었을 것입니다. 제프리 힌튼$^{Geoffrey\ Hinton}$(그림 1.16)이 이끄는 토론토대학교 연구실의 알렉스 크리제프스키$^{Alex\ Krizhevsky}$와 일리야 서츠케버$^{Ilya\ Sutskever}$는 기존 벤지마크 성능을 압도하는 결과를 세술했습니다(그림 1.17).[24] 이를 AlexNet이라 부릅니다.[25] 이때가 분수령이었

---

23 직접 눈으로 요크셔 테리어와 오스트레일리안 실키 테리어를 구분해 보세요. 어렵지만 웨스트민스터 도그쇼 심사 위원뿐만 아니라 현대 머신 비전 모델도 구분할 수 있습니다. 개가 많이 포함된 데이터이기 때문에 이미지넷으로 훈련한 딥러닝 모델은 개에 대해 '꿈'을 잘 꾸는 경향이 있습니다(deepdreamgenerator.com 참조). 옮긴이_합성곱 신경망의 층에 어떤 특성이 잘 감지되도록 원본 이미지를 조작하는 기법인 딥드림(DeepDream)을 말합니다. 종종 몽환적인 이미지를 만들기 때문에 신경망이 꿈을 꾸는 것처럼 비유하기도 합니다.

24 Krizhevsky, A., Sutskever, I., & Hinton, G. (2012). ImageNet classification with deep convolutional neural networks. *Advances in Neural Information Processing Systems, 25*.

25 [그림 1.17]의 아래 이미지는 Yosinski, J., et al. (2015). Understanding neural networks through deep visualization. *arXiv: 1506.06579*에서 가져왔습니다.

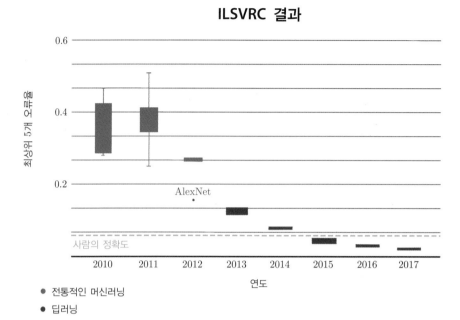

그림 1.15 연도별 ILSVRC 참가자의 최고 성능. AlexNet은 2012년 대회에서 큰 차이(40%)로 우승했습니다. 이후 최고의 알고리즘은 모두 딥러닝을 사용했습니다. 2015년에는 머신 비전이 사람의 정확도를 앞섰습니다.

그림 1.16 영국계 캐나다인으로 인공 신경망의 선구자인 제프리 힌튼은 언론에서 종종 '딥러닝의 아버지'로 불립니다. 힌튼은 토론토대학교의 명예 교수이고 구글의 엔지니어링 펠로우로 구글 브레인 팀의 토론토 연구소를 이끌고 있습니다. 2019년 힌튼과 얀 르쿤(그림 1.9), 요슈아 벤지오(그림 1.10)는 딥러닝에 대한 공로를 인정받아 컴퓨터 과학 분야 최고의 영예인 튜링상을 수상했습니다.

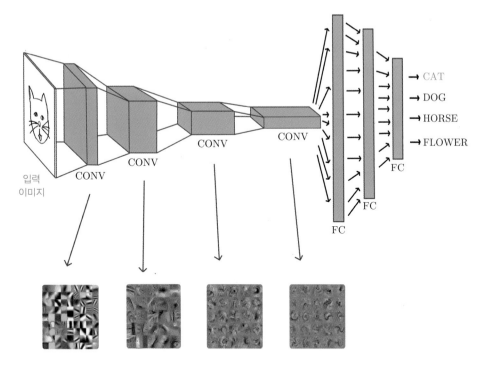

그림 1.17 AlexNet의 구조는 LeNet-5를 연상시킵니다. (왼쪽에서) 첫 번째 층은 모서리 같은 단순한 시각 특성을 감지하고 층이 깊어질수록 점점 더 복잡한 특성과 추상적인 개념을 표현합니다. 맨 아래 이미지는 각 층의 뉴런을 가장 크게 활성화시키는 이미지 샘플입니다. 이런 층은 [그림 1.6]에 있는 생물의 시각 시스템에 있는 층을 연상시키고 시각 특성의 복잡도가 계층적으로 증가하는 것을 잘 보여줍니다. 여기에서는 LeNet-5에 입력된 고양이 이미지가 올바르게 식별되었습니다(초록색 'CAT'이 이를 나타냅니다). 'CONV'는 합성곱층을 사용한다는 의미이고 'FC'는 완전 연결층을 나타냅니다. 제7장과 제10장에서 이 층들을 정식으로 소개하겠습니다.

습니다. 비주류 머신러닝이던 딥러닝 구조가 순식간에 전면으로 등장했습니다. 학계와 업계 기술자들은 인공 신경망의 기본 이론을 이해하는 것은 물론 소프트웨어 라이브러리를 만들기 위해 바삐 움직였습니다. 많은 소프트웨어가 오픈소스로 공개되었고 자신만의 데이터로 머신 비전이나 다른 문제에 딥러닝 모델을 실험했습니다. [그림 1.15]에 나타난 것처럼 2012년 이후 수년간 ILSVRC에서 가장 높은 성능을 달성한 것은 모두 딥러닝 기반의 모델입니다.

AlexNet의 계층 구조가 LeNet-5를 연상시키지만 2012년에 AlexNet을 최고의 머신 비전 알고리즘으로 만든 세 가지 주요 요인이 있습니다. 첫째는 훈련 데이터입니다. 크리제프스키와 그의 동료들이 대량의 이미지넷 데이터를 사용한 것 외에도 훈련 이미지를 변환하여 인공적으로 데이터를 늘렸습니다(제10장에서 다룹니다). 둘째 컴퓨팅 성능입니다. 단위 가격당 컴퓨팅 성능이 1998년에서 2012까지 크게 증가했을 뿐만 아니라 크리제프스키, 힌튼, 서츠케버는 GPU[26] 2개를 프로그래밍하여 이전에 없던 효율성으로 대규모 데이터세트를 훈련했습니다. 셋째는 구조적 발전입니다. AlexNet은 LeNet-5보다 깊고(즉, 더 많은 층을 가지고) 새로운 종류의 활성화 함수[27]를 사용했습니다. 또한 딥러닝 모델을 훈련 데이터를 넘어 일반화하는 데 도움이 되는 멋진 기법[28]을 적용했습니다. LeNet-5과 마찬가지로 제10장에서 AlexNet을 직접 만들어 이미지를 분류해 보겠습니다.

ILSVRC의 사례는 AlexNet 같은 딥러닝 모델이 산업과 계산 애플리케이션에서 널리 유용하고 강력한 이유를 잘 설명해 줍니다. 높은 정확도의 예측 모델을 만들기 위해 필요한 해당 영역의 전문 지식이 크게 줄어 듭니다. 전문 지식 기반의 특성 공학에서 놀랄만큼 강력한 특성을 자동 생성하는 딥러닝 모델로 옮겨가는 트렌드는 비전 애플리케이션뿐만 아니라 복잡한 게임 플레잉(제4장)과 자연어 처리(제2장)[29]까지 널리 퍼졌습니다. 더 이상 얼굴 인식 알고리즘을 만들기 위해 얼굴의 시각적 특징에 대한 전문가가 될 필요가 없습니다. 더 이상 게임을 완전히 정복하는 프로그램을 만들기 위해 게임 전략을 완전히 이해할 필요가 없습니다. 언어 번역 프로그램을 개발하기 위해 여러 언어의 구조와 의미에 대한 권위자가 될 필요가 없습니다. 적용 사례가 빠르게 늘어가면서 딥러닝 기술을 적용하는 능력은 도메인에 특화된 기술의 가치보다 앞섭니다. 예전에 이런 도메인 특화 기술을 익히려면 해당 도메인의 박사 학위나 수년간의 박사 후 연구 과정이 필요했지만 딥러닝의 능력을 활용한 기능은 이 책을 공부하는 정도로 비교적 쉽게 개발할 수 있습니다!

텐서플로 플레이그라운드

텐서플로 플레이그라운드TensorFlow Playground에서 딥러닝의 계층적 특성 학습 기능을 재미있고 인터랙티브한 방식으로 확인할 수 있습니다. 이 링크(bit.ly/TFplayground)에 접속

---

26 그래픽 처리 장치 : 주로 비디오 게임 렌더링을 위해 설계되었지만 수백 개의 병렬 컴퓨팅 스레드에서 딥러닝에 많은 행렬 곱셈을 수행하는 데도 잘 맞습니다.

27 제6장에서 소개할 ReLU(rectified linear unit)입니다. 옮긴이_이 책은 '활성화 함수'를 종종 '인공 뉴런'이라고 부릅니다. 다른 자료를 볼 때 혼동을 막기 위해 번역서에서는 '활성화 함수'와 '인공 뉴런'을 구분하여 씁니다.

28 제9장에서 소개할 드롭아웃입니다.

29 2016년 12월 14일 기드온 루이스 크라우스(Gideon Lewis-Kraus)가 뉴욕타임스에 기고한 'The Great A.I. Awakening'에서 기계 번역 분야의 혼란에 대한 재미있는 이야기를 읽을 수 있습니다.

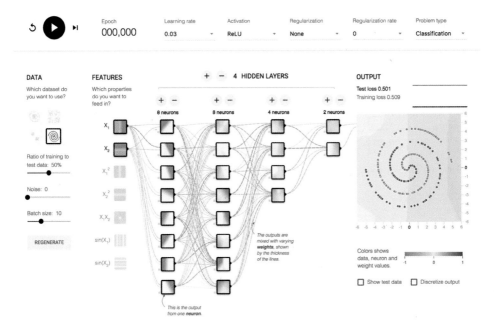

그림 1.18 오른쪽 평면에 있는 나선 모양의 붉은 점(음성 샘플)과 파란 점(양성 샘플)을 X_1과 X_2 축의 위치에 기반하여 구별하는 방법을 학습할 준비가 된 심층 신경망

하면 [그림 1.18]과 비슷한 신경망이 자동으로 준비됩니다. 제2부에서 화면에 보이는 모든 용어를 설명하겠습니다. 지금은 연습이므로 무시해도 좋습니다. 이것이 딥러닝 모델이라는 것만 알면 충분합니다. 모델 구조는 인공 뉴런의 층 6개로 구성됩니다. 왼쪽에 ('FEATURES' 아래에 있는) 입력층, 4개의 'HIDDEN LAYERS'(학습을 책임집니다), 1개의 'OUTPUT'층(맨 오른쪽에 가로 세로 축 모두 −6에서 +6까지 범위를 가진 평면)이 있습니다. 이 신경망의 목표는 붉은 점(음성 샘플)과 파란 점(양성 샘플)을 평면상의 위치만으로 구별하는 방법을 학습하는 것입니다. 입력층에서 각 점에 대한 2개의 정보만 주입합니다. 수평 위치(X_1)와 수직 위치(X_2)입니다. 처음에 훈련 데이터로 사용할 점이 평면상에 보입니다. 'Show test data' 체크박스를 클릭하면 학습한 신경망의 성능을 평가하기 위해 사용할 데이터를 볼 수 있습니다. 중요한 것은 이 테스트 데이터를 신경망을 훈련할 때는 제공하지 않는다는 점입니다. 따라서 테스트 데이터를 사용해서 신경망이 새로운 본 적 없는 데이터에 잘 일반화되는지 알 수 있습니다.

왼쪽 위에 Play 아이콘 모양의 버튼을 클릭하세요. 오른쪽 위에 있는 'Training loss'와

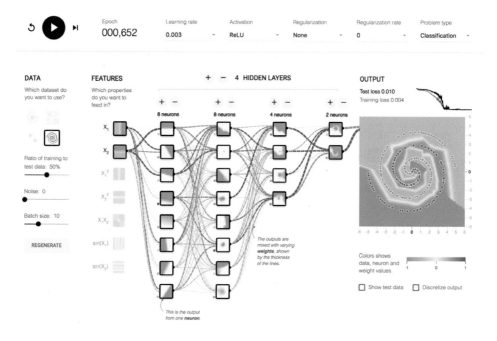

그림 1.19 훈련이 끝난 신경망

'Test loss'가 0.05보다 작아질 때까지 신경망을 훈련하세요. 걸리는 시간은 사용하고 있는 컴퓨터 하드웨어에 따라 다릅니다. 하지만 아마도 몇 분 걸리지 않을 것입니다.

[그림 1.19]와 같이 입력 데이터를 표현하고 있는 신경망의 인공 뉴런을 볼 수 있습니다. 신인식기와 LeNet-5(그림 1.11), AlexNet(그림 1.17)처럼 뉴런이 깊게 위치할수록 (오른쪽으로 갈수록) 복잡도가 증가하고 추상적입니다. 신경망을 실행할 때마다 신경망이 이 나선 분류 문제를 해결하기 위한 뉴런의 상세 상태는 달라집니다. 하지만 일반적으로 해결하는 접근 방식은 동일합니다(페이지를 새로 고침한 후 신경망을 다시 훈련하여 확인해 보세요). 가장 왼쪽 은닉층에 있는 인공 뉴런은 특정 방향을 가진 모서리(직선)를 감지하는 데 특화되어 있습니다. 첫 번째 은닉층의 뉴런은 두 번째 은닉층에 있는 뉴런으로 정보를 전달합니다. 두 번째 은닉층의 뉴런은 모서리를 재구성하여 조금 더 복잡한 곡선 같은 특성을 만듭니다. 연속적으로 은닉층의 뉴런은 이전 층의 뉴런에서 온 정보를 재구성하여 점점 더 복잡하고 추상적인 특성을 표현합니다. 마지막 (가장 오른쪽) 층에서 복잡한 나선 모양을 잘 표현합니다. 따라서 이 신경망이 평면상의 위치(X_1과 X_2 좌표)를 기반으로 붉은 점(음성 샘플)인지 파란 점(양성 샘플)인지를 정확하게 예측할 수 있습니다. 뉴런 위에

마우스를 올리면 가장 오른쪽 'OUTPUT' 평면에 투영됩니다. 각 뉴런이 어떤 면에 특화 되어 있는지 자세히 확인해 보세요.

QUICK, DRAW!

quickdraw.withgoogle.com에서 'Quick, Draw!' 게임을 실행해 보면 실시간으로 머신 비전 작업을 수행하는 심층 신경망을 브라우저에서 바로 경험해 볼 수 있습니다. '시작하기' 버튼을 클릭하면 게임이 시작됩니다. 요청하는 어떤 사물을 그리면 딥러닝 알고리즘이 여러분이 그린 그림을 추측합니다. 제10장 끝에서 이와 유사한 머신 비전 알고리즘을 만드는데 필요한 모든 이론과 실제 코드 예제를 다루겠습니다. 또한 여러분이 그린 그림을 제12장에서 사용할 데이터세트에 추가하겠습니다. 제12장에서는 사람이 그린 낙서를 흉내 내는 딥러닝 모델을 만듭니다. 손잡이를 꽉 잡으세요! 딥러닝 롤러코스터에 탑승하신 것을 환영합니다.

요약

이 장에서는 생물학적 영감에서 딥러닝이 전면에 나오게 된 2012년 AlexNet의 성공까지 딥러닝의 역사를 따라가 보았습니다. 그러면서 딥러닝 모델의 계층적 구조가 점점 더 복잡한 표현을 인코딩할 수 있다는 것을 반복하여 언급했습니다. 텐서플로 플레이그라운드에 있는 인공 신경망을 훈련하여 계층 구조를 표현하는 인터랙티브한 데모를 실행하면서 이 개념을 구체화했습니다. 이 장에서 소개한 아이디어를 확장하여 제2장에서는 비전 애플리케이션에서 언어 애플리케이션으로 이동해 보았습니다.

2

사람의 언어와 기계의 언어

제1장에서 딥러닝 이론을 생물학적 시각 시스템에 비유하여 높은 차원에서 소개했습니다. 그러면서 이 기술의 주요 장점 중 하나가 데이터에서 자동으로 특성을 학습하는 능력이라고 강조했습니다. 이 장에서는 이런 기초 지식을 바탕으로 어떻게 딥러닝을 언어 애플리케이션에 적용하는지 알아보겠습니다. 어떻게 단어의 의미를 나타내는 특성을 자동으로 학습하는지 특별히 유념해서 보시길 바랍니다.

오스트리아계 영국인 루트비히 비트겐슈타인Ludwig Wittgenstein은 사후에 출간된 그의 대표 저서 철학 탐구에서 "언어의 단어 사용법이 단어의 뜻이다"라는 유명한 주장을 했습니다.[1] 비트겐슈타인은 단어 자체에는 실제 의미가 없다고 주장했습니다. 언어의 문맥 안에서 사용될 때 그 의미를 알 수 있습니다. 이 장에서 보게 되겠지만 딥러닝을 사용한 자연어 처리 natural language processing, NLP가 이런 전제에 크게 의존합니다. 실제로 단어를 모델에 입력할 수치로 바꾸는 word2vec 기술은 텍스트 문맥 안에서 단어를 분석하여 의미 있는 표현을 만들어 냅니다.

이런 개념을 바탕으로 자연어 처리를 위한 딥러닝을 하술저인 측면에서 세분회해 보고 그다음 단어와 언어를 표현하기 위한 최신 딥러닝 기법을 살펴보겠습니다. 이 장 끝에서 딥러닝과 자연어 처리로 무엇을 할 수 있는지 알게 될 것입니다. 또한 제11장에서 코드를 작성하기 위해 필요한 기초 지식을 얻게 될 것입니다.

자연어 처리를 위한 딥러닝

이 장의 핵심 개념 두 가지는 딥러닝과 자연어 처리입니다. 처음에는 두 개념을 따로 다루었

---

1 Wittgenstein, L. (1953). *Philosophical Investigations*. (Anscombe, G., Trans.). Oxford, UK: Basil Blackwell.

다가 책을 써 나가면서 합쳤습니다.

딥러닝은 자동으로 표현을 학습합니다

이 책의 머리말에서 언급한 것처럼 딥러닝은 인공 뉴런^{artificial neuron}이라 불리는 작은 알고리즘의 층을 여러 개 쌓은 것으로 정의할 수 있습니다. [그림 2.1]의 벤다이어그램을 보면 딥러닝은 표현 학습 방법을 사용하는 머신러닝의 한 종류입니다. 현재는 딥러닝이 지배적인 표현 학습 분야는 자동으로 데이터에서 특성을 학습하는 기술을 포함합니다. 이 책에서는 '특성'과 '표현'이란 용어를 같은 의미로 사용하겠습니다.

[그림 1.12]에서 전통적인 머신러닝 방식에 비해 표현 학습의 장점을 이해했습니다. 전통적인 머신러닝이 잘 동작하는 것은 원시 데이터를 머신러닝 알고리즘(예를 들면, 회귀, 랜덤 포레스트, 서포트 벡터 머신)의 입력 특성으로 변환하기 위해 사람이 영리하게 설계한 코드 때문입니다. 이런 원시 데이터는 이미지나 말소리, 텍스트 문서가 될 수 있습니다. 특성을 수동으로 만드는 것은 상당히 전문적인 작업인 경우가 많습니다. 예를 들어 언어 데이터를 다루는 경우 언어학 분야에서 대학원 수준의 훈련이 필요합니다.

딥러닝의 주요 장점은 해당 영역에 대한 전문 지식의 필요성을 줄여 준다는 것입니다. 원시 데이터에서 수동으로 입력 특성을 만드는 대신 원시 데이터를 딥러닝 모델에 직접 주

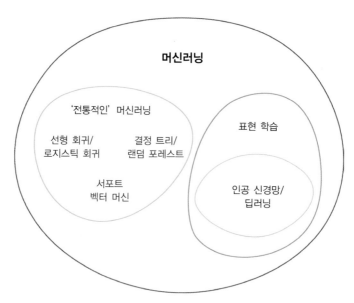

그림 2.1 전통적인 머신러닝과 표현 학습 방식의 머신러닝이 구분되어 있는 벤다이어그램

입할 수 있습니다. 딥러닝 모델에 제공된 많은 샘플에 대해 신경망의 첫 번째 층에 있는 인공 뉴런이 데이터에서 간단한 추상 표현을 학습합니다. 연속적으로 다음 층이 데이터를 처리하면서 점점 더 복잡한 비선형 추상 표현을 학습합니다. 이 장에서 보게 되겠지만 이는 단지 편리함의 문제가 아닙니다. 자동으로 특성을 학습하는 것은 추가적인 장점이 있습니다. 사람이 만든 특성은 포괄적이지 않고 과도하게 구체적인 경향이 있습니다. 또한 특성에 대한 아이디어, 설계, 검증의 반복 과정이 수년간 계속될 수 있습니다. 표현 학습 모델은 (일반적으로 몇 시간 또는 며칠 동안 모델 훈련을 거쳐) 빠르게 특성을 만들고 데이터 변화(예를 들면 새로운 단어, 새로운 의미, 언어를 사용하는 새로운 방법)에 바로 적응합니다. 또한 해결하려는 문제에 변화가 생기면 자동으로 적응합니다.

자연어 처리

자연어 처리는 컴퓨터 과학, 언어학, 인공지능의 교집합 부분에 위치한 연구 분야입니다 (그림 2.2). 자연어 처리는 사람의 자연적인 음성 언어와 (지금 여러분이 읽고 있는 이 문장처럼) 문자 언어를 받아 컴퓨터를 사용해 자동으로 어떤 작업을 완료하거나 사람이 하기에 쉽도록 처리하는 것입니다. 자연어에 속하지 않는 언어로는 소프트웨어 언어로 쓰여진 코드나 스프레드시트 안의 짧은 문자열 등이 있습니다.

산업에서 자연어 처리의 예는 다음과 같습니다:

- 문서 분류 : 문서(예를 들면 이메일, 트윗, 영화 리뷰) 안의 언어를 사용해 특정 카테고

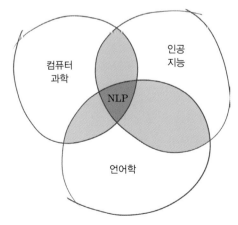

그림 2.2 자연어 처리는 컴퓨터 과학, 언어학, 인공지능의 교집합 부분에 놓여 있습니다.

리(예를 들면 매우 긴급, 긍정적인 감정, 주식 가격의 등락 예측)로 분류합니다.

- **기계 번역** : 번역 회사에서 컴퓨터가 원본 언어(예를 들면 영어)에서 타깃 언어(예를 들면 독어나 중국어)로 생성한 제안을 이용합니다. 항상 완벽하지는 않지만 두 언어 간에 점점 더 완전히 자동으로 번역을 수행합니다.
- **검색 엔진** : 사용자의 검색어를 자동 완성하고 찾으려는 정보와 웹사이트를 예측합니다.
- **음성 인식** : 아마존의 알렉스, 애플의 시리, 마이크로소프트의 코타나와 같은 가상 비서처럼 음성 명령을 해석하여 정보를 제공하거나 행동을 수행합니다.
- **챗봇** : 장시간 자연스러운 대화를 수행합니다. 아직 확신을 주지는 못하지만 기업에서 고객 서비스에 필요한 일상적인 전화 응대처럼 좁은 주제에 대한 단순한 대화에는 도움이 됩니다.

가장 쉽게 만들 수 있는 자연어 처리 애플리케이션은 맞춤법 검사, 동의어 제안, 키워드 검색 질의 도구입니다. 이런 간단한 작업은 참조 사전이나 유의어 사전을 사용한 결정적이고 규칙 기반 코드로 쉽게 해결할 수 있습니다. 딥러닝 모델은 이런 애플리케이션 용도로는 불필요하게 복잡합니다. 따라서 이런 애플리케이션은 이 책에서 더 이상 언급하지 않습니다.

중간 정도 복잡한 자연어 처리 작업에는 몇 학년이 읽을 수 있는 문서인지 판단하기, 검색 엔진에서 검색어를 입력할 때 다음 단어를 예측하기, (앞의 목록에 있는) 문서를 분류하기, 문서나 웹사이트에서 가격이나 네임드 엔티티$^{named\ entity}$[2] 같은 정보를 추출하기 등이 있습니다. 이런 중간 수준의 자연어 처리 애플리케이션은 딥러닝으로 풀기에 적합합니다. 예를 들어 제11장에서 다양한 딥러닝 구조를 사용해 영화 리뷰의 감정을 예측해 보겠습니다.

가장 복잡한 자연어 처리 기술은 (앞의 목록에 있는) 기계 번역, 자동 질문-대답, 챗봇에 필요합니다. 애플리케이션에 중요한 뉘앙스(예를 들면 유머는 아주 순간적입니다)를 다루어야 하기 때문에 이런 작업은 어렵습니다. 질문에 대한 대답은 이전 질문에 대한 응답에 영향을 받을 수 있고 여러 문장으로 구성된 긴 텍스트에 걸쳐 의미가 전달될 수 있습니다. 이렇게 복잡한 자연어 처리 작업은 이 책의 범위를 넘어섭니다. 하지만 이 책에 포함

---

2 네임드 엔티티에는 장소, 유명 인물, 회사 이름, 제품 등이 포함됩니다.

된 내용이 이런 문제를 해결하는 데 훌륭한 밑거름이 될 것입니다.

자연어 처리를 위한 딥러닝의 짧은 역사

[그림 2.3]의 타임라인은 자연어 처리에 딥러닝을 적용한 사례 중에서 최근의 중요한 이정표를 보여줍니다. 이 타임라인은 2011년부터 시작합니다. 토론토대학교의 컴퓨터 과학자 조지 달^{George Dahl}과 마이크로소프트 연구소에 있는 그의 동료들이 대규모 데이터세트에 딥러닝 알고리즘을 적용한 첫 번째 혁신을 이뤄냈습니다.[3] 이 혁신에는 자연어 데이터가 관련되어 있습니다. 달과 그의 팀은 심층 신경망을 훈련하여 사람의 목소리가 녹음된 오디오에서 상당한 단어를 인식해냈습니다. 제1장에서 이미 자세히 보았지만 1년 후 그다음 딥러닝의 혁신도 토론토대학교에서 나왔습니다. AlexNet은 ILSVRC 대회에서 전통적인 머신러닝 경쟁자들을 압도했습니다(그림 1.15). 이런 충격적인 머신 비전 성능 때문에 딥러닝을 머신 비전 애플리케이션에 적용하는 데 잠시 초점이 맞춰졌습니다.

2015년에 머신 비전에서 이루었던 딥러닝의 발전이 자연어 처리 대회로 번져나가기 시작했습니다. 이런 대회는 한 언어에서 다른 언어로 기계 번역의 정확도를 평가합니다. 딥러닝 모델이 전통적인 머신러닝 방법의 정밀도에 근접했습니다. 하지만 딥러닝은 계산 복잡도가 낮아 연구와 개발에 필요한 시간이 덜 듭니다. 실제 이런 계산 복잡도의 감소 덕분에 마이크로소프트가 실시간 번역 소프트웨어를 핸드폰 프로세서에 장착할 수 있었습니다. 이전에는 인터넷이 연결되어 원격 서버에서 비싼 비용의 계산을 수행해야 했던 작업에 놀라운 발전이 생겼습니다. 2016년과 2017년에 딥러닝 모델은 자연어 처리 대회에서 전통적인 머신러닝 모델보다 효율적일 뿐만 아니라 정확도에서 앞서기 시작했습니다. 이 장에

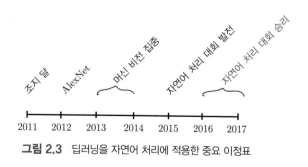

그림 2.3　딥러닝을 자연어 처리에 적용한 중요 이정표

3　Dahl, G., et al. (2011). Large vocabulary continuous speech recognition with context-dependent DBN-HMMs. *Proceedings of the International Conference on Acoustics, Speech, and Signal Processing.*

서 어떻게 이것이 가능했는지 설명하겠습니다.

언어의 컴퓨터 표현

딥러닝 모델로 언어를 처리하기 위해서는 모델이 이해할 수 있는 방식으로 언어를 제공해야 합니다. 모든 컴퓨터 시스템에서는 2차원 실수 행렬같이 언어를 정량적으로 표현해야 한다는 의미입니다. 텍스트를 숫자로 바꾸는 데 널리 사용되는 두 가지 방법은 원-핫 인코딩과 단어 벡터입니다.[4] 이 절에서 순서대로 두 방법을 설명하겠습니다.

단어의 원-핫 표현

자연어를 컴퓨터로 처리하기 위해 수치적으로 인코딩하는 전통적인 방법은 원-핫 인코딩one-hot encoding입니다(그림 2.4). 이 방법은 문장에 있는 단어(예를 들면 "the", "bat", "sat", "on", "the", "cat")를 행렬의 열에 표시합니다. 이 행렬의 각 행은 고유한 단어를 나타냅니다. 만약 자연어 알고리즘에 주입할 문서의 말뭉치corpus[5] 전체에 100개의 고유한 단어가

The bat sat on the cat.

단어

the	1	0	0	0	1	0
bat	0	1	0	0	0	0
on	0	0	0	1	0	0

n_{unique_words}

그림 2.4 자연어 처리를 위한 전통적인 머신러닝 방법에서 많이 사용하는 단어의 원-핫 인코딩

---

4 NLP 전문 서적이라면 TF-IDF(term frequency-inverse document frequency)와 PMI(pointwise mutual information) 같은 단어 빈도 기반의 방법도 설명했을 것입니다.

5 말뭉치 또는 코퍼스(corpus, 라틴어로 'body'라는 의미)는 자연어 애플리케이션의 입력 데이터로 사용할 모든 문서(언어의 'body') 집합입니다. 제11장에서 18개 고전 도서로 이루어진 말뭉치를 사용하겠습니다. 제11장 후반에는 2만 5,000개의 영화 리뷰 말뭉치를 사용하겠습니다. 훨씬 큰 말뭉치로는 위키피디아에 있는 모든 문서가 해당될 수 있습니다. 가장 큰 말뭉치는 commoncrawl.org처럼 인터넷에 있는 모든 공개된 데이터를 수집한 것입니다.

있다면 원-핫 인코딩된 단어의 행렬은 100개의 행을 가집니다. 말뭉치에 1,000개의 고유한 단어가 있다면 원-핫 인코딩된 행렬은 1,000개의 행을 가지는 식입니다.

원-핫 행렬의 원소는 이진값으로 구성됩니다. 즉 0 또는 1입니다. 각 열은 1개의 1을 포함하고 나머지는 0입니다. 즉 원-핫 행렬은 희소합니다.[6] 1은 특정 단어(행)가 말뭉치 안의 특정 위치(열)에 존재하는 것을 나타냅니다. [그림 2.4]에서 전체 말뭉치는 6개의 단어이고 그중 5개는 고유합니다. 따라서 말뭉치에 있는 단어의 원-핫 표현은 6개의 열과 5개의 행을 가집니다. 첫 번째 고유한 단어 the는 첫 번째와 다섯 번째 위치에 나타납니다. 행렬의 첫 번째 행에서 1인 원소의 열 위치로 알 수 있습니다. 말뭉치에 있는 두 번째 고유한 단어는 bat으로 두 번째 위치에만 나타납니다. 따라서 두 번째 열의 두 번째 행의 값이 1입니다. 이런 원-핫 단어 표현은 매우 간단하여 딥러닝 모델(또는 다른 머신러닝 모델)에 주입하기에 적합한 포맷입니다. 잠시 후에 보겠지만 원-핫 표현은 간단하고 희소하기 때문에 자연어 애플리케이션과 통합할 때 제한이 있습니다.

단어 벡터

단어의 벡터 표현은 원-핫 인코딩 대신 사용할 수 있는 정보가 밀집된 인코딩입니다. 원-핫 표현이 단어의 위치에 대한 정보만 담고 있는 반면 단어 벡터word vector(또는 단어 임베딩, 벡터-공간 임베딩이라고도 합니다)는 단어의 위치와 의미에 대한 정보를 포함합니다.[7] 이런 추가적인 정보는 이 장에서 제시할 다양한 이유로 단어 벡터를 유용하게 만듭니다. 제1장에서 딥러닝의 머신 비전 모델을 사용해 자동으로 시각 특성을 학습하는 것처럼 단어 벡터의 핵심 장점은 딥러닝 자연어 처리 모델이 자동으로 언어 특성을 학습할 수 있다는 것입니다.

단어 벡터를 만들 때 중요한 개념은 말뭉치에 있는 단어를 벡터 공간vector space이라 부르는 다차원 공간 안의 의미 있는 특정 위치에 할당하는 것입니다. 초기에는 단어를 벡터 공간 안의 랜덤한 위치에 할당합니다. 하지만 자연어 말뭉치에서 각 단어의 주변에 사용되

---

6 희소 행렬은 0이 아닌 값이 드뭅니다(즉 희소합니다). 반대로 밀집 행렬은 정보가 풍부합니다. 일반적으로 0이 몇 개 있거나 전혀 없습니다.

7 엄밀히 말해서 원-핫 단어 행렬의 각 열은 해당 위치에 있는 단어 하나를 나타내는 벡터로 구성되기 때문에 원-핫 표현도 기술적으로 '단어 벡터'입니다. 딥러닝 커뮤니티에서는 보통 '단어 벡터'란 용어를 이 절에서 다루는 word2vec, GloVe와 같은 밀집 표현으로 사용합니다. 옮긴이_ 일반적으로 단어를 벡터로 표현할 때 대소문자를 구분하지 않습니다. 예를 들면 [그림 2.4]에서 첫 번째 열의 단어 'The'와 다섯 번째 열의 단어 'the'가 동일한 원-핫 벡터(단어 벡터) [1, 0, 0, …]으로 표현됩니다.

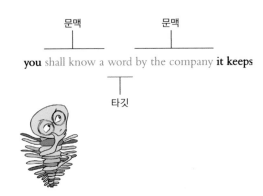

그림 2.5 자연어를 단어 벡터로 변환하는 word2vec과 GloVe 같은 기술 이면에 있는 과정을 높은 차원에서 설명하기 위한 간단한 예제

는 단어를 고려하여 벡터 공간 안의 단어 위치를 점차 단어의 의미를 나타낼 수 있는 위치로 이동할 수 있습니다.[8]

[그림 2.5]에서 작은 예를 사용해 단어 벡터를 만드는 방법을 자세히 설명하겠습니다. 말뭉치의 첫 번째 단어부터 시작해서 말뭉치의 마지막 단어에 도달할 때까지 한 번에 한 단어씩 오른쪽으로 이동합니다. 각각의 단어를 타깃 단어로 생각합니다. [그림 2.5]는 고려할 타깃 단어가 word일 때를 나타냅니다. 다음 타깃 단어는 by이고 그다음은 the, 그다음은 company가 되는 식입니다. 각 타깃 단어가 문맥 단어context word인 주변 단어에 상대적이라고 생각합니다. 이 예에서는 문맥 단어에 3개 단어에 해당하는 윈도 크기를 사용합니다. word가 타깃 단어일 때 왼쪽의 3개 단어(a, know, shall)와 오른쪽 3개 단어(by, the, company)가 연결되어 총 6개의 문맥 단어를 구성한다는 뜻입니다.[9] 그다음 타깃 단어(by)로 이동하면 문맥 단어의 윈도도 오른쪽으로 한 위치 이동합니다. 따라서 shall과 by가 문맥 단어에서 제외되고 word와 it이 추가됩니다.

자연어를 단어 벡터로 바꾸는 기술 중 가장 인기 있는 두 가지는 word2vec[10]과 GloVe[11]입

---

8 이 장의 서두에서 언급했듯이 주변 단어로 단어의 의미를 이해하는 것은 비트겐슈타인이 제안했습니다. 나중에 1957년 영국의 언어학자 J.R. 퍼스가 "단어의 주변을 보면 그 단어를 알 수 있다"라고 이 아이디어를 간결하게 설명했습니다. Firth, J. (1957). *Studies in linguistic analysis*. Oxford: Blackwell.

9 문맥 단어의 순서를 고려하지 않는 것이 수학적으로 간단하고 효율적입니다. 특히 단어 순서가 단어 벡터 추론에 부여하는 추가 정보는 무시할 만한 수준이기 때문입니다. 따라서 괄호 안의 문맥 단어를 랜덤하게 되도록 알파벳 순서로 썼습니다.

10 Mikolov, T., et al. (2013). Efficient estimation of word representations in vector space. *arXiv:1301.3781*.

11 Pennington, J., et al. (2014). GloVe: Global vectors for word representations. *Proceedings of the Conference on Empirical*

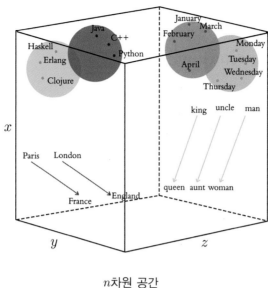

n차원 공간

그림 2.6 3차원 벡터 공간으로 표현된 단어의 의미

니다. 두 기술 모두 문맥 단어가 주어졌을 때 타깃 단어를 정확히 예측하는 것이 목표입니다.[12] 대량의 말뭉치에서 타깃 단어의 예측을 향상시키면 비슷한 문맥에 등장하는 단어는 점차적으로 벡터 공간에서 비슷한 위치에 할당됩니다.

[그림 2.6]에서 벡터 공간을 보여 줍니다. 이 공간의 차원은 제한이 없습니다. 따라서 이를 n차원 벡터 공간이라고 부릅니다. 실제로 다루는 말뭉치의 양과 자연어 처리 애플리케이션의 복잡도에 따라 수십, 수백 또는 극단적으로 수천 개의 차원을 가진 단어 벡터 공간을 만듭니다. 이전 문단에서 언급했듯이 말뭉치에 있는 모든 단어(예를 늘면 king)는 이 벡터 공간의 한 위치에 할당됩니다. 가령 100차원 공간에서는 단어 king의 위치는 모든 차원에서 단어 king의 위치를 지정하기 위해 100개의 숫자로 이루어진 벡터 v_{king}으로 표현됩니다.

사람은 3차원 이상의 공간을 상상할 수 없기 때문에 [그림 2.6]에는 3차원 벡터 공간만 나타내었습니다. 말뭉치에 있는 모든 단어에 대해 3차원 벡터 공간의 위치를 정의하려면 3개의 수치 좌표 x, y, z가 필요합니다. 이 그림에서 단어 king의 의미는 3개의 숫자로 구

Methods in Natural Language Processing.

12 또는 타깃 단어가 주어졌을 때 문맥 단어를 예측할 수 있습니다. 제11장에서 더 자세히 설명합니다.

성된 벡터 v_{king}으로 표현됩니다. 만약 v_{king}이 벡터 공간의 좌표 $x = -0.9$, $y = 1.9$, $z = 2.2$에 위치한다면 간단히 $[-0.9, 1.9, 2.2]$로 이 위치를 나타낼 수 있습니다. 단어 벡터에 산술 연산을 수행할 때 이런 간단한 표기법이 도움이 됩니다.

벡터 공간 안에서 가까이 있는 단어일수록[13] 그 의미가 가깝습니다. 이는 자연어에서 단어 주변에 등장하는 문맥 단어의 유사도로 결정됩니다. 어떤 단어의 유의어나 철자가 틀린 단어는 동일한 의미를 가지기 때문에 같은 문맥 단어를 가질 것으로 기대합니다. 따라서 벡터 공간에 거의 동일한 위치에 있습니다. 시간 관련 단어처럼 비슷한 문맥에 사용되는 단어는 벡터 공간에서 인접한 위치에 나타나는 경향이 있습니다. [그림 2.6]에서 Monday, Tuesday, Wednesday가 벡터 공간의 오른쪽 위에 있는 주황색 요일 클러스터 안의 주황색 점으로 나타나 있습니다. 한편 January, February, March는 보라색 클러스터 안에 가깝게 위치해 있습니다. 하지만 요일과는 떨어져 있습니다. 즉 모두 날짜와 관련되어 있어 큰 날짜 클러스터 안에 서브 클러스터로 나뉘어 있습니다. 두 번째 예로 시간 관련 단어와는 멀리 떨어져 단어 벡터 공간 왼쪽 위에 모여 있는 프로그래밍 언어 클러스터를 볼 수 있습니다. 여기에서도 Java, C++, Python 같은 객체지향 프로그래밍 언어가 하나의 서브 클러스터를 형성하고 근처의 Haskell, Clojure, Erlang 같은 함수형 언어가 별도의 서브 클러스터를 형성합니다. 제11장에서 단어를 직접 벡터 공간에 임베딩할 때 보겠지만 특정 의미를 전달하지만 덜 구체적인 용어(예를 들면 동사 created, developed, built)도 단어 벡터 공간에 위치해 있어 자연어 처리 작업에 유용합니다.

단어 벡터 산술 연산

특정하게 벡터 공간을 가로질러 이동하면 벡터 공간에 저장된 단어와 관련된 정보를 찾을 수 있습니다. 따라서 이런 이동으로 단어 사이의 상대적인 의미를 표현할 수 있습니다. 이는 놀라운 성질입니다. [그림 2.6]의 벡터 공간으로 다시 돌아가 보죠. 갈색 화살표는 나라와 그 나라의 수도 사이의 관계를 나타냅니다. 즉 단어 Paris와 France 좌표 사이의 방향과 거리를 계산하고 London에서 이 방향과 거리를 따라 이동하면 단어 England를 나타내는 좌표 근처에 도착할 것입니다. 두 번째 예로 man과 woman 좌표 사이의 방향과 거리를 계산할 수 있습니다. 벡터 공간의 이 움직임은 성별을 나타냅니다. [그림 2.6]에 초록색 화

---

13 두 지점 사이의 직선 거리인 유클리드 거리로 측정합니다.

$$v_{king} - v_{man} + v_{woman} = v_{queen}$$
$$v_{bezos} - v_{amazon} + v_{tesla} = v_{musk}$$
$$v_{windows} - v_{microsoft} + v_{google} = v_{android}$$

그림 2.7 단어 벡터 산술 연산의 예

살표로 나타나 있습니다. 남성 단어(예를 들면 king, uncle)에서 녹색 화살표의 방향과 거리를 이동하면 이에 해당하는 여성 단어(queen, aunt) 근처의 좌표에 도달할 것입니다.

벡터 공간의 한 단어에서 다른 단어로 의미 벡터(예를 들면 성, 도시-나라 관계)를 따라 이동할 수 있기 때문에 단어 벡터 산술 연산을 수행할 수 있습니다. 고전적인 예제는 다음과 같습니다. king을 표현하는 벡터 v_{king}(앞 절의 예를 계속 사용합니다. 이 벡터의 위치는 $[-0.9, 1.9, 2.2]$입니다)에서 man을 나타내는 벡터($v_{man} = [-1.1, 2.4, 3.0]$이라고 가정합니다)를 빼고, woman을 나타내는 벡터($v_{woman} = [-3.2, 2.5, 2.6]$)를 더하면 queen을 나타내는 벡터 근처의 좌표를 얻게 됩니다. 차원별로 이 산술 연산을 수행하면 v_{queen}의 위치를 추정할 수 있습니다.

$$x_{queen} = x_{king} - x_{man} + x_{woman} = -0.9 + 1.1 - 3.2 = -3.0$$
$$y_{queen} = y_{king} - y_{man} + y_{woman} = 1.9 - 2.4 + 2.5 = 2.0 \tag{2.1}$$
$$z_{queen} = z_{king} - z_{man} + z_{woman} = 2.2 - 3.0 + 2.6 = 1.8$$

3개의 차원을 모두 모으면 v_{queen}은 $[-3.0, 2.0, 1.8]$ 근처가 됩니다.

[그림 2.7]은 웹에서 모은 대규모 자연어 말뭉치에서 훈련한 단어 벡터 공간에 있는 더 재미있는 연산을 보여줍니다. 제11장에서 실제 살펴보겠지만 벡터 공간을 가로지르는 단어 사이의 정량적 의미 관계를 보존하는 것이 딥러닝 모델을 자연어 처리 애플리케이션에 사용하는 출발점이 됩니다.

word2viz

단어 벡터를 쉽게 이해하기 위해 jonkrohn.com/word2viz를 방문해 보세요. word2viz의 기본 화면은 [그림 2.8]과 같으며 단어 벡터를 인터랙티브하게 살펴볼 수 있습니다. 오른쪽 위에 있는 드롭다운 상자를 'Gender analogies'로 설정하고 'Modify words' 제목 아래

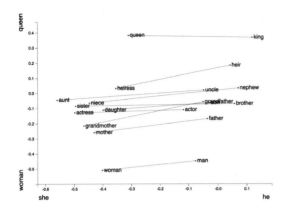

그림 2.8 단어 벡터를 인터랙티브하게 탐험할 수 있는 도구인 word2viz의 기본 화면

새로운 단어 쌍을 추가해 보세요. princess와 prince, duchess와 duke, businesswoman와 businessman같이 성별이 있는 단어 쌍을 추가하면 각 단어가 해당 성별 쪽에 놓인다는 것을 확인할 수 있습니다.

word2viz 도구의 개발자 줄리아 바진스카Julia Bazińska는 xy 좌표계에 벡터를 시각화하기 위해 50차원의 단어 벡터 공간을 2차원으로 압축했습니다.[14] 기본 설정으로 바진스카는 성별에 대한 참조 포인트로 she에서 he까지 x축에 놓았습니다. y축은 단어 woman과 queen을 사용해 대중에서 왕족까지 변하도록 지정했습니다. 60억 개의 샘플과 40만 개의 고유한 단어[15]로 이루어진 자연어 데이터세트에서 훈련하여 만든 벡터 공간에 놓인 단어가 의미에 따라 이 2개의 축을 따라 상대적인 위치에 표시됩니다. 왕족에 가까운 (queen과 비슷한) 단어일수록 그래프에서 높은 위치에 나타납니다. 여성 (she와 비슷한) 단어는 남성 (he와 비슷한) 단어의 왼쪽에 나타납니다.

word2viz의 'Gender analogies'를 충분히 사용해 보고 단어 벡터 공간의 다른 면을 테스트해 볼 수 있습니다. 예를 들어 'What do you want to see?' 드롭다운 상자에서 'Adjectives analogies'를 선택하고 단어 'small'과 'smallest'를 추가해 보세요. 그다음 x축의 레이블을 nice와 nicer로 바꾸고 다시 small과 big으로 바꾸어 보세요. 드롭다운 상자를

---

14 제11장에서 시각화 목적으로 벡터 공간의 차원을 줄이는 방법을 소개합니다.

15 기술적으로는 40만 개 토큰입니다. 단어와 토큰의 차이는 잠시 후에 설명합니다.

'Numbers say-write analogies'로 바꾸고 x축을 3과 7로 바꾸고 실험해 보세요.

드롭다운 상자에서 'Empty'를 선택하면 word2viz 그래프를 아무것도 없는 상태에서 새로 구성할 수 있습니다. 이 (단어 벡터) 공간에는 많은 관계가 들어 있지만 앞서 [그림 2.6]을 설명할 때 언급한 나라-수도 관계를 조사해 볼 수 있습니다. x축의 범위를 west에서 east로 지정하고 y축의 범위를 city와 country로 지정합니다. 이 그래프에 잘 맞는 단어 쌍을 입력해 보세요. 예를 들면 london-england, paris-france, berlin-germany, beijing-china 등입니다.

word2viz가 단어 벡터를 재미있게 이해할 수 있는 방법이지만 다른 한편으로는 주어진 단어 벡터 공간의 강점과 약점에 대한 통찰을 얻을 수 있는 중요한 도구입니다. 예를 들어 'What do you want to see?' 드롭다운 상자에서 'Verb tenses'를 선택하고 단어 lead[16]와 led를 추가합니다. 이렇게 하면 이 벡터 공간에 할당된 단어의 좌표는 벡터 공간을 훈련하는 데 사용한 자연어 처리 데이터에 있던 기존의 성별 고정관념을 반영한다는 것을 확인할 수 있습니다. 드롭다운 박스를 'Job'으로 바꾸면 성별 편향은 더욱 극명해집니다. 의도적이든 아니든 모든 대규모 자연어 데이터세트에 어느 정도 편향이 있다고 말할 수 있습니다. 단어 벡터에 편향을 줄이는 기술이 활발히 연구되고 있습니다.[17] 하지만 이런 편향이 데이터에 존재할 수 있다고 생각하고 자연어 처리 애플리케이션을 다양한 사용자 층이 반영된 상황에서 테스트하여 적절한 결과가 나오는지 확인하는 것이 좋습니다.

지역 표현 vs 분산 표현

단어 벡터에 대한 이해를 바탕으로 오랫동안 자연어 처리 분야에서 사용되었던 원-핫 표현(그림 2.4)과 비교해 볼 수 있습니다. 차이점을 간단하게 요약하면 단어 벡터는 n차원 공간에 분산 표현으로 단어의 의미를 저장합니다. 즉 단어 벡터에서는 벡터 공간 한 위치

---

16 옮긴이_lead(이끌다)는 성별이 있는 단어가 아니지만 단어 벡터는 남성에 치우쳐져 있습니다.

17 예를 들면, Bolukbasi, T., et al. (2016). Man is to computer programmer as woman is to homemaker? Debiasing word embeddings. *arXiv:1607.06520*; Caliskan, A., et al. (2017). Semantics derived automatically from language corpora contain human-like biases. *Science 356*: 183–6; Zhang, B., et al. (2018). Mitigating unwanted biases with adversarial learning. *arXiv:1801.07593*.

표 2.1 단어의 지역적인 원-핫 표현과 분산된 벡터 기반 표현의 비교

원-핫	벡터 기반
미묘한 점이 없음	뉘앙스가 많음
수동 분류 체계	자동
새로운 단어를 잘 다루지 못함	새로운 단어와 매끄럽게 통합됨
주관적	자연어 데이터에 의존적
단어 유사도가 잘 나타나지 않음	단어 유사도 = 공간상의 인접함

에서 다른 위치로 이동함에 따라 단어의 의미가 점진적으로 분산됩니다(희미해집니다). 반면 원-핫 표현은 지역 표현입니다. 주어진 단어의 정보를 일반적으로 매우 희소한 행렬의 행 1개 안에 저장합니다.

지역적인 원-핫 방식과 분산된 벡터 기반 단어 표현 방식 사이의 차이를 잘 드러내기 위해 [표 2.1]에 다양한 속성이 비교되어 있습니다. 첫째, 원-핫 표현은 뉘앙스가 부족합니다. 단순한 이진 신호입니다. 반면 벡터 기반 표현은 뉘앙스가 매우 강합니다. 단어에 대한 정보가 연속적이고 정량적인 공간에 널리 퍼져 있습니다. 이런 고차원 공간에서는 단어 사이의 관계를 잡아낼 수 있는 가능성이 무한합니다.

둘째, 실제 원-핫 표현을 사용하려면 수동으로 선별해야 하는 노동 집약적인 분류 체계가 필요한 경우가 많습니다. 이런 분류 체계에는 사전과 다른 전문화된 참조 데이터베이스가 포함됩니다.[18] 벡터 기반 표현은 자연어 데이터만 사용해 완전히 자동으로 만들어지기 때문에 외부 참조 데이터가 필요하지 않습니다.

셋째, 원-핫 표현은 새로운 단어를 잘 다루지 못합니다. 새로 등장한 단어를 위해서 행렬에 새로운 행이 추가되어야 하고 말뭉치의 기존 행에 대한 재분석을 수행해야 합니다. 그다음 아마도 외부 정보를 참조하여 코드를 변경합니다. 벡터 기반 표현에서는 자연스러운 문맥으로 새로운 단어가 포함된 자연어에서 벡터 공간을 훈련하여 새로운 단어를 통합할 수 있습니다. 새로운 단어는 새로운 n차원 벡터가 됩니다. 처음에는 새로운 단어를 포함한 훈련 데이터 포인트가 적기 때문에 n차원 공간에서 위치가 정확하지 않을 수 있습니

---

18 예를 들면, 유의어는 물론 상위어(is-a 관계, '가구'는 '의자'의 상위어입니다)를 제공하는 WordNet(wordnet.princeton. edu).

다. 하지만 기존의 모든 단어의 위치는 달라지지 않고 그대로 유지되며 모델이 작동하는데 문제가 없습니다. 시간이 지남에 따라 자연어에 포함된 새 단어의 샘플이 증가하면 이 단어에 대한 벡터 공간 좌표의 정확도는 향상될 것입니다.[19]

넷째, 이전의 두 가지 점에 이어 원-핫 표현을 사용하면 언어의 의미를 주관적으로 해석하는 경우가 많습니다. 이는 (비교적 작은 그룹의) 개발자들이 설계한 코딩된 규칙이나 참조 데이터베이스를 사용하기 때문입니다. 반면 벡터 기반 표현에서 언어의 의미는 데이터에 의존합니다.[20]

다섯째, 원-핫 표현은 선천적으로 단어 유사도를 무시합니다. couch와 sofa같이 비슷한 단어의 표현 차이가 couch와 cat처럼 관련 없는 단어의 표현 차이와 다르지 않습니다. 반대로 벡터 기반 표현은 단어 유사도를 다룰 수 있습니다. 앞서 [그림 2.6]에 대해 언급한 것처럼 두 단어가 비슷할수록 벡터 공간에서 더 가까이 위치해 있습니다.

자연어의 구성 요소

지금까지 자연어의 구성 요소 중 단어 하나만 고려했습니다. 하지만 단어는 언어의 구성 요소로 이루어져 있습니다. 또한 단어는 더 추상적이고 복잡한 언어의 구성 요소입니다. 단어를 구성하는 언어의 요소로 시작해서 [그림 2.9]를 따라 단어로 만들 수 있는 요소를 알아보겠습니다. 각 구성 요소에 대해 전통적인 머신러닝과 딥러닝에서 어떻게 인코딩되는지 설명합니다. 이 구성 요소들을 살펴보면서 분산 딥러닝 표현이 유동적이고 유연성 있는 벡터라는 것을 알 수 있습니다. 반면 전통적인 머신러닝 표현은 지역적이고 고정되어 있습니다(표 2.2).

음운론phonology은 구어의 소리 체계를 연구하는 분야입니다. 모든 언어에는 단어를 구성하는 특정한 **음소**phoneme 집합이 있습니다. 전통적인 머신러닝 방식은 오디오 소리를 그 언어의 가능한 음소 중에 있는 특정 음소로 인코딩합니다. 딥러닝에서는 오디오 입력에서 자동으로 특성을 학습하여 음소를 예측하는 모델을 훈련합니다. 그다음 이 음소를 벡터 공

---

19 여기에서 언급하지 않았지만 연관된 문제는 제품에 투입된 자연어 처리 알고리즘이 훈련 데이터 말뭉치에 포함되지 않은 단어를 만났을 때 일어납니다. 이를 OOV(out of vocabulary) 문제라고 합니다. 이 문제는 원-핫 표현과 단어 벡터에 모두 영향을 미칩니다. 페이스북의 fastText 라이브러리 같은 방법은 보조 단어 정보를 고려하여 이 이슈를 피해가려고 합니다. 하지만 이런 방법은 이 책의 범위를 넘어섭니다.

20 그럼에도 자연어 데이터에서 발견될 수 있는 편향이 있습니다. 35쪽 글상자를 참조하세요.

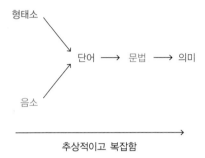

그림 2.9   자연어 구성 요소 사이의 관계. 가장 왼쪽의 요소가 그다음 오른쪽 요소의 구성 요소입니다. 오른쪽으로 갈수록 더 추상적인 요소가 됩니다. 따라서 자연어 처리 애플리케이션에서 모델링하기 더 복잡해집니다.

간에 표현합니다. 이 책에서는 텍스트 형태의 자연어를 다루지만 여기서 다루는 기술은 필요하다면 음성 데이터에도 직접 적용할 수 있습니다.

형태론morphology은 단어의 어형 변화를 다루는 분야입니다. 음소처럼 모든 언어는 특정 형태소morpheme 집합을 가집니다. 형태소는 의미를 가진 가장 작은 언어 단위입니다. 예를 들면 3개의 형태소 out, go, ing이 합쳐져 outgoing이라는 단어를 만듭니다. 전통적인 머신러닝 방식은 주어진 언어의 모든 형태소 목록을 사용해 텍스트에 있는 형태소를 식별합니다. 딥러닝은 모델을 훈련하여 특정 형태소의 등장을 예측합니다. 계층적으로 인공 뉴런의 층을 깊게 쌓으면 여러 개의 벡터(예를 들면 out, go, ing를 나타내는 벡터 3개)를 연결하여 단어 하나를 표현하는 벡터 하나를 만들 수 있습니다.

(오디오를 고려하는) 음운론과 (텍스트를 고려하는) 형태론이 연결되어 단어를 구성합니다. 이 책에서 자연어 데이터를 다룰 때는 단어 수준에서 작업합니다. 여기에는 네 가지 이유가 있습니다. 첫째, 단어가 무엇인지 정의하기 쉽습니다. 모든 사람이 단어가 무엇인지

표 2.2   자연어 구성 요소에 따른 전통적인 머신러닝과 딥러닝 표현

표현	전통적인 머신러닝	딥러닝	음성만 고려
음운론	모든 음소	벡터	참
형태론	모든 형태소	벡터	거짓
단어	원-핫 인코딩	벡터	거짓
통사론	구문 규칙	벡터	거짓
의미론	람다 대수(Lambda calculus)	벡터	거짓

잘 압니다. 둘째, 제11장에서 배울 **토큰화**tokenization라 불리는 과정을 통해 자연어를 단어로 분리하는 것이 쉽습니다.[21] 셋째, 단어는 특히 딥러닝에서 가장 많이 연구된 자연어 분야입니다. 따라서 손쉽게 최신 기술을 적용할 수 있습니다. 넷째, 아마 가장 중요한 이유인데 이 책에서 만들려는 자연어 처리 모델이 단어 벡터와 잘 동작하기 때문입니다. 실용적이고 효율적이며 정확합니다. 앞 절에서 딥러닝 모델이 사용하는 단어 벡터에 비해 전통적인 머신러닝에서 대부분 사용하는 지역적인 원-핫 표현의 단점을 설명했습니다.

단어가 연결되어 **통사론**syntax을 구성합니다. 통사론과 형태론은 언어의 문법 전체가 됩니다. 통사론은 언어 사용자 간에 일관된 방식으로 의미를 전달하기 위한 구를 이루는 단어의 배열과 문장을 이루는 구의 배열 방법입니다. 전통적인 머신러닝 방식에서 구는 이산적이고 형식적인 언어학의 카테고리로 나뉘어집니다.[22] 딥러닝에서는 벡터를 사용합니다(다시 한번 놀랍습니다!). 텍스트에 있는 모든 단어와 모든 구를 n차원 공간의 벡터로 표현할 수 있습니다. 인공 뉴런의 층이 단어를 연결하여 구를 만들기 때문입니다.

의미론semantics은 [그림 2.9]와 [표 2.2]에 있는 자연어 구성 요소 중 가장 추상적입니다. 의미론은 문장의 의미를 다루는 분야입니다. 의미는 텍스트 조각에 나타난 중요한 문맥뿐만 아니라 단어나 구 같은 언어의 모든 구성 요소에서 추론됩니다. 의미 추론은 복잡합니다. 예를 들어 한 구절을 글자 그대로 이해할지 유머나 빈정거리는 말로 생각할지는 미묘한 문맥 차이와 변화하는 문화 기준에 따라 다릅니다. 전통적인 머신러닝은 언어에 있는 모호함(예를 들면 관련 단어나 구절의 유사성)을 표현하지 못하기 때문에 의미를 잡아내는 데 제한적입니다. 딥러닝은 다시 한 번 벡터를 사용해 이 문제를 해결합니다. 벡터는 텍스트에 있는 모든 단어와 구절뿐만 아니라 모든 논리적 표현이 가능합니다. 언어의 구성 요소처럼 인공 뉴런의 층은 구성 요소의 벡터를 다시 재연결할 수 있습니다. 여기에서는 구 벡터를 비선형적으로 조합하여 의미 벡터를 계산합니다.

구글 듀플렉스

최근 딥러닝에 기반한 자연어 처리 애플리케이션 중 가장 주목을 끄는 것은 2018년 구글의 I/O 개발자 컨퍼런스에서 발표한 구글 듀플렉스입니다. 인터넷 검색 공룡 구글의

---

21 기본적으로 토큰화는 단어의 끝과 시작에 등장한다고 추측되는 쉼표, 마침표, 공백 같은 문자를 사용합니다.
22 이런 카테고리는 '명사구'와 '동사구' 같은 이름을 가집니다.

CEO 선타 피차이Sundar Pichai는 많은 사람 앞에서 구글 어시스턴트로 중식 레스토랑에 전화하여 예약하는 것을 시연했습니다. 관중들은 듀플렉스의 자연스러운 대화 흐름에 놀라움을 금치 못했습니다. 사람이 생각하는 동안 간간히 내뱉는 '아'나 '음' 같은 소리를 포함해 사람의 대화 억양을 완전히 터득했습니다. 또한 전화 통화는 평균적인 오디오 품질이었고 상대방은 억양이 강했지만 듀플렉스는 불안해하지 않았고 예약을 잘 마쳤습니다.

실제가 아니라 데모라는 점을 감안하더라도 인상 깊었던 것은 이 기술에 필요한 딥러닝 애플리케이션의 폭넓은 구성입니다. 전화상의 두 상대(듀플렉스와 식당 종업원) 사이에 흐르는 정보를 생각해 보세요. 듀플렉스는 실시간으로 오디오를 처리하고 광범위한 억양과 통화 품질을 다루며 배경 잡음[23]을 극복할 수 있는 고수준의 음성 인식 알고리즘이 필요합니다.

사람의 목소리를 안정적으로 글로 옮긴 후 자연어 처리 모델이 문장을 처리하고 무엇을 의미하는지 결정해야 합니다. 전화를 하는 사람이 컴퓨터와 이야기한다는 것을 모르기 때문에 자기의 말을 조절할 필요가 없습니다. 결국 사람은 컴퓨터가 분리하기 어려운 복잡하고 여러 개로 나뉘어진 문장으로 대답한다는 의미입니다.

"우리는 내일 아무 일도 없어요. 하지만 다음날과 목요일, 8시 이전이면 아무 때나 괜찮아요. 잠시만 아니요… 목요일은 7시에 나갑니다. 하지만 8시 이후에 할 수 있을까요?"

이 문장은 엉망입니다. 이런 식으로 이메일을 쓰지 않을 것입니다. 하지만 자연스러운 대화에서는 이런 종류의 수정과 변경이 흔하게 일어나기 때문에 듀플렉스가 이를 따라 갈 수 있어야 합니다.

오디오 텍스트 변환과 문장의 의미를 처리하면서 듀플렉스 자연어 처리 모델은 응답을 떠올립니다. 상대방이 결정을 못하거나 대답이 만족스럽지 않으면 응답을 위해 더 많은 정보를 요청해야 합니다. 그렇지 않다면 예약을 확정해야 합니다. 이 자연어 처리 모델은 텍스트 형태로 응답을 생성하므로 음성을 합성하기 위해 텍스트-투-스피치text-to-speech, TTS

---

23 이는 '칵테일 파티 문제' 또는 조금 더 격식을 차려서 '다중 화자 음성 분리'라 불리는 문제로 알려져 있습니다. 사람은 선천적으로 어떻게 하는지 알려주지 않아도 시끄러운 잡음 속에서 하나의 목소리를 구별할 수 있습니다. 많은 연구자들이 해법을 제시했지만 일반적으로 기계는 이 문제를 어려워합니다. 예를 들어 다음을 참조하세요. Simpson, A., et al. (2015). Deep karaoke: Extracting vocals from musical mixtures using a convolutional deep neural network. *arXiv: 1504.04658*; Yu, D., et al. (2016). Permutation invariant training of deep models for speaker-independent multi-talker speech separation. *arXiv: 1607.00325*.

듀플렉스는 타코트론Tacotron[24]과 WaveNet[25]은 물론 더 고전적인 연결 방식 텍스트-투-스피치 엔진concatenative TTS engine[26]으로 새로운 합성 음성을 조합합니다. 여기가 이 시스템이 지나가는 불쾌한 골짜기uncanny valley[27]입니다. 식당 종업원이 듣는 목소리는 사람 목소리가 아닙니다. WaveNet은 사람의 실제 음성에서 훈련한 심층 신경망을 사용해 한 번에 하나의 샘플씩 완벽하게 음성을 합성할 수 있습니다. 그 아래에서 타코트론은 단어 시퀀스를 피치pitch, 속도, 억양 심지어 발음과 같은 사람 목소리의 미묘함을 나타내는 오디오 특성의 시퀀스에 매핑합니다. 그다음 이런 특성을 WaveNet에 주입하여 식당 종업원이 듣는 실제 음성을 합성합니다. 전체 시스템은 올바른 억양, 감정, 강조를 통해 자연스럽게 들리는 목소리를 만들 수 있습니다. 거의 기계적인 대화에서는 계산에 필요한 자원이 적게 필요한 (자신의 목소리를 녹음하여 만든) 간단한 연결 방식 TTS 엔진이 사용됩니다. 전체 모델은 필요에 따라 다양한 모델 사이를 동적으로 전환합니다.

엔진이 필요합니다.

영화 '제리 맥과이어'의 대사를 빌리자면 여러분이 "안녕"이라고 말했을 때 이미 모든 것을 얻었습니다.[28] 전화에 대답하는 순간부터 음성 인식 시스템, 자연어 처리 모델, TTS 엔진이 함께 어우러져 작동합니다. 이때부터 듀플렉스 일은 더 복잡해집니다. 이런 상호작용을 모두 관장하는 것은 시퀀스에 담긴 정보를 다루는 데 특화된 심층 신경망 하나입니다.[29] 이 신경망은 대화를 기록하고 다양한 입력과 출력을 적절한 모델에 주입합니다.

여기에서 구글 듀플렉스가 전화에서 매끄러운 상호작용을 구현하기 위해 조화롭게 동

---

24 bit.ly/tacotron

25 https://bit.ly/3OYcINW

26 연결 방식 TTS 엔진은 대규모 데이터베이스에 저장된 사전에 녹음된 단어와 음절을 서로 연결하여 문장을 만듭니다. 이 방법은 매우 쉽고 널리 사용되지만 부자연스러운 목소리를 만들고 속도와 억양을 바꿀 수 없습니다. 예를 들어 질문을 받은 것처럼 들리도록 단어를 수정할 수 없습니다.

27 불쾌한 골짜기는 사람을 모방한 로봇이 이상하고 으스스하게 느껴지는 위험한 영역입니다. 이런 로봇은 사람과 매우 비슷하지만 진짜 사람은 아니기 때문입니다. 제품 설계자는 불쾌한 골짜기를 피하려고 노력합니다. 사람들은 로봇과 비슷하거나 전혀 로봇 같지 않은 시뮬레이션에 잘 응답하기 때문입니다. 옮긴이_불쾌한 골짜기는 인간과 거의 똑같은 로봇이 이상한 행동을 할 때 느끼는 거부감을 의미합니다.

28 옮긴이_다시 찾아온 제리에게 도로시가 말한 유명한 대사로서 "안녕이라고 했을 때 이미 날 얻은 거예요"를 빗댄 말입니다.

29 이런 신경망을 순환 신경망이라고 부릅니다. 제11장에서 자세히 다룹니다.

작하는 복잡한 딥러닝 모델 시스템이라는 점을 소개했습니다. 그럼에도 지금은 듀플렉스가 약속과 예약 같은 몇 가지 특정 영역에만 제한되어 있습니다. 이 시스템은 일반적인 대화를 수행할 수 없습니다. 듀플렉스는 인공지능 분야에서 괄목할 만한 발전을 이루었지만 아직 해야 할 일이 많습니다.

요약

이 장에서는 자연어 처리에 딥러닝을 적용하는 것을 배웠습니다. 노동 집약적인 원-핫 표현을 만들지 않고 언어에서 가장 적절한 특성을 자동으로 추출하는 딥러닝 모델의 능력을 설명했습니다. 대신 딥러닝이 포함된 자연어 처리 애플리케이션은 벡터 공간 임베딩을 사용합니다. 단어의 의미에 담긴 뉘앙스를 감지하여 모델의 성능과 정확도를 모두 향상시킵니다.

제11장에서는 인공 신경망을 사용한 자연어 처리 애플리케이션을 만듭니다. 이 신경망은 자연어 데이터를 입력으로 받고 이 데이터에 대한 추론 결과를 출력합니다. 이런 '엔드-투-엔드' 딥러닝 모델에서 첫 번째 층은 단어 벡터를 만들어 '기억' 능력이 있는 전문적인 인공 뉴런 층으로 전달합니다. 이런 모델 구조는 딥러닝에서 단어 벡터를 사용하기 쉽게 만들고 딥러닝의 강점을 부각시킵니다.

3

기계의 예술

이 장에서는 딥러닝 모델을 사용해 예술 작품처럼 보이는 것을 만들기 위한 개념을 소개합니다. 어떤 사람은 희한하게 생각할 수 있습니다. UC 버클리의 철학자 알바 노에 Alva Noë 자신은 "예술은 인간 본성을 더 잘 이해하는 데 도움을 줄 수 있다"고 주장했습니다.[1] 만약 이것이 사실이라면 기계가 어떻게 예술 작품을 만들 수 있을까요? 아니면 다르게 말해서 기계에서 만든 창조물이 실제 예술일까요? 가장 맘에 드는 또 다른 해석은 이런 창조물이 실제 예술이고 프로그래머는 딥러닝 모델을 붓처럼 사용하는 예술가라는 것입니다. 이런 작품을 진짜 예술로 보는 것은 우리만이 아닙니다. 생성적 적대 신경망 generative adversarial network, GAN이 만든 그림이 약 40만 달러에 팔린 적도 있습니다.[2]

이 장에서 GAN 이면에 있는 고차원의 개념을 다루고 GAN이 만든 새로운 샘플을 확인하겠습니다. 또한 GAN에 연관된 잠재 공간과 제2장의 단어 벡터 공간 사이에 연결 고리를 생각해 보겠습니다. 자동으로 사진 품질을 크게 높일 수 있는 딥러닝 모델도 다룹니다. 하지만 시작하기 전에 붓 솜 마시죠 ….

밤새도록 마시는 술꾼

구글의 몬트리올 사무실 아래에는 'Les 3 Brasseurs'라는 술집이 있습니다. 프랑스어로 '3명의 양조자'라는 이름입니다. 이 술집에서 요슈아 벤지오(그림 1.10) 교수의 유명 연구실에 있던 박사 과정 학생 이안 굿펠로우 Ian Goodfellow가 실제처럼 보이는 이미지를 만드는 알고

---

1 Noë, A. (2015, October 5). What art unveils. The *New York Times*.
2 Cohn, G. (2018, October 25). AI art at Christie's sells for $432,500. The *New York Times*.

리즘을 고안했습니다.[3] 얀 르쿤(그림 1.9)은 이 기술이 최근 딥러닝의 혁신 중에서 가장 중요하다고 말했습니다.[4]

친구들이 굿펠로우에게 작업하고 있던 **생성 모델**generative model을 설명했습니다. 이 계산 모델의 목적은 셰익스피어 스타일의 문장이나 음악 멜로디, 추상 화가의 작품 같은 새로운 무언가를 만드는 것입니다. 특별히 친구들은 사람의 초상화처럼 사실적인 이미지를 생성할 수 있는 모델을 설계하고자 했습니다. 전통적인 머신러닝 방법(그림 1.12)으로 이를 잘 해결하기 위해 이들이 설계한 모델은 눈, 코, 입같이 얼굴의 주요 특징을 분류하고 근사할 뿐만 아니라 이런 특징이 상대적으로 어떻게 배열될지 정확하게 추정해야 합니다. 지금까지 결과는 별로였습니다. 생성된 얼굴이 너무 흐릿하거나 코나 귀와 같이 필수적인 요소가 빠지는 경향이 있었습니다.

맥주 1파인트 아니면 2파인트를 마신 후 놀라운 창의력을 발휘한[5] 굿펠로우는 혁신적인 아이디어를 제안합니다. 적대적으로 경쟁하는 2개의 인공 신경망을 가진 딥러닝 모델이었습니다. [그림 3.1]에 나타나 있듯이 이 심층 신경망 중 하나는 가짜를 만들도록 프로그램

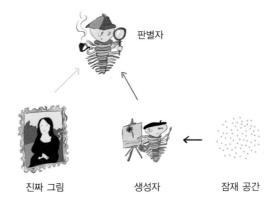

진짜 그림　　　　생성자　　　　잠재 공간

그림 3.1 고수준에서 본 생성적 적대 신경망(GAN)의 구조. 생성자가 만든 가짜 이미지와 진짜 이미지를 판별자에게 제공합니다. 판별자의 작업은 어떤 것이 진짜인지 구별하는 것입니다. 주황색 구름은 잠재 공간을 나타냅니다(그림 3.4). 이 잠재 공간은 생성자에게 가이드를 제공합니다. 이 가이드는 (제12장에서 보겠지만 일반적으로 신경망을 훈련하는 동안) 랜덤하거나 (그림 3.3처럼 훈련이 끝난 후 탐색을 위해) 선택적일 수 있습니다.

3　Giles, M. (2018, February 21). The GANfather: The man who's given machines the gift of imagination. *MIT Technology Review*.

4　LeCun, Y. (2016, July 28). *Quora*. bit.ly/DLbreakthru

5　Jarosz, A., et al. (2012). Uncorking the muse: Alcohol intoxication facilitates creative problem solving. *Consciousness and Cognition*, *21*, 487-93.

됩니다. 다른 하나는 탐정처럼 (개별적으로 제공된) 가짜와 진짜 이미지를 구별하도록 프로그램됩니다. 이런 적대 신경망은 상대방을 뛰어 넘으려 합니다. **생성자**generator가 가짜를 더 잘 만들면 **판별자**discriminator가 이를 더 잘 구별해야 합니다. 따라서 생성자가 더 뛰어난 위조품을 만들어야 하는 식입니다. 이 선순환 구조는 훈련에 사용한 진짜 이미지의 스타일로 얼굴 또는 다른 어떤 새로운 이미지를 만듭니다. 무엇보다도 굿펠로우의 방식은 생성 모델을 만들기 위해 수동으로 특징을 프로그래밍할 필요가 없습니다. 머신 비전(제1장)과 자연어 처리(제2장)에 대해 설명했던 것처럼 딥러닝은 자동으로 모델의 특성을 추출합니다.

굿펠로우의 친구들은 창의적인 그의 방식이 가능할지 의심했습니다. 굿펠로우는 집에 돌아와서 여자 친구가 잠이 든 것을 보고 늦게까지 이중 인공 신경망 구조를 설계했습니다. 이때 이 신경망이 처음으로 실행되었습니다. 놀라운 딥러닝 가족으로 생성적 적대 신경망이 탄생한 것입니다!

같은 해 굿펠로우와 그의 동료들은 세계 최고의 권위를 자랑하는 NIPSNeural Information Processing Systems 컨퍼런스를 통해 GAN을 세상에 알렸습니다.[6] [그림 3.2]에 이 결과 중 일부

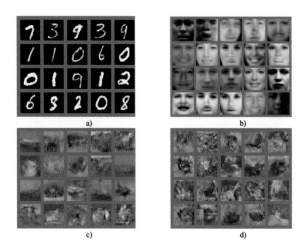

그림 3.2 굿펠로우와 그의 동료들이 2014년 GAN 논문에서 제시한 결과

---

6   Goodfellow, I., et al. (2014). Generative adversarial networks. *arXiv:1406.2661*.

를 나타내었습니다. (a) 손글씨 숫자[7], (b) 사람 얼굴 사진[8], (c)(d) 10개 클래스[9]에 걸친 다양한 사진(예를 들면 비행기, 자동차, 강아지)[10]에서 훈련된 GAN 모델이 새로운 이미지를 만들었습니다. (c)의 결과는 (d)에 비해 선명하지 않습니다. (d)를 만든 GAN은 머신 비전에 특화된 **합성곱 층**convolutional layer이라 불리는 층을 사용했기 때문입니다.[11] 반면 (c)를 생성한 GAN은 일반적인 층을 사용했습니다.[12]

가짜 얼굴 생성

굿펠로우에 이어 미국 머신러닝 엔지니어인 알렉 래드퍼드Alec Radford가 이끄는 연구팀이 훨씬 사실적인 이미지를 만들기 위해 GAN 구조에 필요한 제약 요소를 알아내었습니다. 이 **심층 합성곱 GAN**deep convolutional GAN[13] 이 만든 가짜 초상화 샘플이 [그림 3.3]에 나타나 있습니다. 논문에서 래드퍼드와 그의 팀 동료들은 GAN의 **잠재 공간**latent space상에서 보간interpolation과 연산에 대해 선보였습니다. 잠재 공간 보간과 연산을 알아보기 전에 잠재 공간이 무엇인지 먼저 알아보죠.

[그림 3.4]에 있는 잠재 공간 그림은 [그림 2.6]의 단어 벡터 공간을 연상시킵니다. 잠재 공간과 단어 벡터 공간 사이에는 주요 유사점이 세 가지 있습니다. 첫째, 간단하게 그리고 쉽게 이해하기 위해 3차원으로 그림을 그렸지만 잠재 공간은 n차원 공간입니다. 일반적으로 수백 개의 차원을 가집니다. 예를 들어 나중에 제12장에서 만들 GAN의 잠재 공간은 $n = 100$차원입니다. 둘째, 두 포인트가 잠재 공간에서 가까울수록 이 포인트가 표현하는 두 이미지가 더 비슷합니다. 셋째, 잠재 공간에서 어떤 방향으로 이동하면 사실적인 얼굴인 경우 나이나 성별 같은 개념이 점차적으로 바뀝니다.

---

7 제2부에서 사용할 르쿤의 고전 MNIST 데이터세트입니다.

8 힌튼(그림 1.16)의 연구실에서 만든 토론토 얼굴 데이터베이스(Toronto Face database)입니다.

9 옮긴이_머신러닝의 분류 문제에서 레이블의 범주를 클래스라고 부릅니다. 파이썬 프로그램의 클래스와는 다르므로 헷갈리지 마세요.

10 CIFAR-10 데이터세트입니다. 이 데이터를 만든 캐나다고등연구소(Canadian Institute for Advanced Research)에서 이름을 땄습니다.

11 제10장에서 자세히 소개합니다.

12 밀집층(dense layer)입니다. 제4장과 제7장에서 자세히 소개합니다.

13 Radford, A., et al. (2016). Unsupervised representation learning with deep convolutional generative adversarial networks. *arXiv:1511.06434v2.*

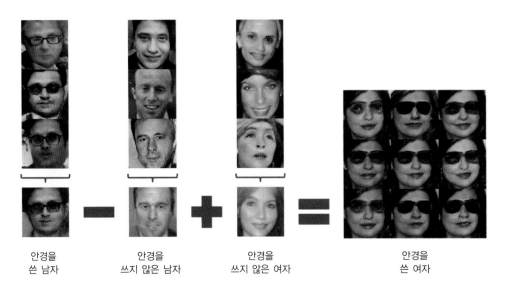

안경을 쓴 남자	안경을 쓰지 않은 남자	안경을 쓰지 않은 여자	안경을 쓴 여자

그림 3.3　래드퍼드 등이 보여준 잠재 공간 계산 예

나이를 나타내는 어떤 n차원 축을 따라 멀리 떨어져 있는 두 포인트를 선택하고 이 포인트 사이를 잇는 직선을 따라 포인트를 샘플링하면 (가상의) 동일 남자 이미지가 점점 더 나이 들어가는 것을 확인할 수 있습니다.[14] [그림 3.4]의 잠재 공간 그림에서 보라색 '나이' 축으로 표현했습니다. 실제 GAN 잠재 공간의 보간을 확인하려면 래드퍼드와 동료들의 논문을 보는 것이 좋습니다. 예를 들면 침실을 부드럽게 회전하면서 합성한 것이 있습니다. 이 글을 쓰는 시점에 최고 수준의 GAN을 bit.ly/InterpCeleb에서 볼 수 있습니다. 그래픽 카드 제조사인 Nvidia의 연구원들이 만든 이 영상은 매우 훌륭하게 보간한 가짜 유명인의 얼굴 사신을 보여줍니다.[15, 16]

여기에서 한 발 더 나아가 GAN의 잠재 공간에서 샘플링된 이미지로 계산을 수행할 수 있습니다. 잠재 공간에서 한 포인트를 샘플링할 때 이 포인트는 잠재 공간상의 위치 좌표로 표현됩니다. 만들어진 벡터는 제2장에서 설명한 단어 벡터와 유사합니다. 단어 벡터처럼 벡터끼리 계산을 수행할 수 있고 의미 있는 방향으로 잠재 공간을 이동할 수 있습니다.

---

14 기술 노트 : 벡터 공간의 경우와 마찬가지로 이런 '나이' 축(또는 의미 있는 속성을 표현하는 잠재 공간 내의 어떤 방향)은 이 축을 구성하는 모든 n차원에 수직일 수 있습니다. 제11장에서 이에 대해 더 자세히 이야기하겠습니다.

15 Karras, T., et al. (2018). Progressive growing of GANs for improved quality, stability, and variation. *Proceedings of the International Conference on Learning Representations*.

16 whichfaceisreal.com에서 진짜 얼굴과 GAN이 생성한 얼굴을 직접 구분해 보세요.

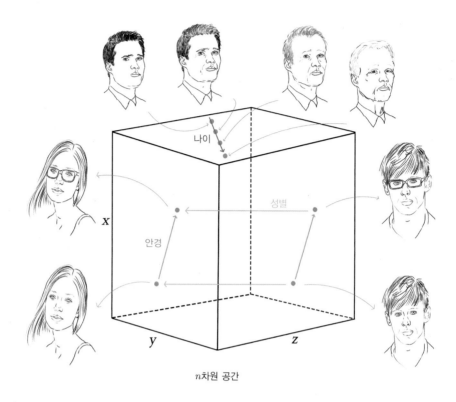

그림 3.4 GAN의 잠재 공간 그림. 잠재 공간에서 보라색 화살표를 따라 이동하면 비슷하게 보이는 사람의 나이 든 이미지를 얻을 수 있습니다. 초록색 화살표는 성별을 나타내고 주황색 화살표는 안경을 쓴 얼굴인지를 나타냅니다.

[그림 3.3]에서 래드퍼드와 동료들이 수행한 잠재 공간 계산의 예를 보여줍니다. GAN의 잠재 공간에서 안경을 쓴 남자 포인트에서 시작해서 안경을 쓰지 않은 남자를 나타내는 포인트를 뺍니다. 그다음 안경을 쓰지 않은 여자를 표현하는 포인트를 더하면 만들어진 포인트는 잠재 공간에서 안경을 쓴 여자 얼굴을 나타내는 이미지 근처에 위치하게 됩니다. [그림 3.4]에서 잠재 공간에 있는 의미 사이의 관계가 어떻게 저장되어 있는지 보여 줍니다 (여기에서도 단어 벡터 공간과 유사합니다). 이로 인해 잠재 공간에서 포인트 간의 계산이 가능합니다.

스타일 트랜스퍼 : 사진을 모네 그림으로 변환하기(또는 그 반대)

더 마술 같은 GAN 애플리케이션 중 하나는 스타일 트랜스퍼style transfer입니다. BAIRBerkeley Artificial Intelligence Research 연구실의 주Zhu, 파크Park 그리고 동료들은 [그림 3.5]와 같이 놀라운

입력	모네	반 고흐	세잔	우키요에

그림 3.5 CycleGAN으로 유명 화가의 스타일로 바꾼 사진

그림을 만드는 새로운 GAN 기술[17]을 소개했습니다. 저자 중 한 명인 알렉세이 에프로스 Alexei Efros가 프랑스 휴가 중 찍은 사진에 CycleGAN을 적용해 인상주의 화가 클로드 모네, 19세기 네덜란드 화가 빈센트 반 고흐, 일본 우키요에 장르의 스타일로 사진을 변화시켰습니다. bit.ly/cycleGAN에 방문하면 반대로 변환한 샘플(모네 그림을 실제 사진처럼 바꾼 것)은 물론 다음 같은 예도 볼 수 있습니다.

- 여름 장면을 겨울로 바꾸거나 그 반대로 바꿉니다.
- 바구니에 담긴 사과를 오렌지로 바꾸거나 그 반대로 바꿉니다.
- 낮은 품질의 평범한 사진을 고급(SLR) 카메라로 찍은 것처럼 변환합니다.
- 들판을 달리는 말 영상을 얼룩말 영상으로 바꿉니다.
- 낮에 찍은 동영상을 밤에 찍은 것처럼 바꿉니다.

---

17 신경망훈련을 여러 번 반복하면서 이미지의 일관성을 유지하기 때문에 'CycleGAN'이라고 부릅니다. Zhu, J.-Y., et al. (2017). Unpaired image-to-image translation using cycle-consistent adversarial networks. *arXiv:1703.10593*.

스케치를 사진으로 바꾸기

아주 재미있는 알렉세이 에프로스 BAIR 연구실의 다른 GAN 애플리션은 pix2pix[18]입니다. bit.ly/pix2pixDemo를 방문해서 인터랙티브하게 여러 종류의 스케치를 이미지로 바꿀 수 있습니다. 예를 들면 [그림 3.6]처럼 edges2cats의 왼쪽 패널에 눈이 3개인 고양이를 그리면 오른쪽 패널에 돌연변이 고양이 사진을 생성합니다. 브라우저 안에서 맘에 드는 대로 고양이, 신발, 핸드백, 파사드를 스케치해서 실제 같은 사진으로 바꾸어 보세요. pix2pix 논문 저자는 이런 방식을 cGAN(conditional GAN)이라고 불렀습니다. 이 GAN 모델이 제공되는 특정 입력을 조건 삼아 출력을 만들기 때문입니다.

텍스트를 사진으로 바꾸기

이 장을 마무리하면서 [그림 3.7]에 있는 진짜 사실적인 고해상도 이미지를 살펴보세요. 이 이미지는 2개의 GAN을 쌓아서 만든 StackGAN으로 생성한 것입니다.[19] 이 구조의 첫

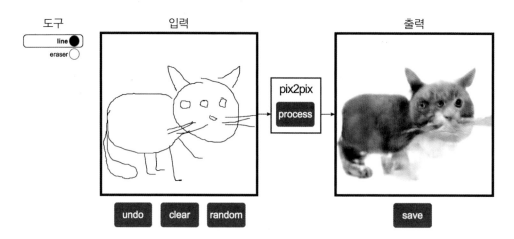

그림 3.6 pix2pix 웹 애플리케이션으로 합성한 눈이 3개인 돌연변이 고양이(오른쪽 패널). GAN 출력의 조건이 된 왼쪽 패널의 스케치는 이 책에 삽화를 담당한 아그레이가 그린 것이 아니라 다른 저자 중 한 명이 그렸습니다(누군지 는 밝히지 않겠습니다).

---

18 Isola, P., et al. (2017). Image-to-image translation with conditional adversarial networks. *arXiv:1611.07004.*

19 Zhang, H., et al. (2017). StackGAN: Text to photo-realistic image synthesis with stacked generative adversarial networks. *arXiv:1612.03242v2.*

텍스트
조건

This bird has a yellow belly and tarsus, grey back, wings, and brown throat, nape with a black face

This bird is white with some black on its head and wings, and has a long orange beak

This flower has overlapping pink pointed petals surrounding a ring of short yellow filaments

(a) 단계 1
이미지

(b) 단계 2
이미지

그림 3.7　2개의 GAN을 쌓아 만든 StackGAN이 출력한 사실적인 고해상도 이미지

번째 GAN은 관련된 물체의 일반적인 모양과 색깔은 유지하면서 거친 저해상도 이미지를 생성합니다. 이 이미지가 두 번째 GAN의 입력으로 제공됩니다. 두 번째 GAN은 합성 사진의 결함을 고치고 상세 사항을 추가하여 사진을 개선합니다. StackGAN은 이전 절에 있는 pix2pix 모델과 같은 cGAN입니다. 하지만 이미지가 아니라 **텍스트 조건**으로 출력 이미지가 생성됩니다.

딥러닝을 사용한 이미지 처리

디지털 카메라 기술이 등장한 이후로 (온-디바이스와 사후 처리 모두에서) 이미지 처리는 (전부는 아니지만) 대부분 사진가들의 작업 과정에 중요한 요소가 되었습니다. 사진을 찍은 후 채도와 선명도를 바로 높이는 간단한 온-디바이스 처리에서 어도비 포토샵이나 라이트룸 같은 소프트웨어 애플리케이션에서 원시 이미지 파일을 복잡하게 수정하는 것까지 다양합니다.

카메라 제조사는 고객이 최소한의 노력으로 선명하고 만족스러운 이미지를 볼 수 있도록 온-디바이스 처리에 머신러닝을 광범위하게 사용했습니다. 몇 가지 사례는 다음과 같습니다.

- 얼굴 노출과 초점을 최적화하거나 (그림 1.13처럼) 대상체가 웃고 있을 때 선택적으로 셔터를 작동시키는 컴팩트 카메라의 초기 얼굴 인식 알고리즘
- 눈의 흰색을 감지해 노출 설정을 조정하거나 야간 사진을 위해 플래시를 터뜨리는 장면 인식 알고리즘

사후 처리 분야에는 다양한 자동 도구가 있습니다. 하지만 일반적으로 이미지를 후보정하는 사진가는 색깔과 노출 보정, 노이즈 제거, 선명도 향상, 톤 매핑, 터치 업(적용할 수 있는 몇 가지 수정 사항을 말합니다)에 많은 시간과 도메인 지식을 투자합니다.

역사적으로 이런 수정을 프로그램으로 수행하기 어렵습니다. 예를 들어 노이즈 제거는 이미지에 따라 또는 같은 이미지더라도 위치에 따라 선택적으로 적용해야 하기 때문입니다. 이는 딥러닝이 잘 수행할 수 있는 지능적인 애플리케이션에 해당합니다.

2018년 인텔 연구실의 첸첸과 그의 동료들이 쓴 논문[20]에서 거의 완전히 검은 이미지를 향상하는 데 딥러닝을 적용하여 놀라운 결과를 얻었습니다(그림 3.8). 한 마디로 요약하면 이 딥러닝 모델은 합성곱 층을 사용해 혁신적인 U-Net[21] 구조를 만들었습니다(제10장에서 자세히 살펴보겠습니다). 저자들은 이 모델을 훈련하기 위해 직접 데이터세트를 만들었습니다. See-in-the-Dark 데이터세트는 노출 시간을 짧게 하여 만든 어두운 장면[22]과 같은 장면에서 (삼각대로 고정하여) 노출 시간을 길게 하여 담은 5,094개 원본 이미지로 구성됩니다. 장노출 이미지의 노출 시간은 짧은 노출 이미지의 100~300배입니다. 실제 노출 시간은 10~30초 사이입니다. [그림 3.8]에 있는 것처럼 딥러닝 기반의 U-Net 이미지 처리 파이프라인(오른쪽 이미지)은 전통적인 파이프라인(가운데 이미지)의 성능을 크게 앞지릅니다. 하지만 아직 다음과 같은 제약 사항이 있습니다.

- 실시간으로 수정을 할 수 있을 만큼 모델이 빠르지 않습니다(확실히 온-디바이스에서 수행하기 어렵습니다). 하지만 런타임 최적화가 도움이 될 수 있습니다.
- 카메라 모델과 센서에 따라 전용 모델이 훈련되어야 합니다. 따라서 더 일반적이고 카메라 모델에 상관없는 방식이 필요합니다.

---

20 Chen, C., et al. (2018) Learning to see in the dark. *arXiv:1805.01934*.

21 Ronneberger et al. (2015) U-Net: Convolutional networks for biomedical image segmentation. *arXiv: 1505.04597*.

22 즉 모션 블러(motion blur) 없이 손으로 들고 찍을 수 있을 만큼 노출 시간이 짧지만 이미지가 너무 어두워 사용할 수 없습니다.

그림 3.8　샘플 이미지(왼쪽). 전통적인 파이프라인으로 처리한 이미지(가운데). 첸 등의 딥러닝 파이프라인으로 처리한 이미지(오른쪽)

- 전통적인 파이프라인의 성능을 크게 앞지른 결과이지만 이 사진에는 여전히 일부 인공적인 부분이 나타나므로 향상될 가능성이 있습니다.
- 이 데이터세트는 일부 선택된 정적인 장면만 포함되어 있습니다. 다른 물체로 (특히 사람으로) 확대할 필요가 있습니다.

이런 제약에도 불구하고 어떻게 딥러닝이 이전에 없던 높은 수준으로 사진 후처리 파이프라인에서 이미지를 수정할 수 있는지 이 모델에서 잘 엿볼 수 있습니다.

요약

이 장에서 GAN을 소개하고 이 딥러닝 방법이 잠재 공간 안에 아주 복잡한 표현을 인코딩한다는 점을 설명했습니다. 이런 풍부한 시각적 표현을 사용해 GAN이 세세하고 특별한 예술적 스타일로 새로운 이미지를 만들 수 있습니다. GAN의 출력이 단지 아름다울 뿐 아니라 실용적일 수도 있습니다. 예를 들어 자율 주행 자동차를 훈련하기 위한 시뮬레이션 데이터를 만들거나 패션과 건축 분야에서 빠른 프로토타이핑을 가능하게 하고 사람의 창의성을 크게 도울 수 있습니다.[23]

필수적인 딥러닝 이론을 모두 배우고 난 다음 제12장에서 (제1장에서 소개한) Quick, Draw! 데이터세트의 스케치를 흉내 내는 GAN을 직접 만들어 보겠습니다. 제12장에서 만들 그림을 [그림 3.9]에서 살짝 엿볼 수 있습니다.

---

23 Carter, S., and Nielsen, M. (2017, December 4). Using artificial intelligence to augment human intelligence. Distill. distill.pub/2017/aia

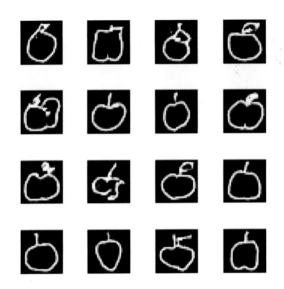

그림 3.9 제12장에서 개발할 GAN 구조로 만든 새로운 사과 스케치 그림. 이런 방식으로 Quick, Draw! 게임에 있는 수백 개의 카테고리에서 기계가 그린 스케치를 만들 수 있습니다.

## 4

게임하는 기계

제3장에서 소개한 생성적 적대 신경망과 함께 심층 강화 학습deep reinforcement learning이 가장 놀라운 인공 신경망 발전을 이루어 냈습니다. 최근 몇 년간 '인공지능'의 혁신적인 발전이 신문 헤드라인을 도맡아 장식했습니다. 이 장에서는 강화 학습이 무엇인지 소개합니다. 또한 딥러닝과 강화 학습을 융합하여 어떻게 기계가 다양한 종류의 복잡한 작업에서 사람과 비슷한 수준을 달성하거나 뛰어 넘는지 설명하겠습니다. 여기에는 아타리 비디오 게임, 바둑, 정밀한 물리적 조작 작업이 포함됩니다.

딥러닝, 인공지능 그리고 다른 기술들

이 책 서두에서는 비전(제1장)과 언어(제2장), 새로운 '작품' 생성(제3장)에 관한 딥러닝을 소개했습니다. 이 과정에서 인공지능 개념과 딥러닝의 관계를 어느 정도 암시했습니다. 이제 심층 강화 학습을 다루려고 하므로 이런 용어를 좀 더 자세히 정의하고 용어 간의 관계를 정립할 필요가 있습니다. 이전과 마찬가지로 시각적인 자료의 도움을 받겠습니다. 시각적 자료는 [그림 4.1]에 있는 벤다이어그램입니다.

인공지능

인공지능artificial intelligence은 이 절에서 다루는 용어 중 모호하지만 가장 광범위하고 널리 알려진 용어입니다. 기술적 정의에 상관없이 적절하게 설명하면 인공지능은 주변 환경에서 정보를 처리하고 이 정보를 활용하여 결정을 내리고 원하는 결과를 얻는 기계라고 말할 수 있습니다. 아마 이 말을 듣고 어떤 사람은 인공지능의 목표가 '일반 지능general intelligence'

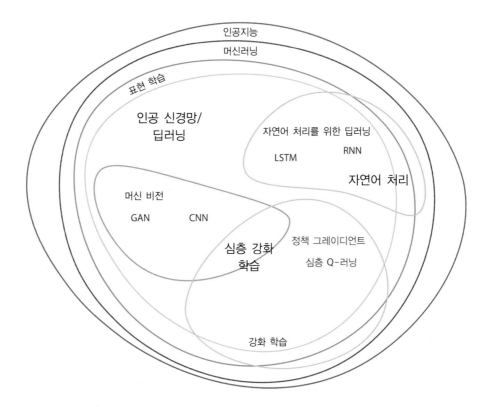

그림 4.1 이 책에서 다루는 주요 개념의 상대적인 위치를 보여주는 벤다이어그램

의 달성으로 생각할 수 있습니다. 일반 지능은 일반적으로 폭넓은 추론과 문제 해결 능력에 관한 지능을 말합니다.[1] 실제로 특히 대중 언론에서 '인공지능'은 기계의 최신 능력을 묘사하는 데 사용됩니다. 이런 능력에는 음성 인식, 비디오 내용 설명하기, 질문-대답, 자율 주행, 공장에서 사람 작업을 흉내 내는 산업 로봇, 바둑같이 직관이 중요한 보드 게임에서 사람을 이기는 것들이 포함됩니다. 인공지능 능력이 널리 퍼지면서 (예를 들면 제1장에서 소개한 손글씨 숫자를 인식하는 것이 1990년대에는 최신 기술이었습니다) '인공지능'이란 이름은 움직이는 골대와 같습니다. 언론이 위와 같은 능력을 설명하는 데 이 용어를 사용했습니다.

1　지능의 정의는 간단하지 않습니다. 이에 대한 심도 있는 토론은 이 책의 범위를 넘어섭니다. 우리가 즐겨 사용하고 현대 전문가 사이에서 어느 정도 지지를 받고 있는 100년 전의 정의는 '지능은 IQ 테스트가 측정하는 것'입니다. 예를 들면 van der Mass, H., et al. (2014). Intelligence is what the intelligence test measures. Seriously. *Journal of Intelligence*, 2, 12–15.

머신러닝

머신러닝은 로봇 공학처럼 인공지능의 하위 분야입니다. 머신러닝은 데이터에서 패턴을 인식할 수 있는 소프트웨어를 만드는 컴퓨터 과학의 한 분야입니다. 프로그래머는 이 소프트웨어가 인식을 어떻게 수행할지 명시적으로 지정하지 않아도 됩니다. 즉 프로그래머는 전형적으로 문제 해결에 대한 약간의 통찰이나 가설을 가지고 있습니다. 따라서 대략적인 모델을 구성하고 관련된 데이터를 제공하여 학습 소프트웨어를 준비하고 문제를 해결하도록 돕습니다. [그림 1.12]에 나와 있고 이 책의 서두에 여러 번 이야기했듯이 전통적인 머신러닝은 수동이라 수고스럽게 원시 입력을 처리하여 데이터 모델링 알고리즘에 잘 맞는 특성을 추출해야 합니다.

표현 학습

[그림 4.1]의 벤다이어그램을 한 단계 더 들어가면 **표현 학습**representation learning이 있습니다. 제2장의 시작 부분에서 이 용어를 소개했으므로 여기에서 다시 자세히 언급하지 않겠습니다. 간단히 요약하면 표현 학습은 충분한 데이터를 주입하여 모델이 자동으로 특성(또는 표현)을 학습하는 머신러닝의 한 종류입니다. 이런 학습된 특성은 수동으로 만들어진 경우보다 더 뉘앙스가 많고 포괄적입니다. 대신 이렇게 학습된 특성을 잘 이해하거나 설명하기 쉽지 않습니다. 학계나 산업계 연구자들 모두 이런 문제를 해결하려고 노력하고 있습니다.[2]

인공 신경망

인공 신경망artificial neural network, ANN은 오늘날 표현 학습 분야의 대세입니다. 이 책이 서두에 다루었고 제6장에서 자세히 설명하겠지만 인공 뉴런은 생물학적 뇌세포에서 영감을 얻은 간단한 알고리즘입니다.[3] 특히 생물학적이든 인공적이든 개별 뉴런이 다른 여러 뉴런에서 입력을 받아 어떤 계산을 수행하고 하나의 출력을 만듭니다. 인공 신경망은 정보를 서로 주고받도록 구성된 인공 뉴런의 모음입니다. 인공 신경망에 데이터(예를 들면 손글씨 숫자 이미지)를 주입하면 원하는 결과(예를 들면 이 이미지가 나타내는 숫자가 무엇인지 정

---

[2] Kindermans, P.-J., et al. (2018). Learning how to explain neural networks: PatternNet and PatternAttribution. *International Conference on Learning Representations*.

[3] 옮긴이_뇌세포에서 영감을 얻었지만 실제 뇌의 작동을 구현한 것은 아닙니다. 이 책에서 사용하는 인공 뉴런을 실제 우리 뇌와 관련 있다고 오해하지 마세요. 제2부에서 배우겠지만 인공 뉴런은 하나의 수식으로 표현됩니다.

확히 예측하는 것)를 얻기 위해 이 데이터를 특정 방식으로 처리합니다.

딥러닝

[그림 4.1]에 있는 모든 용어 중에서 딥러닝이 명확하기 때문에 정의하기 가장 쉽습니다. 이미 책에서 몇 차례 언급했습니다. 딥러닝은 여러 층의 인공 뉴런으로 구성된 네트워크입니다. [그림 1.11]과 [그림 1.17]의 구조가 전형적인 예입니다. [그림 4.2]에 구조를 간단히 나타냈습니다. 제7장에서 자세히 설명하겠습니다. 딥러닝은 다음과 같은 5개 혹은 그 이상의 층을 가집니다.

- 신경망에 주입할 데이터를 위한 하나의 **입력층**[4]
- 입력 데이터에서 표현을 학습하는 3개 또는 그 이상의 **은닉층**. 다목적으로 많이 사용되는 은닉층의 종류는 **밀집층**입니다. 이 층의 모든 뉴런은 이전 층에 있는 모든 뉴런에서 정보를 받습니다(이런 이유로 밀집층을 완전 **연결층**이라고 부르기도 합니다). 다용도의 은닉층 외에 특별한 용도로 사용하는 전문화된 층이 많습니다. 이 절에서 가장 인기 있는 것을 소개합니다.
- 신경망이 출력할 값(예를 들면 예측)을 위한 하나의 **출력층**

　연속적인 신경망층으로 점점 추상적으로 표현하고 비선형적으로 이전 층을 재조합함으로써 십여 개보다 적은 개수의 층으로 구성된 딥러닝 모델로도 주어진 데이터세트에서 해

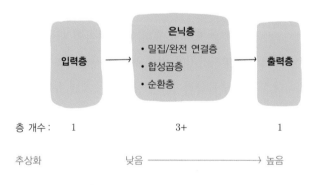

그림 4.2　딥러닝 모델의 일반적인 구조

4　옮긴이_제7장에서 보겠지만 입력층은 입력 데이터 그 자체입니다.

결할 문제에 필요한 표현을 학습하는 데 충분한 경우가 많습니다. 하지만 이따금 수백 개 혹은 수천 개 이상의 층을 가진 딥러닝 모델이 가치가 있다는 것이 확인되었습니다.[5]

　AlexNet이 2012년 ILSVRC에서 우승(그림 1.15)한 이후로 정확도 벤치마크가 빠르게 향상되고 수많은 대회에서 우승하면서 딥러닝의 모델링 방식이 광범위한 머신러닝 작업에서 뛰어난 성과를 냅니다. 실제로 딥러닝이 현재 인공지능 발전의 상당 부분을 견인했기 때문에 '딥러닝'과 '인공지능'이란 용어를 대중 언론에서 구분하지 않고 사용합니다.

　[그림 4.1]의 딥러닝 껍질 안으로 들어가 딥러닝 알고리즘이 도울 수 있는 작업의 종류를 살펴보겠습니다. 머신 비전, 자연어 처리, 강화 학습입니다.

머신 비전

제1장에서 생물학적 시각 시스템과 비유를 통해 머신 비전을 소개했습니다. 거기에서는 손글씨 숫자나 개의 품종을 구별하는 물체 인식에 초점을 맞추었습니다. 머신 비전 알고리즘과 관련된 다른 대표적인 애플리케이션은 자율 주행 자동차, 얼굴 태깅 추천, 스마트폰의 안면 인식 잠금 해제 등이 있습니다. 더 일반적으로 머신 비전은 일정 거리에 있는 물체의 모습을 인식하거나 실제 환경을 탐색하는 데 필요한 인공지능과 관련이 있습니다.

　합성곱 신경망convolutional neural networks, 간단하게 ConvNet 또는 CNN은 현대 머신 비전 애플리케이션에서 가장 널리 사용되는 딥러닝 구조입니다. 합성곱 신경망은 은닉층에 합성곱 층을 사용하는 딥러닝 모델 구조를 총칭합니다. [그림 3.2]에서 이안 굿펠로우의 생성적 적대 신경망의 결과를 소개할 때 합성곱층을 언급했습니다. 제10장에서 이에 대해 자세히 다루겠습니다.

자연어 처리

제2장에서 언어와 자연어 처리를 다루었습니다. 딥러닝은 머신 비전만큼 자연어 애플리케이션에 포괄적으로 사용되지는 않습니다. 따라서 [그림 4.1]의 벤다이어그램에서 NLP가 딥러닝 영역과 더 넓은 머신러닝 영역에 모두 걸쳐 있습니다. 하지만 [그림 2.3]에 나타난 것처럼 NLP에 대한 딥러닝 접근 방법은 효율성과 정확도 면에서 전통적인 머신러닝 방법을 앞지르기 시작했습니다. 특히 음성 인식(예를 들면 아마존의 알렉사, 구글의 어시스턴트, 기계 번역(스마트폰에서 실시간 음성 번역도 포함됩니다), 인터넷 검색 엔진(사용자가

---

5 For example, see He, K., et al. (2016). Identity mappings in deep residual networks. *arXiv:1603.05027.*

입력할 다음 단어나 글자를 예측합니다) 같은 NLP 분야는 이미 딥러닝이 우위를 차지하고 있습니다. 더 일반적으로 NLP를 위한 딥러닝은 복잡한 일련의 질문에 자동으로 대답하는 것을 포함하여 말이나 문자로 이루어진 자연어로 소통하는 어떤 인공지능과도 관련이 있습니다.

NLP 분야의 많은 딥러닝 구조에서 사용하는 은닉층의 종류는 LSTM^{long short-term memory} 셀^{cell}[6]입니다. LSTM은 순환 신경망^{recurrent neural network, RNN}의 한 종류입니다. 순환 신경망은 금융 시계열 데이터, 재고 현황, 교통량, 날씨와 같이 순서대로 나열된 어떤 데이터에도 적용할 수 있습니다. 제11장에서 LSTM을 포함해 RNN을 자세히 설명하고 자연어 데이터를 사용한 예측 모델을 만들겠습니다. 이 언어 예제는 다른 종류의 순차 데이터에 딥러닝 기술을 적용하는 경우에도 훌륭한 토대가 될 것입니다.

세 가지 종류의 머신러닝 문제

[그림 4.1]의 벤다이어그램에서 남은 한 가지 절은 이 장의 나머지에서 다룰 강화 학습입니다. 강화 학습을 소개하기 위해 머신러닝 알고리즘에서 주로 다루는 두 종류의 다른 문제인 지도 학습과 비지도 학습 문제와 비교하겠습니다.

지도 학습

지도 학습^{supervised learning} 문제는 다음과 같은 x변수와 y변수가 필요합니다.

- x는 모델에 입력으로 제공할 데이터를 나타냅니다.
- y는 모델이 출력하는 예측을 나타냅니다. y변수를 레이블이라고도 부릅니다.

지도 학습의 목표는 x를 사용해 y를 근사하는 어떤 함수를 학습하는 모델을 만드는 것입니다. 지도 학습은 전형적으로 다음 두 가지 형태 중 하나입니다.

- 회귀는 y가 연속적인 변수입니다. 제품 판매량을 예측하거나 (제9장의 예제처럼) 주택이나 상장 회사의 주식 같은 재산의 미래 가격을 예측하는 경우입니다.
- 분류는 x에 있는 각 샘플을 특정 카테고리에 할당한 레이블로 y값을 구성합니다. 다른

---

6 옮긴이_순환 신경망에서는 층을 종종 셀이라고 표현합니다.

말로 하면 y는 소위 범주형 변수입니다. (제10장에서 모델로 만들어 볼) 손글씨 숫자를 인식하거나 (제11장에서 구현해 볼) 영화 리뷰를 보고 긍정적인지 부정적인지 예측하는 경우입니다.

비지도 학습

비지도 학습^{unsupervised learning} 문제는 레이블 y가 없다는 점에서 지도 학습과 구별됩니다. 따라서 비지도 학습 문제에서는 모델이 입력할 데이터 x가 있지만 예측할 출력 y가 없습니다. 비지도 학습의 목적은 데이터 안에 내재된 감춰진 구조를 찾는 모델을 만드는 것입니다. 자주 사용되는 예는 뉴스를 주제별로 묶는 경우입니다. 사전에 정의한 뉴스 카테고리 (정치, 스포츠, 경제 등) 목록을 제공하는 대신 모델이 자동으로 비슷한 주제의 뉴스를 모읍니다. 비지도 학습의 다른 예는 자연어 데이터에서 (제2장에서 본) 단어 벡터 공간을 만드는 것(제11장에서 실습합니다)이나 (제12장에서 볼) 생성적 적대 신경망으로 새로운 이미지를 만드는 것입니다.

강화 학습

[그림 4.1]로 돌아가서 이제 지도 학습 및 비지도 학습과 뚜렷하게 차이 나는 강화 학습 ^{reinforcement learning}에 대해 소개할 수 있을 것 같습니다. [그림 4.3]에 단순한 그림으로 나타냈듯이 강화 학습 문제는 어떤 환경 안에서 연속적인 행동을 받는 에이전트를 만드는 것으로 정의할 수 있습니다. 예를 들어 이 에이전트는 아타리 비디오 게임을 하는 사람이나 알고리즘일 수 있습니다. 또는 자동차를 운전하는 사람이나 알고리즘일 수 있습니다. 아마도 강화 학습 문제가 지도 학습이나 비지도 학습 방식과 다른 주요 차이점은 에이전트가 선택한 행동이 환경에서 에이전트로 제공하는 정보에 영향을 미친다는 것입니다. 즉 에이전트는 선택한 행동에 대한 피드백을 받습니다. 이와 대조적으로 지도 학습이나 비지도 학습 문제에서 모델은 절대 데이터에 영향을 미치지 않고 단순히 데이터를 사용할 뿐입니다.

딥러닝을 배우는 학생들은 종종 지도 학습, 비지도 학습, 강화 학습을 전통적인 머신러닝 대 딥러닝 방식으로 나누려고 합니다. 구체적으로 전통적인 머신러닝을 지도 학습과

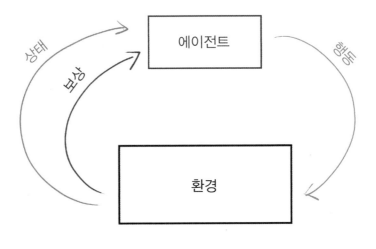

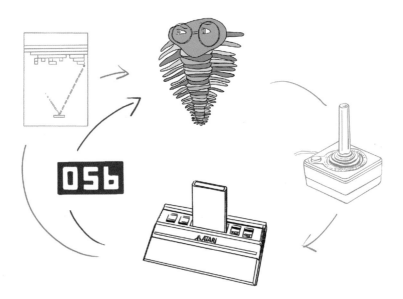

그림 4.3 강화 학습 순환 고리. 위 그림은 일반화된 버전입니다. 아래 그림은 아타리 콘솔에서 비디오 게임을 플레이하는 에이전트를 설명하는 예입니다. 사실 삼엽충은 비디오 게임을 플레이할 수 없습니다. 여기에서는 삼엽충을 사용해 강화 학습의 에이전트를 상징적으로 표현했습니다. 실제 에이전트는 사람이나 기계가 될 수 있습니다.

연관시키고 딥러닝을 비지도 학습이나 강화 학습 (혹은 양쪽에) 연관시키려 합니다. 명확하게 이야기해서 이런 연관 관계는 없습니다. 전통적인 머신러닝과 딥러닝 기법 모두 지도 학습, 비지도 학습, 강화 학습 문제에 적용될 수 있습니다.

몇 가지 사례를 들어 강화 학습 에이전트와 환경 사이의 관계를 조금 더 자세히 알아보겠습니다. [그림 4.3]에서 에이전트를 안경 쓴 삼엽충으로 표현했습니다. 하지만 이 에이전트는 사람이나 기계가 될 수 있습니다. 먼저 에이전트가 아타리 비디오 게임을 플레이하는 예를 살펴보죠.

- 가능한 행동은 비디오 게임 콘트롤러에서 누를 수 있는 버튼으로 선택합니다.[7]
- (아타리 콘솔인) 환경은 에이전트에 정보를 반환합니다. 이 정보는 상태(환경의 현재 상태를 나타내는 스크린의 픽셀)와 보상(에이전트가 게임 플레이를 통해 최대화하려는 게임 점수) 두 가지입니다.
- 에이전트가 팩맨을 플레이하고 'up' 버튼을 누르는 행동을 선택하면 환경은 비디오 게임 캐릭터를 나타내는 픽셀이 화면 위로 이동하여 업데이트된 상태를 반환합니다. 게임을 실행하기 전에는 일반적으로 강화 학습 알고리즘은 'up' 버튼과 팩맨 캐릭터 이동 사이의 관계를 알지 못합니다. 모든 것은 처음부터 시행착오를 통해 배웁니다.
- 만약 에이전트가 선택한 행동으로 팩맨이 맛있어 보이는 체리 쌍을 지나쳤다면 점수가 증가하고 환경은 양의 보상을 반환합니다. 반면에 에이전트가 선택한 행동으로 팩맨이 귀신과 마주쳤다면 점수가 감소하고 환경은 음의 보상을 반환합니다.

두 번째 예제는 에이전트가 차를 운전하는 경우입니다.

- 가능한 행동은 팩맨보다 훨씬 광범위하고 풍부합니다. 에이전트는 핸들, 가속 페달, 브레이크를 약한 정도부터 아주 센 정도까지 다양하게 조절할 수 있습니다.
- 이 경우 환경은 도로, 교통량, 보행자, 나무, 하늘 등으로 이루어진 실제 세상입니다.

---

7 글자 그대로 게임 콘솔의 컨트롤러에 있는 버튼을 누르는 게임 플레이를 말하는 것이 아닙니다. 일반적으로 소프트웨어 기반의 에뮬레이션을 통해 비디오 게임과 통신합니다. 이와 관련된 가장 인기 있는 오픈 소스 패키지를 이 장의 끝에서 소개하겠습니다.

상태는 사람의 눈과 귀로 감지되거나 자율 주행 자동차의 카메라나 라이다[8]로 감지되
는 자동차 주변의 상태입니다.

- 알고리즘의 경우 목적지를 향해 이동한 거리 미터마다 양의 보상을 받도록 프로그램할
수 있습니다. 가벼운 교통 법규를 위반할 때는 적게, 다른 차와 충돌할 때는 많게 음의
보상을 받을 수 있습니다.

심층 강화 학습

드디어 [그림 4.3] 벤다이어그램의 가운데 있는 **심층 강화 학습**deep reinforcement learning에 도달
했습니다. 심층 강화 학습은 인공 신경망을 사용한 강화 학습 알고리즘을 말합니다. 환경
에서 어떤 상태가 주어졌을 때 어떤 행동을 선택해야 양의 보상을 얻을 확률을 높이는지
학습합니다.[9] 다음 절에서 예를 보겠지만 딥러닝과 강화 학습이 만나면 매우 강력해집니
다. 이유는 다음과 같습니다.

- 심층 신경망은 실제 환경이나 시뮬레이션된 환경에서 제공하는 복잡한 센서 입력을
처리하여 잡음 섞인 데이터에서 관련된 데이터를 추출하는 데 뛰어납니다. 이는 눈과
귀에서 입력을 받은 뇌의 시각 피질과 청각 피질에 있는 생물학적 뉴런의 기능과 비슷
합니다.
- 강화 학습 알고리즘은 아주 많은 가능한 행동 중에서 적절한 것을 고르는 데 뛰어납
니다.

딥러닝과 강화 학습을 합치면 강력한 문제 해결 콤비가 됩니다. 강화 학습 에이전트는 주
어진 상황에서 어떤 행동을 선택할지 효과적인 정책을 찾아야 합니다. 복잡한 문제일수록
심층 강화 학습 에이전트는 이를 위해 방대한 잡음과 무작위성을 탐험하기 위한 대량의
데이터세트가 필요합니다. 많은 강화 학습 문제가 시뮬레이션된 환경에서 일어나기 때문
에 충분한 양의 데이터를 얻는 것은 문제가 되지 않습니다. 간단하게 에이전트를 더 많은
횟수의 시뮬레이션 환경에서 훈련시키면 됩니다.

---

8   레이저 기반의 레이더 시스템

9   이 장의 서두에서 (그림 4.2) 적어도 3개의 은닉층을 가진 인공 신경망을 딥러닝이라 부른다고 했습니다. 이것이 일반
    적이지만 강화 학습 커뮤니티에서는 1개 또는 2개의 은닉층을 가진 인공 신경망을 모델에 사용하더라도 '심층 강화
    학습'이라고 부릅니다.

심층 강화 학습의 이론은 수십 년 동안 토대를 쌓아 왔지만[10] 기본 딥러닝에서 AlexNet(그림 1.17)으로 혁신이 일어난 것처럼 지난 몇 년간 심층 강화 학습은 다음 같은 세 가지 순풍에 힘입어 크게 발전했습니다.

1. 급격하게 늘어난 데이터세트와 훨씬 풍부한 시뮬레이션된 환경
2. 가능한 상태와 행동의 다양함은 물론 대규모 데이터세트에서 효율적으로 모델을 훈련하기 위해 복수의 GPU를 사용한 병렬 계산
3. 학계와 산업계를 연결하는 연구 생태계. 예를 들어 잡음 섞인 다양한 상태에서 최적의 행동을 찾기 위한 심층 강화 학습은 물론 일반적으로 심층 신경망에 새로운 아이디어를 빨리 구현할 수 있습니다.

비디오 게임

어렸을 때 새로운 비디오 게임을 배웠던 것을 떠올려 보세요. 오락실이나 집에 있는 무거운 브라운관 텔레비전에서 게임을 할 때 퐁이나 브레이크아웃에서 공을 놓치면 점수를 얻지 못합니다. 친구보다 높은 점수를 얻으려고 화면에 나타난 정보를 분석하고 콘트롤러를 효율적으로 조작하여 목표를 달성하기 위한 전략을 고안합니다. 최근에 딥마인드의 연구원들은 고전 아타리 게임을 이런 식으로 플레이하는 방법을 배우는 소프트웨어를 만들었습니다.

딥마인드는 데미스 허사비스Demis Hassabis(그림 4.4), 셰인 레그Shane Legg, 무스타파 술레이만Mustafa Suleyman이 2010년 런던에 설립한 영국의 기술 스타트업입니다. 그들의 임무는 '지능 문제를 해결하는 것'입니다. 그들은 범용 학습 알고리즘을 개발하여 인공지능 분야를 넓히는 데 관심을 가졌습니다. 초기 성과 중 하나는 (그림 4.1에 표시된) 심층 Q-러닝 신경망deep Q-learning network, DQN입니다. 이 방식을 사용하여 하나의 모델 구조가 여러 아타리 2600 게임을 플레이하는 것을 처음부터 시행착오를 통해 잘 학습할 수 있었습니다.

2013년 볼로디미르 므니Volodymyr Mnih[11]와 그의 딥마인드 동료들은 DQN 에이전트에 대

---

10 Tesauro, G. (1995). Temporal difference learning and TD-Gammon. *Communications of the Association for Computing Machinery, 38,* 58–68.

11 므니는 토론토대학교의 제프리 힌튼(그림 1.16) 교수 밑에서 박사학위를 받았습니다.

그림 4.4 데미스 허사비스는 유니버시티칼리지런던대학교에서 인지신경과학 박사과정을 마친 후 2010년에 딥마인드를 공동 창업했습니다.

한 논문을 썼습니다.[12] 제13장에서 이 심층 강화 학습 방식을 한 줄 한 줄 직접 만들어 상세히 이해해보겠습니다. 아타리 게임을 플레이하는 사람이 TV 화면을 보는 것처럼 이 에이전트는 비디오 게임 에뮬레이터[13]인 환경에서 상태 정보로 원시 픽셀값을 받습니다. 므니 등의 DQN에는 시각 데이터를 사용하는 심층 강화 학습 모델에서 흔히 사용하는 합성곱 신경망CNN이 포함되어 있습니다(이런 이유 때문에 [그림 4.1]에 '심층 강화 학습'과 '머신 비전'이 조금 겹쳐 있습니다). 아타리 게임에서 전달되는 대량의 시각 정보(이 경우 초당 200만 픽셀이 조금 넘습니다)를 처리하는 것은 딥러닝이 일반적으로 잡음 속에서 적절한 특성을 얼마나 잘 걸러내는지 보여줍니다. 또한 에뮬레이터 안에서 아타리 게임을 플레이하는 것은 특히 심층 강화 학습에 잘 맞는 문제입니다. 이런 환경에서는 선택할 수 있는 행동이 많기 때문에 완벽하게 터득하기가 쉽지 않습니다. 하지만 에이전트를 끊임없이 다시 플레이할 수 있기 때문에 제한 없이 훈련 데이터를 만들 수 있습니다.

훈련 시에 딥마인드의 DQN은 어떤 힌트나 전략을 받지 않습니다. 오직 상태(스크린 픽셀), 보상(최대화할 점수), 해당 아타리 게임에서 가능한 행동 범위(게임 콘트롤러 버튼)만 받습니다. 특정 게임을 위해 모델을 변경하지 않고 므니와 동료들이 테스트한 7개 중 6개에서 기존 머신러닝 방법의 성능을 앞질렀습니다. 심지어 3개에서는 전문 게이머의 성능

---

12 Mnih, V., et al. (2013). Playing Atari with deep reinforcement learning. *arXiv: 1312.5602.*

13 Bellemare, M., et al. (2012). The arcade learning environment: An evaluation platform for general agents. *arXiv: 1207.4708.*

보다 앞섰습니다. 아마 이런 획기적인 발전 덕택에 구글이 2014년 5억 달러에 딥마인드를 인수했습니다.

유명 학술지인 네이처에 발표한 후속 논문에서 구글 딥마인드의 므니와 팀원들은 49개 아타리 게임에서 DQN 알고리즘을 평가했습니다.[14] [그림 4.5]에 이 결과가 나타나 있습니다. 3개를 제외한 모든 (전체의 94%) 게임에서 다른 머신러닝 방법의 성능을 앞질렀습니다. 놀랍게도 대다수(59%)는 사람 수준을 뛰어 넘었습니다.[15]

보드 게임

아날로그 속성을 가지고 있고 시기적으로 먼저 등장했기 때문에 보드 게임을 비디오 게임의 논리적인 전주곡으로 생각할 수 있습니다. 하지만 소프트웨어 에뮬레이터를 사용해 간단하고 쉽게 비디오 게임과 디지털로 상호작용할 수 있습니다. 이런 에뮬레이션 도구 덕택에 최신 심층 강화 학습의 주요 발전이 초기에 비디오 게임 분야에서 일어났습니다. 또한 아타리 게임에 비해 고전 보드 게임이 훨씬 어렵습니다. 예를 들면, 체스 기술에는 팩맨이나 스페이스 인베이더에는 쉽게 볼 수 없는 많은 전략과 장기전이 있습니다. 이 절에서 어떻게 심층 강화 학습 전략이 대량의 데이터와 증가된 계산 복잡도에도 불구하고 바둑, 체스, 쇼기shogi를 마스터했는지 개요를 설명합니다.

알파고

중국에서 수천 년 전에 발명된 바둑(그림 4.6)은 아시아에 널리 퍼진 2인 전략 보드 게임입니다. 이 게임은 자신의 돌로 상대방의 돌을 감싸 따내는 간단한 규칙으로 이루어져 있습니다.[16] 하지만 복잡하지 않은 이 전제는 실세보는 복잡합니다. 보드가 더 크고 이동할 수 있는 경우가 더 많기 때문에 체스보다 훨씬 많이 복잡합니다. 20년 전에 최고의 체스 선수를 이긴 알고리즘이 나왔습니다.[17] 바둑에는 2×10^{170}보다 많은 가능한 경우가 있습니다.

---

14 Mnih, V., et al. (2015). Human-level control through deep reinforcement learning. *Nature, 518*, 529–33.

15 bit.ly/DQNinvader에서 스페이스 인베이더를 마스터한 구글 딥마인드 DQN의 플레이를 볼 수 있습니다.

16 실제로 중국어로 바둑은 '둘러싸는 보드 게임'이라는 뜻입니다.

17 IBM의 딥블루는 1997년 세계 최고의 체스 선수인 가리 카스파로프를 이겼습니다. 잠시 후 이 절에서 이에 대한 이야기를 조금 더 하겠습니다.

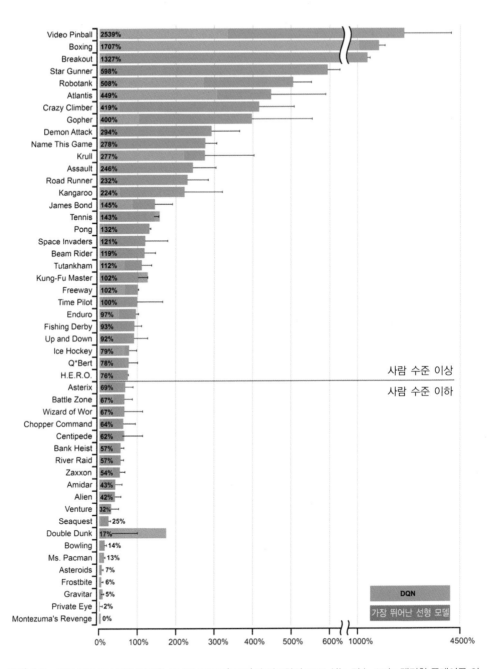

그림 4.5 게임 전문 테스터와 비교한 므니와 동료들(2015)의 정규화된 DQN 성능 점수. 0%는 랜덤한 플레이를 의미합니다. 100%는 전문가의 최고 점수입니다. 수평선은 저자들이 정의한 사람 수준의 플레이보다 앞서기 시작하는 기준점입니다. 사람 수준은 전문가 점수의 75번째 백분위 수입니다.

그림 4.6 바둑 보드 게임. 한 선수는 흰 돌을 사용하고 다른 한 선수는 검은 돌을 사용합니다. 상대의 돌을 감싸 따내는 것이 목표입니다.

이는 우주에 있는 원자 수[18]보다 많고 체스보다 1 구골(10^{100})만큼 더 복잡한 것입니다.

몬테 카를로 트리 검색 Monte Carlo tree search, MCST 알고리즘을 사용하여 복잡하지 않은 게임을 능숙하게 플레이할 수 있습니다. MCTS의 기본 형태는 게임이 끝날 때까지 랜덤하게 이동하는 것입니다.[19] 이를 많이 반복하여 게임을 승리로 이끄는 수에 높은 가중치를 부여합니다. 바둑처럼 복잡한 게임에서는 극도의 복잡도와 경우의 수 때문에 기본 MCTS 방식은 현실적이지 않습니다. 탐색하고 평가할 옵션이 너무 많기 때문입니다. 기본 MCTS의 대안은 최적의 정책으로 선택한 훨씬 유한한 행동의 부분 집합에 MCTS를 적용합니다. 이렇게 행동을 선별하는 방법은 아마추어 바둑 선수를 이기기에 충분하지만 프로 기사에게는 대적하지 못합니다. 아마추어와 프로 수준의 차이를 극복하기 위해 구글 딥마인드의 데이비드 실버David Silver(그림 4.7)와 그의 동료들은 지도 학습과 심층 강화 학습에 모두 MCTS를 연결한 알파고AlphaGo 프로그램을 만들었습니다.[20]

실버 등(2016)은 바둑 선수의 기보가 저장된 데이터베이스[21]에 지도 학습을 적용해 **정책망**policy network을 구축했습니다. 이 정책망은 주어진 상황에서 가능한 몇 개의 수를 제공합니다. 그다음 이 정책망은 강화 학습으로 자기 자신과 게임하면서 개선됩니다. 이 두

---

18 관측 가능한 우주에 있는 원자의 수는 10^{80}개로 추정합니다.

19 몬테 카를로는 카지노로 유명한 모나코의 도시입니다. 랜덤한 결과를 만든다는 의미로 사용됩니다.

20 Silver, D., et al. (2016). Mastering the game of Go with deep neural networks and tree search. *Nature, 529,* 484-9.

21 옮긴이_KGS 데이터베이스입니다. https://en.wikipedia.org/wiki/KGS_Go_Server

그림 4.7　데이비드 실버는 케임브리지대학교와 앨버타대학교에서 공부한 구글 딥마인드의 연구원입니다. 딥러닝과 강화 학습 패러다임을 결합하는 데 큰 역할을 했습니다.

> 상대는 비슷한 수준의 강화 학습 에이전트입니다. 이렇게 자기 자신과 두면서 에이전트는 스스로 계속 향상됩니다. 이 때마다 향상된 자기 자신에 맞춰 훈련됩니다. 이는 지속적인 발전을 위한 긍정적인 피드백 순환을 만듭니다. 마지막으로 알파고 알고리즘에서 빼놓을 수 없는 한 가지는 게임의 승자를 예측하는 가치망value network입니다. 이 신경망은 바둑판의 위치를 평가하고 유리한 다음 수를 찾도록 학습합니다. 정책망과 가치망을 조합하여 (제13장에서 두 신경망에 대해 조금 더 자세히 설명합니다) MCTS에서 찾을 공간의 크기를 줄입니다.

　알파고는 다른 컴퓨터 기반의 바둑 프로그램과 대결하여 대부분 이겼습니다. 가장 대단한 업적은 유럽 바둑 챔피언인 판 후이Fan Hui를 5대 0으로 이긴 것입니다. 컴퓨터가 프로 기사를 정식으로 이긴 첫 번째 사례입니다. [그림 4.8]에 나타난 엘로Elo 평점[22]에서 볼 수 있듯이 알파고는 전 세계 최고의 선수들의 수준과 동등하거나 더 뛰어납니다.

　이 대결을 승리한 후에 알파고는 2016년 대한민국 서울에서 이세돌과 대결했습니다. 이

---

22 엘로 점수를 사용하면 사람과 인공지능 플레이어의 기술 수준을 비교할 수 있습니다. 맞대결했을 때 승리와 패배 횟수로 계산한 엘로 점수가 높을수록 낮은 점수를 가진 상대를 이길 가능성이 높습니다. 두 선수 사이에 이 점수 차가 클수록 높은 점수를 가진 선수가 이길 확률이 큽니다.

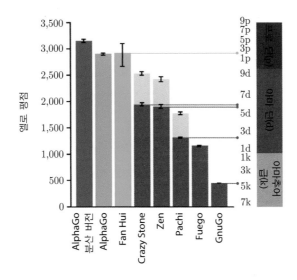

그림 4.8 판 후이(초록색)와 다른 바둑 프로그램(빨강색)을 비교한 알파고(파란색)의 엘로 평점. 오른쪽에 비슷한 수준의 바둑 실력을 나타냈습니다.

세돌은 18개의 세계 챔피언 타이틀을 가진 최고의 프로 바둑 기사입니다. 다섯 번의 대국이 전 세계에 중계되어 2억 명이 시청했습니다. 이 대결에서 알파고는 4 : 1로 승리하여 딥마인드와 바둑, 인공지능의 미래를 전 세계 사람들에게 각인시켰습니다.[23]

알파고 제로

알파고 뒤를 이어 딥마인드 연구원들은 더 연구를 진행하여 2세대 바둑 프로그램 알파고 제로AlphaGo Zero를 만들었습니다. 알파고는 초기에 지도 학습 방법으로 훈련합니다. 즉 바둑 선수의 기보를 사용하여 신경망을 먼저 훈련하고 그 후에 강화 학습으로 자기 자신과 게임하면서 훈련합니다. 이는 훌륭한 방법이지만 딥마인드 창업자들이 원했던 '지능 문제를 해결하는 것'은 아닙니다. 완전히 처음부터 바둑을 배울 수 있는 신경망이 일반 지능에 더 가깝습니다. 이 신경망에는 사람이 개입하지 않고 도메인 지식도 없지만 심층 강화 학습만으로 학습합니다. 알파고 제로가 바로 그렇습니다.

이전에 언급했듯이 바둑 게임은 엄청난 탐색 공간에서 앞으로 진행될 수를 내다볼 수 있

---

23 이세돌과의 대국을 다룬 훌륭한 다큐멘터리가 있습니다. Kohs, G. (2017). *AlphaGo*. United States: Moxie Pictures & Reel As Dirt.

는 고도의 능력이 필요합니다. 가능한 수가 매우 많고 그중에 아주 일부분만 단기적으로나 장기적인 게임 입장에서 좋은 수이기 때문에 미래 게임의 상태를 예측하며 최적의 수를 찾는 것은 현실적으로 너무 복잡하고 많은 계산 비용이 듭니다. 이 때문에 바둑이 인공지능의 마지막 도전이 될 것으로 여겨졌습니다. 실제로 2016년 알파고의 성과는 10년 이상 멀었다고 생각되었습니다.

서울에서 열린 알파고와 이세돌의 대결을 기점으로 딥마인드 연구원들은 오리지널 알파고의 수준을 크게 뛰어 넘어 바둑을 학습하는 **알파고 제로**를 만들었습니다. 알파고 제로는 몇 가지 면에서 혁명적입니다.[24] 가장 중요한 첫째는 사람의 기보 데이터를 전혀 사용하지 않고 훈련합니다. 즉 순전히 시행착오를 통해서만 학습합니다. 둘째, 바둑판의 돌만 입력으로 사용합니다. 이와 다르게 알파고는 사람이 만든 15개의 부가적인 특성을 사용합니다. 예를 들어 한 수 이후에 몇 차례가 진행되었는지나 상대 돌을 몇 개나 잡았는지 같은 핵심 힌트를 알고리즘에게 제공합니다. 셋째(제13장에서 더 자세히 설명하겠지만 70쪽 글상자에서 언급한 것처럼) 정책망과 가치망으로 구분되지 않고 하나의 (심층) 신경망이 바둑판을 평가하고 다음 수를 결정합니다. 마지막으로 트리 탐색이 더 간단하고 이 신경망을 기반으로 현재 위치와 가능한 다음 수를 평가합니다.

알파고 제로는 3일 동안 거의 자기 자신과 500만 게임을 플레이했습니다. 알파고 제로는 하나의 수를 생각하는 데 약 0.4초가 걸립니다. 36시간 만에 서울에서 이세돌과 대결했던 모델(나중에 이를 알파고 리AlphaGo Lee라고 불렀습니다)을 앞서기 시작했습니다. 이와 대조적으로 알파고 리는 훈련에 몇 달이 걸렸습니다. 72시간이 지나자 알파고 리와 대결한 100게임 중 모든 게임을 쉽게 이겼습니다. 더욱 놀라운 것은 알파고 제로가 4개의 TPU[25]를 장착한 하나의 컴퓨터에서 달성한 성과라는 점입니다.[26] 알파고 리는 여러 대의 머신에 분산하여 총 48개의 TPU를 사용했습니다(판 후이와 대결했던 알파고 판AlphaGo Fan은 176개의 GPU를 사용했습니다!). [그림 4.9]에서 알파고 제로의 엘로 점수는 수일 동안

24 Silver, D., et al. (2016). Mastering the game of Go without human knowledge. *Nature* 550, 354–359.

25 구글은 신경망 훈련을 위해 TPU(tensor processing unit)라 부르는 맞춤형 프로세서를 만들었습니다. 기존의 GPU 구조를 신경망 모델 훈련에 맞는 계산을 위해 최적화했습니다. 이 글을 쓰는 시점에 TPU는 구글 클라우드 플랫폼에서만 사용 가능합니다.

26 옮긴이_이는 알파고 제로가 훈련을 마치고 게임을 플레이할 때 필요한 TPU 개수입니다. 논문에는 나와 있지 않지만 알파고 제로를 훈련하는 데 약 2,000개의 TPU가 사용된 것으로 알려져 있습니다.

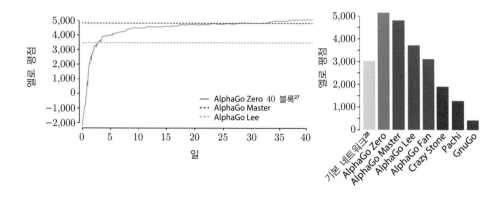

그림 4.9 알파고 제로와 다른 알파고 버전, 다른 바둑 프로그램 간의 엘로 평점 비교. 왼쪽 그래프는 알파고 제로 훈련 날짜에 따른 비교입니다.

훈련한 것이고 알파고 마스터[29]와 알파고 리의 점수와 비교했습니다. 오른쪽 그래프는 알파고와 다른 바둑 프로그램의 엘로 점수가 나타나 있습니다. 알파고 제로는 압도적으로 뛰어난 모델입니다.

이 연구에서 나온 놀라운 발견은 알파고 제로의 게임 플레이 특징이 바둑 선수나 (사람의 기보로 훈련한) 알파고 리와 질적으로 다르다는 것입니다. 알파고 제로는 랜덤한 플레이로 시작하지만 빠르게 정석을 배웁니다. 정석은 경험적으로 바둑판 네 귀에서 최선으로 두는 순서를 말합니다. 하지만 훈련이 끝난 모델은 사람이 모르는 새로운 정석을 사용하는 경향이 있습니다. 알파고 제로는 이런 기술들을 실용적으로 연결한 것처럼 자연스럽게 고전적인 바둑의 모든 행마를 배웁니다. 하지만 이 모델은 원래 방식대로 하지 않습니다. 예를 들어 훈련 후반에 이르기까지 축의 개념을 배우지 않았습니다. 사람은 처음 바둑을 둘 때 배우는 개념 중에 하나가 축입니다. 저자들은 선수들의 기보 데이터로 또 다른 모델을 훈련했습니다. 초기에는 지도 학습 모델이 더 나았지만 훈련을 시작한 지 24시간 내에 데이터를 사용하지 않은 모델에 지기 시작했고 결국 더 낮은 엘로 점수를 달성했습니다.

---

27 옮긴이_40개의 잔차 블록(residual block)을 사용한 알파고 제로 모델을 말합니다. 잔차 블록은 제10장에서 소개합니다.

28 옮긴이_기본 네트워크는 MCTS를 사용하지 않고 단순히 가장 높은 확률을 가진 수를 선택하는 알파고 제로 모델을 말합니다.

29 알파고 마스터(AlphaGo Master)는 알파고 리와 알파고 제로의 하이브리드 시스템입니다. 하지만 알파고 리의 추가 입력 특성을 사용해 지도 학습 방식으로 훈련을 초기화합니다. 알파고 마스터는 2017년 1월 온라인에서 Master나 Magister란 가명으로 활동해 유명합니다. 세계 최정상급 바둑 선수들과 대결한 60번의 게임을 모두 이겼습니다.

이런 결과들은 데이터를 사용하지 않고 스스로 학습하는 모델이 사람과는 달리 독창적인 스타일을 가진다는 것을 의미합니다. 지도 학습 모델이 개발하지 못하는 뛰어난 성능을 내는 스타일입니다.

알파제로

바둑 커뮤니티를 완파하고 나서 딥마인드 팀은 일반적인 게임을 플레이할 수 있는 신경망으로 초점을 옮겼습니다. 알파고 제로가 바둑은 잘 두지만 비슷한 신경망이 여러 게임을 능숙하게 플레이하는 것을 배울 수 있을지 궁금했습니다. 테스트를 위해 체스와 쇼기 두 가지 게임을 추가했습니다.[30]

대부분의 독자들은 체스와 일본 체스로 불리는 쇼기를 잘 알고 있을지 모릅니다. 두 게임은 2인 전략 게임이고, 격자 형태의 판에서 진행되며 상대의 왕을 잡으면 끝납니다. 또한 이동 능력이 서로 다른 기물들로 구성됩니다. 하지만 쇼기는 체스보다 훨씬 복잡하고 판이 더 큽니다(체스는 8 × 8이고 쇼기는 9 × 9입니다). 또 잡은 상대 말을 어느 위치에나 놓고 내 말로 재사용할 수 있습니다.

역사적으로 인공지능은 체스 게임과 많은 인연이 있습니다. 수십 년에 걸쳐 많은 체스 컴퓨터 프로그램이 개발되었습니다. 가장 유명한 것은 IBM에서 만든 딥 블루입니다. 딥 블루는 1997년 체스 세계 챔피언인 가리 카스파로프를 이겼습니다.[31] 가능한 수를 복잡하게 탐색하기 위해 무식하게 컴퓨팅 능력에 크게 의존하였습니다.[32] 수동으로 만든 특성을 사용하고 이 분야에 특별히 맞추어 조정했습니다. 딥 블루는 체스 마스터의 게임 수천 개를 분석하여 미세 조정되었습니다(즉, 지도 학습 시스템입니다!). 심지어 게임 사이에도 조정을 했습니다.[33]

20년 전에 딥 블루가 이런 성과를 냈지만 이 시스템은 일반화되지 못했습니다. 체스 이외에는 다른 일을 수행하지 못합니다. 알파고 제로가 바둑 판과 규칙 같은 기본 원리만 사

---

30 Silver, D., et al. (2017). Mastering chess and shogi by self-play with a general reinforcement learning algorithm. *arXiv: 1712.01815.*

31 딥 블루는 1996년 카스파로프와 처음 대결에서 졌습니다. 크게 성능을 업그레이드한 후에 1997년 가까스로 카스파로프에게 이겼습니다. 하지만 AI 지지자들이 바랐던 것처럼 기계가 사람을 압도한 것은 아니었습니다.

32 딥 블루는 카스파로프와 대결할 당시 지구상에서 259번째로 가장 강력한 슈퍼 컴퓨터였습니다.

33 이 조정이 1997년 대결에 실패한 후 IBM과 카스파로프 사이의 논쟁 거리가 되었습니다. IBM은 프로그램 로그를 공개하지 않고 딥 블루를 해체해 버렸습니다. 이 컴퓨터 시스템은 공식 체스 랭킹을 받지는 못했습니다. 체스 마스터가 되기에는 너무 적은 게임을 했기 때문입니다.

용해 바둑 게임을 신경망으로 학습할 수 있다는 것을 보인 후, 실버와 딥마인드 동료들은 바둑뿐만 아니라 다른 보드 게임을 정복할 수 있는 하나의 일반화된 신경망 구조를 고안했습니다.

바둑에 비해 체스와 쇼기는 눈에 띄는 어려움이 있습니다. 이 게임의 규칙은 위치 종속적(말이 위치에 따라 다르게 움직일 수 있습니다)이고 비대칭입니다(어떤 말은 한 방향으로만 움직일 수 있습니다).[34] 원거리 이동이 가능하고(퀸은 체스판 전 지역을 이동할 수 있습니다) 무승부로 게임이 끝날 수 있습니다.

알파제로[Alpha Zero]는 말의 위치를 신경망에 주입하고 가능한 각 수에 대한 이동 확률 벡터와 스칼라[35] 결괏값을 출력합니다. 알파고 제로가 했던 것처럼 이 신경망은 온전히 자기 자신과 게임하는 심층 강화 학습을 통해 이동 확률과 결과에 대한 파라미터를 학습합니다. MCTS는 이 확률에 의해 축소된 공간에서 수행되어 정제된 이동 확률 벡터를 반환합니다. 알파고 제로가 (바둑은 승패로 나뉘는 게임이므로) 승리 확률을 최적화하는 반면 알파제로는 기대 결괏값을 최적화합니다. 자기 자신과 게임하는 동안 알파고 제로는 지금까지 최상의 버전을 유지하고 업데이트 버전이 이보다 더 나은지 평가합니다. 이런 식으로 최상의 다음 버전으로 현재 버전을 계속 교체합니다. 이와는 달리 알파제로는 하나의 신경망만 관리하고 어느 시점에 가장 최신의 자기 자신과 게임합니다. 알파제로는 24시간 안에 체스, 쇼기, 바둑 게임에 대해 훈련할 수 있습니다. 모델이 랜덤한 탐험 수를 얼마나 자주 두는지를 제어하는 파라미터를 수동으로 설정하는 것을 제외하면 게임 특성에 따른 수정 사항이 없습니다. 이 파라미터는 각 게임에서 학습에 기반한 이동 횟수를 조절합니다.[36]

100번의 게임 중에서 알파제로는 2016년 TCEC[Top Chess Engine Championship] 세계 챔피언인 스톡피시[Stockfish]에게 한 게임도 지지 않았습니다. 쇼기에서는 CSA[Computer Shogi Association] 세계 챔피언인 엘모[Elmo]가 100게임 중 8게임에서만 알파제로를 이겼습니다. 가장 의미 있는 상대인 알파고 제로는 100게임 중 40게임에서 알파제로를 이겼습니다. [그림 4.10]은 다른 상대와 비교한 알파제로의 엘로 점수를 보여줍니다.

알파제로는 뛰어난 것뿐만 아니라 효율적이기도 합니다. 알파제로의 엘로 점수는 쇼기,

---

34 이로 인해 알파고에서 많이 사용한 훈련 데이터를 합성하여 증식하는 방법을 적용하기 어렵습니다.

35 하나의 숫자 값

36 수동으로 설정하는 이 탐험 파라미터를 엡실론이라고 부릅니다. 제13장에서 자세히 설명합니다.

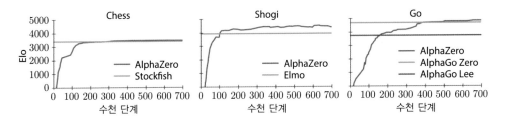

그림 4.10　체스, 쇼기, 바둑에서 알파제로와 상대의 엘로 점수 비교. 알파제로는 세 상대를 모두 빠르게 뛰어 넘습니다.

체스, 바둑에서 각각 2시간, 4시간, 8시간 훈련한 후에 상대를 압도했습니다. 이는 엘모 Elmo와 스톡피시와 비교했을 때 매우 빠른 학습 속도입니다. 이런 컴퓨터 프로그램은 수십 년 동안 연구와 도메인에 특화되어 집중적으로 미세 조정되었습니다. 일반화된 알파제로 알고리즘은 이 세 게임을 모두 태연하게 플레이할 수 있습니다. 단순히 동일한 신경망에서 학습된 가중치를 바꾸는 것만으로 다른 도구로 수년에 걸릴 기술을 얻을 수 있습니다. 이 결과는 심층 강화 학습이 비지도 방식으로 전문가 수준의 일반적인 게임 수행 능력을 개발하는 데 엄청나게 강력한 도구라는 것을 보여줍니다.

물체 조작

이 장의 제목에서 알 수 있듯이 지금까지 심층 강화 학습을 소개할 때 게임 플레이 애플리케이션에 초점을 맞추었습니다. 게임이 기계 지능의 일반화를 위해서 아주 좋은 테스트 환경을 제공하지만 이 절에서는 실용적이고 현실적인 심층 강화 학습 애플리케이션을 잠시 설명하겠습니다.

　이 장의 서두에 언급한 실전 예제 하나는 자율 주행 자동차입니다. 또 다른 예시로 세르게이 러바인Sergey Levine, 첼시아 핀Chelsea Finn(그림 4.11)과 UC 버클리의 연구실 동료들이 수행한 연구를 소개합니다.[37] 이 연구원들은 병뚜껑을 돌려 열거나, 장난감 망치로 못을 제거하거나, 행거에 옷걸이를 걸거나, 모양 맞추기 게임에서 상자를 끼워 넣는 것 같은 복잡한 외형과 깊이를 인식해야 하는 다양한 운동 기능을 수행하는 로봇을 훈련시켰습니다(그림 4.12).

---

37 Levine, S., Finn, C., et al. (2016). End-to-end training of deep visuomotor policies. *Journal of Machine Learning Research*, 17, 1-40.

그림 4.11 첼시아 핀은 UC 버클리에 있는 인공지능 연구실의 박사과정 학생입니다.

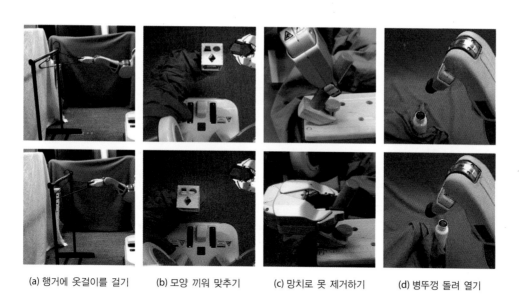

(a) 행거에 옷걸이를 걸기   (b) 모양 끼워 맞추기   (c) 망치로 못 제거하기   (d) 병뚜껑 돌려 열기

그림 4.12 러바인, 핀 등의 논문(2016)에서 발췌한 샘플 이미지. 로봇이 훈련한 다양한 물체를 조작하는 행동을 보여줍니다.

레빈, 핀과 동료들의 알고리즘은 원시적인 시각 정보를 로봇 팔의 모터 움직임에 바로 매핑합니다. 여기에서 사용한 정책망은 7개의 층을 가진 심층 합성곱 신경망CNN이었습니다. 이 신경망은 10만 개 이하의 인공 뉴런으로 구성됩니다. 이 숫자는 딥러닝 분야에서는 아주 작은 양입니다. 이 책에서 이보다 수십 배나 더 큰 신경망을 훈련해 볼 것입니다.

인공 신경망 이론(이제 곧 제2부에서 배웁니다)을 깊게 다루기 전에 이 방식을 자세히 설명하기 까다롭지만 멋지고 실용적인 이 심층 강화 학습 애플리케이션에서 주목해야 할 세 가지는 다음과 같습니다. 첫째, 이 모델은 원본 이미지(픽셀)를 입력으로 받고 로봇의 모터로 바로 출력하는 '엔드-투-엔드' 딥러닝 모델입니다. 둘째, 이 모델은 다양한 종류의 물체 조작 작업을 훌륭히 일반화했습니다. 셋째, 정책 그레이디언트policy gradient 방식을 사용한 심층 강화 학습의 예입니다. [그림 4.1]에 있는 벤다이어그램의 심층 강화 학습 원 안에 나타나 있습니다. 정책 그레이디언트 방법은 DQN 방식과 다릅니다. 제13장에서는 주로 DQN에 초점을 맞추지만 정책 그레이디언트도 살짝 소개합니다.

유명한 심층 강화 학습 환경

이전 몇 개의 절에서 강화 학습 모델을 훈련하기 위한 소프트웨어 에뮬레이션 환경에 대해 여러 번 언급했습니다. 이 개발 분야는 강화 학습의 지속적인 발전을 위해 매우 중요합니다. 에이전트가 활동하고 탐험할 수 있는 (그리고 데이터를 모을 수 있는) 환경이 없다면 모델을 훈련할 수 없습니다. 여기에서 가장 유명한 환경 3개의 주요 기능을 개략적으로 소개합니다.

OpenAI 짐

OpenAI 짐Gym[38]은 비영리 AI 연구 회사인 OpenAI[39]가 개발했습니다. OpenAI의 미션은 안전하고 공정한 방식으로 인공 일반 지능artificial general intelligence(다음 절에서 더 자세히 소개합니다!)을 발전시키는 것입니다. OpenAI는 OpenAI 짐을 포함해 여러 가지 AI 연구 도구를 개발하고 오픈 소스로 공개했습니다. 이 도구는 심층 또는 일반 강화 학습 모델을 훈련하기 위한 인터페이스를 제공합니다.

　[그림 4.13]에서 볼 수 있듯이 짐의 특징은 다양한 종류의 환경입니다. 여러 가지 아타리 2600 게임[40], 다양한 로봇 시뮬레이터, 몇 개의 간단한 텍스트 기반 알고리즘 게임,

---

38 github.com/openai/gym

39 openai.com

40 OpenAI 짐은 아타리 2600 게임을 에뮬레이션하기 위해 ALE(Arcade Learning Environment)를 사용합니다. '비디오 게임' 절에서 소개한 므니 등의 2013년 논문에서 동일한 프레임워크를 사용했습니다. 이 프레임워크의 주소는 다음과 같습니다. github.com/mgbellemare/Arcade-Learning-Environment

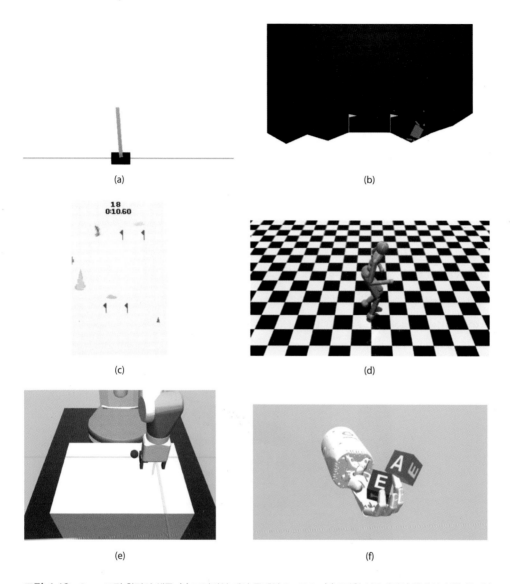

(a)　　(b)

(c)　　(d)

(e)　　(f)

그림 4.13　OpenAI 짐 환경의 샘플. (a) 고전적인 제어 문제인 CartPole, (b) 2차원 시뮬레이션 안에서 수행되는 연속 제어 문제인 LunarLander, (c) 아타리 2600 게임인 Skiing, (d) 두 발로 걷는 3차원 MuJuCo 물리 엔진 시뮬레이션인 Humanoid, (e) 실제 로봇 팔(여기에서는 Fetch)의 시뮬레이션 중 하나인 FetchPickAndPlace. 블록을 집어 타깃 위치에 놓는 것이 목표입니다. (f) Shadow Dexterous Hand 로봇 팔의 시뮬레이션인 HandManipulateBlock.

MuJoCo 물리 엔진[41]을 사용한 몇 가지 로봇 시뮬레이션을 포함합니다. 제13장에서 코드 한 줄로 OpenAI 짐을 설치하고 여기서 제공하는 환경을 사용해 DQN 에이전트를 훈련 하겠습니다. OpenAI 짐은 파이썬으로 작성되었으며 텐서플로와 파이토치 등 어떤 딥러닝 라이브러리와도 호환됩니다(제14장에서 다양한 딥러닝 라이브러리를 소개합니다. 이 둘 은 가장 인기 있는 라이브러리입니다).

딥마인드 랩

딥마인드 랩[42]은 구글 딥마인드에서 개발한 또 다른 강화 학습 환경입니다(하지만 딥마인 드 랩은 구글 공식 제품이 아닙니다). [그림 4.14]에서 볼 수 있듯이 이 환경은 이드 소프트 웨어의 퀘이크 III 아레나[43] 위에 만들어졌습니다. 에이전트가 탐험할 수 있는 공상 과학에 나올 법한 3차원 세계를 제공합니다. OpenAI 짐의 아타리 에뮬레이터와는 다르게 이 에 이전트는 1인칭 시점으로 환경을 탐험할 수 있습니다.

여러 가지 레벨이 있는데 대략 네 종류로 나눌 수 있습니다.

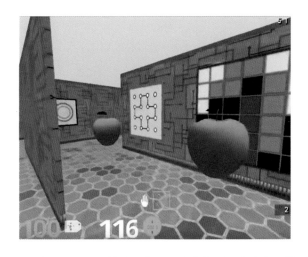

그림 4.14 딥마인드 랩 환경. 먹음직스러운 초록색 사과를 잡으면 양의 보상을 받습니다.

---

41 MuJoCo는 'Multi-Joint dynamics with Contact'의 약어입니다. Roboti LLC를 위해 Emo Todorov가 개발한 물리 엔진 입니다.

42 Beattie, C. et al. (2016). DeepMind Lab. *arXiv: 1612.03801*.

43 Quake III Arena. (1999). United States: id Software. github.com/id-Software/Quake-III-Arena

1. 과일 수집 레벨. 에이전트는 단순하게 벌칙(레몬)을 피하면서 보상(사과와 멜론)을 찾고 수집합니다.
2. 고정 맵 탐험 레벨. 에이전트는 맵의 레이아웃을 기억하고 목표를 찾아야 합니다. 에이전트의 탐험 능력을 테스트하기 위해 목표는 고정하고 에피소드가 시작할 때 에이전트가 맵 안에 랜덤하게 놓이거나, 에피소드마다 목표가 이동하고 에이전트는 동일한 위치에서 시작할 수 있습니다.
3. 랜덤 맵 탐험 레벨. 에피소드마다 에이전트가 새로운 맵을 탐험하여 목표를 찾아야 합니다. 제한 시간 안에 가능한 많은 목표를 찾아야 합니다.
4. 레이저 태그 레벨. 에이전트가 여러 장면에 위치한 봇을 공격하여 보상을 받습니다.

딥마인드 랩 설치는 OpenAI 짐만큼 간단하지 않습니다.[44] 하지만 에이전트를 훈련하기 위한 풍부하고 역동적인 1인칭 환경을 제공합니다. 탐험, 기억, 전략, 계획, 소근육 운동과 관련된 복잡한 시나리오를 제공합니다. 이 도전적인 환경을 사용해 현재 심층 강화 학습이 다룰 수 있는 한계를 테스트할 수 있습니다.

유니티 ML-Agents

유니티Unity는 2차원 또는 3차원 비디오 게임과 디지털 시뮬레이션을 위한 고급 엔진입니다. 이 장의 서두에서 설명한 것처럼 강화 학습 알고리즘의 능숙한 게임 플레이를 보면 유명한 게임 엔진 제조사가 강화 학습을 비디오 게임에 통합하기 위한 환경을 제공하는 것은 놀라운 일이 아닙니다. 유니티 ML-Agents 플러그인[45]을 사용하면 유니티 기반의 비디오 게임이나 시뮬레이션에서 강화 학습 모델을 훈련할 수 있습니다. 또한 유니티 본연의 목적에 더 맞도록 게임 내에서 에이전트의 행동을 안내하는 강화 학습 모델을 만들 수 있습니다.

딥마인드 랩과 마찬가지로 유니티 ML-Agents의 설치는 간단하지 않습니다.[46]

---

44 먼저 깃허브 저장소(github.com/deepmind/lab)를 클론하고 Bazel(bit.ly/installB)을 사용해 빌드합니다. 딥마인드 랩 저장소에 자세한 설치 안내가 있습니다(bit.ly/buildDML).

45 github.com/Unity-Technologies/ml-agents

46 먼저 유니티를 설치하고(유니티 다운로드와 설치 안내는 store.unity.com/download를 참조하세요) 깃허브 저장소를 클론합니다. 전체 설치 안내는 유니티 ML-Agents 깃허브 저장소에 있습니다(bit.ly/MLagents).

세 부류의 인공지능

모든 딥러닝 분야 중에서 심층 강화 학습이 인공지능을 사람의 인지 능력과 의사 결정 능력을 모방한 시스템으로 생각하는 대중의 인식과 가장 가까울 것입니다. 이런 점을 고려하여 이 장을 마무리하면서 여기에서 세 가지 인공지능 종류를 소개합니다.

약인공지능

약인공지능artificial narrow intelligence, ANI은 특정 작업에 전문화된 기계의 능력입니다. ANI의 예는 오늘날 다양하고 많습니다. 이 책에서 이미 여러 번 언급했습니다. 물체 인식, 자연어 사이의 실시간 기계 번역, 자동 금융 거래 시스템, 알파제로, 자율 주행 자동차 등입니다.

인공 일반 지능

인공 일반 지능artificial general intelligence, AGI[47]은 이전 문단에서 언급한 모든 작업을 잘 수행할 수 있는 하나의 알고리즘을 말합니다. 얼굴을 인식하고 이 책을 다른 언어로 번역하고, 투자 포트폴리오를 최적화하고, 여러분과 바둑을 두고, 휴가지까지 안전하게 운전할 수 있습니다. 실제로 이런 알고리즘은 개인의 지적 능력과 거의 구분할 수 없을 것입니다. AGI를 실현하기 위해서는 극복해야 할 문제가 셀 수 없이 많습니다. 언제 달성될지, 전혀 달성할 수 없을지 예상하는 것도 어렵습니다. 하지만 AI 전문가들은 대략적으로 시기를 추측하길 좋아합니다. 철학자 빈센트 밀러Vincent Müller와 영향력 있는 미래학자 닉 보스트롬Nick Bostrom이 수행한 연구[48]에서 전문 AI 연구자 수백 명이 AGI가 달성될 것이라 예상한 시기의 중간값은 2040년입니다.

초인공지능

초인공지능artificial super intelligence, ASI은 상상하기 어렵기 때문에 설명하기 힘듭니다. ASI는 사람의 지적 능력보다 훨씬 뛰어난 알고리즘일 것입니다.[49] AGI가 가능하다면 ASI도 가능할 것입니다. 물론 AGI보다 ASI를 달성하는 데 더 많은 허들이 있을 것입니다. 오늘날에는

---

47 옮긴이_ 이를 강인공지능이라고도 부릅니다.

48 Müller, V., and Bostrom, N. (2014). Future progress in artificial intelligence: A survey of expert opinion. In V. Müller (Ed.), *Fundamental Issues of Artificial Intelligence*. Berlin: Springer.

49 2015년 작가이자 삽화가인 타임 우르반(Time Urban)은 ASI와 관련된 문헌을 다룬 두 편의 글을 올렸습니다. 관심이 있다면 bit.ly/urbanAI에서 볼 수 있습니다.

어떤 어려움일지 예상할 수도 없습니다. 하지만 밀러와 보스토롬의 연구를 다시 인용하면 AI 전문가들이 ASI가 달성될 것이라 예상한 중간값은 2060년입니다. 현재 많은 지구인의 생애 안에 해당하는 가상 날짜입니다. 딥러닝의 이론과 실습에 모두 익숙해 있을 제14장에서 어떻게 딥러닝 모델이 AGI에 기여할 수 있는지, 또 AGI나 ASI에 도달하기 위해 극복할 딥러닝의 현재 한계를 논의하겠습니다.

요약

이 장은 딥러닝과 관련되어 폭넓은 인공지능 분야에 대한 소개로 시작했습니다. 그다음 딥러닝과 피드백을 제공하는 강화 학습 패러다임을 섞은 방식인 심층 강화 학습을 설명했습니다. 바둑 게임부터 물리적으로 물체를 조작하는 것까지 다양한 실제 사례를 통해 설명했듯이 심층 강화 학습을 사용하면 일반적으로 널리 알려진 AI 개념에 맞게 기계가 방대한 양의 데이터를 처리하여 복잡한 작업에서 올바른 행동을 수행할 수 있습니다.

II

핵심 이론

## 5

말(이론)보다 마차(코드)

제1부에서 다양한 최신 애플리케이션을 소개하면서 딥러닝을 개괄적으로 설명했습니다. 계층적으로 표현을 학습하는 특징부터 인공지능 분야와 관계까지 기본 딥러닝 개념을 다루었습니다. 이 책의 제2부에서 개념을 반복하여 소개하면서 딥러닝 이면의 저수준 이론과 수학을 본격적으로 배우겠습니다. 그렇지만 이 기회를 놓치지 않고 말보다 마차를 앞에 둔다는 속담처럼 이론보다 재미있는 코드를 직접 실습해 보겠습니다.

이 장에서는 신경망 모델의 코드를 한 줄 한 줄 따라갑니다. 아직 코드를 뒷받침하는 이론을 충분히 설명하지 않았기 때문에 답답하더라도 참아야 하지만 이런 방식의 전환이 이어지는 장에서 나오는 이론에 대한 걱정을 덜어줄 것입니다. 추상적인 아이디어 대신에 여기에서 소개하는 이론 요소는 실제 코드 라인에 기반합니다.

선행 지식

(이 글을 쓰는 시점에) 파이썬은 데이터 과학 커뮤니티에서 가장 인기 있는 소프트웨어 언어이기 때문에 이 책의 코드 예제를 위해 파이썬을 선택했습니다. 파이썬은 독립된 스크립트로 작성되어 머신러닝 모델을 제품 시스템에 배포할 수도 있습니다. 파이썬을 처음 배우거나 배운 지 오래되었다면 쇼Show의 책[1]이 일반적인 참조 자료로 적절합니다. 다니엘 첸Daniel Chen의 *Pandas for Everyone*은 파이썬을 데이터 모델링에 적용하는 방법을 배우는 데 좋습니다.[2]

---

1 Shaw, Z. (2013). *Learn Python the Hard Way*, *3rd Ed*. New York: Addison-Wesley. This relevant appendix, Shaw's "Command Line Crash Course," is available online at learnpythonthehardway.org/book/appendixa.html.

2 Chen, D. (2017). Pandas for Everyone: Python Data Analysis. New York: Addison-Wesley. 옮긴이_이 책의 번역서는 Do it! 데이터 분석을 위한 판다스 입문(2018, 이지스퍼블리싱)입니다.

설치

이 책의 모든 코드는 깃허브 저장소에 있으며 구글 코랩에서 바로 실행할 수 있습니다.

github.com/rickiepark/dl-illustrated[3]

컴퓨터에서 코드를 실행하지 않고 그냥 완료된 노트북을 보고 싶다면 깃허브 저장소에서 바로 볼 수 있습니다.

이 책의 코드는 인터랙티브한 주피터 노트북[4]으로 제공됩니다. 주피터는 요즘 코드를 작성하고 공유하는 데 즐겨 사용하는 방법입니다. 특히 데이터 과학자가 데이터 전처리, 시각화, 모델링을 실험하는 탐색적 데이터 분석 단계에서 많이 사용합니다. 깃허브의 주피터 노트북에 포함된 코랩 링크를 클릭하면 구글 클라우드 컴퓨팅 자원을 무료로 사용하여 딥러닝 코드를 실행할 수 있습니다.

케라스로 얕은 신경망 만들기

다음 순서대로 코드 예제를 만들어 보겠습니다.

1. 손글씨 숫자 데이터세트를 소개합니다.
2. 주피터 노트북으로 이 데이터를 적재합니다.
3. 파이썬으로 모델링에 필요한 데이터를 준비합니다.
4. (텐서플로의) 고수준 딥러닝 API인 케라스로 몇 줄의 코드를 작성하여 인공 신경망을 만들고 주어진 손글씨 샘플이 어떤 숫자인지 예측합니다.

MNIST 손글씨 숫자

LeNet-5 머신 비전 구조(그림 1.11)를 소개한 제1장으로 돌아가 보면 얀 르쿤(그림 1.9)과 동료들이 이전의 딥러닝 기술자에 비해 가진 이점 중 하나는 모델을 훈련하기 위한 뛰어난 데이터세트였습니다. MNIST 손글씨 숫자 데이터세트(그림 5.1에서 샘플을 볼 수 있습니다)는 이안 굿펠로우의 생성적 적대 신경망(그림 3.2a)이 모방한 사례 중 하나로 다시 등장

---

3 옮긴이_ 원서의 깃허브 저장소는 github.com/the-deep-learners/deep-learning-illustrated입니다.
4 jupyter.org. 주피터 노트북을 잘 사용하려면 단축키에 익숙해지는 것이 좋습니다.

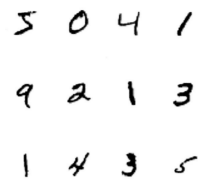

그림 5.1 MNIST 데이터세트의 샘플 이미지. 각 이미지는 하나의 손글씨 숫자를 나타냅니다. 이 글씨는 미국의 고등학교 학생과 인구조사국 직원들이 쓴 것입니다.

했습니다. MNIST 데이터세트는 딥러닝 튜토리얼에 자주 등장할 만합니다. 현대 기준으로 보면 이 데이터세트는 노트북 컴퓨터에서도 빠르게 모델을 만들 수 있을 만큼 충분히 작습니다. 작은 크기와 함께 MNIST 데이터는 적절한 분류의 난이도를 가지고 있기 때문에 유용합니다. 손글씨 숫자는 충분히 다양하고 머신러닝 알고리즘에서 높은 정확도로 분류하기 어려울 만큼 충분히 복잡한 요소를 가지고 있습니다. 하지만 극복할 수 없는 문제는 아닙니다. 이 책의 제2부에서 잘 설계된 딥러닝 모델을 사용해 손글씨 샘플을 거의 완벽하게 분류하겠습니다.

MNIST 데이터세트는 르쿤(그림 1.9), 코리나 코르테스Corinna Cortes(그림 5.2), 마이크로소프트 AI 연구자였던 뮤지션 크리스 버지스Chris Burges가 1990년대 만들었습니다.[5] 이 데이터는 알고리즘 훈련을 위해 6만 개의 손글씨 숫자 샘플과 이전에 본 적 없는 데이터에 대한 알고리즘의 성능을 검증하기 위해 1만 개의 샘플이 포함되어 있습니다. 미국 NISTNational Institute of Standards and Technology가 수집한 미국 고등학교 학생과 인구조사국 직원들이 쓴 손글씨 숫자 샘플 중 (수정된) 일부입니다.

[그림 5.3]의 예시와 같이 모든 MNIST 숫자는 28 × 28 픽셀 이미지입니다.[6] 각 픽셀은 8비트로 0(흰색)에서 255(검은색)까지 픽셀의 검은 정도를 표현합니다. 이 사이의 정수는 점차 어두워지는 회색 음영을 나타냅니다.

---

5 yann.lecun.com/exdb/mnist/

6 파이썬의 인덱스는 0에서부터 시작합니다. 따라서 첫 번째 열과 첫 번째 행의 인덱스는 모두 0입니다. 28번째 행과 28번째 열의 인덱스는 모두 27입니다.

그림 5.2 덴마크 컴퓨터 과학자인 코리나 코르테스는 구글의 뉴욕 연구소 책임자입니다. 순수 머신러닝 분야와 응용 분야에 셀 수 없이 많은 기여를 했습니다. 코르테스는 (크리스 버지스와 얀 르쿤과 함께) 널리 사용되는 MNIST 데이터세트를 만들었습니다.

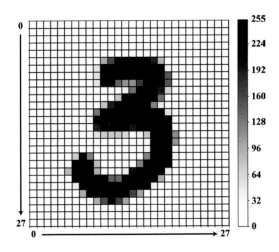

그림 5.3 MNIST 손글씨 숫자는 28x28 픽셀의 흑백 이미지입니다. 이 그림을 만든 코드는 📂 5-2.mnist_digit_pixel_by_pixel.ipynb 노트북7을 참조하세요.

신경망 구조

📂 5-1.shallow_net_in_keras.ipynb 노트북[7]에서 인공 신경망을 만들어 주어진 MNIST

---

7 📂 아이콘이 표시된 모든 파일은 모두 이 책 깃허브 저장소의 notebooks 디렉터리 안에 있습니다.

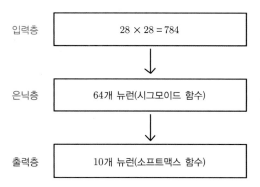

그림 5.4 이 장에서 만들 얕은 인공 신경망의 대략적인 구조. 시그모이드 함수와 소프트맥스 함수에 대해서는 제6장과 제7장에서 각각 자세히 다룹니다.

손글씨 이미지가 어떤 숫자를 나타내는지 예측합니다. [그림 5.4]의 대략적인 구조에서 볼 수 있듯이 이 인공 신경망은 하나의 은닉층을 포함해 총 3개의 층으로 이루어집니다. [그림 4.2]를 생각해 보면 이 인공 신경망은 층 개수가 적기 때문에 일반적으로 딥러닝이라고 부르지 않습니다. 때문에 얕은 신경망이라고 합니다.

이 신경망의 첫 번째 층은 MNIST 숫자를 입력받습니다. 이 이미지는 28 × 28 픽셀이기 때문에 총 784개의 값이 있습니다. 따라서 이미지를 적재한 다음 원래 28 × 28 크기의 2차원 이미지를 784개의 원소를 가진 1차원 배열로 펼치겠습니다.

> 2차원을 1차원으로 줄이면 손글씨 숫자에 있는 의미 있는 구조를 많이 잃어버리게 된다고 주장할 수 있습니다. 네 사실 그렇습니다! 하지만 1차원 데이터를 사용하면 비교적 복잡하지 않은 신경망 모델을 만들 수 있습니다. 처음 배우는 단계에는 이 정도가 적당합니다. 나중에 제10장에서 다차원 입력을 다룰 수 있는 복잡한 모델을 배우겠습니다.

입력된 픽셀 데이터는 64개의 인공 뉴런을 가진 하나의 은닉층[8]을 통과합니다. 뉴런의 개수(64)와 활성화 함수(시그모이드)는 현재는 그렇게 중요하지 않습니다. 다음 장에서 이 모델의 속성을 자세히 설명하겠습니다. 여기에서 중요한 점은 제1장(그림 1.18과 1.19)에

---

8 이 층은 노출되지 않기 때문에 은닉층이라 부릅니다. 데이터는 입력층이나 출력층을 통해서만 간접적으로 은닉층에 영향을 미칩니다.

서 보았듯이 은닉층의 뉴런이 입력 데이터의 표현을 학습한다는 것입니다. 이를 통해 신경망이 주어진 이미지가 나타내는 숫자를 예측할 수 있습니다.

마지막으로 은닉층이 만든 정보는 출력층의 10개 뉴런으로 전달됩니다. 제7장에서 소프트맥스 함수가 어떻게 동작하는지 자세히 설명하겠지만 기본적으로 분류해야 할 숫자가 10개이므로 10개의 뉴런을 두었습니다. 10개 뉴런이 모두 하나의 확률을 출력합니다. 주어진 MNIST 이미지가 나타낼 수 있는 10개의 숫자에 대한 각각의 확률입니다. 예를 들어 매우 잘 훈련된 신경망에 [그림 5.3]에 있는 이미지를 주입하면 이 이미지가 3일 확률은 0.92이고, 2일 확률은 0.06이고, 8일 확률은 0.02이며 다른 7개의 숫자에 대한 확률은 0을 출력합니다.

데이터 적재

[코드 5.1]에서처럼 노트북 시작 부분에 필요한 라이브러리를 임포트합니다. 흥미롭지는 않지만 필수 단계입니다.

코드 5.1 케라스로 얕은 신경망을 만들기 위해 필요한 라이브러리

```
from tensorflow import keras
from tensorflow.keras.datasets import mnist
from tensorflow.keras.models import Sequential
from tensorflow.keras.layers import Dense
from tensorflow.keras.optimizers import SGD
from matplotlib import pyplot as plt
```

신경망을 만들기 위해 사용할 라이브러리인 케라스를 임포트합니다. 이 예제에서 사용할 데이터인 MNIST 데이터세트를 임포트합니다. `Sequential`, `Dense`, `SGD`로 끝나는 라인은 나중에 설명하겠습니다. 지금은 이에 대해 걱정할 필요가 없습니다. 마지막으로 화면에 MNIST 숫자를 그리기 위해 `matplotlib`을 임포트합니다.

이 라이브러리를 임포트하면 [코드 5.2]와 같이 한 줄의 코드로 간단히 MNIST 데이터를 적재할 수 있습니다.

코드 5.2 MNIST 데이터 적재

```
(X_train, y_train), (X_valid, y_valid) = mnist.load_data( )
```

이 데이터를 확인해 보죠. 제4장에서 언급했듯이 수학 기호 x는 모델에 입력으로 주입할 데이터를 표현하는 데 사용합니다. y는 모델이 예측하도록 훈련할 레이블을 나타내는 데 사용합니다.[9] 이를 따라서 x_train에 모델이 훈련할 MNIST 숫자를 저장합니다.[10] x_train.shape를 실행하면 (60000, 28, 28)가 출력됩니다.[11] 이 결과를 보면 기대한 것처럼 훈련 데이터세트에 6만 개의 이미지가 있고 각 이미지는 28 × 28 행렬입니다. y_train.shape를 실행하면 6만 개의 훈련 이미지 각각의 숫자를 나타내는 6만 개의 레이블을 확인할 수 있습니다. y_train[0:12]는 처음 12개의 레이블을 나타내는 12개의 숫자로 구성된 배열을 출력합니다. 따라서 훈련 세트의 첫 번째 손글씨 숫자(X_train[0])는 숫자 5이고, 두 번째는 0, 세 번째는 4일 것입니다.

```
array([5, 0, 4, 1, 9, 2, 1, 3, 1, 4, 3, 5], dtype=uint8)
```

이는 앞서 [그림 5.1]에서 본 12개의 MNIST 숫자와 같습니다. 이 그림은 다음 코드를 사용해 만들었습니다.

```
plt.figure(figsize=(5,5))
for k in range(12):
    plt.subplot(3, 4, k+1)
    plt.imshow(X_train[k], cmap='Greys')
    plt.axis('off')
plt.tight_layout( )
```

---

9 옮긴이_ 보통 y를 타깃이라고도 부릅니다.

10 변수가 2차원 행렬이나 그 이상의 고차원 데이터 구조를 나타낼 때 X와 같이 대문자로 사용합니다. 반대로 하나의 값(스칼라)이나 1차원 배열을 나타낼 때는 x와 같이 소문자를 사용합니다.

11 옮긴이_ 주피터 노트북의 코드 셀은 마지막 라인의 실행결과를 자동으로 화면에 출력합니다. 따라서 print( ) 명령을 사용하지 않아도 x_train.shape 값이 출력됩니다. load_data( ) 함수가 반환하는 4개의 값은 모두 넘파이 배열입니다. 넘파이 배열에 대한 간단한 소개는 옮긴이의 블로그(bit.ly/numpy-tutorial)를 참조하세요.

```
plt.show( )
```

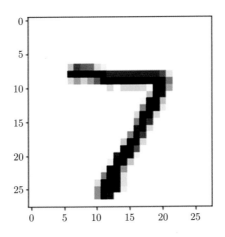

그림 5.5 검증 세트에 있는 첫 번째 MNIST 숫자(x_valid[0])는 7입니다.

 훈련 데이터와 마찬가지로 검증 데이터의 크기(X_valid.shape, y_valid.shape)를 확인해 보면 1만 개의 28 × 28 픽셀의 이미지와 이에 상응하는 레이블이 있습니다. 즉 (10000, 28, 28), (10000,)입니다. x_valid[0]으로 개별 이미지를 구성하는 값을 확인하면 손글씨를 나타내는 정수 행렬이 대부분 0(흰 배경)으로 채워져 있습니다. 손글씨 이미지의 검은 부분을 나타내는 높은 정수 값(예를 들면 254, 255)을 보면 이 이미지는 숫자 7입니다. (중간값의 정수로 이루어진) 이미지 테두리는 점점 흰색으로 바뀝니다. 이 이미지가 진짜 7인지 확인하려면 plt.imshow(X_valid[0], cmap='Greys')로 이미지(그림 5.5)를 출력하고 y_valid[0]로 레이블(7)을 출력합니다.[12]

데이터 전처리

MNIST 데이터를 다운로드한 다음 노트북에서 '데이터 전처리' 제목이 나옵니다. 하지만 인공 신경망에 힌트를 주기 위해 특성 추출 함수를 적용하는 식의 이미지 전처리는 하지

---

12 옮긴이_보통 이미지는 흰색이 255, 검은색이 0입니다. MNIST 이미지는 흰색과 검은색이 반전되어 있습니다. 실제 검게 쓰여진 숫자 부분이 높은 정수 값을 가집니다. 이는 신경망이 의미 있는 패턴을 학습할 부분이 0이 아닌 값이어야 하기 때문입니다. 주피터 노트북에 출력할 때는 255가 검은색으로 나타나도록 컬러맵(cmap)을 'Greys'로 지정했습니다. 맷플롯립의 전체 컬러맵 목록은 bit.ly/colormaps를 참조하세요.

않습니다. 대신 단순히 신경망의 입력층과 출력층의 크기에 맞도록 데이터의 크기를 바꾸겠습니다.

28 × 28 픽셀 이미지를 784개의 원소를 가진 1차원 배열로 펼칩니다. [코드 5.3]에서처럼 reshape( ) 메서드를 사용합니다.

코드 5.3 2차원 이미지를 1차원으로 펼치기

```
X_train = X_train.reshape(60000, 784).astype('float32')
X_valid = X_valid.reshape(10000, 784).astype('float32')
```

동시에 astype('float32')로 픽셀의 검은 정도를 정수에서 단정도 실수로 변환합니다.[13] 이렇게 바꾼 이유는 [코드 5.4] 단계를 위해서입니다. 여기에서 모든 값을 0과 1 사이 범위로 만들기 위해 255로 나누었습니다.[14]

코드 5.4 픽셀 정수 값을 실수로 바꾸기

```
X_train /= 255
X_valid /= 255
```

X_valid[0]를 실행하여 [그림 5.5]의 손글씨 숫자 7을 다시 확인해 보면 0과 1사이의 실수로 이루어진 1차원 배열이 출력되는 것을 확인할 수 있습니다.

이것이 모델의 입력 X를 변환하는 전부입니다. [코드 5.5]에서 볼 수 있듯이 레이블 y는 정수에서 원-핫 인코딩으로 변환해야 합니다(잠시 후에 간단한 예제를 통해 설명하겠습니다).

코드 5.5 정수 레이블을 원-핫 인코딩으로 바꾸기

```
n_classes = 10
```

---

[13] 이 데이터는 원래 0에서 255 사이의 부호 없는 정수인 unit8로 저장되어 있습니다. 메모리 효율적이고 256개의 값만 저장하기 때문에 많은 정밀도가 필요하지 않습니다. 별도로 지정하지 않으면 파이썬은 기본적으로 64비트 실수로 변환하기 때문에 너무 정밀도가 높습니다. 따라서 이 예제에 충분한 낮은 정밀도로 지정하여 32비트 실수를 사용합니다. 옮긴이_uint8은 8비트 정수입니다.

[14] 머신러닝 모델은 표준화된 입력을 더 효율적으로 학습하는 경향이 있습니다. 이진 입력의 경우 일반적으로 0 또는 1입니다. 입력 분포는 평균이 0이고 표준편차가 1이 되도록 정규화됩니다. 여기서는 일반적으로 픽셀 강도를 0과 1사이의 값으로 바꿉니다.

```
y_train = keras.utils.to_categorical(y_train, n_classes)
y_valid = keras.utils.to_categorical(y_valid, n_classes)
```

10개의 손글씨 숫자가 있으므로 n_classes를 10으로 설정합니다. 그다음 두 줄의 코드에서 케라스 라이브러리가 제공하는 편리한 유틸리티 함수인 to_categorical을 사용해 훈련 데이터의 레이블과 검증 데이터의 레이블을 원-핫 포맷으로 변환합니다. y_valid[0]을 실행하여 레이블 7이 어떻게 표현되는지 보죠.

```
array([0., 0., 0., 0., 0., 0., 0., 1., 0., 0.], dtype=float32)
```

숫자 7을 정수로 표현하지 않고 여덟 번째 위치는 1이고 나머지는 모두 0으로 채워진 길이가 10인 배열로 만듭니다. 이런 원-핫 인코딩에서 레이블 0은 첫 번째 위치만 1인 배열이 되고, 레이블 1은 두 번째 위치만 1인 배열이 됩니다. 레이블을 이런 원-핫 인코딩으로 바꾸어 인공 신경망의 마지막 층의 출력인 10개의 확률에 대응시킵니다. 이 원-핫 인코딩이 이상적인 신경망의 출력입니다. 입력 이미지가 손글씨 7이라면 완벽하게 훈련된 신경망은 7에 해당하는 여덟 번째 확률은 1.00을 출력하고 나머지 9개 숫자에 해당하는 확률은 0.00을 출력할 것입니다.

신경망 구조 설계

필자의 입장에서 보면 인공 신경망을 만들기 위해 딥러닝 코드를 작성하는 것이 가장 즐겁습니다. 가능한 구조는 무한하지만 이 책을 읽으면서 주어진 문제를 해결하기 위해 시험해 볼 구조를 선택하는 직관을 기르게 될 것입니다. [그림 5.4]에서 볼 수 있듯이 처음에는 [코드 5.6]과 같이 가능한 기본적인 구조로 시작하겠습니다.

코드 5.6 얕은 신경망을 만드는 케라스 코드

```
model = Sequential( )
model.add(Dense(64, activation='sigmoid', input_shape=(784,)))
model.add(Dense(10, activation='softmax'))
```

코드 첫 번째 줄에서 가장 간단한 신경망 모델인 Sequential[15]의 객체를 만들고 이름을 model이라 지었습니다. 두 번째 줄에서 model 객체의 add( ) 메서드를 사용해 신경망의 은닉층의 속성(시그모이드 활성화 함수와 64개의 인공 뉴런을 사용하는 Dense( )[16] 클래스로 만든 완전 연결층[17])과 입력층의 크기(길이가 784인 1차원 배열)를 설정했습니다. 세 번째이자 마지막 줄에서 add( ) 메서드를 다시 사용해 출력층과 이 층의 파라미터를 설정합니다. 손글씨 숫자가 입력되면 신경망이 출력할 (10개의 가능한 숫자에 1개씩인) 10개의 확률에 대응하는 10개의 인공 뉴런과 softmax 활성화 함수를 사용합니다.

신경망 모델 훈련

그다음 주피터 노트북에서 model.summary( )와 model.compile( ) 단계를 수행합니다.[18] 산술 계산을 하는 코드 세 줄도 있습니다.[19] 이에 대한 설명은 나중으로 미루고 모델 훈련 단계로 건너가 보죠(코드 5.7).

코드 5.7　얕은 신경망을 훈련하는 케라스 코드

```
model.fit(X_train, y_train,
          batch_size=128, epochs=200,
          verbose=1,
          validation_data=(X_valid, y_valid))
```

중요 사항은 다음과 같습니다.

1. model 객체의 fit( ) 메서드로 인공 신경망을 훈련합니다. 훈련 이미지 X_train을 입력으로 이에 내응하는 레이블 y_train을 희망 출력으로 사용합니다.
2. 신경망이 훈련하면서 fit( ) 메서드가 validation_data 매개변수로 전달한 검증 데이터 X_valid와 y_valid로 신경망의 성능을 평가합니다.

---

15 이 신경망의 각 층은 연속적으로 놓여 있는 다음 층으로만 정보를 전달합니다.
16 이런 용어들은 이어지는 장에서 설명하겠습니다.
17 옮긴이_완전 연결 층은 이전 층과 뉴런이 모두 완전히 연결된 층입니다. 이어지는 장에서 자세히 소개합니다.
18 옮긴이_이 두 메서드는 제8장에서 자세히 설명합니다.
19 옮긴이_이 계산은 은닉층과 출력층의 파라미터 개수를 세기 위한 것입니다. 제7장에서 자세히 설명합니다.

3. 머신러닝과 특히 딥러닝에서는 종종 동일한 데이터로 모델을 여러 번 훈련합니다. 훈련 데이터 전체(여기서는 6만 개 이미지)를 모두 한 번 사용하는 것을 훈련의 에포크라고 부릅니다. `epochs` 매개변수를 200으로 지정하여 6만 개 훈련 이미지를 200번 반복합니다.

4. `verbose`를 1로 지정하면 `model.fit( )` 메서드가 훈련 과정의 상세 내용을 출력합니다. 훈련 에포크가 끝날 때마다 출력되는 `val_accuracy` 통곗값에 초점을 맞추겠습니다. 검증 정확도는 `X_valid`에 있는 1만 개 손글씨 이미지 중에서 신경망의 출력층이 만든 확률 중 가장 높은 값이 `y_valid`에 있는 레이블과 정확히 맞은 비율입니다.

첫 번째 훈련 에포크가 끝나면 `val_accuracy`가 0.1058이 됩니다.[20, 21] 즉 검증 데이터 세트에 있는 이미지 중 11 퍼센트만 이 얕은 신경망으로 정확히 분류되었습니다. 손글씨 숫자가 10개이므로 랜덤하게 예측해도 숫자의 10 퍼센트를 맞출 수 있습니다. 따라서 이 결과는 인상적이지 않습니다. 하지만 신경망이 훈련을 계속하면 결과가 향상됩니다. 열 번의 훈련 에포크 후에 검증 세트의 이미지 중 31 퍼센트를 정확하게 분류했습니다. 랜덤하게 추측하는 것보다 훨씬 낫군요! 아직 끝이 아닙니다. 200번의 에포크 후에는 신경망이 더 이상 향상되지 않고 정점을 이루는 것 같으며 87 퍼센트의 검증 정확도를 달성합니다. 지금은 단순한 얕은 신경망을 만들었기 때문에 이 결과가 형편없는 것은 아닙니다!

요약

말보다 마차를 앞세우기 위해 이 장에서 얕은 기본적인 인공 신경망을 만들었고 괜찮은 수준의 정확도로 MNIST 이미지를 분류했습니다. 제2부의 나머지 장에서 이론을 본격적으로 배우고, 인공 신경망의 모범 사례를 익히며 진짜 딥러닝 구조를 만들어 보겠습니다. 이를 통해 입력을 훨씬 더 정확하게 분류할 수 있을 것입니다. 불가능할까요? 한 번 확인해 보죠.

---

20 인공 신경망은 확률적입니다(학습은 물론 초기화되는 방식 때문입니다). 따라서 독자들의 결과는 책과 다를 수 있습니다. 실제로 전체 노트북을 다시 실행하면(예를 들면 주피터 메뉴에서 Kernel을 클릭하고 'Restart & Run All'을 선택합니다), 매번 조금씩 다른 새로운 결과를 얻게 됩니다.

21 제8장에서 `model.fit( )` 출력의 이면에 있는 이론을 자세히 설명하겠습니다. '말보다 마차'를 먼저 두려는 목적이므로 검증 정확도만 다루는 것으로 충분합니다.

## 6

핫도그를 감지하는 인공 뉴런

책의 제1부에서 몇 가지 딥러닝 애플리케이션을 보고 제5장에서 동작하는 신경망을 만들어 보았습니다. 이제 이런 것을 가능하게 만드는 상세한 이론을 알아보죠. 먼저 인공 신경망을 (서로 연결되어) 구성하는 단위[unit1]인 인공 뉴런을 파헤쳐 보겠습니다.

생물학적 신경 구조

이 책을 시작할 때 언급했듯이 인공 뉴런이 생물학적 뉴런에 영감을 받아 만들어졌습니다. 그렇다면 신경 구조 과목의 첫 번째 수업에 항상 등장하는 [그림 6.1]을 잠시 보죠. 생물학적 뉴런은 많은 (일반적으로 수천 개의) 수상돌기에서 세포체로 입력을 받습니다. 각 수상돌기는 신경계의 다른 뉴런에서 정보 신호를 받습니다. 수상돌기를 따라 이동한 신호가 세포체에 도달할 때 세포체의 전압에 약간 변화가 일어납니다.[2] 어떤 수상돌기에는 작은 양의 전압 변화가 생기고 어떤 수상돌기는 작은 음의 전압 변하가 생깁니다. 이런 변화가 누적되어 −70밀리볼트 미만의 안정된 상태에서 −55밀리볼트의 임계치까지 전압이 증가하면 뉴런은 세포체에서 **활동전위**라 불리는 것을 축색돌기로 출력합니다. 이런 식으로 신호가 신경망의 다른 뉴런으로 전달됩니다.

요약하면 생물학적 뉴런은 순서대로 다음 세 가지 행동을 수행합니다.

---

1 옮긴이_인공 뉴런을 생물학적 뉴런과 같은 것으로 오해하지 않게 하려고 인공 뉴런 대신 '유닛'이라고 부르는 경우도 많습니다.

2 조금 더 정확히 말하면 세포 내부와 주위 사이 전압차에 변화를 만듭니다.

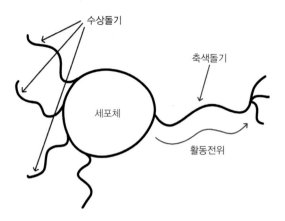

그림 6.1 생물학적 뉴런의 구조

1. 다른 많은 뉴런에서 정보를 받습니다.
2. 세포체의 전압을 바꾸어 정보를 모읍니다.
3. 세포의 전압이 임계 수준을 넘어서면 신호를 전달합니다. 이 신호는 신경망의 다른 많은 뉴런이 받을 수 있습니다.

 보라색, 빨간색, 파란색 글씨로 [그림 6.1]에 있는 (수상돌기, 세포체, 축색돌기의) 색깔과 맞추었습니다. 여기뿐만 아니라 이 책에서는 변수와 주요 공식을 설명할 때에도 이런 방식을 사용합니다.

퍼셉트론

1950년대 후반 미국의 신경생리학자 프랑크 로젠블라트^{Frank Rosenblatt}(그림 6.2)는 생물학적 뉴런에 영감을 받은 알고리즘인 **퍼셉트론** 논문을 발표했습니다.[3] 이는 인공 뉴런을 공식화한 초기 버전이었습니다. 퍼셉트론(그림 6.3)을 생물학적 뉴런에 비유하면 다음과 같습니다.

---

3 Rosenblatt, F. (1958). The perceptron: A probabilistic model for information storage and the organization in the brain. *Psychological Review*, 65, 386-408.

그림 6.2 미국의 신경생리학자이고 행동과학자인 프랑크 로젠블라트. 코넬 항공 연구소에서 연구의 대부분을 수행했습니다. 마크 I 퍼셉트론을 물리적으로 구현했습니다. 인공지능의 초기 유물인 이 기계는 워싱턴 D.C.의 스미스소니언 박물관에서 볼 수 있습니다.

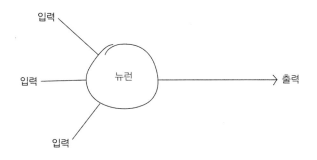

그림 6.3 초기 인공 뉴런인 퍼셉트론 구조 다이어그램. [그림 6.1]의 생물학적 뉴런과 구조가 비슷합니다.

1. 다른 많은 뉴런에서 입력을 받습니다.
2. 가중치 합이라 불리는 간단한 산술 연산으로 입력을 모읍니다.
3. 가중치 합이 임계 수준을 넘어서면 출력을 생성합니다. 이 출력은 신경망의 다른 많은 뉴런이 받을 수 있습니다.

핫도그 감지기

재미있는 예제를 통해 퍼셉트론의 작동 방식을 이해해 보죠. 주어진 물체가 핫도그인지 아닌지 구별하는 퍼셉트론을 알아보겠습니다.

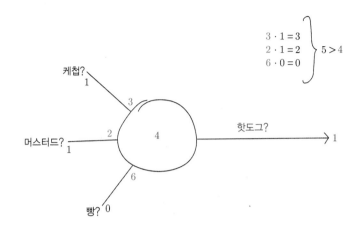

그림 6.4 핫도그 감지 퍼셉트론 예제. 이 경우 물체가 진짜 핫도그인지 예측합니다.

퍼셉트론의 중요한 성질은 입력으로 이진 정보만 전달할 수 있고 출력도 이진으로 제한 된다는 점입니다. 따라서 핫도그 감지 퍼셉트론은 (케첩, 머스터드, 빵에 대한) 세 가지 다 른 입력을 0 또는 1로 받습니다. [그림 6.4]를 설명하면 다음과 같습니다.

- 첫 번째 입력(보라색 1)은 퍼셉트론이 보는 물체에 케첩이 있다는 것을 나타냅니다.
- 두 번째 입력(보라색 1)은 이 물체에 머스터드가 있다는 것을 나타냅니다.
- 세 번째 입력(보라색 0)은 이 물체에 빵이 없다는 것을 나타냅니다.

핫도그인지 아닌지 예측하기 위해 퍼셉트론은 세 가지에 **가중치**[weight]를 각각 적용합니다.[4] (완전히 억지스러운) 이 핫도그 예제에서 가중치는 임의로 선택했습니다. 이 중에 가중치 가 6인 빵이 핫도그 여부를 예측하는 가장 중요한 변수입니다. 중간 정도 중요한 예측 변 수는 가중치 3인 케첩이고, 가장 영향력이 약한 변수는 가중치가 2인 머스터드입니다.

이 입력의 가중치 합을 확인해 보죠. 한 번에 하나의 입력씩 (즉, 원소별로) 입력과 가중 치를 곱하여 그 결과를 더합니다. 그럼 입력의 가중치 합을 계산해 보겠습니다.

1. 케첩 입력 : $3 \times 1 = 3$
2. 머스터드 입력 : $2 \times 1 = 2$
3. 빵 입력 : $6 \times 0 = 0$

---

4 회귀 모델을 알고 있다면 이 패러다임이 익숙할 것입니다.

3개의 곱셈으로 입력의 가중치 합 3 + 2 + 0 = 5를 계산할 수 있습니다. 이 식을 일반화하면 입력의 가중치 합은 다음과 같습니다.

$$\sum_{i=1}^{n} w_i \boldsymbol{x}_i \tag{6.1}$$

여기에서

- w_i는 주어진 입력 i의 가중치입니다(이 예에서는, $w_1 = 3$, $w_2 = 2$, $w_3 = 6$).
- $\boldsymbol{x}_i$는 입력 i의 값입니다(이 예에서는, $\boldsymbol{x}_1 = 1$, $\boldsymbol{x}_2 = 1$, $\boldsymbol{x}_3 = 0$).
- $w_i \boldsymbol{x}_i$는 w_i와 $\boldsymbol{x}_i$의 곱셈을 나타냅니다. 즉 주어진 입력 i에 가중치를 적용한 값입니다.
- $\sum_{i=1}^{n}$는 가중치가 적용된 개별 입력 $w_i \boldsymbol{x}_i$의 합을 나타냅니다. 여기에서 n은 전체 입력 개수입니다(이 예에서는 입력이 3개이지만 인공 뉴런의 입력 개수는 몇 개라도 될 수 있습니다).

퍼셉트론 알고리즘의 마지막 단계는 입력의 가중치 합이 뉴런의 임곗값보다 큰지 평가하는 것입니다. 앞의 가중치와 마찬가지로 이 퍼셉트론 예제의 임곗값을 임의로 4로 정했습니다(그림 6.4에 있는 뉴런의 가운데 빨간색 글씨로 써 있습니다). 퍼셉트론 알고리즘은 다음과 같습니다.

$$\sum_{i=1}^{n} w_i \boldsymbol{x}_i \quad \begin{matrix} > \text{임곗값, 출력 } 1 \\ \leqslant \text{임곗값, 출력 } 0 \end{matrix} \tag{6.2}$$

여기에서

- 퍼셉트론 입력의 가중치 합이 임곗값보다 크면 1을 출력합니다. 이는 퍼셉트론이 핫도그로 예측한다는 것을 의미합니다.
- 퍼셉트론 입력의 가중치 합이 임곗값보다 작거나 같으면 0을 출력합니다. 이는 퍼셉트론이 핫도그로 예측하지 않는다는 것을 의미합니다.

이를 사용해 [그림 6.4] 예제에 적용해 보죠. 가중치 합 5는 뉴런의 임곗값 4보다 크기 때문에 핫도그 감지 퍼셉트론은 1을 출력합니다.

첫 번째 핫도그 예제를 다시 반복하여 [그림 6.5]에서 퍼셉트론이 평가하는 물체는 머스터드만 포함하고 있습니다. 케첩과 빵이 없습니다. 이 경우 입력의 가중치 합은 2가 됩니

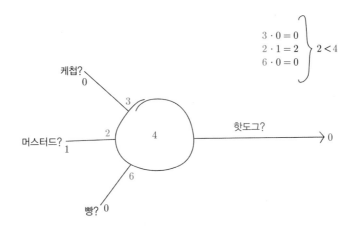

그림 6.5   핫도그 감지기 퍼셉트론의 두 번째 예. 이 경우에는 핫도그가 아니라고 예측합니다.

다. 2는 퍼셉트론의 임곗값보다 작기 때문에 이 뉴런은 0을 출력합니다. 이 물체가 핫도그
가 아니라는 의미입니다.

[그림 6.6]에 있는 세 번째 마지막 퍼셉트론 예에서 인공 뉴런이 머스터드나 케첩이 없고
빵만 있는 물체를 평가합니다. 빵만 있는 경우 가중치 합은 6입니다. 6은 퍼셉트론의 임곗
값보다 크기 때문에 이 알고리즘은 이 물체를 핫도그로 예측하고 1을 출력합니다.

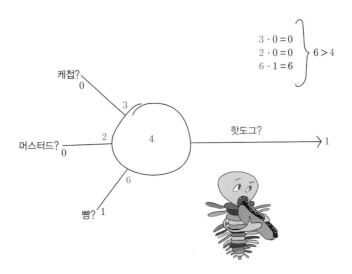

그림 6.6   핫도그 감지기 퍼셉트론의 세 번째 예. 이 경우에는 다시 핫도그로 예측합니다.

이 책에서 가장 중요한 공식

단순하고 범용적인 퍼셉트론 공식을 만들기 위해 **절편**이란 용어를 소개해야 합니다. 절편은 b로 쓰며 인공 뉴런의 음수 임곗값에 해당합니다.

$$b \equiv -\text{임곗값} \tag{6.3}$$

뉴런의 절편과 가중치가 합쳐서 뉴런의 모든 **파라미터**를 구성합니다. 뉴런의 파라미터는 입력에 대한 응답으로 뉴런이 출력할 것을 결정하는 변경 가능한 변수입니다.

뉴런의 절편 개념을 추가하여 가장 널리 사용하는 퍼셉트론 공식으로 도출됩니다.

$$\text{출력} \begin{cases} 1, & w \cdot x + b > 0 \text{일 때} \\ 0 & \text{그 외} \end{cases} \tag{6.4}$$

초기 퍼셉트론 공식(식 6.2)에서 다음 다섯 가지를 바꾸었습니다.

1. 뉴런의 임곗값을 절편 b로 바꿉니다.
2. 공식의 다른 변수가 있는 쪽으로 b를 넘깁니다.
3. 변수 w를 사용해 w_1부터 w_n까지 모든 가중치 w_i를 나타냅니다.
4. 비슷하게 배열 x를 사용해 x_1에서 x_n까지 모든 값 x_i를 나타냅니다.
5. 점곱 기호 $w \cdot x$를 사용해 뉴런 입력의 가중치 합을 간단하게 나타냅니다(이 식의 긴 버전은 [식 6.1]입니다 : $\sum_{i=1}^{n} w_i x_i$)

[식 6.4]의 퍼셉트론 공식의 핵심은 $w \cdot x + b$입니다. 강조를 위해 따로 떼어내어 [그림 6.7]에 나타내었습니다. 이 장에서 기억해야 할 한 가지가 있다면 3개의 변수로 이루어진 이 공식입니다. 이 식은 일반적인 인공 뉴런을 표현합니다.[5] 이 식이 여러 번 반복하여 책에 등장할 것입니다.

> 핫도그 감지 퍼셉트론 예에서 가능한 복잡하지 않은 계산을 위해 퍼셉트론의 파라미터인 가중치와 절편을 양의 정수로 설정했습니다. 하지만 이 파라미터는 음수일 수 있으며 실제로는 정수일 경우가 드뭅니다. 일반적으로는 파라미터를 실수로 가정하는 것이 낫습

---

5 옮긴이_각주 4번에서 언급했듯이 이 식은 일반적인 회귀 공식과 같습니다.

그림 6.7   여러 번 반복해서 보게 될 인공 뉴런의 일반 공식. 이 책에서 가장 중요한 공식입니다.

니다.

마지막으로 이 예의 모든 파라미터는 가상으로 만들었지만 보통 파라미터는 인공 뉴런을 데이터에서 훈련하여 학습됩니다. 제8장에서 실제로 뉴런의 파라미터를 훈련하는 방법을 자세히 설명하겠습니다.

현대적인 뉴런과 활성화 함수

제5장에서 만들었던 얕은 신경망의 은닉층의 뉴런과 같은 현대적인 인공 뉴런은 퍼셉트론이 아닙니다(그림 5.4나 📁 5-1.shallow_net_in_keras.ipynb 노트북을 참조하세요). 퍼셉트론은 비교적 복잡하지 않은 인공 뉴런이지만 오늘날 널리 사용되지 않습니다. 퍼셉트론의 가장 큰 단점은 이진 입력만 받고 이진 출력만 낸다는 것입니다. 많은 경우에 이진 정수가 아니라 연속적인 변수를 입력받아 예측을 만들어야 하므로 이 제약만으로도 퍼셉트론이 적합하지 않습니다.

이진값만 다루는 퍼셉트론의 제약으로 인해 부수적으로 발생하는 (하지만 더 중요한) 다른 문제는 학습이 더 어렵다는 것입니다. [그림 6.8]을 보죠. 여기에서 [그림 6.7]에 있는 $w \cdot x + b$ 식의 값을 간단히 z로 줄여서 썼습니다.

z가 0보다 작거나 같으면 퍼셉트론은 가장 작은 값인 0을 출력합니다. z가 아주 작은 양수만 되더라도 퍼셉트론은 가장 큰 값인 1을 출력합니다. 갑작스럽고 극단적인 이런 변화는 훈련 과정에 이상적이지 않습니다. 신경망을 훈련할 때 신경망의 출력이 향상되는지 살

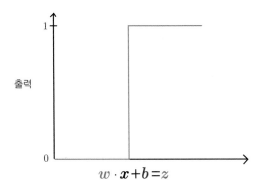

그림 6.8 퍼셉트론은 0을 출력하다가 갑자기 1을 출력합니다. 원하는 출력을 위해 부드럽게 w와 b를 튜닝하기 어렵습니다.[6]

피면서 w와 b를 조금씩 변경합니다.[7] 퍼셉트론에서는 w와 b를 조금씩 변경해도 대부분 출력에 어떤 영향을 미치지 못합니다. z는 일반적으로 0보다 훨씬 낮은 음수 값이나 0보다 훨씬 큰 양수가 됩니다. 이런 동작 자체로도 도움이 되지 않지만 상황은 더 나빠질 수 있습니다. 이따금 한 번씩 w나 b를 조금 바꾸면 z가 음수에서 양수로(또는 그 반대로) 바뀌어 출력이 0에서 1로(또는 그 반대로) 크게 점프합니다. 근본적으로 퍼셉트론은 우아한 조정이 불가능합니다. 깜짝 놀랄 만큼 변하거나 침묵합니다.

시그모이드 활성화 함수

[그림 6.9]는 0부터 1까지 부드러운 곡선으로 퍼셉트론의 문제에 대한 대안을 제시합니다. 이 곡선을 시그모이드 함수라 부르며 $\sigma(z) = \dfrac{1}{1 + e^{-z}}$ 와 같이 정의됩니다.[8] 여기에서

- z는 $w \cdot x + b$입니다.
- e는 2.718로 시작하는 수학 상수입니다. 자연로그의 밑으로 가장 잘 알려져 있습니다.
- σ는 '시그모이드'의 어원인 그리스 문자 시그마입니다.

---

6 옮긴이_ z가 0보다 클 때 1을 출력하고 그 외에는 0을 출력하는 이런 함수를 계단 함수라고 부릅니다. 즉 퍼셉트론은 계단 함수를 활성화 함수로 사용하는 인공 뉴런이라고 말할 수 있습니다.

7 여기에서 향상이란 어떤 입력 x가 주어졌을 때 진짜 출력 y에 근접한 출력을 만드는 것을 의미합니다. 이에 대해 제8장에서 더 자세히 설명하겠습니다.

8 옮긴이_ 시그모이드는 S자 모양이라는 뜻입니다. 이 함수를 로지스틱 함수라고도 부릅니다.

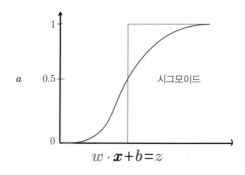

그림 6.9 시그모이드 활성화 함수

시그모이드 함수는 첫 번째로 소개하는 인공 뉴런의 활성화 함수입니다. 제5장 '케라스로 얇은 신경망 만들기' 절의 은닉층에서 사용했기 때문에 이미 본 적이 있습니다. 이 절을 따라 읽다 보면 알겠지만 시그모이드 함수는 고전적인 활성화 함수입니다. 너무 많이 사용되기 때문에 다른 활성화 함수도 관례적으로 그리스 문자 σ(시그마)로 나타냅니다. 뉴런의 활성화 함수의 출력을 간단히 **활성화**라고 부릅니다. 이 책에서는 [그림 6.9]의 수직축에 나와 있듯이 a를 사용해 이 값을 나타냅니다.

시그모이드 함수를 (또는 다른 어떤 활성화 함수도) 외울 필요는 없습니다. 대신 예제 코드를 만들어 보면서 함수를 이해하는 것이 더 쉽습니다. 📁 6-1.sigmoid_function. ipynb 노트북을 자유롭게 실행해 보세요. 여기에서도 노트북의 코드를 따라가 보겠습니다.

노트북에서 임포트해야 하는 유일한 값은 상수 e로 `from math import e`를 사용해 임포트합니다. 그다음 시그모이드 함수를 정의합니다.

```
def sigmoid(z):
    return 1/(1+e**-z)
```

[그림 6.9]와 `sigmoid(.00001)`을 실행하여 알 수 있듯이 시그모이드 함수에 0 근처의 값을 입력하면 0.5 근처의 값이 반환됩니다. 점점 큰 양수 값을 입력할수록 1에 가까운 값이 됩니다. 극단적으로 10000을 입력하면 1.0이 출력됩니다. 이번에는 음수 방향으로 입력을 이동하면 점점 부드럽게 0에 가까워집니다. 예를 들어 `sigmoid(-1)`은 0.2689를 반환하고

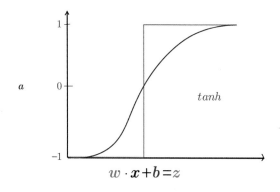

그림 6.10　tanh 활성화 함수

`sigmoid(-10)`은 4.5398e-05를 반환합니다.[9]

　활성화 함수로 시그모이드 함수를 사용하는 인공 뉴런을 시그모이드 뉴런이라고 부릅니다. 퍼셉트론에 비해 확실한 장점이 있습니다. 뉴런의 파라미터 w나 b를 조금씩 바꾸면 z가 점진적으로 바뀌기 때문에 뉴런의 활성화 a가 점진적으로 변경됩니다. z가 아주 큰 양수나 큰 음수일 때는 예외입니다. 퍼셉트론과 마찬가지로 z가 아주 큰 경우 시그모이드 활성화 함수는 (z가 음수이면) 0이나 (z가 양수라면) 1을 출력합니다. 이때는 퍼셉트론처럼 훈련하는 동안 가중치와 절편에 미묘한 변화가 출력에 영향을 거의 미치지 못하므로 학습이 멈춥니다. 이런 상황을 뉴런이 포화되었다고 말하며 대부분의 활성화 함수에서 일어날 수 있습니다. 다행히 이런 포화 상태를 피할 수 있는 방법이 있습니다. 제9장에서 이에 대해 살펴보겠습니다.

tanh 활성화 함수

시그모이드 함수와 비슷하고 널리 사용하는 또 다른 함수는 tanh(딥러닝 커뮤니티에서는 'tanch'라고 부릅니다) 활성화 함수입니다. tanh 활성화 함수는 [그림 6.10]에 나타나 있으며 $\sigma(z) = \dfrac{e^z - e^{-z}}{e^z + e^{-z}}$와 같이 정의됩니다.[10] tanh 곡선의 모양은 시그모이드 곡선과 비슷합니다. 주요 차이점은 시그모이드 함수가 [0 : 1] 범위에 있는 반면 tanh 함수의 출력은 [−1 :

9　4.5398e-05에서 e를 자연 로그의 밑과 혼동하지 마세요. 코드의 출력에 사용될 때는 10의 거듭제곱을 나타냅니다. 따라서 이 출력은 4.5398×10^{-5}을 의미합니다.

10　옮긴이_tanh 함수도 S 모양을 띠기 때문에 이를 시그모이드 함수라고 부르는 경우도 있습니다.

1] 범위입니다. 이 차이는 겉보기보다 큽니다. 음수 입력 z는 음수 활성화 a에 대응하고, z = 0은 a = 0에 대응하고, 양수 z는 양수 활성화 a에 대응하므로 tanh 활성화 함수의 출력은 0 근처에 중앙이 맞춰지는 경향이 있습니다. 제7장부터 제9장까지 자세히 다루겠지만 0에 중심이 맞춰진 출력 a는 신경망의 다른 인공 뉴런의 입력 x로 제공됩니다. 그리고 이렇게 0에 중심이 맞춰진 입력은 (무서운!) 뉴런의 포화 문제를 덜 일으키기 때문에 전체 신경망이 훨씬 효과적으로 학습할 수 있습니다.

ReLU 활성화 함수

이 책에서 설명할 마지막 활성화 함수는 ReLU[rectified linear unit][11]입니다. 이 함수의 그래프는 [그림 6.11]에 나타나 있습니다. 시그모이드나 tanh와는 크게 다른 모양을 가진 ReLU 활성화 함수는 생물학적 뉴런의 특징에서 영감을 받았으며[12] 비노드 나이르[Vinod Nair]와 제프리 힌튼(그림 1.16)의 인공 신경망에 의해 널리 알려졌습니다.[13] ReLU 함수는 $a = max(0, z)$와 같이 정의됩니다.

이 함수는 간단합니다.

- z가 양수이면 ReLU 활성화 함수가 z를 (있는 그대로) 반환합니다. 즉 $a = z$입니다.

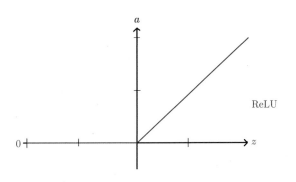

그림 6.11 ReLU 활성화 함수

---

11 옮긴이_ '렐루'라고 읽습니다.

12 생물학적 뉴런의 활동 전위는 양의 전압에서만 발생합니다. 음의 전압에서는 아무것도 나오지 않습니다. Hahnloser, R., & Seung, H. (2000). Permitted and forbidden sets in symmetric threshold-linear networks. *Advances in Neural Information Processing Systems, 13.*

13 Nair, V., & Hinton, G. (2010). Rectified linear units improve restricted Boltzmann machines. *Proceedings of the International Conference on Machine Learning.*

- $z = 0$ 이거나 z가 음수이면 이 함수는 0으로 값을 자릅니다. 즉 활성화 $a = 0$입니다.

ReLU 함수는 비선형으로 생각할 수 있는 가장 간단한 함수 중 하나입니다. 즉 시그모이드와 tanh 함수처럼 출력 a는 z의 모든 값에 선형적으로 변경되지 않습니다. ReLU는 2개의 선형 함수가 연결되어 전체적으로 간단한 비선형 함수를 구성합니다(그림 6.11에서 볼 수 있듯이 하나는 z가 음수일 때 0을 반환하고, 다른 하나는 z가 양수일 때 z를 반환합니다). 이 비선형성은 딥러닝에서 사용되는 모든 활성화 함수의 중요한 특징입니다. 마이클 닐슨Michael Nielsen의 *Neural Networks and Deep Learning* 전자책의 제4장에 있는 멋진 인터랙티브한 애플릿에서 볼 수 있듯이 이런 비선형성이 딥러닝 모델을 어떤 연속 함수로 근사시킵니다.[14] 어떤 입력 x가 주어졌을 때 출력 y를 근사하는 이런 보편적인 능력은 딥러닝의 특징 중 하나입니다. 이런 특징 때문에 효과가 매우 뛰어나 다양한 애플리케이션에 적용할 수 있습니다.

비교적 간단한 모양의 ReLU 함수의 비선형성이 장점으로 작용합니다. 제8장에서 보겠지만 딥러닝 신경망 안에 있는 w와 b의 적절한 값을 학습하기 위해 편미분을 사용합니다. 시그모이드나 tanh 함수의 곡선에서보다 ReLU 함수의 선형 부분에서 이 미분 연산의 계산이 더 효율적입니다.[15] 이를 뒷받침하는 증거로 AlexNet(그림 1.17)에 ReLU 활성화 함수를 적용한 것이 2012년에 기존 머신 비전 벤치마크를 누르고 딥러닝 시대로 안내한 요소 중 하나였습니다. 요즘엔 ReLU 함수가 심층 인공 신경망의 은닉층에 가장 많이 사용되는 활성화 함수입니다. 이 책의 주피터 노트북에서도 많이 등장합니다.

활성화 함수 선택

인공 신경망의 은닉층에서 원하는 어떤 활성화 함수도 선택할 수 있습니다. 딥러닝 모델이 어떤 연속 함수를 근사하려면 비선형 함수를 선택해야 한다는 조건이 있지만 그럼에도 선택의 여지가 있습니다. 선택 과정에 도움을 주기 위해 이 장에서 설명한 활성화 함수를 나열하겠습니다. 여기에서는 가장 추천하는 것이 맨 끝에 있습니다.

---

14 neuralnetworksanddeeplearning.com/chap4.html

15 또한 ReLU 활성화 함수가 파라미터 희소성을 촉진한다고 주장하는 연구가 많이 있습니다. 즉 검증 데이터에 잘 일반화되는 경향을 가진 덜 복잡한 신경망을 만듭니다. 제9장에서 모델 일반화에 대해 자세히 설명합니다.

1. 이진 입력과 계단 함수로 이진 출력을 내는 퍼셉트론은 딥러닝 모델에서 실용성이 떨어집니다.

2. 시그모이드 활성화 함수는 괜찮은 선택입니다. 하지만 tanh나 ReLU 함수를 사용한 신경망보다 훈련 속도가 느린 경향이 있습니다. 따라서 뉴런의 출력 범위가 [0, 1] 사이가 되어야 하는 경우에만 시그모이드 함수를 사용하는 것이 좋습니다.[16]

3. tanh 활성화 함수는 확실히 좋은 선택입니다. 앞서 언급했듯이 중심이 0에 가까운 출력은 신경망이 빠르게 학습하는 데 도움이 됩니다.

4. 학습 알고리즘의 계산 수행이 효율적이기 때문에 가장 선호하는 함수는 ReLU입니다. 경험상 짧은 훈련 기간 동안 잘 조정된 인공 신경망을 만드는 경향이 있습니다.

이 장에서 소개한 활성화 함수 외에도 가능한 활성화 함수가 많으며 계속 늘어나고 있습니다. 이 글을 쓰는 시점에 케라스에서 제공하는 고급 활성화 함수[17]는 leakyReLU, PReLU^parametric ReLU, ELU^exponential linear unit가 있습니다. 세 가지 모두 ReLU 함수에서 파생된 것입니다. 케라스에서 제공하는 이 활성화 함수를 확인하고 시간을 내서 문서를 읽어 보세요. 또한 이 책의 주피터 노트북에서 사용하는 활성화 함수를 바꾸어 보고 결과를 비교해 보세요. 만약 이 책의 결과보다 신경망이 더 효율적이고 정확도가 높아진다면 놀랍지만 아주 기쁠 것입니다.

요약

이 장에서 딥러닝 모델을 포함해 인공 신경망을 만드는 인공 뉴런의 이면에 있는 수학을 설명했습니다. 가장 널리 사용되는 활성화 함수들의 장단점을 요약하고 딥러닝 모델을 위해 선택 기준을 제공했습니다. 제7장에서 어떻게 인공 뉴런이 연결되어 원시 데이터에서 특성을 학습하고 복잡한 함수를 근사하는지 설명하겠습니다.

---

16 제7장과 제11장에서 이런 상황을 만나게 될 것입니다. 특히 이진 분류 신경망에서 출력층의 뉴런에 시그모이드 함수가 사용됩니다.

17 https://keras.io/api/layers/activation_layers/의 문서를 참조하세요.

핵심 개념

이 책의 장을 하나씩 진행하면서 핵심 개념 목록에 용어를 점차 추가하겠습니다. 이런 기본 개념을 잘 익혀두면 이어지는 장을 이해하는 데 어려움이 거의 없고 책을 다 읽고 난 후 딥러닝 이론과 적용에 대해 확실한 이해를 얻게 될 것입니다. 지금까지 나온 중요 개념은 다음과 같습니다.

- 파라미터 :
  - 가중치 w
  - 절편 b
- 활성화 a
- 활성화 함수 :
  - 시그모이드
  - tanh
  - ReLU

## 7

인공 신경망

제6장에서는 인공 뉴런에 대해 상세하게 살펴보았습니다. 이 장의 주제는 자연스럽게 확장된 것입니다. 어떻게 개별 뉴런이 서로 연결되어 딥러닝을 포함한 인공 신경망을 구성하는지 다룹니다.

입력층

📁 5-1.shallow_net_in_keras.ipynb 노트북에서 만든 (그림 5.4에 있는 구조와 같은) 인공 신경망에 다음과 같은 층을 포함했습니다.

1. MNIST 이미지의 784개 픽셀마다 하나씩 대응하는 784개 뉴런으로 구성된 **입력층**
   input layer

2. 64개의 뉴런과 시그모이드 활성화 함수로 구성된 **은닉층**hidden layer

3. 10개의 숫자에 해당하는 10개의 뉴런과 소프트맥스 활성화 함수로 구성된 **출력층**
   output layer

셋 중에서 입력층이 가장 설명하기 쉽습니다. 입력층부터 설명하고 은닉층과 출력층으로 넘어가겠습니다.

입력층의 뉴런은 어떤 계산도 수행하지 않습니다. 단순히 입력 데이터를 저장하는 역할을 합니다. 인공 신경망은 차원이 정의된 행렬에 연산을 수행하기 때문에 이런 저장 공간이 필요합니다. 적어도 신경망에 정의된 차원 중 하나는 입력 데이터의 크기에 직접 대응됩니다.

밀집층

많은 종류의 은닉층이 있습니다. 제4장에서 소개한 **밀집층**^{dense layer}이 가장 일반적인 형태입니다. 이를 완전 **연결층**^{fully connected layer}이라고도 부릅니다. 이 책에서 다루는 대부분의 모델을 포함해 많은 딥러닝 모델에서 밀집층을 사용합니다. 밀집층의 정의는 간단합니다. 밀집층에 있는 각 뉴런이 이전 층에 있는 모든 뉴런으로부터 정보를 받습니다. 다른 말로 하면 밀집층은 이전 층과 완전 연결되어 있습니다!

특별하거나 제3부에서 볼 다른 종류의 은닉층만큼 효과적이지 않을 수 있지만 밀집층은 광범위하게 사용됩니다. 이전 층에서 받은 정보를 비선형적으로 재결합할 수 있기 때문입니다.[1] 제1장의 끝에 있는 텐서플로 플레이그라운드 데모를 다시 보면 이제 딥러닝 모델을 더 잘 알 수 있습니다. 각 층을 나누어 보면 [그림 1.18]과 [그림 1.19]의 신경망은 다음과 같은 층을 포함합니다.

1. 2개의 뉴런을 가진 입력층. 하나는 가장 오른쪽 그래프 안에 있는 점의 수직 위치를 저장하고 다른 하나는 수평 위치를 저장합니다.

2. 8개의 뉴런과 ReLU 활성화 함수를 사용한 은닉층. 8개의 뉴런이 입력층의 뉴런과 모두 연결되어 있기 때문에 (즉 정보를 받기 때문에) 이 층은 밀집층입니다. 총 연결 수는 $16(= 8 \times 2)$입니다.

3. 8개의 뉴런과 ReLU 활성화 함수를 사용한 또 다른 은닉층. 이전 층의 8개 뉴런 모두에서 입력을 받는 8개의 뉴런으로 구성된 밀집층입니다. 따라서 총 $64(= 8 \times 8)$개의 입력 연결이 있습니다. [그림 1.19]에서 이 층의 뉴런이 첫 번째 은닉층의 뉴런이 만든 직선 모서리를 비선형적으로 연결하여 곡선이나 원 같은 조금 더 복잡한 특성을 만듭니다.[2]

4. 4개의 뉴런과 ReLU 활성화 함수를 사용한 세 번째 은닉층. 총 $32(= 4 \times 8)$개의 입력 연결이 있습니다. 이 층은 이전 층의 특성을 비선형적으로 연결하여 더 복잡한 특성을 학습합니다. 이 특성은 [그림 1.18]의 오른쪽 그래프에 있는 이진 (붉은 점과 파란 점) 분류 문제에 직접적으로 관련되어 보입니다.

---

1 이 문장은 당연하지만 밀집층이 제6장에서 소개한 시그모이드, tanh, ReLU 함수 같은 비선형 활성화 함수를 사용한다고 가정한 것입니다.

2 playground.tensorflow.org에서 뉴런에 마우스를 올리면 이런 특성을 자세히 확대해 볼 수 있습니다.

5. 2개의 뉴런과 ReLU 활성화 함수를 사용한 네 번째 그리고 마지막 은닉층. 이전 층에서 총 8($=2 \times 4$)개의 입력을 받습니다. 이 층의 뉴런은 비선형 조합으로 더 정교한 특성을 만들어 맨 오른쪽 그래프의 붉은 점과 파란 점을 나누는 전반적인 경계를 근사합니다.

6. 1개의 뉴런과 시그모이드 활성화 함수를 사용한 출력층. 시그모이드는 이런 이진 분류 문제에 사용하는 전형적인 활성화 함수입니다. [그림 6.9]에서 볼 수 있듯이 시그모이드 함수는 0에서부터 1까지 범위를 가지는 활성화를 출력합니다. 이 값은 주어진 입력 x가 양성(이 예제에서는 파란 점)인지에 대한 네트워크의 추정 확률입니다. 은닉층처럼 출력층도 밀집층입니다. 이 층의 뉴런은 마지막 은닉층의 뉴런 2개에서 정보를 받습니다. 총 2($=1 \times 2$)개의 연결이 있습니다.

요약하면 텐서플로 플레이그라운드에 있는 이 네트워크의 모든 층은 밀집층입니다. 이런 신경망을 밀집 신경망dense network으로 부릅니다. 제2부의 나머지 장에서 이 층의 다양한 용도를 실험해 보겠습니다.[3]

핫도그 감지 밀집 신경망

제6장에서 배운 두 가지 요소를 사용해 밀집 신경망을 더 자세히 이해해 보죠. 핫도그 감지 이진 분류기와 인공 뉴런을 정의하기 위해 사용한 수학 기호입니다. [그림 7.1]에서 보듯이 핫도그 분류기는 더 이상 뉴런이 1개가 아닙니다. 이 장에서는 인공 뉴런의 밀집 신경망입니다. 더 구체적으로 이 신경망은 다음과 같은 점이 다릅니다.

- 간단하게 나타내기 위해 입력 뉴런의 개수를 2개로 줄였습니다.
  - 첫 번째 입력 뉴런 x_1은 신경망이 판단할 물체에 있는 케첩의 양을 표현합니다(밀리리터 mL입니다). (더 이상 퍼셉트론을 사용하지 않기 때문에 이진 입력만 사용할 필요가 없습니다)
  - 두 번째 입력 뉴런 x_2는 머스터드의 밀리리터 양을 표현합니다.
- 2개의 은닉층이 있습니다.

---

[3] 밀집 신경망을 피드포워드 신경망(feedforward neural network)이나 다층 퍼셉트론(multilayer perceptron, MLP)이라고 부르기도 합니다. (제10장에서 정식으로 소개하는) 합성곱 신경망도 피드포워드 신경망이기 때문에 (즉, 반복되는 루프가 없는 신경망입니다) 이 책에서는 밀집 신경망을 피드포워드 신경망으로 부르지 않겠습니다. 또한 MLP는 제6장에서 다룬 퍼셉트론과 관련이 없어 혼돈을 일으킬 수 있으므로 밀집 신경망을 MLP라고 부르지도 않겠습니다.

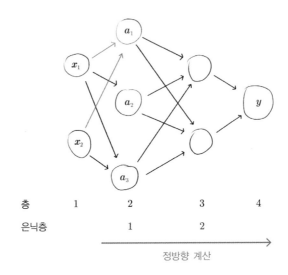

그림 7.1 인공 뉴런의 밀집층. a_1 뉴런의 입력을 강조하여 나타냈습니다.

- 첫 번째 은닉층의 뉴런은 3개이고 ReLU 활성화 함수를 사용합니다.
- 두 번째 은닉층의 뉴런은 2개이고 ReLU 활성화 함수를 사용합니다.
- 신경망의 출력 뉴런은 y로 나타냅니다. 이전 절에서 설명한 것처럼 이진 분류 문제이 므로 이 뉴런은 시그모이드 활성화 함수를 사용해야 합니다. 제6장의 퍼셉트론 예제 처럼 $y = 1$은 핫도그에 대응되고 $y = 0$은 다른 물체에 대응됩니다.

첫 번째 은닉층의 정방향 계산

핫도그 신경망 구조를 설명하기 위해 a_1 뉴런에 초점을 맞추어 보겠습니다.[4] 이웃한 뉴런 a_2와 a_3처럼 이 뉴런은 x_1과 x_2로부터 케첩과 머스터드 정보를 받습니다. a_2, a_3와 동일한 데이터를 받지만 a_1은 자신의 고유한 파라미터로 이 데이터를 다룹니다. '이 책에서 가장 중요한 공식'인 [그림 6.7]의 $w \cdot x + b$를 떠올려 보세요. 이 동작을 좀 더 확실히 이해할 수 있습니다. 이 식을 a_1에 적용할 때 이전 층의 두 입력 x_1과 x_2을 고려해야 합니다. 이 뉴 런은 또 2개의 가중치 (케첩의 양 x_1에 적용하는) w_1과 (머스터드의 양 x_2에 적용하는)w_2 를 가지고 있습니다. 이 다섯 가지 정보를 사용해 뉴런의 가중치 합 z를 계산합니다.

---

4 이 장에서 뉴런을 구별하기 위해 간단한 표기법을 사용합니다. 신경망에 사용하는 상세한 정식 표기법은 부록 A를 참 조하세요.

$$z = w \cdot \boldsymbol{x} + \boldsymbol{b}$$
$$z = (w_1 \boldsymbol{x}_1 + w_2 \boldsymbol{x}_2) + \boldsymbol{b} \tag{7.1}$$

그다음 a_1 뉴런의 값 z로 활성화 출력 a를 계산할 수 있습니다. a_1 뉴런의 활성화 함수는 ReLU이기 때문에 [그림 6.11]에서 소개한 식을 사용하겠습니다.

$$a = max(0, z) \tag{7.2}$$

a_1 뉴런의 출력을 실습해 보기 위해 숫자를 임의로 정해서 계산해 보겠습니다.

- $\boldsymbol{x}_1$은 신경망에 주입되는 물체의 케첩 양이며 4.0 mL입니다.
- $\boldsymbol{x}_2$는 동일한 물체의 머스터드 양이며 3.0 mL입니다.
- $w_1 = -0.5$
- $w_2 = 1.5$
- $b = -0.9$

[식 7.1]에 위 수치를 대입하여 z를 계산해 보죠.

$$\begin{aligned} z &= w \cdot \boldsymbol{x} + \boldsymbol{b} \\ &= w_1 \boldsymbol{x}_1 + w_2 \boldsymbol{x}_2 + \boldsymbol{b} \\ &= -0.5 \times 4.0 + 1.5 \times 3.0 - 0.9 \\ &= -2 + 4.5 - 0.9 \\ &= 1.6 \end{aligned} \tag{7.3}$$

마지막으로 a_1 뉴런의 활성화 출력인 a를 계산하기 위해 [식 7.2]를 사용합니다.

$$\begin{aligned} a &= max(0, z) \\ &= max(0, 1.6) \\ &= 1.6 \end{aligned} \tag{7.4}$$

[그림 7.1] 아래의 오른쪽 화살표에 나타나 있듯이 인공 신경망의 입력층($\boldsymbol{x}$값)에서 출력층(y)으로 계산하는 것을 **정방향 계산**forward propagation이라고 합니다. 지금은 핫도그 감지 신경망의 첫 번째 은닉층에 있는 뉴런 하나에 대해 정방향 계산 과정을 자세히 소개했습니다. 첫 번째 층의 나머지 뉴런에 대해 정방향 계산(즉 a_2 뉴런과 a_3 뉴런의 a값)은 a_1 뉴런

과 동일한 과정을 따르면 됩니다. 이 3개의 뉴런의 입력 x_1과 x_2는 동일합니다. 하지만 동일한 케첩과 머스터드 양이 전달되더라도 첫 번째 층의 각 뉴런은 다른 활성화 a를 출력합니다. 왜냐하면 이 층에 있는 뉴런의 파라미터 w_1, w_2, b가 서로 다르기 때문입니다.

나머지 층의 정방향 계산

신경망의 나머지 층에서 정방향 계산 과정은 기본적으로 첫 번째 층의 계산과 동일합니다. 하지만 명확하게 이해하기 위해 예를 들어 보겠습니다. [그림 7.2]에서 첫 번째 층의 뉴런에 대한 활성화 값 a가 이미 계산되어 있다고 가정합니다. a_1 뉴런에 초점을 맞추어 보겠습니다. 출력된 활성화 값($a_1 = 1.6$)이 a_4 뉴런의 3개의 입력 중 하나가 됩니다(그림에 강조되어 있듯이 동일한 활성화 출력 $a = 1.6$이 a_5 뉴런의 3개의 입력 중 하나가 됩니다).

두 번째 은닉층의 정방향 계산을 위해 a_4 뉴런의 활성화 a를 계산해 보죠. 여기에서도 가장 중요한 식 $w \cdot x + b$를 사용합니다. 여기에서는 이 계산과 ReLU 활성화 함수를 합쳐서 쓰겠습니다.

$$
\begin{aligned}
a &= max(0,\, z) \\
&= max(0,\, (w \cdot x + b)) \\
&= max(0,\, (w_1 x_1 + w_2 x_2 + w_3 x_3 + b))
\end{aligned} \tag{7.5}
$$

이 식은 [식 7.3]과 [식 7.4]와 비슷하지만 불필요한 계산 단계를 줄일 수 있습니다. 두 번

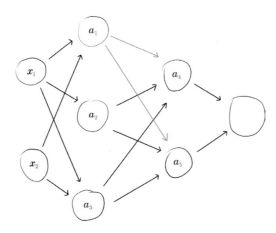

그림 7.2   [그림 7.1]의 핫도그 감지 신경망에서 a_1 뉴런의 활성화 출력이 강조되어 있습니다. 이 활성화는 뉴런 a_4 와 뉴런 a_5의 입력으로 제공됩니다.

째 은닉층을 계산할 때 다른 점은 층의 입력(즉, $w \cdot x + b$ 식의 x입니다)이 층의 밖에서 오지 않는다는 것입니다. 대신 첫 번째 은닉층에서 제공합니다. 따라서 [식 7.5]에서

- x_1는 앞서 a_1 뉴런에서 얻은 $a = 1.6$입니다.
- x_2는 a_2 뉴런에서 얻은 활성화 출력 (기호만 같은) a입니다.
- x_3는 같은 식으로 a_3 뉴런에서 얻은 활성화 출력 a입니다.

이런 식으로 a_4 뉴런은 첫 번째 층의 3개의 뉴런에서 받은 정보를 비선형적으로 연결할 수 있습니다. a_5 뉴런도 이 정보를 비선형적으로 연결합니다. 하지만 자신만의 독자적인 방식으로 계산합니다. 즉 a_5 뉴런의 파라미터 w_1, w_2, w_3, b를 사용해 자신의 활성화 출력 a를 만듭니다.

핫도그 감지 신경망의 모든 은닉층에 대해 정방향 계산을 따라가면 출력층 계산을 마지막으로 끝납니다. [그림 7.3]은 하나의 출력 뉴런이 a_4와 a_5 뉴런에서 받은 입력을 받는 것을 나타냅니다. 이 출력 뉴런의 z를 계산해 보죠. 이 공식은 a_1 뉴런의 z를 계산하기 위해 사용한 [식 7.1]과 동일합니다. 다만 각 변수에 (이전처럼 임의의) 값을 대입하겠습니다.

$$
\begin{aligned}
z &= w \cdot x + b \\
&= w_1 x_1 + w_2 x_2 + b \\
&= 1.0 \times 2.5 + 0.5 \times 2.0 - 5.5 \\
&= 3.5 - 5.5 \\
&= -2.0
\end{aligned}
\tag{7.6}
$$

출력 뉴런은 시그모이드 함수를 사용하기 때문에 z를 [식 6.9]의 시그모이드 함수에 통과시켜 활성화 a를 계산합니다.

$$
\begin{aligned}
a &= \sigma(z) \\
&= \frac{1}{1 + e^{-z}} \\
&= \frac{1}{1 + e^{-(-2.0)}} \\
&\approx 0.1192
\end{aligned}
\tag{7.7}
$$

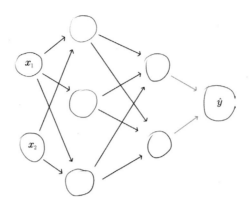

그림 7.3 출력 뉴런 $\hat{y}$으로 입력되는 활성화가 강조되어 있는 핫도그 감지 네트워크

게으르기 때문에 마지막 수식을 직접 계산하지 않았습니다. 대신 제6장의 📁 6-1. sigmoid_function.ipynb 주피터 노트북을 사용합니다. 이 노트북에서 sigmoid(-2.0) 코드를 실행하면 0.1192에 가까운 값이 출력됩니다.

출력층의 시그모이드 함수가 계산한 활성화 a는 특별한 값입니다. 핫도그 감지 신경망의 최종 출력이기 때문입니다. 이 값이 특별하기 때문에 구분하여 $\hat{y}$으로 부르겠습니다. 이 변수는 글자 y에 캐럿caret이라 부르는 기호를 씌운 것입니다. 이를 '와이 햇'이라 읽습니다. $\hat{y}$이 표현하는 값은 주어진 물체가 핫도그인지 아닌지에 대한 신경망의 예측입니다. 이를 확률 용어로 표현하면 다음과 같습니다. 이 신경망은 4.0 mL의 케첩과 3.0 mL의 머스터드에 해당하는 입력 x_1과 x_2가 주입되면 이 물체가 핫도그일 확률을 11.92 퍼센트로 예측합니다.[5] 신경망에 입력한 물체가 진짜 핫도그라면($y = 1$), $\hat{y}$의 값 0.1192는 정답과 매우 동떨어집니다. 반대로 이 물체가 핫도그가 아니라면($y = 0$), 매우 좋은 $\hat{y}$ 값입니다. 제8장에서 $\hat{y}$ 예측을 공식화하여 평가하겠습니다. 하지만 직관적으로 생각하면 $\hat{y}$이 정답 y에 가까울수록 좋은 것입니다.

패스트푸드 분류 신경망의 소프트맥스 활성화 함수

이 장에서 지금까지 본 것처럼 시그모이드 함수는 파란 점과 붉은 점을 구분하거나 핫도

---

5 이건 정말 엉터리 예제라는 것을 압니다. 엉터리라서 기억하기 좋다면 다행입니다!

그와 핫도그가 아닌 것을 구분하는 것 같은 2개의 클래스를 구분하는 신경망의 출력 뉴런에 잘 맞습니다. 하지만 다른 경우에 구분해야 할 클래스가 2개 이상인 경우가 많습니다. 예를 들면 MNIST 데이터세트는 10개의 숫자로 구성되어 있기 때문에 제6장에서 케라스로 만든 얕은 신경망은 숫자마다 하나씩 10개의 확률을 출력합니다.

　다중 클래스multiclass 문제를 해결하기 위해 신경망의 출력층에 소프트맥스 함수를 사용해야 합니다. 소프트맥스softmax는 (코드 5.6의) 📁 5-1.shallow_net_in_keras.ipynb 주피터 노트북에서 출력층에 지정한 활성화 함수입니다. 하지만 이때는 자세한 내용에 신경 쓰지 않아도 된다고 말했습니다. 이제 몇 개의 장을 더 배웠으므로 소프트맥스가 무엇인지 알아 볼 때가 되었습니다.

　[그림 7.4]는 이진 핫도그 분류기를 기반으로 새로운 구조를 선보입니다. 이 구조는 1개의 출력 뉴런이 아니라 3개의 출력 뉴런이 있다는 점만 제외하면 케첩과 머스터드 입력까지 동일합니다. 이 다중 클래스 출력층도 밀집층이므로 3개의 뉴런 모두 마지막 은닉층에 있는 2개의 뉴런에서부터 정보를 받습니다. 이 신경망이 출력하는 패스트푸드는 다음과 같습니다.

- y_1은 핫도그입니다.
- y_2는 햄버거입니다.
- y_3는 피자입니다.

이 구성에서는 핫도그, 햄버거, 피자 외에는 다른 것은 있을 수 없습니다. 이 신경망에 입력되는 모든 물체는 3개의 패스트푸드 중 하나에 속한다고 가정합니다.

　시그모이드 함수는 이진 문제에만 적용할 수 있기 때문에 [그림 7.4]의 출력 뉴런은 소프트맥스 활성화 함수를 사용해야 합니다. 이 활성화 함수의 작동 방식을 설명하기 위해 📁 6-1.sigmoid_function.ipynb 주피터 노트북의 코드를 사용해 보죠. 이 노트북에서 필요한 것은 exp 함수뿐입니다. 이 함수는 자연 상수의 지수 값을 계산합니다. 조금 더 구체적으로 말하면 어떤 값 x를 exp(x)와 같이 이 함수에 전달하면 e^x가 계산됩니다. 이 지수 함수의 효과는 다음 예제를 통해 설명하겠습니다. `from math import exp`를 사용해 exp 함수를 임포트합니다.

　구체적인 예를 위해 [그림 7.4]의 신경망에 피자를 주입한다고 가정해 보죠. 이 피자의 케첩과 머스터드의 양은 무시할 만합니다. 따라서 x_1과 x_2는 거의 0에 가깝습니다. 이 입

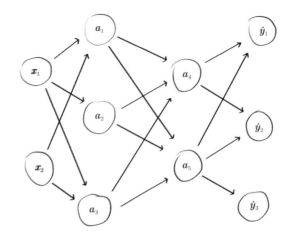

그림 7.4 출력층에 소프트맥스 함수를 사용한 패스트푸드 감지 신경망

력을 주입하고 정방향 계산을 통해 출력층까지 신경망에 정보를 통과시킵니다. 이 3개의 뉴런이 마지막 은닉층에서 받은 정보를 기반으로 가장 중요한 식 $w \cdot x + b$를 사용해 3개의 개별적인 z를 계산합니다(여기에서는 예를 위해 임의로 정했습니다).

- 핫도그를 나타내는 $\hat{y}_1$ 뉴런의 z는 -1.0입니다.
- 햄버거를 나타내는 $\hat{y}_2$ 뉴런의 z는 1.0입니다.
- 피자를 나타내는 $\hat{y}_3$ 뉴런의 z는 5.0입니다.

이 값은 네트워크에 주입된 물체가 거의 피자에 가까우며 적어도 핫도그는 아니라고 예측한 것입니다. 하지만 z로 나타내면 신경망이 다른 두 클래스에 비해 피자를 얼마나 강하게 예측하는지 이해하기 어렵습니다. 이 때문에 소프트맥스 함수가 필요합니다.

필요한 함수를 임포트한 다음 3개의 z값을 담은 리스트 z를 만듭니다.

```
z = [-1.0, 1.0, 5.0]
```

이 리스트에 소프트맥스 함수를 3단계로 나누어 적용합니다. 첫 번째 단계는 각 z값의 지수 함수 값을 계산합니다. 구체적으로 다음과 같습니다.

- 핫도그에 대해서 exp(z[0])은 0.3679를 출력합니다.[6]
- 햄버거에 대해서 exp(z[1])은 2.718를 출력합니다.
- 피자에 대해서 exp(z[2])는 훨씬 (기하급수적으로!) 큰 값인 148.4를 출력합니다.

소프트맥스 함수의 두 번째 단계는 이 지수 함수의 결과를 더합니다.

```
total = exp(z[0]) + exp(z[1]) + exp(z[2])
```

---

total 변수를 사용해 마지막 세 번째 단계를 실행할 수 있습니다. 이 단계에서 모든 클래스의 합에 대한 각 클래스의 비율을 계산합니다.

- exp(z[0])/total은 0.002428의 $\hat{y}_1$ 값을 출력합니다. 신경망에 입력된 물체가 핫도그일 가능성을 약 0.2 퍼센트로 예측한다는 의미입니다.
- exp(z[1])/total은 0.01794의 $\hat{y}_2$ 값을 출력합니다. 신경망에 입력된 물체가 햄버거일 가능성을 약 1.8 퍼센트로 예측합니다.
- exp(z[2])/total은 0.9796의 $\hat{y}_3$ 값을 출력합니다. 신경망에 입력된 물체가 피자일 가능성을 약 98 퍼센트로 예측합니다.

이 계산을 보면 '소프트맥스softmax'의 어원을 알 수 있습니다. 이 함수는 가장 큰 값(맥스max 값)의 z를 반환합니다. 하지만 소프트soft한 값을 반환합니다. 즉 이 물체가 피자일 확률이 100 퍼센트이고 다른 두 패스트푸드일 확률이 0 퍼센트라고 나타내지 않습니다. 대신 물체가 세 클래스 중 하나일 가능성을 어느 정도 제공합니다. 이를 통해 신경망의 예측을 수용하기 위해 어느 정도 확신이 필요한지 결정할 수 있습니다.[7]

---

6 파이썬은 인덱스가 0부터 시작합니다. 따라서 z[0]은 $\hat{y}_1$ 뉴런의 z에 해당합니다.

7 확신에 대한 임곗값은 애플리케이션에 따라 다릅니다. 일반적으로 가장 높은 가능성을 가진 클래스를 선택합니다. 예를 들어 파이썬의 argmax( ) (argument maximum) 함수로 이 클래스를 찾을 수 있습니다. 이 함수는 가장 큰 값의 인덱스(즉, 클래스 레이블)를 반환합니다. 옮긴이_ 일반적으로 클래스 레이블을 0부터 할당합니다.

> 뉴런 1개에 소프트맥스 함수를 사용하는 것은 시그모이드 함수를 사용하는 것과 수학적으로 동일합니다.[8]

얕은 신경망 다시 보기

이 장에서 배운 밀집 신경망을 사용해 📂 5-1.shallow_net_in_keras.ipynb 노트북을 다시 보고 모델의 summary( ) 메서드 출력을 이해해 보겠습니다. [코드 5.6]은 세 줄의 케라스 코드로 MNIST 숫자를 분류하는 얕은 신경망 구조를 만듭니다. 제5장에서 자세히 설명했듯이 이 세 줄의 코드로 모델 객체를 만들고 인공 뉴런의 층을 추가했습니다. 모델의 summary( ) 메서드를 호출하면 [그림 7.5]와 같은 요약 정보를 볼 수 있습니다. 이 표에는 3개의 열이 있습니다.

- Layer (type) : 각 층의 이름과 종류
- Output Shape : 층의 차원
- Param # : 층의 파라미터 개수(가중치 w와 절편 b)

입력층은 어떤 계산도 수행하지 않고 파라미터도 없기 때문에 출력할 정보가 없습니다. 따라서 이 표의 첫 번째 행은 신경망의 첫 번째 은닉층에 해당합니다. 이 표에는 첫 번째 은

```
Layer (type)                    Output Shape              Param #
=================================================================
dense_1 (Dense)                 (None, 64)                50240
_____
dense_2 (Dense)                 (None, 10)                650
=================================================================
Total params: 50,890
Trainable params: 50,890
Non-trainable params: 0
```

그림 7.5 📂 5-1.shallow_net_in_keras.ipynb 주피터 노트북에 있는 모델의 요약 정보

---

8 옮긴이_양성 클래스에 대한 출력을 만드는 이진 분류에 소프트맥스 함수를 적용하면 $e^{z_1}/(e^{z_0} + e^{z_1})$입니다. 여기에서 z_0는 음성 클래스에 대한 출력이고 z_1은 양성 클래스에 대한 출력입니다. 양성 클래스에 대한 출력만 만드는 뉴런 하나만 있다면 z_0는 0이 됩니다. 따라서 $e^{z_1}/(e^{z_0} + e^{z_1}) = e^{z_1}/(1 + e^{z_1})$입니다. 분모와 분자를 e^{z_1}으로 나누면 $1/(e^{-z_1} + 1)$처럼 쓸 수 있습니다. 이 식은 시그모이드 공식과 동일합니다.

닉층이 다음과 같이 나타납니다.

- 이름이 dense_1입니다. 이름을 명시적으로 지정하지 않았기 때문에 기본 이름이 사용되었습니다.
- [코드 5.6]에서 추가한 Dense 층입니다.
- [코드 5.6]에서 지정했듯이 64개의 뉴런으로 구성됩니다.
- 이 층은 5만 240개의 파라미터가 있습니다. 세부적으로 나누어 보죠.
  - 5만 176개의 가중치가 있습니다. 이 밀집층에 있는 64개의 뉴런이 입력층에 있는 784개의 뉴런에서 입력을 받습니다(64×784).
  - 이 층의 뉴런마다 하나씩 64개의 절편이 있습니다.
  - 따라서 총 파라미터는 5만 240개입니다 : $n_{parameters} = n_w + n_b = 50176 + 64 = 50240$

[그림 7.5] 표의 두 번째 행은 모델의 출력층에 해당합니다. 이 층은 다음과 같은 정보를 출력합니다.

- 이름이 dense_2입니다.
- 지정한 대로 Dense 층입니다.
- 지정한 대로 10개의 뉴런으로 구성됩니다.
- 다음과 같이 650개의 파라미터가 있습니다.
  - 640개의 가중치. 10개의 뉴런이 은닉층에 있는 64개의 뉴런에서 입력을 받습니다 (64×10).
  - 출력 뉴런마다 하나씩 10개의 절편

긱 층의 파라미터를 더하면 [그림 7.5]의 Total params 줄에 표시된 값을 얻을 수 있습니다.

$$\begin{aligned} n_{total} &= n_1 + n_2 \\ &= 50240 + 650 \\ &= 50890 \end{aligned} \qquad\qquad \textbf{(7.8)}$$

5만 890개 파라미터 모두 Trainable params입니다. 📁 5-1.shallow_net_in_keras.ipynb 노트북에서 model.fit( )을 호출하여 모델이 훈련하는 동안 이 파라미터가 튜닝되기 때문입니다. 이런 파라미터가 기본입니다. 제3부에서 보겠지만 모델의 일부 파라미터를 고정하는 것이 도움이 되는 경우 `Non-trainable params`로 나타나는 것을 볼 수 있습니다.

요약

이 장에서 인공 뉴런이 어떻게 연결되어 입력 x가 주어졌을 때 출력 y를 근사하는지 설명했습니다. 제2부의 나머지 장에서 신경망이 훈련 데이터로 인공 뉴런의 파라미터를 튜닝하여 어떻게 y 근삿값을 향상시키는지 설명하겠습니다. 동시에 인공 신경망의 설계와 훈련의 모범적인 사례를 폭넓게 다루어 은닉층을 추가하고 고급 딥러닝 모델을 만들어 보겠습니다.

핵심 개념

다음은 지금까지 나온 중요 개념입니다. 이 장에서 등장한 새로운 용어는 보라색으로 강조했습니다.

- 파라미터:
  - 가중치 w
  - 절편 b
- 활성화 a
- 활성화 함수:
  - 시그모이드
  - tanh
  - ReLU
- 입력층
- 은닉층
- 출력층
- 층 종류
  - 밀집(완전 연결)층
  - 소프트맥스
- 정방향 계산

## 8

심층 신경망 훈련하기

이전 장에서 인공 뉴런을 자세히 설명하고 네트워크 앞쪽으로 정보를 전달하여 주어진 패스트푸드가 핫도그인지, 햄버거인지, 피자인지 예측하는 과정을 따라가 보았습니다. 제6장과 제7장의 요리 예제에서 뉴런의 파라미터인 가중치와 절편 값을 임의로 정했습니다. 실제 애플리케이션에서는 이런 파라미터를 임의로 정하지 않습니다. 데이터에서 신경망을 훈련하여 학습하죠.

이 장에서 경사 하강법과 역전파라 불리는 두 기술을 배우게 될 것입니다. 이 두 기술이 협력하여 인공 신경망 파라미터를 학습합니다. 이 책이 그렇듯이 이 방법을 이론적으로만 소개하지 않겠습니다. 이 기법을 구현하기 위한 실용적인 모범 사례를 제공합니다. 이 장은 이런 모범 사례를 적용해 1개 이상의 은닉층으로 구성된 신경망을 만드는 것으로 마칩니다.

비용 함수

제7장에서 어떤 입력값을 인공 신경망에 정방향으로 통과시켜 예측 출력 $\hat{y}$을 만든다는 것을 알았습니다. 신경망이 완벽하게 훈련되었다면 정답 레이블 y와 정확히 동일한 $\hat{y}$ 값을 출력할 것입니다. 예를 들어 (그림 7.3의) 핫도그 감지 이진 분류기에서 $y = 1$은 신경망에 입력된 물체가 핫도그라는 것을 나타냅니다. $y = 0$은 핫도그가 아닌 다른 것임을 의미합니다. 실제 이 신경망에 핫도그를 입력했다면 이상적으로 $\hat{y} = 1$이 출력되어야 합니다.

실제 $\hat{y} = y$가 항상 얻어지지 않기 때문에 '정확한' $\hat{y}$은 과도하게 엄격한 기준일 수 있습니다. 대신 $y = 1$이라면 0.9997의 $\hat{y}$도 꽤 괜찮습니다. 신경망이 핫도그라고 매우 강하게 확신한다는 의미이기 때문입니다. 0.9의 $\hat{y}$도 수긍할 만합니다. $\hat{y} = 0.6$은 실망스러우며 (식 7.7에서 계산한 것처럼) $\hat{y} = 0.1192$는 아주 나쁩니다.

'매우 좋음'에서 '아주 나쁨'까지 출력의 평가 범위를 정량화하기 위해 머신러닝 알고리즘은 종종 비용 함수cost function를 사용합니다(손실 함수loss function라 부르기도 합니다). 이 책에서 다루는 2개의 비용 함수는 이차 비용 함수와 크로스-엔트로피 비용 함수입니다. 차례대로 이를 다루어 보죠.

이차 비용 함수

이차 비용 함수는 가장 간단히 계산할 수 있는 비용 함수 중 하나입니다. 계산 식을 그대로 표현하여 평균 제곱 오차라고도 부릅니다.

$$C = \frac{1}{n}\sum_{i=1}^{n}(y_i - \hat{y}_i)^2 \tag{8.1}$$

어떤 샘플 i에 대해 정답 레이블 y_i와 신경망의 예측 $\hat{y}_i$ 사이의 차이(오차)를 계산합니다. 그다음 이 차이를 제곱합니다. 두 이유는 다음과 같습니다.

1. 제곱하면 y가 $\hat{y}$보다 크든지 작든지 상관없이 두 값의 차이를 양수로 만듭니다.
2. 제곱하면 y와 $\hat{y}$ 사이의 차이가 작은 것보다 큰 것이 불리합니다.

각 샘플 i에 대해 $(y_i - \hat{y}_i)^2$을 사용해 제곱 오차를 계산하면 n개의 모든 샘플에 대한 평균 비용 C를 다음과 같이 계산할 수 있습니다.

1. $\sum_{i=1}^{n}$를 사용해 모든 샘플에 대해 비용을 더합니다.
2. $\frac{1}{n}$을 사용해 샘플의 개수로 나눕니다.

📁 8-1.quadratic_cost.ipynb 주피터 노트북 내용을 보면 [식 8.1]을 직접 테스트해 볼 수 있으며, 노트북 맨 처음 부분에 샘플 i에 대한 제곱 오차를 계산하는 함수가 정의되어 있습니다.

```
def squared_error(y, yhat):
    return (y - yhat)**2
```

squared_error(1, 1)과 같이 이 함수에 정답 y에 1을 이상적인 yhat에 1을 넣으면 완벽한 예측의 비용은 0이 됩니다. 비슷하게 이상적인 값과 조금 차이 나게 yhat이 0.9997이라면 매우 작은 비용인 9.0e-08이 됩니다.[1] y와 yhat의 차이가 늘어날수록 비용은 기하급수적으로 증가합니다. y를 1로 고정하고 yhat을 0.9에서 0.6 그다음 0.1192로 낮추면 비용은 0.01에서 0.16, 0.78로 빠르게 증가합니다. 노트북의 마지막에서 볼 수 있듯이 y가 0이고 yhat이 0.1192이면 비용은 0.0142로 작아집니다.

포화된 뉴런

이차 비용 함수를 사용하면 손실 함수를 쉽게 이해할 수 있지만 치명적인 약점이 있습니다. [그림 6.10]의 tanh 활성화 함수를 다시 그린 [그림 8.1]을 보죠. 이 그림에 있는 뉴런 포화 문제는 모든 활성화 함수에 존재하지만 tanh를 대표로 사용했습니다. (그림 6.10에 있는 가장 중요한 공식 $z = w \cdot x + b$를 사용해) 뉴런의 입력과 파라미터 조합이 극단적인 z값을 만들 때 포화되었다고 말합니다. 극단적인 z값은 [그림 8.1]에서 빨간 원으로 표시된 영역입니다. 이 영역에서 (뉴런의 파라미터 w와 b를 조정하여) z를 바꾸어도 뉴런의 활성화 a는 아주 조금만 변경됩니다.[2]

나중에 이 장에서 소개할 경사 하강법과 역전파라는 방법으로 신경망이 뉴런의 w와 b를 튜닝하여 y를 근사하는 것을 학습할 수 있습니다. w와 b를 바꾸어도 a는 아주 조금만 변경되는 포화 뉴런에서는 이런 학습이 느려집니다. w와 b를 조정해도 뉴런의 활성화 a에

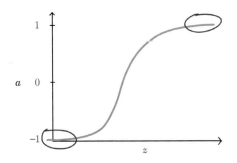

그림 8.1 [그림 6.10]에 있는 tanh 활성화 함수를 다시 그렸습니다. 뉴런이 포화되는 높은 z와 낮은 z값 부분을 빨간 원으로 표시했습니다.

---

1 9.0e-08은 9.0×10^{-8}과 같습니다.

2 제6장에서 보았듯이 $a = \sigma(z)$입니다. 여기에서 활성화 함수를 의미하며 여기에서는 tanh 함수입니다.

뚜렷한 영향을 주지 못한다면 (정방향 계산을 통해) y의 예측인 $\hat{y}$까지 영향을 미칠 수 없습니다.

크로스-엔트로피 비용 함수

포화 뉴런이 학습 속도에 미치는 영향을 최소화하는 방법[3] 중 하나는 이차 비용 함수 대신에 크로스-엔트로피 비용 함수cross-entropy cost function를 사용하는 것입니다. 이 비용 함수는 [그림 8.1]의 활성화 함수 곡선의 어느 위치에서나 효율적으로 학습할 수 있도록 도와줍니다. 이 때문에 인기 있는 비용 함수이고 이 책의 나머지 부분에서도 이 함수를 주로 선택하겠습니다.[4]

크로스-엔트로피 비용 함수 공식을 기억할 필요는 없지만 이 함수를 완전히 이해하기 위해 소개합니다.

$$C = -\frac{1}{n}\sum_{i=1}^{n}[y_i \ln \hat{y}_i + (1 - y_i) \ln (1 - \hat{y}_i)] \tag{8.2}$$

이 공식의 특징은 다음과 같습니다.

- 이차 비용 함수와 같이 $\hat{y}$이 y에서 멀어지면 비용이 증가합니다.
- 이차 비용 함수에서 제곱을 사용하는 것처럼 크로스-엔트로피 비용 함수에서 자연 로그 ln은 $\hat{y}$과 y 사이의 차이가 클수록 기하급수적으로 비용을 증가시킵니다.
- 크로스-엔트로피 비용 함수를 사용하면 $\hat{y}$과 y 사이의 차이가 클수록 뉴런이 빨리 학습할 수 있습니다.[5]

비용이 클수록 크로스-엔트로피를 사용한 신경망이 더 빠르게 학습한다는 것을 쉽게

---

3 제9장에서 포화 뉴런과 이 뉴런의 부정적인 영향을 줄일 수 있는 다른 방법을 알아보겠습니다.

4 크로스-엔트로피 비용 함수는 분류 문제를 푸는 신경망에 잘 맞습니다. 이 책에서는 주로 분류 문제를 다룹니다. 제9장에서 다루는 회귀 문제의 경우 이차 비용 함수가 크로스-엔트로피 비용 함수보다 더 좋은 선택입니다.

 5 [식 8.2]의 크로스-엔트로피 비용 함수가 어떻게 큰 비용의 뉴런을 더 빠르게 학습시키는지 이해하려면 편미분 계산이 필요합니다(책에 고급 수학을 최대한 사용하지 않으려고 하기 때문에 미분 관련 설명을 각주로 옮겼습니다). 신경망이 학습하기 위해 필요한 두 계산 방법(경사 하강법과 역전파)의 핵심은 가중치 w 같은 뉴런의 파라미터에 대한 비용 C의 변화를 비교하는 것입니다. 편미분 기호를 사용하면 이 상대적인 변화율을 $\frac{\partial C}{\partial w}$로 쓸 수 있습니다. 크로스-엔트로피 비용 함수의 편도 함수 $\frac{\partial C}{\partial w}$는 $(\hat{y}-y)$에 비례합니다. 따라서 이상적인 출력 y와 뉴런의 예측 출력 $\hat{y}$ 사이의 차이가 클수록 w에 대한 비용 C의 변화율이 커집니다.

기억하기 위해 비유를 하나 들겠습니다. 물론 고상한 저희 필자들과는 전혀 관련이 없습니다. 저녁에 만난 한 무리의 사람들과 칵테일 파티에서 대화를 하고 있다고 가정해 보죠. 강력한 마티니로 이미 머리끝까지 취했고 매력적인 다른 상대에게 야한 농담을 던지면서 아슬아슬한 줄타기를 합니다. 농담을 들은 사람들은 즉각적으로 눈에 띄게 혐오감을 드러냅니다. 어울리지 않는 농담이라는 것이 분명히 드러나는 이런 반응 때문에 엄청 빨리 배우게 될 것입니다. 조만간 이 농담을 다시 반복할 리가 없습니다.

어쨌든 사교계 에티켓에 대한 엄청난 재앙입니다. 크로스-엔트로피 비용 함수에 대해 언급할 마지막 내용은 $\hat{y}$이 포함되어 있으므로 [식 8.2]의 공식이 출력층에만 적용된다는 것입니다. 제7장을 돌이켜 보면 (특히 [그림 7.3]의 설명) $\hat{y}$은 a의 특별한 경우입니다. 실제로 신경망의 출력층에 있는 뉴런에서 계산된다는 것만 제외하면 평범한 또 다른 a값입니다. [식 8.2]의 $\hat{y}_i$를 a_i로 바꾸어 쓰면 이 식을 출력층을 넘어서 신경망의 모든 층의 뉴런으로 일반화할 수 있습니다.

$$C = -\frac{1}{n}\sum_{i=1}^{n}[y_i \ln a_i + (1 - y_i)\ln(1 - a_i)] \tag{8.3}$$

크로스-엔트로피 비용 함수에 대한 이론을 이해하기 위해 📁 8-2.cross_entropy_cost. ipynb 주피터 노트북으로 실습해 보세요. 이 노트북은 넘파이 패키지에서 log 함수 하나만 필요합니다. 이 함수로 [식 8.3]에 두 번 등장하는 자연 로그 ln을 계산할 수 있습니다. from numpy import log로 이 함수를 적재합니다.

그다음 샘플 i에 대해 크로스-엔트로피 비용 함수를 계산하는 함수를 정의합니다.

```
def cross_entropy(y, a):
    return -1*(y*log(a) + (1-y)*log (1-a))
```

이 장 앞의 squared_error( ) 함수에서 했던 것처럼 cross_entropy( ) 함수에 어떤 값을 넣어 동작을 비교해 보죠. [표 8.1]에서 볼 수 있듯이 y를 1로 고정하고 a를 이상적인 예측값 0.9997에서 점차 감소시키면 크로스-엔트로피 비용이 급격히 증가합니다. 이 테이블은 y가 0일 때 이차 비용 함수의 동작과 유사하게 크로스-엔트로피 비용이 낮아지고 a는 0.1192가 됩니다. 이 결과는 이차 비용 함수와 크로스-엔트로피 비용 함수의 주요

표 8.1 샘플 입력에 대한 크로스-엔트로피 비용 함수

y	a	C
1	0.9997	0.0003
1	0.9	0.1
1	0.6	0.5
1	0.1192	2.1
0	0.1192	0.1269
1	1 − 0.1192	0.1269

차이점이 계산하는 특정 비용값이 아니라 신경망이 학습하는 속도라는 점을 강조합니다.[6] 특히 포화된 뉴런이 있는 경우입니다.

최적화 : 학습을 통해 비용을 최소화하기

비용 함수는 이상적인 y에 대한 모델의 예측이 얼마나 어긋나는지 정량화해줍니다. 이는 신경망의 오류를 감소하기 위해 사용할 수 있는 측정 기준이 되기 때문에 매우 유용합니다.

이 장에서 여러 번 언급했듯이 딥러닝 세상에서 비용을 최소화하기 위해 사용하는 주요 방법은 경사 하강법과 역전파입니다. 이 방법들은 신경망을 학습시키는 옵티마이저입니다. 이런 학습은 모델의 파라미터를 조정하여 예측된 $\hat{y}$을 점진적으로 목표 y로 수렴시키고 비용을 감소시키는 것입니다. 먼저 경사 하강법에 대해 설명하고 바로 역전파로 넘어가겠습니다.

경사 하강법

경사 하강법은 특히 훈련 데이터가 많은 경우 비용을 감소하기 위해 모델의 파라미터를 조정하는 간편하고 효과적인 도구입니다. 딥러닝뿐만 아니라 머신러닝 분야에서 널리 사용됩니다.

[그림 8.2]에서 똑똑한 삼엽충 그림을 사용해 경사 하강법의 동작 방식을 설명하겠습니

---

6 옮긴이_이차 비용 함수의 경우 y가 0이고 $\hat{y}$이 0.1192이면 비용 함수는 0.0142입니다. 크로스-엔트로피 비용 함수는 0.1269이므로 신경망을 더 빠르게 학습시킵니다.

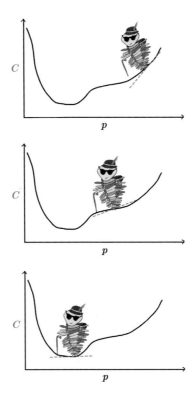

그림 8.2 경사 하강법을 사용하여 최소 비용 *C*에 연관된 파라미터 *p*를 찾는 삼엽충

다. 각 그래프의 수평 축은 어떤 파라미터 p입니다. 인공 신경망에서 이 파라미터는 뉴런의 가중치 w 또는 절편 b입니다. 맨 첫 그래프에서 삼엽충이 언덕 위에 있습니다. 삼엽충의 목표는 경사를 따라 내려가 비용 C가 최소인 위치를 찾는 것입니다. 하지만 반전이 있습니다. 이 삼엽충은 앞을 보지 못합니다! 깊은 계곡이 어디에 있는지 널리 볼 수 없기 때문에 지팡이를 사용해 인근 지형의 기울기를 조사할 수밖에 없습니다.

[그림 8.2]의 주황색 파선은 삼엽충이 현 위치에서 계산한 기울기를 나타냅니다. 이 기울기 직선을 따라 삼엽충이 왼쪽으로 한 걸음 (즉 조금 더 작은 p값으로) 이동하면 더 작은 비용을 만드는 위치로 이동하게 됩니다. 반대로 삼엽충이 오른쪽으로 한 걸음 (조금 더 큰 p값으로) 이동하면 더 큰 비용의 위치로 이동하게 됩니다. 삼엽충이 원하는 것은 경사를 따라 내려가려는 것이므로 왼쪽으로 한 걸음 이동합니다.

두 번째 그래프에서 삼엽충이 왼쪽으로 몇 걸음 이동했습니다. 여기에서도 주황색 파선으로 기울기를 평가하여 왼쪽으로 한 걸음 이동하는 것이 비용이 낮은 위치라는 것을 발

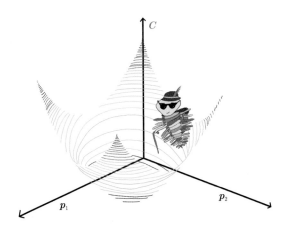

그림 8.3   경사 하강법으로 2개의 모델 파라미터 p_1과 p_2를 탐색하여 비용을 최소화하는 삼엽충. 등산에 비유하면 p_1과 p_2는 위도와 경도로 생각할 수 있고 고도는 비용을 나타냅니다.

견합니다. 따라서 왼쪽으로 또 한 걸음 이동합니다. 마지막 그래프에서 이 삼엽충은 최소 비용에 해당하는 위치(파라미터 p의 값)에 도달하는 데 성공했습니다. 이 위치에서는 왼쪽 이나 오른쪽 모두 비용이 증가하므로 현재 위치에 그대로 멈춥니다.

실전 딥러닝 모델은 파라미터가 하나가 아닙니다. 수백만 개의 파라미터를 가진 딥러닝 모델이 드물지 않습니다. 제품으로 사용되는 일부 애플리케이션은 수십억 개의 파라미터 를 가집니다. 이 책에 있는 가장 작은 모델 중 하나인 📁 5-1.shallow_net_in_keras.ipynb 노트북에서 만든 모델에도 5만 890개의 파라미터가 있습니다(그림 7.5 참조).

사람은 10억 개 차원의 공간을 상상하는 것이 불가능합니다. 하지만 [그림 8.3]의 2개의 파라미터 공간을 그림으로 그려보면 여러 개의 파라미터가 있을 때 경사 하강법이 어떻게 동시에 비용을 감소시키는지 이해하는 데 도움이 됩니다. 모델에 있는 훈련 가능한 여러 파라미터에 대해 경사 하강법은 반복적으로 기울기를 평가하여[7] 비용을 가장 크게 낮추는 파라미터를 조정합니다. [그림 8.3]에 있는 삼엽충 그림처럼 2개의 파라미터에서 이 과정 은 눈을 감고 산에서 내려오는 것과 같습니다.

- 위도는 하나의 파라미터 p_1을 나타냅니다.
- 경도는 다른 파라미터 p_2를 나타냅니다.

---

7   이를 위해 편미분을 사용합니다.

- 고도는 비용을 나타냅니다. 고도가 낮을수록 좋은 것입니다!

삼엽충은 랜덤하게 산에서 자신의 위치를 찾습니다. 이 지점에서 지팡이로 최대한 고도가 감소되는 방향을 감지합니다. 그다음 한 걸음을 이동합니다. 이 과정을 많이 반복하면 삼엽충은 결국 가장 낮은 고도(최소 비용)에 해당하는 위도와 경도 좌표에 도달할 것입니다. 이때 삼엽충의 산악 탐험이 종료됩니다.

학습률

쉽게 이해할 수 있도록 [그림 8.4]에서 2개의 파라미터에서 1개의 파라미터를 탐험하는 눈먼 삼엽충으로 돌아가 보죠. 삼엽충을 작게 만들거나 크게 만들 수 있는 광선 총이 있다고 가정해 보죠. 두 번째 그래프에서 광선 총으로 삼엽충을 아주 작게 만들었습니다. 따라서 이 삼엽충의 걸음도 작을 것입니다. 이 용감한 삼엽충은 최소 비용이 되는 전설의 계곡을

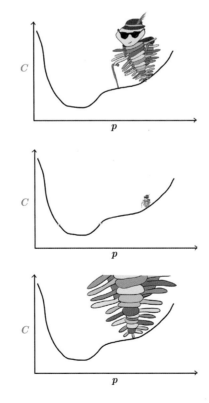

그림 8.4 삼엽충의 크기로 표현한 경사 하강법의 학습률(η). 가운데 그래프는 작은 학습률이고 마지막 그래프는 큰 학습률을 나타냅니다.

찾기 위해 오랫동안 탐험을 해야 합니다. 반대로 마지막 그래프에서 광선 총으로 삼엽충을 매우 크게 만들었습니다. 이 상황은 더 나쁩니다! 이 삼엽충의 걸음은 너무 커서 최소 비용의 계곡을 건너 뛰므로 이 지점에 도달할 가능성이 없습니다.

경사 하강법 용어로는 걸음의 크기를 학습률$^{learning\ rate}$이라 말하고 그리스 문자 η[eta, 'ee-ta(에타)'로 발음합니다]로 씁니다. 학습률은 이 책에서 볼 여러 하이퍼파라미터^{hyperparameter} 중 하나입니다. 딥러닝을 포함해 머신러닝에서 하이퍼파라미터는 모델을 훈련하기 전에 우리가 지정해야 할 모델의 설정값입니다. 따라서 η와 같은 하이퍼파라미터는 미리 지정되고 이와 대조적으로 w, b와 같은 파라미터는 훈련하는 동안 학습됩니다.

어떤 딥러닝 모델에 딱 맞는 하이퍼파라미터를 찾으려면 종종 시행착오가 필요합니다. 학습률 η는 '골디락스와 곰 세 마리' 동화와 비슷합니다.[8] 너무 작거나 너무 큰 것은 부적절하고 중간 지점에 최적의 값이 있습니다. 조금 더 구체적으로 말하면 [그림 8.4]에 나타나 있듯이 η가 너무 작으면 최소 비용에 도달하기 위해 아주 많은 경사 하강법을 반복해야 합니다(불필요하게 많은 시간이 듭니다). 반대로 η값을 너무 크게 선택하면 최소 비용에 전혀 도달하지 못합니다. 경사 하강법 알고리즘이 최소 비용에 연관된 파라미터를 잘못 건너 뛰어 버릴 것입니다.

제9장에서 신경망의 η 하이퍼파라미터를 수동으로 선택할 필요성을 낮추는 영리한 기법을 소개하겠습니다. 하지만 그때까지 학습률에 적용할 경험 법칙은 다음과 같습니다.

- 대략 0.01이나 0.001의 학습률로 시작합니다.
- 모델이 학습하지만 (즉, 에포크마다 비용이 지속적으로 감소하지만) 훈련이 매우 느리다면 (즉 에포크마다 비용이 조금만 감소된다면), 학습률의 소수점 자릿수를 줄입니다 (예를 들면 0.01에서 0.1로). 만약 비용이 에포크마다 너무 오르거나 낮아진다면 너무 크게 바꾼 것이므로 학습률을 줄입니다.
- 다른 한편으로 모델이 학습할 수 없다면 학습률이 너무 높은 것일 수 있습니다. 비용이 에포크마다 지속적으로 감소할 때까지 학습률의 소수점 자릿수를 늘려 보세요 (예를 들면 0.001에서 0.0001). 학습률이 높을 때 모델의 이상 행동을 다루는 방법을 시각적으로 인터랙티브하게 보려면 [그림 1.18]의 텐서플로 플레이그라운드(bit.ly/

---

8 옮긴이_이 동화에 등장하는 소녀의 이름이 골디락스입니다. 이 소녀는 곰이 끓인 뜨거운 스프와 차가운 스프를 놔두고 적당한 온도의 스프를 먹습니다.

TFplayground)로 다시 돌아가 'Learning rate' 드롭다운 상자의 값을 올려 주세요.

배치 크기와 확률적 경사 하강법

경사 하강법을 소개할 때 대규모 데이터세트를 가진 머신러닝 문제에 효율적이라고 주장했습니다. 엄격히 말하면 이는 새빨간 거짓말입니다. 진실은 다음과 같습니다. 매우 많은 훈련 데이터가 있다면 컴퓨터 메모리(RAM)에 전체 데이터를 적재할 수 없기 때문에 일반적인 경사 하강법은 전혀 동작하지 않습니다.

메모리만 문제가 아닙니다. 컴퓨팅 파워도 골칫거리가 될 수 있습니다. 비교적 큰 데이터세트를 컴퓨터 메모리에 꽉 채워 넣을 수 있지만 이런 데이터로 수백만 개의 파라미터를 가진 신경망을 훈련하려면 기본 경사 하강법은 매우 비효율적입니다. 왜냐하면 대용량 고차원 연산으로 인한 계산 복잡도 때문입니다.

다행히 이런 메모리와 계산의 제약에 대한 해결책이 있습니다. 경사 하강법의 확률적 버전인 **확률적 경사 하강법**stochastic gradient descent, SGD입니다. 여기에서는 훈련 데이터를 미니배치로 나누어 감당할 만하고 생산적으로 경사 하강법을 수행합니다.

제5장의 📁 5-1.shallow_net_in_keras.ipynb 노트북에서 모델을 훈련할 때 설명하지 않았지만 `model.compile( )` 메서드에서 `optimizer`와 `SGD`를 설정하여 이미 확률적 경사 하강법을 사용했습니다. 그다음 이어지는 `model.fit( )` 메서드에서 미니배치 크기를 지정하기 위해 `batch_size`를 128로 설정했습니다. SGD를 한 번 반복할 때 이만큼의 훈련 데이터 샘플을 사용합니다. 이 장의 서두에서 소개한 학습률 η처럼 배치 크기도 모델의 하이퍼파라미터입니다.

배치와 확률적 경사 하강법의 개념을 조금 더 잘 이해할 수 있도록 몇 가지 계산을 해보겠습니다. MNIST 데이터세트에는 6만 개의 훈련 이미지가 있습니다. 배치 크기가 128개의 이미지라면 에포크마다 $\lceil 468.75 \rceil = 469$개의 배치[9, 10]로 경사 하강법을 수행합니다.

---

9 60,000이 128로 나누어 떨어지지 않기 때문에 469번째 배치는 $0.75 \times 128 = 96$개의 이미지만 담고 있습니다.

10 여기와 [식 8.4]에서 사용한 아래쪽 수평 요소가 빠진 꺾쇠 괄호는 정수 올림 연산을 표현합니다. 예를 들어 468.75를 정수 올림하면 469가 됩니다.

$$\text{배치 개수} = \left\lceil \frac{\text{훈련 데이터 크기}}{\text{배치 크기}} \right\rceil$$

$$= \left\lceil \frac{60{,}000\text{개 이미지}}{128\text{개 이미지}} \right\rceil \tag{8.4}$$

$$= \lceil 468.75 \rceil$$

$$= 469$$

훈련을 시작하기 전에 뉴런 파라미터 w와 b를 랜덤하게 설정하여 신경망을 초기화합니다.[11] 다음과 같이 첫 번째 훈련 에포크를 진행합니다.

1. 훈련 이미지를 섞은 다음 128개 이미지씩 미니배치로 나눕니다. 각각 784개 픽셀로 이루어진 128개 MNIST 이미지는 모두 합쳐져서 신경망에 주입되는 입력 x를 구성합니다. 섞어 주는 단계가 '확률적 경사 하강법'의 확률에 해당하는 (즉, 랜덤한) 요소입니다.

2. 정방향 계산에서 128개 이미지 정보가 $\hat{y}$ 값을 만드는 출력층까지 신경망의 각 층을 통과하면서 처리됩니다.

3. 비용 함수(예를 들면, 크로스-엔트로피 비용 함수)가 정답 y값에 대비해 신경망이 만든 $\hat{y}$ 값을 평가하고 이 미니배치에 있는 128개 이미지에 대한 비용 C를 계산합니다.

4. 비용을 최소화하고 x에 대한 신경망의 예측 y를 향상하기 위해 확률적 경사 하강법의 경사 하강법 단계가 수행됩니다. 이 미니배치의 오차(즉, 비용)에 얼마나 많이 기여하는지에 비례하여 신경망의 모든 파라미터 w와 b를 조정합니다(이 변경량에 학습률 하이퍼파라미터 η가 곱해집니다).[12]

[그림 8.5]에 요약된 이 네 단계가 하나의 훈련 과정을 구성합니다.

[그림 8.6]은 훈련 이미지를 모두 샘플링할 때까지 훈련 과정이 어떻게 반복되는지 나타냅니다. 단계 1의 샘플링은 **중복을 허용하지 않습니다**. 즉 알고리즘은 에포크에서 각 이미지를 한 번만 만납니다.[13] 하지만 에포크는 각 에포크마다 미니배치가 랜덤하게 샘플링됩니

---

[11] 제9장에서 파라미터를 랜덤하게 초기화하는 다양한 방법을 배웁니다.

[12] 오차에 비례하여 조정되는 값은 역전파 단계에서 계산됩니다. 아직 역전파에 대해 소개하지 않았지만 다음 절에 바로 나옵니다. 기대해 주세요!

[13] 옮긴이_ 미니배치를 만들 때 하나의 이미지를 중복해서 사용하지 않는다는 뜻입니다.

훈련 과정

1. 미니배치 x를 샘플링합니다.

2. x를 신경망에 통과시켜 y에 대한 예측 $\hat{y}$을 만듭니다.

3. y와 $\hat{y}$을 비교하여 비용 C를 계산합니다.

4. C를 기반으로 경사 하강법을 적용해 x가 y를 더 잘 예측할 수 있도록 w와 b를 조정합니다.

그림 8.5 확률적 경사 하강법의 개별 훈련 과정. 미니배치 크기는 하이퍼파라미터로 바뀔 수 있습니다. 여기에서는 미니배치가 128개 MNIST 숫자로 구성됩니다. 적은 데이터가 든 가방을 메고 등산하기를 좋아하는 삼엽충처럼 생각하세요.

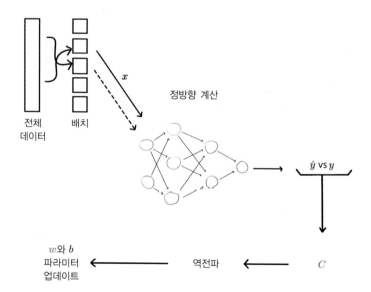

그림 8.6 확률적 경사 하강법을 사용한 신경망 훈련의 전체 과정 도식. 전체 데이터세트를 섞은 다음 배치로 나눕니다. 각 배치는 신경망의 정방향 계산을 수행합니다. 출력 $\hat{y}$을 정답 y와 비교하여 비용 C를 계산합니다. 역전파로 그레이디언트를 계산하고 모델 파라미터 w와 b를 업데이트합니다. 그리고 (파선으로 표시된) 다음 배치로 정방향 계산을 수행합니다. 이런 식으로 모든 배치를 신경망에 적용할 때까지 계속합니다. 모든 배치를 사용하면 한 번의 에포크가 완료됩니다. 전체 훈련 데이터세트를 섞은 후 이 과정을 다시 시작합니다.

다. 총 468번을 진행한 후 마지막 배치는 96개의 샘플만을 담게 됩니다.

이렇게 첫 번째 훈련 에포크가 끝납니다. 모델이 더 많은 에포크를 훈련하도록 설정했다면 6만 개 훈련 이미지 전체를 다시 사용해 다음 에포크를 시작합니다. 이전 에포크와 마찬가지로 469번의 확률적 경사 하강법을 진행합니다.[14] 이런 식으로 원하는 에포크 횟수만큼 훈련이 계속됩니다.

신경망을 훈련하기 위해 지정한 전체 에포크 횟수는 또 다른 하이퍼파라미터입니다. 하지만 이 하이퍼파라미터는 정하기 쉽습니다.

- 검증 데이터에서 비용이 에포크마다 감소하지만 마지막 에포크가 가장 낮은 비용을 출력한다면 추가로 에포크를 늘려 훈련할 수 있습니다.
- 검증 데이터에서 비용이 상승하기 시작하면 너무 많은 에포크 동안 훈련했기 때문에 모델이 훈련 데이터에 과대적합되기 시작한다는 징조입니다(제9장에서 과대적합에 대해 자세히 설명합니다).
- 훈련과 검증 비용을 자동으로 모니터링하고 문제가 시작되기 전에 훈련을 멈추는 기법이 있습니다.[15] 이 경우 에포크 횟수를 그냥 크게 지정하고 검증 비용이 더 좋아지지 않고 과대적합이 시작되기 전까지 훈련을 계속할 수 있습니다!

지역 최솟값 탈출하기

지금까지 이 장의 모든 경사 하강법 예제에서는 삼엽충이 최소 비용으로 가는 도중에 어떤 장애물도 없었습니다. 하지만 이런 경우가 항상 보장되지는 않습니다. 실제로 이런 무탈한 여행은 보기 드뭅니다.

[그림 8.7]에서 삼엽충이 새로운 문제를 풀기 위해 새로운 모델의 비용을 탐험합니다. 이 문제의 파라미터 p와 비용 C 사이의 관계는 더 복잡합니다. 신경망이 가능한 정확하게 y를 예측하기 위해서는 경사 하강법이 가장 낮은 비용의 파라미터를 찾아야 합니다. 하지만 첫 번째 그림에서 삼엽충이 랜덤하게 여행을 시작하기 때문에 경사 하강법이 **지역 최솟값**에 갇힐 수 있습니다. 두 번째 그림에서 삼엽충이 지역 최솟값에 있어서 왼쪽이나 오른쪽으로 한 걸음 이동하면 비용이 증가합니다. 따라서 앞을 못 보는 이 삼엽충은 더 깊은 전

---

14 랜덤하게 샘플링했기 때문에 469개 미니배치에 있는 이미지는 에포크마다 다릅니다.

15 https://keras.io/api/callbacks/early_stopping/을 참조하세요.

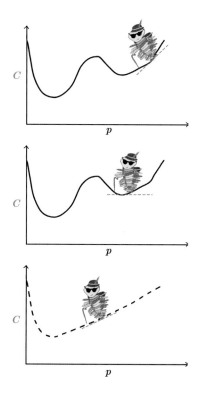

그림 8.7 랜덤한 시작점에서 기본 경사 하강법을 적용한 삼엽충(첫 번째 그래프)은 비용 함수의 지역 최솟값에 빠질 수 있습니다(두 번째 그래프). 세 번째 그래프에서 확률적 경사 하강법을 적용하면 이 용감한 삼엽충이 지역 최솟값을 통과하여 전역 최솟값을 향해 나갈 수 있습니다.

역 최솟값의 존재를 알지 못하고 그 자리에 머물게 됩니다.

완전히 길을 잃은 것은 아닙니다. 여기에서도 확률적 경사 하강법이 도움이 됩니다. 미니배지 샘플링은 [그림 8.7]의 세 번째 그래프에 있는 파선 곡선처럼 비용 함수의 곡선을 부드럽게 만들어줄 수 있습니다. (전체 데이터세트가 아니라) 작은 미니배치에서 그레이디언트를 추정할 때 잡음이 많기 때문에 비용 함수의 곡선이 부드럽게 됩니다. 지역 최솟값의 실제 경사는 실제로 0이지만 작은 미니배치에서 추정한 그레이디언트는 완벽한 상황을 인식하지 못하고 정확하지 않은 값을 제공합니다. 이 때문에 삼엽충이 실제로 없는 경사가 있다고 판단하고 왼쪽으로 이동하게 됩니다. 이런 잡음과 부정확성은 역설적으로 좋은 것이네요! 잘못된 이 그레이디언트는 삼엽충이 작은 계곡을 탈피하고 계속해서 산을 내려갈 수 있기에 충분할 수 있습니다. 따라서 미니배치에서 여러 번 그레이디언트를 추정하면 비용 곡선이 부드러워지고 지역 최솟값을 피할 수 있습니다. 요약하면 개별 미니배치는 비용 곡선에 대한 완벽한 정보는 가지고 있지 못하지만 장기간에 걸쳐 많은 수의 미니배치에 경사 하강법을 수행하면 장점으로 동작합니다.

학습률 하이퍼파라미터 η와 같이 배치 크기에도 골디락스 스타일의 최적 크기가 있습니다. 배치 크기가 너무 크면 비용 함수의 그레이디언트 추정이 매우 정확해집니다. 이런 경우 삼엽충이 주변의 경사를 정확하게 판단하고 가능한 가파른 경사 방향으로 (η에 비례하여) 한 걸음 나갈 수 있습니다. 하지만 이 모델은 이전 문단에서 설명한 것처럼 지역 최솟점에 갇힐 위험이 있습니다.[16] 또한 미니배치가 커서 컴퓨터 메모리에 맞지 않을 수 있고 경사 하강법 반복마다 계산 시간이 오래 걸립니다.

반면에 배치 크기가 너무 작으면 각 그레이디언트의 추정에 너무 잡음이 많아집니다(매우 적은 양의 데이터를 사용하여 전체 데이터세트의 그레이디언트를 추정하기 때문입니다). 이에 따라 산을 내려가는 경로는 불필요하게 빙빙 돕니다. 이런 잘못된 경사 하강법 스텝 때문에 훈련 시간이 오래 걸립니다. 또한 메모리와 컴퓨터 자원을 충분히 활용하지 못합니다.[17] 이를 염두에 두고 적절한 배치 크기를 찾는 방법은 다음과 같습니다.

- 배치 크기 32로 시작합니다.
- 미니배치가 너무 커서 컴퓨터 메모리에 맞지 않는다면 배치 크기를 2의 배수로 줄입니다(예를 들면 32에서 16개로).
- 모델이 잘 훈련되지만 (즉, 비용이 지속적으로 감소하지만) 한 에포크 훈련에 시간이 오래 걸리고 RAM 공간이 남는다면[18] 배치 크기를 증가시킬 수 있습니다. 지역 최솟값에 갇히지 않으려면 128개를 넘지 않는 것이 좋습니다.

역전파

확률적 경사 하강법이 많은 종류의 머신러닝 모델에서 파라미터를 조정하고 비용을 최소

---

[16] 학습률 η의 역할을 여기에서 언급할 필요가 있습니다. 지역 최솟점의 크기가 한 걸음 크기보다 작으면 우리가 깨진 보도 위를 지나가듯 삼엽충이 지역 최솟점을 무사히 지나치게 됩니다.

[17] 배치 크기 1의 확률적 경사 하강법을 온라인 러닝이라고 합니다. 이 방법이 계산 속도 면에서 가장 빠른 방법은 아닙니다. 미니배치 훈련에서 사용하는 행렬 곱셈은 매우 최적화가 잘 되어 있기 때문에 온라인 러닝보다 적절한 크기의 미니배치를 사용했을 때 훈련이 크게 빨라집니다.

[18] macOS를 포함하여 유닉스 기반 운영 체제에서는 터미널 윈도우에서 top이나 htop 명령으로 RAM 사용량을 조사할 수 있습니다.

화하는 데 잘 동작하지만 딥러닝 모델에는 또 다른 장애물이 있습니다. 여러 개의 인공 뉴런 층에 걸쳐서 파라미터를 효과적으로 조정해야 합니다. 이를 위해서 확률적 경사 하강법은 역전파 기법을 사용합니다.

역전파는 미분의 '연쇄 법칙'을 적용한 것입니다.[19] [그림 8.6]의 아랫부분에 있는 것처럼 이름이 의미하듯이 역전파는 정방향 계산의 반대 방향으로 신경망을 통과합니다. 정방향 계산은 입력 x에 관한 정보를 연속된 층으로 전달하여 y를 근사한 $\hat{y}$을 출력합니다. 역전파는 비용 C에 관한 정보를 반대 방향으로 층에 통과시켜 비용을 감소하기 위해 신경망에 있는 모든 뉴런의 파라미터를 조정합니다.

역전파의 상세 설명은 부록 B로 미루지만 역전파 알고리즘이 (넓은 의미에서) 무엇인지 알 필요는 있습니다. 모든 신경망 모델은 파라미터 (w와 b) 값을 랜덤하게 초기화합니다 (제9장에서 초기화 방법을 자세히 설명합니다). 따라서 훈련이 되기 전에 처음 x값을 주입 하면 신경망은 랜덤한 추측을 $\hat{y}$을 출력합니다. 이때 머신러닝의 핵심인 비용을 최소화하기 위해 가중치를 업데이트해야 합니다. 신경망에서 이렇게 하기 위해 역전파를 사용해 신경망에 있는 모든 가중치에 대한 비용 함수의 그레이디언트[20]를 계산합니다.

앞서 비용 함수의 등산로 비유에서 삼엽충이 베이스캠프에 도달하려고 노력합니다. 걸음마다 삼엽충은 비용 함수의 경사(또는 기울기)를 찾고 이 경사를 따라 내려갑니다. 이 움직임이 가중치 업데이트에 해당합니다. 가중치에 대한 비용 함수의 그레이디언트에 비례하여 가중치를 조정함으로써 역전파는 비용을 감소하는 방향으로 가중치를 바꿀 수 있습니다.

[그림 6.7]의 '가장 중요한 공식($w \cdot x + b$)'과 신경망의 층을 통과하여 정보를 앞으로 전달한다는 것을 기억하면 신경망에 있는 모든 가중치가 최종 출력 $\hat{y}$과 비용 C에 기여한다는 점을 알 수 있습니다. 역전파를 사용해 출력층의 비용에서 시작해서 한 층씩 신경망을 거꾸로 이동하면서 모든 파라미터의 그레이디언트를 계산합니다. 파라미터의 그레이디언트를 사용해 (학습률 η에 비례하여) 해당 파라미터를 증가하거나 감소시킵니다. 어떤 방향이든지 비용을 감소시킬 것입니다.

---

19 역전파를 수학적으로 설명하려면 약간의 편미분 공식이 필요합니다. 역전파를 자세히 이해하는 것이 좋지만 대부분의 사람들에게 미분이 달갑지 않다는 것을 이해합니다. 이 때문에 역전파 공식은 부록 B에서 설명합니다.

20 옮긴이_문맥에 따라 **gradient**가 미분 결과를 의미하는 경우 '경사'라고 번역하지 않고 원문 그대로 '그레이디언트'라고 옮겼습니다.

다행히 이 절이 이 책에서 가장 쉬운 부분은 아닙니다. 여기서 한 가지만 기억하세요. 역전파는 모든 파라미터가 전체 비용에 상대적으로 기여하는 양을 계산하고 이에 따라 각 파라미터를 업데이트합니다. 이런 식으로 신경망이 반복적으로 비용을 감소시키면 학습이 되는 것입니다!

은닉층 개수와 뉴런 개수 튜닝하기

학습률 및 배치 크기와 마찬가지로 신경망에 추가할 은닉층의 개수도 하이퍼파라미터입니다. 앞선 두 하이퍼파라미터처럼 신경망의 층 개수에도 골디락스 지점이 있습니다. 이 책에서 딥러닝 모델에 은닉층을 추가하면 신경망이 표현할 수 있는 표현을 더 추상화한다는 것을 반복해 언급했습니다. 이것이 층을 추가하여 얻을 수 있는 주요 이득입니다.

층을 추가해 얻는 불이익은 역전파의 효과가 떨어진다는 것입니다. [그림 8.8]에서 5개 은닉층이 있는 신경망의 층을 거쳐 학습 속도 그래프를 그렸습니다. 여기서 볼 수 있듯이 역전파는 출력 $\hat{y}$에 가까운 은닉층의 뉴런 파라미터에 가장 큰 영향을 미칩니다.[21] $\hat{y}$에서 먼 층일수록 전체 비용에 미치는 층 파라미터의 영향이 작아집니다. 그래서 출력 $\hat{y}$에 가장 가까운 다섯 번째 층의 가중치가 큰 그레이디언트를 받기 때문에 가장 빠르게 학습합니다. 반대로 출력층의 비용 계산과 조금 떨어져 있는 세 번째 층은 다섯 번째 층보다 열 배나 느리게 학습합니다.

이를 참조하여 신경망에 있는 은닉층의 개수를 선택하는 규칙은 다음과 같습니다.

- 신경망이 예측할 정답 y가 추상적일수록 은닉층을 추가하는 것이 도움이 됩니다. 이런 점을 고려하면서 2개 혹은 4개의 층으로 시작하는 것이 좋습니다.
- 층을 줄여도 검증 데이터세트의 비용이 증가하지 않으면 그렇게 하는 것이 좋습니다. **오캄의 면도날**Occam's razor 이론을 따라서 원하는 결과를 제공할 수 있다면 가장 간단한 신경망 구조가 최선입니다. 더 빠르게 훈련하고 더 적은 컴퓨팅 자원을 사용하기 때문입니다.
- 반면에 층을 늘려서 검증 데이터의 비용이 감소하면 당연히 층을 쌓아야 합니다!

---

21 [그림 8.8]을 어떻게 만들었는지 궁금하다면 📚 8-3.measuring_speed_of_learning.ipynb 주피터 노트북을 참조하세요.

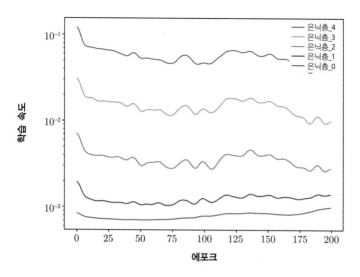

그림 8.8 5개의 은닉층을 가진 딥러닝 모델의 훈련 에포크에 따른 학습 속도. 출력 $\hat{y}$에 가장 가까운 다섯 번째 은 닉층이 세 번째 층보다 열 배나 빨리 학습합니다.[22]

신경망의 깊이(층의 개수)만 모델 하이퍼파라미터가 아니라 층에 있는 뉴런의 개수도 하이퍼파라미터입니다. 신경망에 층이 많으면 포함할 뉴런의 개수를 미세 조정할 수 있는 층이 많습니다. 처음에는 조금 겁날 수 있지만 너무 걱정할 필요는 없습니다. 뉴런이 너무 많으면 신경망의 계산 복잡도가 필요보다 더 높아집니다. 뉴런이 너무 적으면 신경망의 정확도가 나도 모르게 억제될 수 있습니다.

더 많은 문제에 더 많은 딥러닝 모델을 만들고 훈련하면 어떤 층에 얼마나 많은 뉴런이 적절한지 감을 얻게 될 것입니다. 모델에 사용할 데이터에 따라 표현할 저수준 특성이 많으면 신경망의 앞쪽 층에 많은 뉴런을 둡니다. 표현할 고수준 특성이 많다면 뒤쪽 층에 뉴런을 추가하는 것이 좋습니다. 경험적으로 봤을 때 층에 추가하는 뉴런을 일반적으로 2의 배수로 테스트합니다. 뉴런 개수를 64에서 128로 늘려서 모델 정확도가 눈에 띄게 향상된다면 늘려야 합니다. 하지만 오캄의 면도날 이론을 생각하세요. 뉴런 개수를 64에서 32개로 절반으로 줄여서 모델 정확도가 줄어들지 않는다면 그대로 가야 합니다. 눈에 띄는 부정적인 영향이 없으면서 모델의 계산 복잡도가 줄어들기 때문입니다.

---

22 옮긴이_ 이 그래프는 각 층에 전달되는 그레이디언트를 유클리드 거리로 바꾼 후 가우시안 필터를 적용하여 부드럽게 바꾼 것입니다. 그레이디언트 양이 클수록 학습 속도가 빠릅니다.

케라스로 중간 깊이 신경망 만들기

이 장을 정리하기 위해 여기서 배운 새로운 이론을 신경망에 적용하여 손글씨 숫자 분류에서 앞서 케라스로 만든 얕은 신경망의 성능을 뛰어넘을 수 있는지 알아보겠습니다.

📁 8-4.intermediate_net_in_keras.ipynb 주피터 노트북의 처음 몇 단계는 이전의 얕은 신경망과 동일합니다. 같은 방법으로 몇 개의 케라스 함수와 MNIST 데이터세트를 적재합니다. 그리고 같은 방식으로 데이터를 전처리합니다. [코드 8.1]에서 볼 수 있듯이 흥미로운 부분은 신경망 구조를 만드는 부분입니다.

코드 8.1 중간 깊이 신경망을 만드는 케라스 코드

```
model = Sequential( )
model.add(Dense(64, activation='relu', input_shape=(784,)))
model.add(Dense(64, activation='relu'))
model.add(Dense(10, activation='softmax'))
```

이 코드의 첫 줄은 이전(코드 5.6)과 동일하게 model = Sequential( )입니다. 이 코드가 신경망 모델 객체를 만듭니다. 두 번째 줄에서 달라집니다. 첫 번째 은닉층의 시그모이드 활성화 함수를 제6장에서 매우 강하게 추천한 활성화 함수인 relu로 바꿉니다. 활성화 함수를 바꾼 것을 제외하면 첫 번째 은닉층의 나머지는 동일합니다. 64개의 뉴런으로 구성되어 있고 입력 뉴런의 차원은 784로 그대로입니다.

[코드 5.6]의 얕은 신경망에 비해 [코드 8.1]에서 눈에 띄게 바뀐 부분은 두 번째 은닉층을 추가한 것입니다. model.add( ) 메서드를 호출하여 64개의 뉴런과 relu 활성화 함수를 가진 두 번째 Dense 층을 아주 쉽게 추가합니다. 노트북의 이름에서 유추할 수 있듯이 중간 깊이 신경망이 됩니다. 메서드를 호출하면 [그림 8.9]에서 추가된 은닉층이 (그림 7.5의) 얕은 신경망보다 4,160 훈련 가능한 파라미터를 추가한다는 것을 알 수 있습니다. 이 파라미터 개수를 나누어 조사해 보죠.

- 4,096개의 가중치가 있습니다. 두 번째 은닉층에 있는 64개의 뉴런이 첫 번째 은닉층에 있는 64개의 뉴런 모두에서 입력을 받습니다($64 \times 64 = 4,096$).
- 두 번째 은닉층의 뉴런마다 하나씩 64개의 절편이 있습니다.

```
Layer (type)                    Output Shape               Param #
=================================================================
dense_1 (Dense)                 (None, 64)                 50240
_____
dense_2 (Dense)                 (None, 64)                 4160
_____
dense_3 (Dense)                 (None, 10)                 650
=================================================================
Total params: 55,050
Trainable params: 55,050
Non-trainable params: 0
```

그림 8.9 📂 8-4.intermediate_net_in_keras.ipynb 주피터 노트북에 있는 모델의 summary( ) 메서드 결과

- 따라서 총파라미터는 4,160개 입니다 : $n_{parameters} = n_w + n_b = 4,096 + 64 = 4,160$

모델 구조의 변화와 더불어 [코드 8.2]에서 보는 것처럼 모델 설정 파라미터에도 변화가 있습니다.

코드 8.2 중간 깊이 신경망을 컴파일하는 케라스 코드[23]

```
model.compile(loss='categorical_crossentropy',
             optimizer=SGD(learning_rate=0.1),
             metrics=['accuracy'])
```

[코드 8.2]의 내용은 다음과 같습니다.

- 손실 함수[24]를 loss='categorical_crossentropy'로 지정하여 크로스-엔트로피 비용 함수를 사용합니다(제5장의 얕은 신경망에서는 loss='mean_squared_error'로 지정하여 이차 비용 함수를 사용했습니다).
- 비용 최소화 방법을 optimizer=SGD로 지정하여 확률적 경사 하강법을 사용합니다.
- SGD 학습률 하이퍼파라미터 η를 learning_rate=0.1로 지정합니다.[25]

---

23 옮긴이_케라스의 compile( ) 메서드는 손실 함수와 옵티마이저 등을 설정하는 단계입니다. 프로그래밍 언어를 컴파일하는 것과는 상관이 없으니 헷갈리지 마세요.

24 옮긴이_케라스 API는 비용 함수 대신 손실 함수(loss function)란 용어를 사용합니다. 엄밀히 구분하면 손실 함수는 훈련 샘플 1개에 대한 비용을 계산하고 비용 함수는 모든 훈련 데이터에 대한 손실 함수의 합입니다. 하지만 대부분 이를 구분하지 않고 사용하는 경우가 많습니다. 번역서에서는 문맥에 따라 비용과 손실을 같이 사용합니다.

25 옮긴이_시간을 내서 이 학습률의 소수점 자리수를 늘리거나 줄여 보고 훈련에 어떤 영향을 미치는지 관찰해 보세요.

- loss에 대한 케라스 기본 피드백에 추가로 metrics=['accuracy']와 같이 지정하여 모델 정확도에 대한 피드백을 받습니다.[26]

마지막으로 이 신경망을 [코드 8.3]의 코드로 훈련합니다.

코드 8.3 중간 깊이 신경망을 훈련하는 케라스 코드

```
model.fit(X_train, y_train,
          batch_size=128, epochs=20,
          verbose=1,
          validation_data=(X_valid, y_valid))
```

얕은 신경망(코드 5.7)을 훈련했을 때와 비교하면 바뀐 것은 epochs 하이퍼파라미터를 200에서 열 배 줄여 20으로 낮춘 것입니다. 결과를 보면 알겠지만 이 신경망은 훨씬 효율적이기 때문에 더 적은 에포크 동안 훈련할 수 있습니다.

[그림 8.10]에서 이 신경망의 처음 세 번의 에포크 결과를 보여줍니다. 얕은 신경망이 200번 에포크 이후에 검증 데이터세트에서 86 퍼센트 정확도에 도달한 것을 생각하면 이 신경망은 확실히 더 뛰어납니다. val_accuracy 항목을 보면 첫 번째 훈련 에포크 이후에 약 92 퍼센트의 정확도에 도달했습니다. 이 정확도는 네 번째 에포크까지 95 퍼센트 이상으로 올라갑니다. 스무·번째 에포크에서는 97.6 퍼센트까지 도달합니다. 이런, 얼마나 높은

```
Epoch 1/20
469/469 [==============================] - 2s 5ms/step - loss: 0.4916 - accuracy: 0.8597 - val_loss: 0.2723 - val_accuracy: 0.9175
Epoch 2/20
469/469 [==============================] - 2s 4ms/step - loss: 0.2236 - accuracy: 0.9352 - val_loss: 0.1864 - val_accuracy: 0.9463
Epoch 3/20
469/469 [==============================] - 2s 4ms/step - loss: 0.1734 - accuracy: 0.9494 - val_loss: 0.1700 - val_accuracy: 0.9483
Epoch 4/20
469/469 [==============================] - 2s 4ms/step - loss: 0.1433 - accuracy: 0.9580 - val_loss: 0.1359 - val_accuracy: 0.9584
```

그림 8.10 중간 깊이 신경망을 훈련했을 때 처음 네 번 에포크의 성능

SGD 클래스의 learning_rate 매개변수의 기본값은 0.01입니다.

26 손실이 에포크마다 모델의 성능을 추적하는 데 가장 중요한 지표이지만 특정 손실 값은 모델 구조와 설정에 따라 다르며 일반적으로 쉽게 이해할 수 없고 모델 간에 비교하기 어렵습니다. 이 때문에 손실이 가능한 0에 가까워야 한다는 것을 아는 것 말고도 특정 모델에서 손실이 얼마나 0에 가까워야 하는지 이해하는 것이 어렵습니다. 반면 정확도는 매우 이해하기 쉽고 일반화할 수 있습니다. 우리는 정확도가 무엇을 의미하는지 정확히 알고 있습니다(예를 들면, "얕은 신경망은 검증 데이터세트에 있는 손글씨 숫자의 86 퍼센트를 정확히 분류했습니다"). 그리고 이 분류 정확도를 다른 모델과 비교할 수 있습니다("86 퍼센트 정확도는 심층 신경망의 정확도보다 나쁩니다").

곳에 도달한 건가요!

[그림 8.10]에 나온 `model.fit( )`의 출력을 자세히 알아 보겠습니다.

- 다음에 나온 진행 표시줄이 '훈련 과정'(그림 8.5)이 진행됨에 따라 채워집니다.

  `469/469 [==============================]`

- `2s 5ms/step`은 첫 번째 에포크의 469번 반복 전체를 훈련하는 데 2초 걸리고 반복마다 평균 5 밀리초가 걸렸다는 것을 나타냅니다.

- `loss`는 에포크마다 평균 손실을 나타냅니다. 첫 번째 에포크에서는 0.4916이고 에포크가 진행되면서 확률적 경사 하강법과 역전파를 통해 안정적으로 비용이 줄어듭니다. 결국 스무 번째 에포크에서 0.0298까지 줄어 듭니다.

- `accuracy`는 에포크마다 훈련 데이터에 대한 분류 정확도를 출력합니다. 이 모델은 첫 번째 에포크에서 85.97 퍼센트를 정확하게 분류했고 스무 번째 에포크에서 99 퍼센트로 증가했습니다. 모델이 훈련 데이터에 과대적합될 수 있기 때문에 훈련 데이터의 높은 정확도를 너무 믿지 말아야 합니다.

- 다행히 검증 데이터세트의 손실이 대체적으로 감소하고 마지막 다섯 번의 에포크에서 0.08 수준을 유지합니다.

- 검증 데이터의 손실 감소에 맞추어 정확도가 증가합니다. 앞서 언급했듯이 검증 정확도(`val_accuracy`)는 약 97.6 퍼센트를 달성합니다. 이는 얕은 신경망에서 달성한 86 퍼센트보다 크게 향상된 것입니다.

요약

이 장에서 많은 내용을 다루었습니다. 신경망의 파라미터가 정보를 처리하는 방법으로 시작해서 비용 함수, 확률적 경사 하강법, 역전파와 같은 방법을 이해했습니다. 이런 방법들로 입력 x로 원하는 출력 y를 근사할 수 있는 신경망 파라미터를 학습합니다. 이와 더불어 학습률, 미니배치 크기, 훈련 에포크 횟수를 포함해 몇 개의 신경망 하이퍼파라미터를 소개했습니다. 또한 경험적으로 이런 하이퍼파라미터를 선택할 수 있는 방법을 제시했습니다. 마지막으로 이 장에서 새로 배운 지식을 적용하여 중간 깊이 신경망을 만들어 손글씨 숫자 분류 문제에서 이전의 얕은 신경망을 크게 앞지르는 성능을 달성했습니다. 다음 장에서 더 많은 은닉층을 가진 인공 신경망의 안정성을 향상하는 기법을 배우겠습니다. 이를 통해 처음으로 진짜 딥러닝 모델을 만들고 훈련해 보겠습니다.

핵심 개념

다음은 지금까지 나온 중요 개념입니다. 이 장에서 등장한 새로운 용어는 보라색으로 강조했습니다.

- 파라미터 :
  - 가중치 w
  - 절편 b
- 활성화 a
- 활성화 함수 :
  - 시그모이드
  - tanh
  - ReLU
  - 소프트맥스
- 입력층
- 은닉층
- 출력층
- 층 종류 :
  - 밀집(완전 연결)층

- 비용 (손실) 함수 :
  - 이차 (평균 제곱 오차) 비용 함수
  - 크로스-엔트로피 비용 함수
- 정방향 계산
- 역전파
- 옵티마이저 :
  - 확률적 경사 하강법
- 옵티마이저 하이퍼파라미터 :
  - 학습률 η
  - 배치 크기

9

심층 신경망 성능 높이기

제6장에서 개별 인공 뉴런을 자세히 소개했습니다. 제7장에서 이런 인공 뉴런을 정렬하여 신경망의 구성 요소를 만들었습니다. 이를 통해 어떤 입력 x에 신경망의 정방향 계산을 적용하여 출력 $\hat{y}$을 만듭니다. 바로 직전 제8장에서 신경망의 부정확성을 정량화하는 방법(비용 함수로 $\hat{y}$과 정답 y를 비교합니다)과 이런 부정확성을 최소화하는 방법(확률적 경사 하강법과 역전파를 사용해 신경망 파라미터 w와 b를 조정합니다)을 설명했습니다.

이 장에서는 고성능 신경망을 만들 때 겪는 일반적인 어려움과 이를 극복하는 기법을 다룹니다. 이런 아이디어를 첫 번째 심층 신경망[1]을 만들면서 코드에 직접 적용하겠습니다. 추가된 은닉층과 새로 배운 모범 사례를 연결하여 손글씨 숫자 분류에서 이전 장의 모델이 만든 성능을 뛰어 넘을 수 있는지 확인해 보겠습니다.

가중치 초기화

제8장에서 뉴런 포화의 개념을 소개했습니다(그림 8.1). 매우 작거나 매우 큰 z값은 뉴런의 학습 능력을 약화시킵니다. 이 경우 해결 방법으로 크로스-엔트로피 비용 함수를 제안했습니다. 크로스-엔트로피 비용 함수가 뉴런 포화의 영향을 줄여 주지만 잘 정의된 가중치 초기화와 함께 사용하면 포화가 일어날 가능성을 감소시킵니다. 제1장의 각주에서 언급했듯이 최신 가중치 초기화 기법은 딥러닝의 성능을 크게 끌어 올렸습니다. LeNet-5(그림

1　제4장에서 언급했듯이 최소한 3개의 은닉층을 가져야 '심층 신경망'이라고 부릅니다.

1.11)과 인공 신경망이 풀 수 있는 문제의 범위를 극적으로 넓힌 AlexNet(그림 1.17) 사이의 중요한 이론적 발전 중 하나입니다. 이 절에서 얼마나 영향력을 미쳤는지 이해하기 위해 몇 가지 가중치 초기화를 실험해 보겠습니다.

제8장에서 신경망 훈련에 대해 설명할 때 파라미터 w와 b가 랜덤한 값으로 초기화된다고 했습니다. 이 때문에 y에 대한 신경망의 초기 근삿값은 목표와 많이 다르고 비용 C는 초기에 높습니다. 하지만 너무 신경 쓸 필요는 없습니다. 케라스가 기본적으로 텐서플로 모델을 만들 때 합리적인 값으로 w와 b를 초기화하기 때문입니다. 그럼에도 초기화에 대해 논의할 가치가 있습니다. 뉴런 포화를 피할 수 있는 방법일 뿐만 아니라 신경망의 훈련 방법을 더 잘 이해할 수 있기 때문입니다. 케라스의 합리적인 기본값을 사용하는 것이 케라스를 사용하는 주요 장점이지만 문제에 맞도록 이 기본값을 바꿀 수도 있습니다. 어떤 경우는 필수적으로 바꾸어야 합니다.

이 절을 실습하면서 진행하려면 📁 9-1.weight_initialization.ipynb 주피터 노트북을 참조하세요. 다음 코드에서 볼 수 있듯이 필요한 라이브러리는 (수치 연산을 위한) 넘파이, (그래프 출력을 위한) 맷플롯립 그리고 일련의 케라스 도구들입니다. 이 절에서 이 도구들을 자세히 소개하겠습니다.

```python
import numpy as np
import matplotlib.pyplot as plt
from tensorflow.keras import Sequential
from tensorflow.keras.layers import Dense, Activation
from tensorflow.keras.initializers import Zeros, RandomNormal
from tensorflow.keras.initializers import glorot_normal, glorot_uniform
```

이 노트북에서 가상의 784개의 픽셀 값을 밀집층의 입력으로 사용합니다. 물론 이 784개의 가상 입력값은 MNIST 숫자(그림 5.3)에서 착안한 것입니다. 나중에 그래프를 그릴 때 필요한 데이터를 넉넉히 마련하기 위해 밀집층의 뉴런 개수는 충분히 크게 선택합니다 (256).

```python
n_input = 784
```

```
n_dense = 256
```

이 절을 작성한 목적은 신경망의 파라미터 w와 b의 초기화입니다. 훈련 데이터를 신경 망에 통과시키기 전에 합리적으로 이 파라미터의 값을 설정해야 합니다. 여기에는 두 가지 이유가 있습니다.

1. 큰 w와 b값은 큰 z값을 만들기 때문에 뉴런을 포화시킵니다(뉴런 포화 그래프는 [그림 8.1]을 참조하세요).
2. 큰 파라미터 값은 x가 y에 얼마나 관련되어 있는지 신경망의 의견이 강하다는 것을 의미합니다. 하지만 데이터에서 훈련을 하기 전에 이런 강한 의견은 당연히 적절하지 않습니다.

반면에 파라미터 값이 0이면 x와 y의 관련성에 약한 의견을 가진다는 뜻입니다. 다시 동화 비유로 돌아가면 중도의 골디락스 스타일로 균형 잡힌 학습 가능한 초기값으로 훈련을 시작하는 것이 바람직합니다. 이를 유념하면서 신경망을 만들어 보죠. Zeros( ) 메서드를 사용해 밀집층 뉴런의 절편을 $b = 0$으로 초기화합니다.

```
b_init = Zeros( )
```

이전 문단을 생각하면 자연스럽게 신경망 가중치 w도 0으로 초기화해야 한다고 결론을 내릴 수 있습니다. 하지만 이렇게 하면 훈련에 큰 문제가 발생합니다. 모든 가중치와 절편 이 동일하면 신경망에 있는 많은 뉴런이 입력 x를 동일하게 다룹니다. 이렇게 되면 확률적 경사 하강법에게 비용 C를 감소하도록 개별 파라미터를 구분하는 다양성을 제공하지 못 합니다. 각 뉴런이 입력 x를 독자적으로 다루도록 가중치를 다른 값으로 초기화하는 것이 바람직합니다. 이를 통해 SGD가 y를 근사하기 위한 다양한 출발점을 제공할 수 있습니 다. 우연히 뉴런의 초기 출력이 x에서 y로 매핑에 일부 기여할 수 있습니다. 처음에는 이런 기여가 약하겠지만 SGD가 각 파라미터를 테스트해서 예측 $\hat{y}$과 타깃 y 사이의 비용 C를 감소시키는지 판단할 수 있습니다.

앞서 보았듯이 (예를 들면 [그림 7.5]와 [그림 8.9]) 일반적인 신경망에서 대부분의 파라미터는 가중치입니다. 절편은 상대적으로 적습니다. 따라서 절편은 0으로 초기화하고 가중치는 0에 가까운 값으로 초기화해도 괜찮습니다(실제로 가장 널리 사용하는 방법입니다). 0에 가까운 랜덤한 값을 생성하는 간단한 방법은 [코드 9.1]에서처럼 표준 정규 분포[2]에서 샘플링하는 것입니다.

코드 9.1 가중치 초기화를 위해 표준 정규 분포에서 샘플링하기

```
w_init = RandomNormal(stddev=1.0)
```

가중치 초기화의 효과를 확인하기 위해 [코드 9.2]에서 시그모이드 활성화 함수를 가진 밀집층 하나로 신경망을 만들어 보겠습니다.

코드 9.2 시그모이드 활성화 함수를 가진 밀집층 하나로 이루어진 신경망

```
model = Sequential( )
model.add(Dense(n_dense,
                input_dim=n_input,
                kernel_initializer=w_init,
                bias_initializer=b_init))
model.add(Activation('sigmoid'))
```

이전과 마찬가지로 Sequential( ) 클래스를 사용해 모델을 만듭니다. 그다음 add( ) 메서드를 사용해 하나의 Dense 층을 추가합니다. 이 층의 파라미터는 다음과 같습니다.

- 256개의 뉴런(n_dense)
- 784개의 입력(n_input)[3]
- kernel_initializer를 w_init로 지정하여 표준 정규 분포에서 샘플링한 값으로 신경망의 가중치를 초기화합니다.

---

2 정규 분포는 가우스 분포 또는 종 모양처럼 생겼기 때문에 '종 곡선'이라고도 말합니다. 표준 정규 분포는 평균이 0이고 표준 편차가 1인 정규 분포입니다.

3 옮긴이_케라스 층에서 입력 크기를 지정할 때 input_shape 또는 input_dim 매개변수를 사용할 수 있습니다. 이 예에서처럼 input_dim은 입력이 1차원 벡터일 때 크기를 정수로 지정할 수 있습니다. input_shape는 입력 크기를 튜플로 지정해야 합니다. 즉 input_shape=(n_input,)과 같이 씁니다. 이 책은 input_shape와 input_dim 매개변수를 혼용하여 사용합니다. 일반적으로 input_shape를 사용하는 것이 혼동을 막을 수 있어 권장됩니다.

- bias_initializer를 b_init로 지정하여 절편을 0으로 초기화합니다.

나중에 이 절에서 활성화 함수를 바꾸기 쉽게 하기 위해 시그모이드 함수를 Activation ('sigmoid')과 같이 하나의 층으로 추가했습니다.

이 신경망에서 넘파이 random( ) 메서드를 사용해 [0.0, 1.0) 범위[4]에서 랜덤하게 샘플 링한 실수로 784개의 '픽셀 값'을 생성했습니다.

```
x = np.random.random((1,n_input))
```

이어지는 predict( ) 메서드에서 x를 하나의 층에 통과시키고 활성화 a를 출력합니다.

```
a = model.predict(x)
```

마지막 코드에서 히스토그램으로 활성화 a를 시각화합니다.[5]

```
_ = plt.hist(np.transpose(a))
```

random( ) 메서드를 사용해 입력값을 생성했기 때문에 아래 그래프와 결과가 조금 다를 수 있습니다. 하지만 대체적으로 [그림 9.1]에 있는 것과 비슷한 출력을 얻을 것입니다.

[그림 6.9]에서 알 수 있듯이 시그모이드 활성화 함수의 출력 a는 0에서 1 사이의 범위 입니다. 하지만 주로 이 범위의 양 끝 쪽에 값이 몰려 있기 때문에 이런 활성화는 바람직히 시 않습니다. 대부분의 값이 0에 가깝거나 1에 가깝게 위치해 있습니다. 즉 층의 가중치 w 를 초기화하기 위해 정규 분포에서 샘플링하면 인공 뉴런이 큰 z값을 출력하게 만든다는 의미입니다. 이는 앞서 언급했듯이 두 가지 면에서 바람직하지 않습니다.

---

4 옮긴이_범위를 표현할 때 대괄호 [,]는 시작과 종료 값을 포함하지만 소괄호 (,)는 시작과 종료 값을 포함하지 않습니다.

5 여기에서 시작 부분에 밑줄 문자(_ =)를 추가한 이유는 객체를 빼고 그래프만 출력하여 주피터 노트북을 깔끔하게 만 들기 위해서입니다. 옮긴이_파이썬에서 밑줄 문자는 반환되는 값을 무시할 때 사용하는 특수한 표현입니다. 주피터 노 트북은 셀에 있는 마지막 라인의 실행 결과를 자동으로 출력하기 때문에 밑줄 문자를 사용해 hist( ) 함수가 반환하 는 값을 무시하는 트릭을 사용했습니다. 그 대신 마지막에 plt.show( ) 함수를 호출하여 명시적으로 그래프를 출력하 는 것도 좋은 방법입니다. hist( ) 함수는 1차원 배열이나 배열의 리스트를 기대합니다. 이 때문에 (1, 256) 크기의 활성화 a를 transpose( ) 함수로 전치하여 (256, 1) 크기로 바꾸었습니다. a. reshape((256,))이나 a. flatten( ) 을 사용해 (256,) 크기로 바꾸어 사용해도 됩니다.

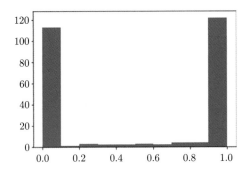

그림 9.1   표준 정규 분포를 사용해 초기화된 가중치와 시그모이드 함수를 사용해 출력된 활성화 a의 히스토그램

1. 이 층에 있는 대부분의 뉴런이 포화된다는 의미입니다.
2. 데이터로 훈련을 진행하기 전에 x가 y에 어떻게 영향을 미치는지 뉴런이 강하게 주장한다는 뜻입니다.

다행히 다른 분포에서 샘플링한 값으로 신경망의 가중치를 초기화하여 이 문제를 해결할 수 있습니다.

세이비어 글로럿 분포

딥러닝 가중치 초기화에는 세이비어 글로럿^{Xavier Glorot}과 요슈아 벤지오^{Yoshua Bengio}(그림 1.10)가 개발한 샘플링 분포가 인기가 많습니다.[6] 일반적으로 글로럿 분포^{Glorot distribution}라고 부르며[7] 이 분포에서 샘플링하면 뉴런이 초기에 작은 z값을 출력합니다. 실제로 📁 9-1.weight_initialization.ipynb 노트북을 사용해 이를 확인해 보죠. [코드 9.1]에서 표준 정규 분포 코드를 [코드 9.3]으로 바꾸면 글로럿 정규 분포[8]에서 샘플링할 수 있습니다.

코드 9.3   글로럿 정규 분포에서 샘플링한 값으로 가중치 초기화하기

```
w_init = glorot_normal( )
```

---

6   Glorot, X., & Bengio, Y. (2010). Understanding the difficulty of training deep feedforward neural networks. *Proceedings of Machine Learning Research*, *9*, 249-56.

7   어떤 사람들은 세이비어 분포라고도 부릅니다.

8   글로럿 정규 분포는 절단 정규 분포입니다. 이 분포는 평균이 0이고 표준 편차가 $\sqrt{\dfrac{2}{n_{in} + n_{out}}}$입니다. 여기에서 n_{in}은 이전 층의 뉴런 개수이고 n_{out}은 현재 층의 뉴런 개수입니다.

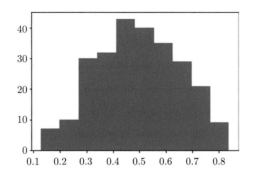

그림 9.2   글로럿 정규 분포를 사용해 초기화된 가중치와 시그모이드 함수를 사용해 출력된 활성화 *a*의 히스토그램

노트북을 다시 시작하여 실행하면[9] [그림 9.2]의 히스토그램과 비슷한 활성화 a의 분포를 볼 수 있습니다.

[그림 9.1]과는 완전히 다르게 시그모이드 함수에서 출력된 활성화 *a*는 정규 분포의 형태를 띕니다. 평균이 0.5 근처이고 몇 개의 값이 시그모이드 범위 양 끝에 (즉 0.1보다 작거나 0.9보다 큰 영역에) 위치하고 있습니다. 이는 신경망에게 좋은 출발점이 됩니다. 이유는 다음과 같습니다.

1. 있다고 해도 적은 개수의 뉴런이 포화됩니다.
2. 일반적으로 뉴런이 *x*가 *y*에 어떻게 영향을 미치는지 강한 주장을 가지고 있지 않다는 의미입니다. 데이터에서 훈련을 하기 전에는 이것이 합리적입니다.

이 절에서 실넁했듯이 가중지 조기화에서 헷갈리는 점 중 하나는 층의 출력이 정규 분포 형태를 띠는 것을 원한다면 초기 가중치를 표준 정규 분포에서 샘플링해서는 안 된다는 것입니다.

글로럿 정규 분포 외에 글로럿 균등 분포도 있습니다.[10] 가중치를 초기화할 때 이런 글로

---

9 주피터 노트북의 메뉴바에서 'Kernel'을 선택하고 'Restart & Run All'을 클릭하세요. 이렇게 하면 이전에 실행했던 모든 변수를 지우고 노트북을 완전히 새로 시작합니다.

10 $l = \sqrt{\dfrac{6}{n_{in} + n_{out}}}$ 일 때 글로럿 균등 분포는 $[-l, l]$ 범위를 가집니다.

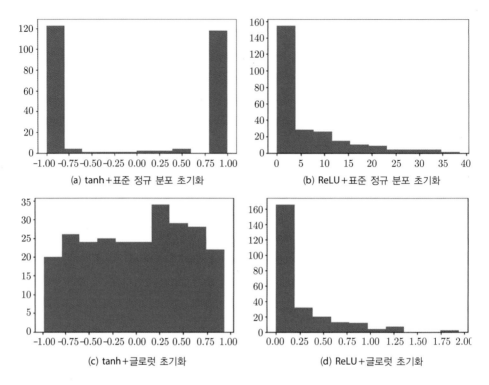

그림 9.3 활성화 함수(tanh 또는 ReLU)와 가중치 초기화(표준 정규 분포 또는 글로럿 균등 분포)를 달리한 256개의 뉴런을 가진 밀집층의 활성화 출력. (b)와 (d)의 분포가 처음에는 비슷해 보이지만 표준 정규 분포는 (40에 가까운) 큰 활성화 값을 만들고 글로럿 초기화가 만든 활성화는 모두 2보다 작습니다.

럿 분포 중 어떤 것을 선택하든지 일반적으로 영향이 크지 않습니다. 주피터 노트북에서 w_init을 glorot_uniform( )로 설정하고 다시 실행하여 글로럿 균등 분포에서 샘플링해 보세요. 활성화 출력의 히스토그램이 [그림 9.2]와 크게 다르지 않을 것입니다.

[코드 9.2]의 시그모이드 활성화 함수를 tanh(Activation('tanh'))나 ReLU (Activation('relu'))로 바꾸고 표준 정규 분포와 글로럿 분포에서 샘플링한 값으로 가중치를 초기화했을 때 활성화 값의 범위를 관찰해 보세요. [그림 9.3]에서 볼 수 있듯이 활성화 함수에 상관없이 표준 정규 분포를 사용한 가중치 초기화는 활성화 출력 a를 글로럿으로 초기화했을 때보다 더 극단적으로 만듭니다.

케라스에서 사용하는 파라미터 초기화 방법이 궁금하다면 층별로 라이브러리 문서를 참조하세요. 하지만 여기서 제안한 것처럼 기본 초기화 설정은 일반적으로 절편은 0, 가중치

는 글로럿 분포입니다.[11]

> 글로럿 초기화는 가장 인기 있는 가중치 초기화 방법입니다. 하지만 He 초기화[12]와 르쿤 (LeCun) 초기화[13] 같은 다른 방법도 있습니다. 경험상 이런 가중치 초기화 방법을 선택했을 때 결과에 나타나는 차이는 크지 않습니다.[14]

불안정한 그레이디언트

인공 신경망에 관련된 다른 문제로 은닉층을 더 추가할수록 문제가 되는 것은 불안정한 그레이디언트입니다. 불안정한 그레이디언트는 그레이디언트 소실이나 그레이디언트 폭주로 이어질 수 있습니다. 이에 대해 순서대로 알아보고 이를 해결하기 위한 배치 정규화 방법을 소개하겠습니다.

그레이디언트 소실

[그림 8.6]에서 보여주듯이 신경망의 예측 $\hat{y}$과 정답 y 사이의 비용 C를 사용해 역전파가 출력층에서 입력층 방향으로 작동하면서 비용이 최소화되도록 신경망의 파라미터를 조정합니다. [그림 8.2]에서 등산하는 삼엽충을 예로 들었듯이 각 파라미터는 비용에 대한 그레이디언트에 비례하여 조정됩니다. 예를 들어 한 파라미터의 (비용에 대한) 그레이디언트가 큰 양수라면 이 파라미터가 비용에 상당한 기여를 한다는 의미입니다. 따라서 이 파라미터를 감소시키면 이에 상당하는 비용이 감소될 것입니다.[15]

출력층에 가장 가까운 은닉층의 파라미터와 비용 사이의 관계가 가장 직접적입니다. 출

---

11 옮긴이_케라스 층의 `kernel_initializer` 매개변수 기본값은 글로럿 균등 분포입니다. 글로럿 정규 분포로 바꾸려면 `kernel_initializer='glorot_normal'`과 같이 지정합니다. 케라스에서 사용할 수 있는 전체 초기화 방법은 다음 주소를 참조하세요. https://keras.io/api/layers/initializers/index.html

12 He, Y., et al. (2015). Delving deep into rectifiers: Surpassing human-level performance on ImageNet classification. *arXiv: 1502.01852.*

13 LeCun, Y., et al. (1998). Efficient backprop. In G. Montavon et al. (Eds.) *Neural Networks: Tricks of the Trade. Lecture Notes in Computer Science, 7700* (pp. 355–65). Berlin: Springer.

14 옮긴이_He 초기화는 글로럿 초기화에서 n_{out}을 빼면 되며 `kernel_initializer='he_normal'`과 같이 지정합니다. 르쿤 초기화는 글로럿 초기화에서 n_{out}을 n_{in}으로 바꾸면 되며 `kernel_initializer='lecun_normal'`과 같이 지정합니다.

15 이 변경량은 학습률 η를 곱한 그레이디언트의 음수 크기에 비례합니다.

력층에서 멀리 떨어진 은닉층일수록 파라미터와 비용 사이의 관계가 뒤죽박죽이 됩니다. 마지막 은닉층에서 첫 번째 은닉층으로 갈수록 비용에 비례한 파라미터의 그레이디언트가 얕아집니다. 즉 소멸됩니다. 이 때문에 [그림 8.8]에 나와 있듯이 출력층에서 멀리 떨어질수록 느리게 학습되는 경향이 있습니다. 이런 그레이디언트 소실 문제 때문에 단순하게 많은 은닉층을 신경망에 추가하면 출력층에서 멀리 떨어진 은닉층이 일정량만큼 학습할 수 없습니다. x에서 y로 근사하는 신경망의 전체 능력을 훼손하게 됩니다.

그레이디언트 폭주

그레이디언트 소실보다는 발생하는 빈도가 훨씬 적지만 특정 신경망(예를 들면 제11장에 소개할 순환 신경망)은 그레이디언트 폭주를 발생시킵니다. 이 경우 비용에 비례한 파라미터의 그레이디언트가 마지막 은닉층에서 첫 번째 은닉층으로 갈수록 점점 더 증가합니다. 그레이디언트 소실처럼 그레이디언트 폭주는 극단적인 값으로 뉴런을 포화시키기 때문에 전체 신경망의 학습 능력을 저해합니다.

배치 정규화

신경망이 훈련하는 동안 층의 파라미터 분포는 점진적으로 이동합니다. 이를 내부 공변량 변화internal covariate shift라고 합니다. 사실 이는 훈련으로 인한 결과입니다. 신경망은 데이터를 학습하기 위해 파라미터를 바꿔야 합니다. 하지만 층의 가중치 분포가 바뀌게 되면 다음 층으로 전달되는 입력이 이상적인 분포(그림 9.2처럼 정규 분포)에서 벗어날 수 있습니다. 이 때문에 배치 정규화batch normalization[16]가 등장합니다. 배치 정규화는 이전 층의 활성화 출력 a를 받아 배치의 평균을 뺀 다음 배치의 표준 편차로 나눕니다. 이렇게 하면 a값의 분포가 평균이 0이고 표준 편차가 1인 분포로 다시 조정됩니다(그림 9.4). 따라서 이전 층에 극단적인 값이 있더라도 다음 층에 그레이디언트 폭주나 소실 문제가 발생되지 않습니다. 또한 배치 정규화는 다음과 같은 긍정적인 효과를 가지고 있습니다.

- 한 층에서 만드는 큰 값이 다음 층의 계산에 과도하게 영향을 미치지 않기 때문에 층 간에 서로 독립적으로 학습할 수 있습니다.
- 정규화된 활성화에는 극단적인 값이 없기 때문에 더 높은 학습률을 선택할 수 있습니

---

16 Ioffe, S., & Szegedy, C. (2015). Batch normalization: Accelerating deep network training by reducing internal covariate shift. *arXiv: 1502.03167.*

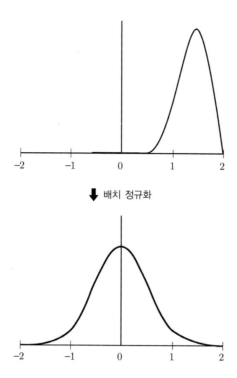

그림 9.4 배치 정규화가 층의 활성화 출력을 표준 정규 분포가 되도록 변환합니다.

다. 따라서 학습이 빨라집니다.

• 층의 출력이 배치 평균과 배치 표준 편차로 정규화되고, (특히 작은 배치 크기에서) 잡음이 추가되기 때문에 규제 효과를 냅니다(규제는 다음 절에서 다룹니다. 여기서는 규제가 신경망이 이전에 만난 적 없는 데이터에 일반화를 돕기 때문에 좋은 것으로 이해하면 충분합니다).

배치 정규화는 적용되는 층에 학습 가능한 파라미터 γ(감마)와 β(베타) 2개를 추가합니다. 배치 정규화 마지막 단계에서 출력에 γ를 곱하고 β를 더하여 선형적으로 변환합니다. 여기에서 γ는 표준 편차와 비슷하고 β는 평균과 비슷합니다. (이 선형 변환이 앞서 출력값을 정규화하는 연산과 정확히 반대라는 것을 눈치챘을지 모르겠네요!) 하지만 출력값은 배치 평균과 배치 표준 편차로 정규화되어 있습니다. 반면 γ와 β는 SGD가 학습한 값입니다. 배치 정규화 층은 $\gamma = 1$과 $\beta = 0$으로 초기화됩니다. 따라서 훈련이 시작할 때는 이 선형 변환이 아무런 영향을 끼치지 않습니다. 즉, 배치 정규화가 원하는 대로 출력을 정규화할 수 있습니다. 하지만 신경망이 학습함에 따라 비용을 낮추기 위해 층의 활성화를 반정규화^{denormalizing}하는 것이 최적이라고 판단할 수 있습니다. 이런 식으로 배치 정규화가 도움이 되지 않는다면 신경망의 층마다 배치 정규화를 사용하지 않도록 학습될 것입니다. 실제로 γ와 β가 연속적인 변수이므로 비용 최소화에 무엇이 최선인지에 따라 신경망이 출력을 어느 정도 반정규화할지 결정할 수 있습니다. 아주 멋지군요!

모델 일반화(과대적합 피하기)

제8장에서 일정 에포크 횟수 동안 모델을 훈련한 후 훈련 데이터세트에서 계산한 비용이 계속 감소함에도 불구하고 검증 데이터세트에서 계산한 비용은 초기 에포크에서는 잘 감소하지만 나중에 상승할 수 있다고 언급했습니다. 훈련 비용은 계속 내려가지만 검증 비용은 상승하는 이런 상황을 과대적합^{overfitting}이라고 합니다.

  과대적합의 개념을 [그림 9.5]에 나타냈습니다. 각 그래프의 x와 y축을 따라 동일한 데이터 포인트가 흩어져 있습니다. 이 데이터 포인트를 묘사하는 내재된 어떤 분포가 있다고 가정할 수 있습니다. 그러면 이 분포에서 샘플링할 수 있습니다. 여기서 목표는 x와 y의 관계를 설명하는 모델을 만드는 것입니다. 하지만 어쩌면 가장 중요한 것은 원본 분포를 근사하는 모델을 만드는 것입니다. 이런 식으로 모델이 이미 가지고 있는 샘플 포인트를 모델링하는 것뿐만 아니라 이 분포에서 뽑은 새로운 데이터 포인트에 일반화할 수 있을 것입니다.

  [그림 9.5]의 첫 번째 그래프(왼쪽 위)에서 하나의 파라미터를 가진 모델은 데이터를 직선으로 표현할 수밖에 없습니다.[17] 이 직선은 데이터에 과소적합^{underfitting}되어 있습니다. (직선과 데이터 포인트 사이의 수직 간격으로 표현된) 비용이 높고 새로운 데이터 포인트에 모델이 잘 일반화될 것 같지 않습니다. 다른 말로 하면 이런 종류의 모델은 충분히 복잡하지 않기 때문에 이 직선이 대부분의 포인트를 놓치고 있습니다. 다음 그래프(오른쪽 위)에서 2개의 파라미터를 가진 모델이 포물선 모양의 곡선으로 데이터를 표현합니다.[18] 이 포물선 모델의 비용은 선형 모델에 비해 훨씬 낮습니다. 새로운 데이터에도 잘 일반화될 것 같습니다. 훌륭하네요!

---

17 선형 관계를 모델링한 것으로, 두 변수 사이에 가장 간단한 형태의 회귀입니다.

18 고등학교 수학의 이차 함수를 떠올려 보세요.

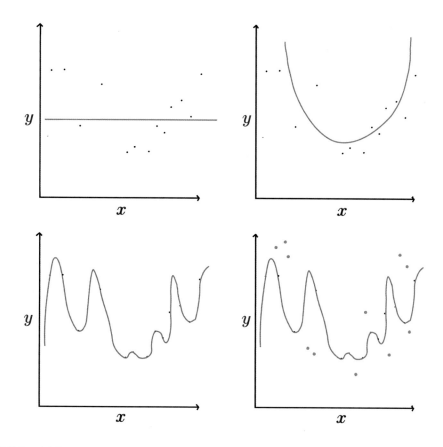

그림 9.5 다양한 파라미터의 개수를 가진 모델을 사용해 x와 y의 관계를 학습하기. 왼쪽 위 : 하나의 파라미터를 가진 모델은 데이터에 과소적합됩니다. 오른쪽 위 : 2개의 파라미터를 가진 모델이 x와 y 사이의 관계에 잘 맞는 포물선을 학습합니다. 왼쪽 아래 : 많은 파라미터가 있는 모델은 데이터에 과대적합되고 새로운 데이터(오른쪽 아래 그래프에 있는 초록색 점)에 잘 일반화되지 못합니다.

[그림 9.5]의 세 번째 그래프(왼쪽 아래)에 있는 모델은 너무 많은 파라미터를 가지고 있습니다. 데이터 포인트보다 파라미터가 더 많습니다. 이런 식이면 훈련 데이터 포인트에 대한 비용을 0까지 낮출 수 있습니다. 이 곡선과 데이터 사이에 간격이 거의 없습니다. 마지막 그래프(오른쪽 아래)에서 훈련하는 동안 모델이 만나지 못해서 검증 용도로 사용할 수 있는 원본 데이터에서 가져온 데이터 포인트가 초록색으로 표시되어 있습니다. 완전하게 훈련 비용을 없앴음에도 검증 데이터에 모델이 잘 맞지 않고 검증 비용이 매우 높게 나옵니다. 많은 파라미터를 가진 이 모델은 과대적합된 것입니다. 훈련 데이터에는 완벽한 모델이지만 실제로 x와 y 사이의 관계를 잘 잡아내지 못합니다. 오히려 훈련 데이터에 너

무 밀접한 특성을 학습하여 본 적 없는 데이터에서는 아주 나쁜 성능을 냅니다.

[코드 5.6]에서 코드 세 줄로 만든 얕은 신경망이 5만 개가 넘는 파라미터를 가졌습니다 (그림 7.5). 이를 보면 일반적인 딥러닝 모델이 수백만 개의 파라미터를 가지는 것은 놀라운 일이 아닙니다.[19] 대량의 파라미터가 있지만 수천 개의 훈련 샘플만 있는 경우 과대적합되기 쉽습니다.[20] 보유한 데이터가 많지 않더라도 복잡한 심층 신경망을 사용하고 싶다면 과대적합을 줄일 수 있는 특별한 기법을 사용할 수 있습니다. 이 절에서 가장 유명한 세 가지 기법을 소개하겠습니다. L1 / L2 규제, 드롭아웃, 데이터 증식입니다.

L1과 L2 규제

딥러닝 이외의 다른 머신러닝 분야에서는 과대적합을 줄이기 위해 L1 규제 또는 L2 규제를 많이 사용합니다. 회귀 모델에 L1 규제와 L2 규제를 적용한 모델을 각각 LASSO 회귀[21]와 릿지 회귀ridge regression라고 부릅니다. 두 방법은 모두 모델의 비용 함수에 파라미터를 포함함으로써 파라미터 포함에 대한 벌칙을 모델에 부과합니다. 파라미터 크기가 클수록 비용에 비용 함수에 더 많은 파라미터가 추가됩니다. 이 때문에 파라미터가 모델의 예측 $\hat{y}$과 정답 y 사이에 차이를 줄이는 데 기여하지 못한다면 이 파라미터를 유지하지 않습니다. 다른 말로 하면 관련 없는 파라미터를 제거합니다.[22]

L1 규제와 L2 규제의 차이점은 L1은 파라미터의 절댓값을 비용 함수에 추가하고 L2는 파라미터의 제곱을 비용 함수에 추가합니다.[22] 이로 인한 효과는 L1 규제가 모델에 파라미터의 개수를 작게 만드는 경향을 가지고, L2 규제는 파라미터의 값을 작게 만드는 경향을 띠는 것입니다.

드롭아웃

L1 규제와 L2 규제가 딥러닝 모델의 과대적합을 줄이는 데 잘 동작하지만 딥러닝 기술

---

[19] 실제로 제10장에서 수천만 개의 파라미터를 가진 모델을 만날 것입니다.

[20] 이런 상황을 $p \gg n$으로 쓸 수 있습니다. 파라미터 개수(p)가 샘플 개수(n)보다 훨씬 많은 경우입니다.

[21] Least absolutely shrinkage and selection operator의 약자입니다.

[22] 옮긴이_비용 함수에 포함되는 파라미터는 가중치입니다. 절편은 모델의 복잡도에 영향을 미치지 않기 때문에 규제하지 않습니다. L1 규제는 가중치의 L1 놈(norm)을 추가하고 L2 규제는 가중치의 L2 놈의 제곱을 추가합니다.

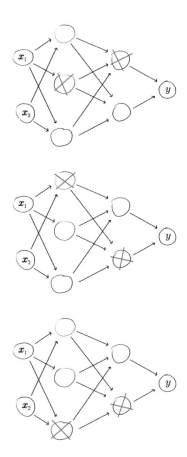

그림 9.6 모델의 과대적합을 감소하는 기법인 드롭아웃은 훈련 반복마다 신경망의 은닉층에서 뉴런을 랜덤하게 제거합니다. 드롭아웃을 사용한 세 번의 훈련 반복을 나타냈습니다.

자들은 신경망에 특화된 규제 방법을 선호하는 경향이 있습니다. 드롭아웃 기법은 제프리 힌튼(그림 1.16)과 토론토대학교의 동료들이 개발했고[23], 뛰어난 벤치마크 성능을 낸 AlexNet 구조(그림 1.17)에 사용되면서 유명해졌습니다.

과대적합을 막기 위한 힌튼과 동료들의 직관이지만 강력한 개념이 [그림 9.6]에 나타나 있습니다. 요약하면 드롭아웃은 각 층에 있는 랜덤한 일부 뉴런이 훈련하는 동안 없는 것처럼 동작하는 것입니다. 이를 설명하기 위해 그림에 세 번의 훈련 반복[24]을 그렸습니다. 각

---

23 Hinton, G., et al. (2012). Improving neural networks by preventing co-adaptation of feature detectors. *arXiv:* *1207.0580.*

24 훈련 반복이 생소하게 느껴지면 [그림 8.5]를 참조하세요.

반복에서 랜덤하게 은닉층의 뉴런을 선택하여 삭제합니다. 이 신경망의 첫 번째 은닉층에서 뉴런의 3분의 1(33.3 퍼센트)을 드롭아웃 하도록 설정했습니다. 두 번째 은닉층에서는 뉴런의 50 퍼센트를 드롭아웃 하도록 설정했습니다. [그림 9.6]의 훈련 반복을 자세히 설명하면 다음과 같습니다.

1. 맨 위 그림에서 첫 번째 은닉층의 두 번째 뉴런과 두 번째 은닉층의 첫 번째 뉴런을 랜덤하게 드롭아웃 했습니다.

2. 가운데 그림에서 첫 번째 은닉층의 첫 번째 뉴런과 두 번째 은닉층의 두 번째 뉴런을 드롭아웃 했습니다. 이전 훈련 반복에서 어떤 뉴런을 드롭아웃 했는지 기억하지 않습니다. 따라서 두 번째 훈련 반복에서 드롭된 뉴런과 첫 번째 반복에서 드롭된 뉴런이 다른 것은 우연입니다.

3. 맨 아래 그림에서 첫 번째 은닉층의 세 번째 뉴런을 처음으로 드롭아웃 했습니다. 두 번째 은닉층의 두 번째 뉴런은 두 번 연속으로 랜덤하게 드롭아웃 되었습니다.

(L1/L2 규제처럼) 파라미터 크기를 0으로 만드는 대신 드롭아웃은 파라미터 값이 얼마나 커질지 (직접적으로) 제한하지 않습니다. 그럼에도 하나의 뉴런이 신경망에 과도하게 영향을 주는 것을 막기 때문에 드롭아웃은 효과적인 규제 방법입니다. 훈련 반복에서 뉴런이 제거될 수 있기 때문에 드롭아웃은 훈련 데이터세트의 일부 특성이 과도하게 신경망의 특정 정방향 계산을 주도하지 못하도록 만듭니다. 이런 식으로 모델이 좋은 예측을 만들기 위해 데이터의 특정 특성에 과도하게 의존하지 않게 됩니다.

드롭아웃을 사용해 훈련한 신경망 모델을 검증하거나 이 모델로 실제 **추론**[25]을 수행할 때 추가적인 작업을 적용해야 합니다. 검증이나 추론을 할 때 전체 신경망의 능력을 사용하는 것이 좋습니다. 즉 전체 뉴런을 사용합니다. 문제는 훈련할 때 뉴런의 일부만 사용해 신경망의 정방향 계산을 적용하고 $\hat{y}$을 예측합니다. 갑자기 모든 뉴런을 사용해 단순히 정방향 계산을 수행하면 이상한 $\hat{y}$값이 출력됩니다. 너무 많은 파라미터가 있기 때문에 전체 연산을 수행한 결과는 기대한 것보다 클 것입니다. 추가된 뉴런을 보상하려면 뉴런의 파라미터 값을 이에 상응하는 만큼 줄여야 합니다. 예를 들어 훈련하는 동안 은닉층에서 뉴

---

25 옮긴이_머신러닝에서 추론과 예측은 기술적으로 다르지 않지만 훈련된 모델을 새로운 데이터에 적용하여 예측을 만드는 것을 특별히 구분해 **추론**이라고 부릅니다. 일반적으로 예측과 추론을 구분하지 않고 섞어 쓰는 경우도 많습니다. 문맥상 여기에서 추론은 검증이나 테스트 단계를 포함하고 있습니다.

런의 절반을 드롭아웃 했다면 검증이나 추론 시에 층의 파라미터에 0.5를 곱해야 합니다. 또 다른 예를 들면 훈련하는 동안 33.3 퍼센트의 뉴런을 드롭아웃 하는 은닉층에서는 검증할 때 층의 파라미터에 0.667을 곱해야 합니다.[26] 다행히 케라스는 이런 파라미터 조정을 자동으로 수행합니다.[27] 다른 딥러닝 라이브러리(예를 들면 저수준 텐서플로 연산)를 사용할 때는 이런 조정을 직접 수행해야 할지 모릅니다.

> 앙상블 모델(예를 들면, 여러 개의 결정 트리로 구성된 랜덤 포레스트)을 잘 알고 있다면 드롭아웃 과정이 앙상블을 만든다는 것을 눈치챘을지 모르겠습니다. 훈련 반복마다 랜덤한 부분 신경망subnetwork이 만들어지고 이 신경망의 파라미터 값이 조정됩니다. 나중에 훈련이 끝나면 최종 신경망의 파라미터 값에 이런 부분 신경망이 모두 반영됩니다. 이런 식으로 최종 신경망을 부분 신경망의 앙상블로 볼 수 있습니다.

(제8장에서 설명한) 학습률과 미니배치 크기와 마찬가지로 드롭아웃에 관련된 신경망의 매개변수는 하이퍼파라미터입니다. 어떤 층에 드롭아웃을 적용할지 얼마나 적용할지 경험적인 규칙을 소개합니다.

- 신경망이 훈련 데이터에 과대적합되었다면 (즉, 훈련 점수가 계속 감소하는데 검증 점수가 상승한다면) 드롭아웃을 어디엔가 추가해야 합니다.
- 신경망이 훈련 데이터에 뚜렷하게 과대적합되지 않더라도 드롭아웃을 추가하면 검증 점수가 향상될 수 있습니다. 특히 훈련 에포크 후반에 그렇습니다.
- 드롭아웃을 신경망에 있는 모든 은닉층에 추가하는 것은 과도합니다. 신경망의 깊이가 꽤 깊다면 뒤쪽 층에만 적용하는 것으로 충분합니다(앞쪽 층에서는 특성을 찾아내는 데 도움이 되지 않을 수 있습니다). 이를 테스트하려면 최종 은닉층에만 드롭아웃을 적용해보고 과대적합을 줄이는 데 충분한지 관찰해 보세요. 과대적합이 줄어들지 않는다면 그다음 끝에서 두 번째 은닉층에 드롭아웃을 추가하고 테스트하는 식으로

---

26 훈련하는 동안 뉴런의 보존 확률을 p라고 하면 모델 검증이나 추론을 수행할 때 뉴런의 파라미터에 p를 곱합니다. 옮긴이_즉, $1-p$가 드롭아웃 확률입니다. p를 드롭아웃 확률로 $1-p$를 보존 확률로 표현하는 경우도 많습니다.

27 옮긴이_ 실제로 케라스와 텐서플로와 같은 라이브러리는 검증이나 추론 시에 보존 확률을 곱하는 대신 훈련할 때 보존 확률로 나누어 드롭아웃 된 만큼 오히려 출력의 크기를 높입니다. 이렇게 하면 추론할 때 계산을 추가하지 않아도 됩니다.

계속합니다.

- 신경망이 검증 점수를 낮추지 못하거나 드롭아웃을 덜 적용했을 때 얻은 낮은 검증 점수를 다시 도달하지 못한다면 드롭아웃이 너무 많이 추가된 것이므로 다시 줄이세요! 다른 하이퍼파라미터와 마찬가지로 드롭아웃에도 골디락스 영역이 있습니다.

- 층에 얼마나 많은 드롭아웃을 적용할지에 대해서는 신경망마다 다르기 때문에 실험을 해봐야 합니다. 경험상 머신 비전 애플리케이션의 경우 은닉층 뉴런의 20 퍼센트에서 50 퍼센트 사이를 드롭아웃 했을 때 검증 점수가 가장 높았습니다. 개별 단어나 문장이 특별한 의미를 제공하는 자연어 처리 애플리케이션에서는 더 적은 비율(은닉층 뉴런의 20 퍼센트에서 30 퍼센트 사이)을 드롭아웃 하는 것이 최적일 때가 많습니다.

데이터 증식

과대적합을 줄이기 위해 모델 파라미터를 규제하는 것 외에 또 다른 방법은 훈련 데이터세트의 크기를 늘리는 것입니다. 딥러닝 모델을 만들기 위해 고품질의 훈련 데이터를 값싸게 추가로 모으는 것이 가능하다면 그렇게 해야 합니다! 훈련할 때 모델에 제공하는 데이터가 많을수록 지금까지 본 적 없는 검증 데이터에서 모델의 일반화 성능이 높아집니다.

많은 경우 새로운 데이터를 모으는 것은 꿈 같은 일입니다. 하지만 증식을 통해 기존 데이터에서 새로운 훈련 데이터를 생성할 수 있습니다. 즉 인공적으로 훈련 데이터세트를 확장시킵니다. 예를 들어 MNIST 숫자의 경우 여러 가지 변환으로 적합한 손글씨 숫자로 보이는 훈련 샘플을 만들 수 있습니다. 가령 다음과 같습니다.

- 이미지 기울기
- 이미지 블러 처리
- 이미지를 몇 픽셀 이동하기
- 이미지에 랜덤한 잡음 추가하기
- 이미지를 약간 회전하기

실제로 얀 르쿤(그림 1.9)의 개인 웹사이트에 있는 많은 MNIST 분류기는 이렇게 인공적으로 확장한 훈련 데이터세트를 사용했습니다.[28, 29]

---

28 yann.lecun.com/exdb/mnist
29 제10장에서 실제 핫도그 이미지에 케라스의 데이터 증식 도구를 사용해 보겠습니다.

고급 옵티마이저

지금까지 이 책에서는 확률적 경사 하강법 하나의 최적화 알고리즘만 사용했습니다. SGD가 잘 동작하지만 연구자들은 이를 향상시킨 방법을 만들었습니다.[30]

모멘텀

SGD를 향상한 첫 번째 알고리즘은 **모멘텀**입니다. 이 알고리즘을 비유로 설명하면 다음과 같습니다. 겨울에 용감한 우리의 삼엽충이 눈 덮인 산을 스키를 타고 내려옵니다. (그림 8.7의 가운데 그림처럼) 지역 최솟값을 만나면 미끄러운 언덕을 내려가는 삼엽충의 운동 가속도momentum가 계속 움직이게 만들기 때문에 지역 최솟값을 쉽게 지나칠 수 있습니다. 이런 식으로 이전 스텝[31]의 그레이디언트가 현재 스텝에 영향을 미칩니다.

　각 파라미터에 대한 그레이디언트의 이동 평균을 구하여 SGD에서 모멘텀을 계산하고 이를 사용해 각 스텝에서 가중치를 업데이트할 수 있습니다. 모멘텀을 사용할 때 0에서 1 사이 범위를 갖는 파라미터 β(베타)가 추가됩니다. 이 파라미터는 얼마나 많은 이전 그레이디언트가 이동 평균에 기여할지를 조절합니다. 작은 β를 사용하면 오래된 그레이디언트가 이동 평균에 기여할 수 있지만 도움이 되지 않을 수 있습니다. 스키장 휴게실로 다가가는데 가장 가파른 언덕 부분의 속도로 안내하고 싶지는 않을 것입니다. 일반적으로 $\beta = 0.9$ 정도의 큰 β값을 사용하며 기본값으로 적절합니다.

네스테로프 모멘텀

네스테로프 모멘텀은 모멘텀의 한 종류입니다. 이 방식은 그레이디언트의 이동 평균을 사용해 먼저 가중치를 업데이트하고 그 위치에서 그레이디언트를 찾습니다. 이는 마지 모멘텀으로 이동힐 위치를 잠시 엿보는 것과 같습니다. 그다음 미리 엿본 이 위치의 그레이디언트를 사용해 원래 위치에서 경사 하강법 스텝을 실행합니다. 다른 말로 하면 삼엽충이 언덕을 내려가는 속도를 알아 차리고 가속도를 고려해 도달할 위치를 추측합니다. 그다음 거기에 도달하기도 전에 경로를 조정합니다.

---

[30] 옮긴이_이 절에서 설명하는 옵티마이저의 수학적 배경 이론은 핸즈온 머신러닝. 제2판(2020, 한빛미디어)의 제11장을 참조하세요.

[31] 옮긴이_경사 하강법에서 한 스텝은 그레이디언트를 업데이트하는 훈련 반복 한 번을 말합니다. 여기에서는 비유에 어울리도록 그대로 스텝이라고 썼습니다.

AdaGrad

2개의 모멘텀 방식이 SGD를 개선한 것이지만 단점은 모든 파라미터에 대해 하나의 학습률 η를 사용하는 것입니다. 각 파라미터마다 학습률을 적용할 수 있다면 이미 최적값에 도달한 파라미터는 속도를 늦추거나 학습을 멈출 것입니다. 반면 최적값에 한참 못 미친 파라미터는 계속 학습할 것입니다. 우리는 운이 좋은 편입니다! 이 절에서 소개할 다른 옵티마이저들(AdaGrad, AdaDelta, RMSProp, Adam)이 바로 이런 기능을 제공합니다.

AdaGrad 이름은 'adaptive gradient'에서 따왔습니다.[32] 이 알고리즘에서 각 파라미터는 특성의 중요도에 따라 크기가 결정되는 고유한 학습률을 가집니다. 특히 일부 특성이 드물게 나타나는 희소한 데이터에 유용합니다. 이런 특성이 발생할 때 관련 파라미터를 크게 업데이트하는 것이 좋습니다. 각 파라미터에 대한 과거 그레이디언트의 제곱을 모두 더한 행렬을 만들고 학습률을 이 행렬의 제곱근으로 나누어 파라미터마다 학습률을 달리합니다. AdaGrad는 특별한 ϵ(엡실론) 파라미터를 사용합니다. 엡실론은 0으로 나누어지는 것을 막기 위한 안전항으로 기본값 $\epsilon = 1 \times 10^{-8}$을 그대로 사용해도 무난합니다.[33]

AdaGrad의 큰 장점은 학습률 하이퍼파라미터 η을 튜닝할 필요를 최소화하는 것입니다. 일반적으로 기본값 $\eta = 0.01$을 설정하고 잊어버려도 괜찮습니다.[34] AdaGrad의 약점은 과거 그레이디언트의 행렬 값이 커질수록 학습률이 점점 더 큰 값으로 나누어지기 때문에 결국 학습률이 너무 작아지고 학습이 멈추게 됩니다.

AdaDelta와 RMSProp

AdaDelta는 AdaGrad의 그레이디언트 행렬 크기 단점을 해결하기 위해 모멘텀과 같은 방식으로 이전 그레이디언트의 이동 평균을 사용합니다.[35] AdaDelta는 η 항도 없기 때문에 학습률을 설정할 필요가 없습니다.[36]

---

32 Duchi, J., et al. (2011). Adaptive subgradient methods for online learning and stochastic optimization. *Journal of Machine Learning Research, 12,* 2121-59.

33 AdaGrad, AdaDelta, RMSProp, Adam 모두 동일한 목적으로 입실론 파라미터를 사용합니다. 모두 기본값을 그대로 사용해도 괜찮습니다. 옮긴이_텐서플로의 엡실론 기본값은 1×10^{-7}입니다.

34 옮긴이_텐서플로의 AdaGrad 학습률 기본값은 0.001입니다.

35 Zeiler, M.D. (2012). ADADELTA: An adaptive learning rate method. *arXiv:1212.5701.*

36 이를 위해 교묘한 수학적 트릭을 사용하지만 여기서 자세히 설명할 만한 가치는 없습니다. 하지만 텐서플로와 케라스 구현에는 학습률 파라미터가 있습니다. 이 경우 η를 1로 설정하는 것이 권장되므로 이 책에 있는 다른 학습률과 같은 기능을 하지 않습니다. 옮긴이_텐서플로의 AdaDelta 학습률 기본값은 0.001입니다.

RMSProp[root mean square propagation]은 AdaDelta와 거의 같은 시기에 제프리 힌튼(그림 1.16)이 개발했습니다.[37] 학습률 파라미터 η를 유지하는 것을 제외하면 AdaDelta와 비슷하게 동작합니다. RMSProp과 AdaDelta 둘 모두 추가적인 하이퍼파라미터 ρ(로[rho]) 또는 감쇠율을 사용합니다. 이 파라미터는 모멘텀의 β와 비슷하면 이동 평균의 윈도 크기를 조절합니다. 두 옵티마이저 모두 하이퍼파라미터 ρ의 권장값은 0.95입니다.[38] RMSProp은 $\eta =$ 0.001로 설정합니다.

Adam

이 절에서 이야기할 마지막 옵티마이저는 이 책에서 가장 많이 사용하는 옵티마이저입니다. Adam[adaptive moment estimation][39]은 지금까지 나온 옵티마이저를 기반으로 만들었습니다. 다음 두 가지를 제외하면 기본적으로 RMSProp 알고리즘과 같습니다.

1. 추가적으로 각 파라미터의 과거 그레이디언트의 이동 평균(그레이디언트의 첫 번째 모멘트 평균[40] 또는 간단히 '평균'이라고 부릅니다)을 계산하고 이를 사용해 현재 지점의 실제 그레이디언트 대신 업데이트합니다.
2. 훈련 초기에 이동 평균이 0으로 치우치는 것을 막기 위해 똑똑한 편향 트릭을 사용합니다.

Adam에는 계산할 이동 평균마다 하나씩 2개의 β 하이퍼파라미터가 있습니다. 권장 기본값은 $\beta_1 = 0.9$, $\beta_2 = 0.999$입니다. Adam의 학습률 기본값은 $\eta = 0.001$이고 일반적으로 따로 조정하지 않아도 괜찮습니다.

RMSProp, AdaDelta, Adam이 비슷하기 때문에 유사한 애플리케이션에서 서로 바꿔가며 적용할 수 있습니다. 하지만 편향을 보정하는 것 때문에 훈련의 후반부에 Adam이 유리할 수 있습니다. 이런 최신 옵티마이저들이 인기가 높지만 여전히 모멘텀(또는 네스테로프 모멘텀)을 사용한 간단한 SGD가 잘 동작하는 경우가 많습니다. 어떤 경우에는 더 높은 성

---

37 이 옵티마이저는 논문으로 나오지 않았습니다. 힌튼은 코세라 강의 'Neural Networks for Machine Learning'의 Lecture 6e에서 처음 제안했습니다(www.cs.toronto.edu/~hinton/coursera/lecture6/lec6.pdf).

38 옮긴이_텐서플로의 RMSProp 감쇠율 ρ 기본값은 0.9입니다.

39 Kingma, D.P., & Ba, J. (2014). Adam: A method for stochastic optimization. *arXiv: 1412.6980*.

40 다른 이동 평균은 그레이디언트의 두 번째 모멘트 제곱 혹은 분산이라고 부릅니다. 옮긴이_Adam은 두 번의 이동 평균을 계산합니다. 첫 번째가 모멘텀 옵티마이저와 같은 과거 그레이디언트의 이동 평균이고, 두 번째가 RMSProp과 같은 과거 그레이디언트의 제곱의 이동 평균입니다.

능을 냅니다. 딥러닝 모델의 다른 면들과 마찬가지로 여러 옵티마이저를 실험해보고 특정
모델 구조와 문제에 가장 잘 맞는 것을 찾아야 합니다.

케라스로 심층 신경망 만들기

이제 팡파레를 울려도 됩니다. 중요한 단계까지 도달했기 때문입니다. 이 장에서 다룬 여
러 가지 이론에 힘입어 이제 심층 신경망 모델을 만들고 훈련하기에 충분한 지식을 갖추었
습니다. 다음 코드를 직접 따라 해 보고 싶다면 📁 9-2.deep_net_in_keras.ipynb 노트북
을 사용하세요. [코드 5.1]에 있는 얕은 신경망과 은닉층이 추가된 모델에 비해 [코드 9.4]
처럼 드롭아웃과 배치 정규화를 추가로 임포트 해야 합니다.

코드 9.4 추가로 필요한 클래스 임포트

```
from tensorflow.keras.layers import Dropout
from tensorflow.keras.layers import BatchNormalization
```

이전과 동일한 방식으로 MNIST 데이터를 적재하고 전처리합니다. [코드 9.5]에 있듯이
이전과 신경망 구조가 다릅니다.

코드 9.5 케라스로 만드는 심층 신경망 모델

```
model = Sequential( )

model.add(Dense(64, activation='relu', input_shape=(784,)))
model.add(BatchNormalization( ))

model.add(Dense(64, activation='relu'))
model.add(BatchNormalization( ))
model.add(Dropout(0.2))

model.add(Dense(64, activation='relu'))
model.add(BatchNormalization( ))
model.add(Dropout(0.4))
```

```
model.add(Dense(10, activation='softmax'))
```

이전처럼 Sequential 클래스 객체를 만듭니다. 하지만 첫 번째 은닉층을 추가하고 나서 BatchNormalization( ) 층을 추가합니다. 이 층은 뉴런으로 가득 찬 실제 층이 아니라 이전 층(첫 번째 은닉층)의 활성화 a에 대한 배치 정규화 변환을 수행합니다. 첫 번째 은닉층과 마찬가지로 두 번째 은닉층 다음에 BatchNormalization( ) 층을 추가합니다. 출력층은 얕은 신경망과 중간 깊이 신경망에서 사용했던 것과 같습니다. 하지만 진정한 심층 신경망을 만들기 위해 세 번째 은닉층을 추가합니다. 이전의 은닉층과 동일하게 세 번째 은닉층은 64개의 뉴런과 relu 활성화 함수로 구성되어 있습니다. 하지만 마지막 은닉층에는 Dropout을 추가하여 훈련 반복마다 뉴런의 5분의 1(0.2)을 제거합니다.

　[코드 9.6]에서 중간 깊이 신경망에 비해 변경된 것은 SGD 옵티마이저 대신 Adam 옵티마이저(optimizer='adam')를 사용한 것입니다.

코드 9.6 케라스 심층 신경망 모델 컴파일

```
model.compile(loss='categorical_crossentropy',
              optimizer='adam',
              metrics=['accuracy'])
```

케라스가 이전 절에서 설명한 합리적인 기본값을 자동으로 채워주기 때문에 Adam 옵티마이저에 어떤 하이퍼파라미터도 지정할 필요가 없습니다. 케라스(그리고 텐서플로)가 이 장에서 설명한 다른 옵티마이저를 모두 제공하므로 기본 SGD나 Adam을 대신해 쉽게 바꿔 쓸 수 있습니다. 이런 옵티마이저들에 대한 자세한 정보는 온라인 문서를 참조하세요.

　이제 모델의 fit( ) 메서드를 호출하면[41] 이 장에서 나온 모든 추가 이론을 이해한 것이 보상될 것입니다. 중간 깊이 신경망에서 검증 점수는 97.6에서 멈췄지만 심층 신경망은 18 에포크 훈련한 다음에 97.86 퍼센트의 검증 정확도를 달성했습니다(그림 9.7). 이전 오차율을 11 퍼센트 줄인 것입니다. 이보다 오차율을 더 쥐어짜려면 제10장에서 소개할 머신비전에 특화된 뉴런을 사용해야 합니다.

---

41 model.fit( ) 단계는 [코드 8.3]의 중간 깊이 신경망 코드와 정확히 같습니다.

```
Epoch 17/20
469/469 [==============================] - 8s 17ms/step - loss: 0.0471 - accuracy: 0.9856 - val_loss: 0.0804 - val_accuracy: 0.9777
Epoch 18/20
469/469 [==============================] - 8s 17ms/step - loss: 0.0478 - accuracy: 0.9856 - val_loss: 0.0873 - val_accuracy: 0.9786
```

그림 9.7   18 에포크 훈련 후에 97.87 퍼센트의 검증 정확도를 달성한 심층 신경망. 얕은 신경망과 중간 깊이 신경망의 성능을 앞질렀습니다. 신경망 초기화와 훈련의 무작위성 때문에 동일한 구조더라도 실행할 때마다 정확도가 조금 더 높거나 조금 더 낮을 수 있습니다.

회귀

제4장에서 지도 학습 문제에는 분류와 회귀가 있다고 설명했습니다. 이 책의 거의 모든 모델은 입력을 하나의 카테고리로 분류합니다. 하지만 이 절에서는 이런 스타일을 벗어나 신경망을 회귀 문제에 적용하는 방법을 소개합니다. 회귀 작업은 연속적인 변수를 예측하는 문제입니다. 회귀 문제의 예로는 주식 가격을 예측하거나 내일 얼마나 많은 양의 비가 내릴지 예보하거나 특정 제품의 판매량을 모델링하는 것 등이 있습니다. 이 절에서는 신경망을 사용해 1970년대 매사추세츠 보스턴 주변의 주택 가격을 예측해 보겠습니다.

📁 9-3.regression_in_keras.ipynb에서 볼 수 있듯이 필요한 라이브러리는 [코드 9.7]과 같습니다. 여기서 처음 사용하는 것은 케라스에 번들로 포함된 boston_housing 데이터세트입니다.

코드 9.7   회귀 모델에 필요한 도구

```python
from tensorflow.keras.datasets import boston_housing
from tensorflow.keras.models import Sequential
from tensorflow.keras.layers import Dense, Dropout
from tensorflow.keras.layers import BatchNormalization
```

이 데이터는 MNIST 데이터세트처럼 간단하게 적재할 수 있습니다.

```python
(X_train, y_train), (X_valid, y_valid) = boston_housing.load_data( )
```

X_train과 X_valid의 shape 속성을 호출하면 404개의 훈련 샘플과 102개의 검증 샘플이

있다는 것을 알 수 있습니다. 각 샘플은 보스턴 인근의 지역으로 13개의 예측 변수[42]를 가지고 있습니다. 예를 들면 오래된 건물 비율, 평균 방 개수, 범죄율, 학생 대비 교사의 비율 등입니다.[43] 각 지역의 중간 주택 가격은 y 변수로 제공됩니다(천 달러 단위). 예를 들어 훈련 세트에 있는 첫 번째 샘플의 중간 주택 가격은 1만 5,200달러입니다.[44]

주택 가격 예측을 위해 만든 신경망 구조는 [코드 9.8]과 같습니다.

코드 9.8 회귀 신경망 모델 구조

```
model = Sequential( )

model.add(Dense(32, input_dim=13, activation='relu'))
model.add(BatchNormalization( ))

model.add(Dense(16, activation='relu'))
model.add(BatchNormalization( ))
model.add(Dropout(0.2))

model.add(Dense(1, activation='linear'))
```

13개의 입력값과 수백 개의 훈련 샘플만으로는 층에 많은 뉴런을 둔 심층 신경망에서 얻을 정보가 많지 않기 때문에 32개의 뉴런과 16개의 뉴런으로 구성된 층 2개를 사용했습니다. 훈련 데이터세트의 특정 샘플에 과대적합되지 않도록 배치 정규화와 드롭아웃을 적용했습니다. 가장 중요한 것은 출력층에 activation 매개변수를 linear로 지정한 것입니다. 이 옵션은 회귀와 같이 연속적인 값을 예측할 때 선택합니다. 신형 활성화 함수는 z를 그대로 출력하기 때문에 이 신경망의 $\hat{y}$은 (시그모이드나 소프트맥스 활성화 함수를 사용할 때처럼) 0과 1 사이의 확률로 압축되지 않고 어떤 숫자 값(예를 들면 달러, 센티미터 등)도 가능합니다.

---

42 옮긴이_통계학에서는 회귀 입력값을 종종 예측 변수, 독립 변수, 설명 변수 등으로 부르고, 출력을 종속 변수, 설명된 변수, 응답 변수라고 부릅니다. 머신러닝에서는 회귀와 분류를 구분하지 않고 간단하게 입력, 출력으로 부르는 경우가 많습니다.

43 원본 논문에서 자세한 데이터 설명을 볼 수 있습니다. Harrison, D., & Rubinfeld, D. L. (1978). Hedonic prices and the demand for clean air. *Journal of Environmental Economics and Management, 5,* 81-102.

44 y_train[0]을 출력하면 15.2가 반환됩니다.

모델을 컴파일 할 때(코드 9.9) 회귀에서 달라지는 점은 크로스-엔트로피 대신에 평균 제곱 오차^mean squared error, MSE^를 설정한 것입니다(loss='mean_squared_error'). 이 책에서 지금까지 크로스-엔트로피 비용 함수를 많이 사용했지만 이 함수는 $\hat{y}$이 확률인 분류 문제에 적합합니다. 출력이 확률이 아닌 회귀 문제에서는 대신 MSE를 사용합니다.[45]

코드 9.9 회귀 모델 컴파일

```
model.compile(loss='mean_squared_error', optimizer='adam')
```

이 모델을 컴파일할 때 정확도 지표를 추가하지 않았습니다. 일부러 이렇게 했습니다. 정확도(정확하게 분류된 샘플의 비율)는 연속적인 변수가 아니라 범주형 변수와 관련이 있기 때문에 이 값을 계산할 수 없습니다.[46]

(코드 9.10처럼) 모델을 훈련하는 과정은 분류와 다른 점이 없습니다.

코드 9.10 회귀 모델 훈련

```
model.fit(X_train, y_train,
          batch_size=8, epochs=32, verbose=1,
          validation_data=(X_valid, y_valid))
```

이 모델을 더 길게 훈련해도 검증 손실이 낮아지지 않으므로 32번의 에포크만 훈련했습니다. 배치 크기 파라미터를 최적화하지 않았기 때문에 이 값을 바꾸어 보면 손실이 조금 더 낮아질 수 있습니다.

이 회귀 모델을 훈련했을 때 20번째 에포크에서 가장 낮은 검증 손실(70.1)을 얻었습니다. 마지막 (32번째) 에포크에서 손실이 427.1로 크게 높아졌습니다(첫 번째 에포크의 검증 손실이 804.4이었습니다).[47] 제11장에서 나중에 최상의 성능을 모델을 다시 적재할 수

---

45 이 책에서 다루지는 않지만 회귀 문제에는 평균 제곱근 오차(mean absolute error, MAE)나 후버 손실(Huber loss) 같은 다른 비용 함수도 적용할 수 있습니다. 일반적으로 회귀 문제는 MSE만으로 충분합니다.

46 일반적으로 정확도는 모델의 성능이 얼마나 되는지 쉽게 이해할 수 있습니다. 하지만 모델은 정확도가 아니라 비용 함수를 사용해 학습합니다. 옮긴이_이런 이유로 분류 모델은 크로스-엔트로피 손실이 줄어들어도 정확도가 비례적으로 상승하지 않는 경우가 종종 있습니다. 회귀 모델은 손실 함수와 성능 지표로 모두 MSE를 사용하기 때문에 이런 문제가 없습니다.

47 옮긴이_텐서플로 버전에 따라 검증 손실이 달라질 수 있습니다. 최신 버전으로 실행한 결과는 깃허브를 참조하세요. 이 예제는 입력값을 그대로 사용했지만 제5장의 각주 14번에서 설명했듯이 신경망의 입력은 표준화하는 것이 좋습니다.

있도록 에포크가 끝날 때마다 모델 파라미터를 저장하는 방법을 소개하겠습니다. 당분간은 성능이 나쁘더라도 마지막 에포크의 파라미터를 사용하겠습니다. 특정 입력 데이터가 주어졌을 때 모델이 주택 가격을 추론하는 방법은 [코드 9.11]과 같습니다.[48]

코드 9.11 특정 보스턴 지역의 중간 주택 가격 예측하기

```
model.predict(np.reshape(X_valid[42], [1, 13]))
```

이 메서드는 검증 세트에 있는 43번째 보스턴 지역의 중간 주택 가격($\hat{y}$)을 1만 3,972 달러로 예측합니다. 실제 중간 가격(y, y_valid[42]를 호출하여 확인할 수 있습니다)은 1만 4,100달러입니다.

텐서보드

[코드 9.10]의 실행 결과를 설명했던 것처럼 에포크마다 모델의 성능을 평가할 때 개별 수치 값을 읽으려면 번거롭고 시간이 많이 소요됩니다. 특히 많은 에포크 동안 모델을 훈련할 때 그렇습니다. 대신 편리한 GUI를 제공하는 텐서보드(그림 9.8)를 사용할 수 있습니다.

- 실시간으로 모델의 성능을 모니터링합니다.
- 모델의 성능을 기록하고 검토합니다.
- 동일한 데이터에서 훈련한 여러 모델의 성능과 하이퍼파라미터 설정을 비교합니다.

텐서보드는 텐서플로 라이브러리와 함께 자동으로 설치됩니다. 텐서플로 사이트에서 기본 사용법을 볼 수 있습니다.[49] 사용하는 방법은 간단합니다. 예를 들면 macOS를 포함해 유닉스 기반 운영체제에서 심층 신경망에 텐서보드를 적용하는 과정은 다음과 같습니다.

1. [코드 9.12]에서처럼 다음과 같이 파이썬 코드를 바꾸세요.[50]

   a. tensorflow.keras.callbacks에서 TensorBoard 패키지를 임포트합니다.

---

48 넘파이 reshape 메서드를 사용해 43번째 샘플의 13개의 입력 변수를 열 벡터의 반대인 행 벡터([1, 13])로 바꾸었습니다. 옮긴이_이렇게 하는 이유는 신경망이 첫 번째 차원에 배치 크기가 전달될 것으로 기대하기 때문입니다.

49 tensorflow.org/tensorboard/get_started

50 이 코드는 📚 9-4.deep_net_in_keras_with_tensorboard.ipynb 노트북에 있습니다.

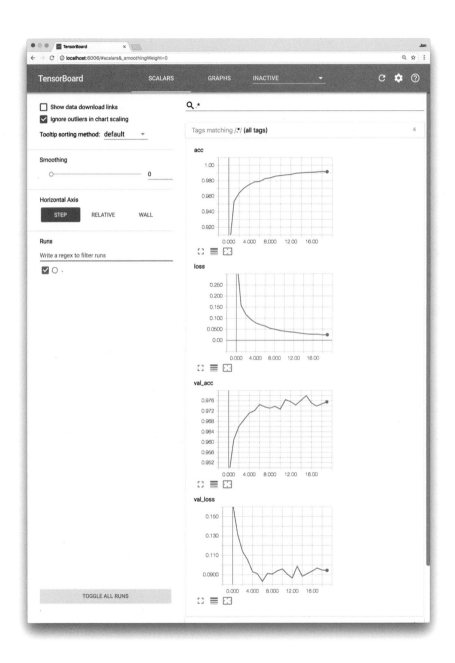

그림 9.8 텐서보드 대시보드에서 에포크마다 훈련 데이터와 검증 데이터(val)에 대한 모델의 비용과 정확도를 모니터링할 수 있습니다.

b. 텐서보드 객체를 만들고 고유한 새 디렉터리 이름(예를 들면, deep-net)을 지정
합니다. 이 디렉터리에 모델을 훈련할 때마다 텐서보드 로그 데이터가 저장됩니다.

```
tensorboard = TensorBoard(log_dir='logs/deep-net')
```

c. 텐서보드 객체를 fit( ) 메서드의 callbacks 매개변수로 전달합니다.

```
callbacks = [tensorboard]
```

2. 터미널에서 다음 명령을 실행하세요.[51]

```
tensorboard --logdir='logs' --port 6006
```

3. 브라우저로 localhost:6006에 접속하세요.

코드 9.12 텐서보드를 사용해 케라스 모델 훈련하기

```
from tensorflow.keras.callbacks import TensorBoard
tensorboard = TensorBoard('logs/deep-net')
model.fit(X_train, y_train,
          batch_size=128, epochs=20,
          verbose=1,
          validation_data=(X_valid, y_valid),
          callbacks=[tensorboard])
```

이 단계를 따라하거나 독자들의 운영체제 환경에서 비슷한 과정을 진행하면 브라우저에서 [그림 9.8] 같은 출력을 보게 됩니다. 여기에서 훈련 데이터와 검증 데이터에 대한 에포크마다 실시간으로 변하는 모델의 비용과 정확도를 눈으로 확인할 수 있습니다. 이런 종류의 성능 모니터링이 텐서보드의 주요 사용 목적입니다. 하지만 텐서보드의 대시보드는 다른 기능을 많이 제공합니다. 신경망 그래프와 모델의 가중치 분포를 시각적으로 세분화하여 보여줄 수 있습니다. 이런 기능을 자세히 알려면 텐서보드 문서를 참조하거나 직접 텐서보드 인터페이스를 탐험해 보세요.

---

[51] 단계 1b에서 텐서보드 객체에 설정한 것과 동일한 로그 디렉터리를 지정했습니다. 로그 디렉터리에 절대 경로가 아니라 상대 경로를 지정했기 때문에 📖 9-4.deep_net_in_keras_with_tensorboard.ipynb 노트북과 동일한 디렉터리에서 텐서보드 명령을 실행해야 합니다.

요약

이 장에서 신경망 모델링에 흔히 나타나는 문제점을 소개하고 이것이 모델 성능에 끼치는 영향을 최소화하기 위한 전략을 다루었습니다. 지금까지 이 책에서 배운 모든 이론을 적용해 진짜 딥러닝 모델을 만들면서 이 장을 마무리했습니다. 이 모델은 MNIST 손글씨 숫자 분류에서 지금까지 최고의 정확도를 제공합니다. 이런 심층 밀집 신경망을 어떤 입력 x가 제공될 때 출력 y를 근사하는 데 일반적으로 적용할 수 있지만 특수한 모델링을 위한 가장 효율적인 옵션은 아닐 수 있습니다. 이어지는 제3부에서 머신 비전, 자연어 처리, 예술 작품 생성, 게임 플레이와 같이 특수하고 전문적인 작업에 뛰어난 신경망 층과 딥러닝 모델을 소개합니다.

핵심 개념

다음은 지금까지 나온 중요 개념입니다. 이 장에서 등장한 새로운 용어는 보라색으로 강조했습니다.

- 파라미터 :
  - 가중치 w
  - 절편 b
- 활성화 a
- 활성화 함수 :
  - 시그모이드
  - tanh
  - ReLU
  - 소프트맥스
  - 선형
- 입력층
- 은닉층
- 출력층

- 층 종류 :
  - 밀집(완전 연결)층
- 비용 (손실) 함수 :
  - 이차 (평균 제곱 오차) 비용 함수
  - 크로스-엔트로피 비용 함수
- 정방향 계산
- 역전파
- 불안정한 (특히 소멸하는) 그레이디언트
- 글로럿 가중치 초기화
- 배치 정규화
- 드롭아웃
- 옵티마이저 :

- 확률적 경사 하강법
- Adam

- 옵티마이저 하이퍼파라미터 :
  - 학습률 η
  - 배치 크기

III

딥러닝 애플리케이션

10

머신 비전

제3부에 오신 것을 환영합니다. 앞서 (제1부에서) 높은 수준에서 딥러닝 애플리케이션을 간략히 제시했습니다. 그다음 (제2부에서) 소개한 기초적인 낮은 수준의 이론을 바탕으로 이제 다양한 애플리케이션에 대한 전문적인 자료를 다룰 수 있는 위치에 왔습니다. 주로 직접 따라할 수 있는 예제 코드를 이용해 작업하겠습니다. 예를 들어 이 장에서 합성곱 신경망을 살펴보고 이를 머신 비전 작업에 적용합니다. 제3부의 나머지 장에서는 다음과 같은 실전 예제를 다룹니다.

- 제11장에서 자연어 처리를 위한 순환 신경망을 다룹니다.
- 제12장에서 새로운 그림을 만들기 위해 생성적 적대 신경망을 다룹니다.
- 제13장에서 복잡하고 변화무쌍한 환경 안에서 연속적인 의사 결정을 하기 위한 심층 강화 학습을 다룹니다.

합성곱 신경망

ConvNet 또는 CNN이라고도 부르는 합성곱 신경망convolutional neural network은 하나 이상의 합성곱 층convolutional layer(또는 conv 층이라고 부릅니다)을 가진 인공 신경망입니다. 이 층을 사용하면 딥러닝 모델이 공간 패턴을 효과적으로 처리할 수 있습니다. 이 장에서 직접 보겠지만 이런 속성 때문에 합성곱 층이 특히 컴퓨터 비전 애플리케이션에서 효과적입니다.

시각적 이미지의 2차원 구조

MNIST 손글씨 숫자를 분류하는 이전 코드 예제에서는 이미지 데이터를 1차원 숫자 배열로 바꾸어 밀집 은닉층으로 전달했습니다. 조금 더 구체적으로 28 × 28 픽셀의 흑백 이미지를 784개의 원소를 가진 1차원 배열로 바꾸었습니다.[1] 784개의 픽셀 값을 펼쳐서 첫 번째 은닉층의 뉴런에 각각 주입해야 하기 때문에 밀집 또는 완전 연결 신경망에서는 이 단계가 필수적입니다. 하지만 2차원 이미지를 1차원으로 줄이면 의미 있는 이미지의 시각적인 구조가 상당히 유실됩니다. 펜으로 종이에 숫자를 쓸 때 왼쪽 위에서 오른쪽 아래까지 일렬로 늘어선 픽셀로 상상하지 않습니다. 만약 MNIST 숫자 이미지를 일렬로 늘어선 784개의 흑백 픽셀로 출력하면 이 숫자를 알아볼 수 없을 것입니다. 사람은 2차원 형태로 시각 정보를 인지합니다.[2] 사람이 보고 있는 것을 인식하는 능력은 우리가 인지한 모양과 색 사이에 있는 공간적 관계에 선천적으로 연결되어 있습니다.

계산 복잡도

이미지를 뭉개서 2차원 구조가 손실되는 것 외에 이미지를 밀집층에 전달할 때 두 번째 고려해야 할 점은 계산 복잡도computational complexity입니다. MNIST 이미지는 매우 작은 28 × 28 픽셀이고 1개의 채널을 가집니다(MNIST 숫자는 흑백이기 때문에 컬러 채널이 1개입니다. 이와 달리 풀컬러 이미지는 적어도 빨강, 초록, 파랑 3개의 채널이 필요합니다). 밀집층에 전달하는 MNIST 이미지 정보는 뉴런 하나가 가지고 있는 785개 파라미터에 각각 대응합니다. 픽셀마다 하나씩 총 784개 가중치와 절편 1개가 있기 때문입니다. 하지만 중간 크기의 200 × 200 픽셀로 구성된 풀컬러 RGB[3] 이미지를 다룰 경우 파라미터 개수는 급격하게 늘어납니다. 이 경우 4만 개의 픽셀과 3개의 채널이 있으므로 밀집층의 뉴런 하나에 12만 1개의 파라미터가 필요합니다.[4] 64개의 뉴런을 가진 중간 규모의 밀집층을 사용하면 이 신경망의 첫 번째 은닉층에 연관된 가중치 개수는 거의 800만 개에 다다릅니다.[5] 게다가 이 이미지는 겨우 200 × 200 픽셀로 0.4MP[6]에 지나지 않습니다. 최신 스마트폰은 대부분 12MP 이상의 카메라 센서를 가지고 있습니다. 일반적으로 성공적인 머신 비전 작업을 위해 고해상도 이미지가 필요하지는 않습니다. 하지만 요점은 분명합니다. 이

---

1   이때 픽셀값을 255로 나누어 [0 : 1] 사이 값으로 조정했습니다.

2   음… 3차원이지만 여기서 깊이는 무시했습니다.

3   풀컬러 이미지는 빨강, 초록, 파랑 채널을 가집니다.

4   200(픽셀) × 200(픽셀) × 3(컬러 채널) + 1(절편) = 120,001개의 파라미터

5   64(뉴런) × 120,001(각 뉴런의 파라미터 개수) = 7,680,064개의 파라미터

6   메가픽셀

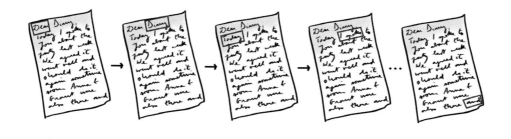

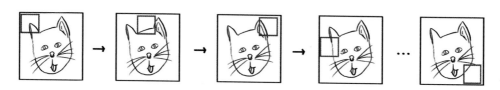

그림 10.1 책을 읽을 때 왼쪽 위 모서리에서 시작해 오른쪽으로 읽습니다. 오른쪽 끝에 도달하면 다음 줄로 이동합니다. 이런 식으로 결국 오른쪽 아래 모서리까지 페이지에 있는 모든 단어를 읽습니다. 비슷하게 합성곱 층의 커널은 이미지 왼쪽 위 모서리에 있는 작은 윈도우에서 시작합니다. 맨 위 행에서 시작하여 커널이 왼쪽에서 오른쪽으로 스캔하여 오른쪽 아래 모서리에 도달합니다. 이런 식으로 이미지에 있는 모든 픽셀을 스캔합니다.

미지는 매우 많은 정보를 포함할 수 있고 이렇게 단순한 완전 연결 방식을 사용하면 신경망에 필요한 계산 능력이 폭주할 것입니다.

합성곱 층

합성곱 층은 일련의 커널[7] 또는 필터로 구성됩니다. 각 커널은 이미지를 왼쪽 위에서 오른쪽 아래까지 스캔하는 작은 윈도우(또는 패치)입니다(필터가 각 위치에서 합성곱 연산을 수행합니다). [그림 10.1]의 **합성곱 연산** convolutional operation 그림을 참조하세요.

커널은 밀집층과 마찬가지로 역전파로 학습되는 가중치로 구성됩니다. 커널의 크기는 다양하지만 일반적인 크기는 3×3입니다. 이 장의 예제에서도 이 크기를 사용합니다.[8] 흑백 MNIST 이미지의 경우 3×3 픽셀 윈도우는 $3 \times 3 \times 1$ 크기의 가중치로 구성됩니다. 가중치 9개와 절편 1개를 더해 총 파라미터 개수는 10개입니다(밀집층의 인공 뉴런과 마

---

7 옮긴이_커널은 머신러닝에서 다양한 의미로 사용됩니다. 합성곱의 커널은 가중치의 다른 표현으로 생각해 주세요. 보통 합성곱 층은 여러 개의 필터를 사용하며 케라스에서는 필터 하나의 크기를 커널 크기라고 부릅니다.

8 전형적인 또 다른 커널 크기는 5×5입니다. 이보다 더 큰 커널은 자주 사용되지 않습니다.

찬가지로 합성곱 필터마다 하나의 절편 b를 가집니다). 비교를 위해 풀컬러 RGB 이미지를 다룬다면 동일한 영역을 커버하는 커널의 가중치는 세 배가 더 많습니다. 채널 개수가 3이기 때문에 커널 크기가 $3 \times 3 \times 3$입니다. 따라서 가중치는 27개이고 총 파라미터 개수는 28개입니다.

[그림 10.1]에 나와 있듯이 커널은 각기 다른 이미지 위치에서 합성곱을 수행합니다. 3×3 커널 크기로 고정하고 설명을 진행하겠습니다. 정방향 계산에서 '이 책에서 가장 중요한 공식'인 (그림 6.7에서 소개한) $w \cdot x + b$의 다차원 버전이 이미지에 놓인 커널의 각 위치에서 계산됩니다. [그림 10.2]에 3×3 윈도우와 3×3 커널을 각각 입력 x와 가중치 w로 생각하면 가중치 합 $w \cdot x$의 계산은 가로 세로 위치에 맞는 원소끼리 곱하여 더하면 됩니다. 커널을 입력 이미지 픽셀 위에 겹친다고 생각하면 좋습니다. 계산은 다음과 같습니다.

$$
\begin{aligned}
w \cdot x = {}& .01 \times .53 + .09 \times .34 + .22 \times .06 \\
& + -1.36 \times .37 + .34 \times .82 + -1.59 \times .01 \\
& + .13 \times .62 + -.69 \times .91 + 1.02 \times .34 \\
= {}& -0.3917
\end{aligned}
\tag{10.1}
$$

그다음 [식 7.1]을 사용해 절편 b(예를 들면 -0.19)를 더하여 z를 구합니다.

$$
\begin{aligned}
z &= w \cdot x + b \\
&= -0.39 + b \\
&= -0.39 + 0.20 \\
&= -0.19
\end{aligned}
\tag{10.2}
$$

.01	.09	.22
-1.36	.34	-1.59
.13	-.69	1.02

•

.53	.34	.06
.37	.82	.01
.62	.91	.34

커널 가중치   픽셀 입력

그림 10.2 3×3 커널과 3×3픽셀 윈도우

마지막으로 tanh 함수나 ReLU 함수 같은 활성화 함수에 z를 전달하여 활성화 값 a를 계산합니다.

　기본적인 연산은 제6장과 제7장에서 소개한 인공 뉴런의 계산과 다르지 않습니다. 합성곱 커널은 가중치, 입력과 하나의 절편을 가집니다. 이 가중치 합은 가장 중요한 공식으로 만들어집니다. 계산 결과 z는 어떤 비선형 함수를 통과하여 활성화를 생성합니다. 바뀐 부분은 입력마다 가중치가 있는 것이 아니라 3×3 가중치를 가진 개별 커널이 있다는 점입니다. 이 가중치는 커널이 합성곱하는 동안 바뀌지 않습니다. 모든 입력에 대해서 동일한 가중치가 적용됩니다. 이런 식으로 합성곱 층은 완전 연결층보다 훨씬 적은 수의 가중치를 가집니다. 또 다른 중요한 점은 입력처럼 이 커널의 출력(활성화)도 2차원 배열을 구성한다는 것입니다. 이에 대해 더 자세히 알아보기 전에 먼저 필터에 대해 살펴보겠습니다.

다중 필터

일반적으로 합성곱 층 하나에 여러 개의 필터를 사용합니다. 신경망은 각각의 필터를 사용해 독자적인 방식으로 층에서 데이터의 표현을 학습할 수 있습니다. 예를 들어 생물학적 시각 시스템에 있는 허블과 비셀의 단순한 세포(그림 1.5)에 비유해 보죠. 신경망의 첫 번째 은닉층이 합성곱 층이라면 수직선에 최적화되어 반응하는 커널이 있을 수 있습니다. 이 경우 입력 이미지에 있는 수직선을 합성곱(스캔)할 때마다 큰 활성화 값(a)을 출력합니다. 이 층에 있는 또 다른 커널은 수평선과 색 변화와 같은 간단한 공간 특성을 표현하도록 학습할 수 있습니다(예를 들면 그림 1.17의 왼쪽 아래 이미지). 그래서 이런 커널을 **필터**라고 부르게 되었습니다. 이미지를 스캔하여 어떤 특성의 위치를 감지하도록 튜닝되었기 때문에 이런 패턴, 모양, 색을 만날 때마다 큰 활성화를 출력합니다. 원본 이미지에서 필터의 특성이 어디에 있는지 표시하는 2차원 활성화 배열을 만들기 때문에 형광펜 같은 기능을 한다고 말할 수 있습니다. 이런 이유로 커널의 출력을 **활성화 맵**activation map[9]이라고 부릅니다.

　생물학적 시각 시스템의 계층적 표현(그림 1.6)과 비슷하게 연속된 합성곱 층이 활성화 맵을 입력으로 받습니다. 신경망이 깊어질수록 층에 있는 필터가 단순한 특성이 복잡하게 조합된 패턴에 점점 더 반응합니다. 이를 통해 점점 더 추상적인 공간 패턴의 표현을 학습

---

9 옮긴이_ 이 책에서는 활성화 함수를 통과하기 전의 맵을 특성 맵(feature map)이라고 부르고 활성화 함수를 통과한 다음에는 활성화 맵이라고 부릅니다. 이를 구분하지 않고 특성 맵이라고 부르는 경우도 많습니다.

하고 결국 간단한 선과 색에서 계층적으로 복잡한 패턴과 모양을 구축합니다(그림 1.17의 아래쪽 그림들). 이런 방법으로 신경망에 있는 뒤쪽 층은 전체 물체를 인식하거나 심지어 그레이트 데인과 요크셔 테리어 이미지를 구별할 수 있는 능력을 가집니다.

밀집층의 뉴런 개수와 마찬가지로 합성곱 층의 필터 개수는 설정해야 하는 하이퍼파라미터입니다. 이 책에서 이미 소개한 다른 하이퍼파라미터처럼 필터 개수도 골디락스 지점이 있습니다. 다음은 특정 문제에 사용할 수 있는 경험적으로 얻은 규칙입니다.

- 많은 개수의 필터를 사용하면 더 복잡한 특성을 구별할 수 있습니다. 따라서 데이터와 풀려는 문제의 복잡도를 고려하세요. 물론 필터가 많을수록 계산 비용이 올라갑니다.
- 신경망이 여러 개의 합성곱 층을 가질 때 최적의 필터 개수는 층마다 다를 수 있습니다. 앞쪽 층이 단순한 특성을 감지하고 뒤쪽 층이 단순한 특성이 조합된 복잡한 특성을 감지한다는 것을 유념하세요. 이 가이드를 따라 신경망의 층을 쌓도록 하세요. 나중에 이 장에서 CNN 코드 예제를 만들 때 보겠지만 머신 비전에서 널리 사용하는 방식은 앞쪽 합성곱 층보다 뒤쪽 합성곱 층에 더 많은 필터를 사용합니다.
- 늘 그렇듯이 계산 복잡도를 낮추려고 노력합니다. 검증 데이터에서 낮은 비용을 만드는 가장 작은 필터 개수를 사용해야 합니다. 층의 필터 개수를 두 배로 늘려서 (예를 들면, 32에서 64개와 128개로) 모델의 검증 점수가 크게 줄어든다면 필터 개수를 늘리세요. 층의 필터 개수를 절반으로 줄여도 (예를 들면 32에서 16개와 8개로) 모델의 검증 비용이 증가하지 않는다면 작은 값을 사용합니다.

합성곱 예제

합성곱 층은 제2부의 단순한 완전 연결층과 많이 다르기 때문에 픽셀과 가중치가 연결되어 특성 맵을 만드는 것을 이해하기 위해 [그림 10.3]에서 [그림 10.5]까지 수식과 함께 자세한 예시를 만들었습니다. 3 × 3 픽셀 크기의 RGB 이미지를 합성곱한다고 가정해 보죠. 파이썬에서 이 데이터는 [그림 10.3]의 맨 위에 있는 것처럼 [3,3,3] 배열에 저장되어 있습니다.[10]

그림의 중앙에 있는 것은 3개의 컬러 채널 빨강, 초록, 파랑의 3 × 3 배열입니다. 이미지의 네 면에 모두 0으로 패딩되어 있습니다. 잠시 후에 패딩에 대해 자세히 설명하겠지

10　실제 나무 이미지가 9픽셀보다 훨씬 크다는 것을 알지만 예로 들기 좋은 3 × 3 크기 이미지를 찾기 어려웠습니다.

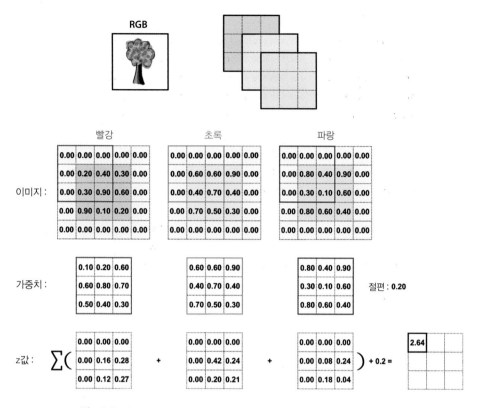

그림 10.3 합성곱 층에서 특성 맵에 있는 값을 어떻게 계산하는지 보여주는 그림

만 지금은 패딩이 입력 데이터와 같은 크기를 갖는 특성 맵을 만들기 위해 사용한다고만 알아두죠. 픽셀값 아래에 각 채널에 대한 가중치 행렬이 있습니다. 커널 크기는 3×3이고 입력에 3개의 채널이 있기 때문에 가중치 행렬은 [3, 3, 3] 차원의 배열임¹니다. 여기에서는 채널을 나누어 나타냈습니다. 절편은 0.2입니다. 필터의 현재 위치는 픽셀값 배열 위에 포 개져 나타나 있습니다. z값은 그림의 오른쪽 아래에 있습니다(3개의 컬러 채널에 대해 [식 10.1]의 가중치 합을 계산하고 [식 10.2]처럼 절편을 더합니다). 마지막으로 모든 z값을 더 해서 오른쪽 아래 특성 맵의 첫 번째 원소를 만듭니다.

　[그림 10.4]에서 필터가 한 픽셀 오른쪽으로 이미지 다음 위치에 놓여 있습니다. [그림 10.3]과 동일하게 z값은 [식 10.1]과 [식 10.2]로 계산합니다. 그다음 이 z값은 [그림 10.4] 의 오른쪽 아래처럼 특성 맵의 두 번째 위치에 채워집니다.

　이 과정이 모든 필터 위치에서 반복됩니다. 9개의 위치에서 계산된 값이 [그림 10.5]의

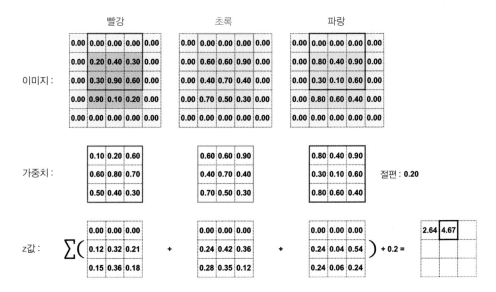

그림 10.4 [그림 10.3]에 이은 합성곱 예시. 다음 필터 위치에서 만든 활성화를 보여줍니다.

오른쪽 아래에 나타나 있습니다. z값으로 구성된 3×3 행렬을 ReLU 함수와 같은 활성화 함수로 전달하여 3×3 활성화 맵으로 변환합니다. 하나의 합성곱 층이 거의 항상 여러 개의 필터를 사용하고 각 필터는 하나의 2차원 활성화 맵을 만듭니다. 따라서 활성화 맵은 RGB 이미지에 있는 채널 차원과 비슷한 깊이 차원을 가집니다. 활성화 맵의 이 커널 채널은 특정 방향의 모서리(직선)와 같이 특정 커널이 만든 특성을 표현합니다.[11] [그림 10.6]은 입력 이미지에서 계산한 활성화 값 a가 어떻게 3차원 활성화 맵을 만드는지 보여줍니다. [그림 10.6]의 활성화 맵을 만드는 합성곱 층은 16개의 커널을 가집니다. 따라서 활성화 맵의 깊이는 16 '채널'(앞으로 이를 슬라이스라고 부르겠습니다)입니다.

　[그림 10.6]에서 필터가 입력 이미지 왼쪽 위 모서리에 위치해 있습니다. 이는 활성화 맵의 왼쪽 위 모서리에 있는 16개의 채널에 해당합니다. 16개 필터 각각이 하나의 활성화 a가 만들어집니다. 왼쪽에서 오른쪽으로 위에서 아래로 진행하면서 입력 이미지에 있는 모든 픽셀 윈도우에 합성곱하여 활성화 맵에 있는 모든 값이 채워집니다.[12] 16개 중 첫 번째

---

11 [그림 1.17]은 합성곱 층의 깊이에 따라 개별 커널이 전문적으로 감지하는 특징의 실제 사례를 보여줍니다. 예를 들어 첫 번째 합성곱 층에서 대부분 커널은 특정 방향의 모서리를 감지하는 데 특화되어 있습니다.

12 입력 이미지가 흑백(컬러 채널 1개)인지 풀컬러(컬러 채널 3개)인지에 상관없이 합성곱 필터마다 1개의 활성화 맵을 출력합니다. 1개의 컬러 채널이 있으면 [식 10.1]에서 1개의 채널에 대해 입력의 가중치 합을 계산합니다. 3개의 컬러 채널이 있으면 [그림 10.3], [그림 10.4], [그림 10.5]처럼 3개 채널 전체에 대해 입력의 가중치 합을 계산합니다. 두

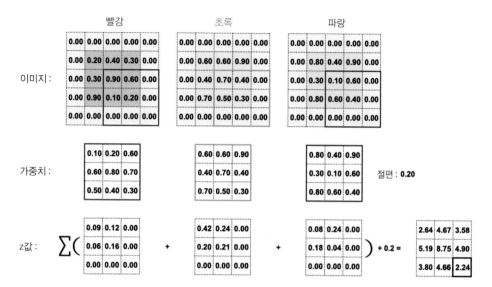

그림 10.5 결국 마지막 필터 위치의 활성화가 계산되어 활성화 맵이 완성됩니다.

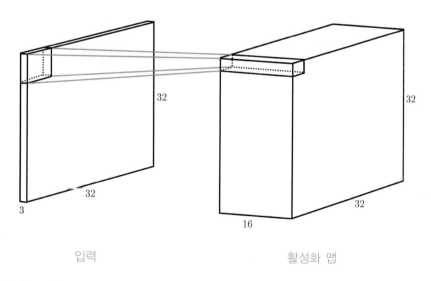

입력

활성화 맵

그림 10.6 입력(왼쪽. 여기에서는 32×32 크기의 3채널 RGB 이미지입니다. 현재는 필터가 왼쪽 위 첫 번째 위치에 놓여 있습니다)과 활성화 맵(오른쪽)의 그래픽 표현. 16개의 커널이 있기 때문에 활성화 맵의 깊이는 16이 됩니다. 입력 이미지에 합성곱 연산을 하면서 커널이 놓이는 각 위치는 활성화 맵에 있는 a값 하나에 해당합니다.

필터가 수직선에 반응하도록 튜닝되었다면 활성화 맵의 첫 번째 슬라이스에는 입력 이미지에서 수직선이 포함된 모든 영역이 강조되어 나타날 것입니다. 두 번째 필터가 수평선에 반응하도록 최적화되었다면 활성화 맵의 두 번째 슬라이스에는 수평선이 포함된 이미지 영역이 강조되어 나타날 것입니다. 이런 식으로 16개 필터에 해당하는 전체 활성화 맵은 16개의 다른 공간적 특성의 위치를 표현합니다.[13]

이 지점에서 딥러닝을 배우는 학생들은 합성곱 커널의 가중치가 어디서 오는지 궁금해합니다. 이 절의 예시에 있는 모든 파라미터 값은 임의로 정한 것입니다. 실제 합성곱 층에서는 커널 가중치과 절편이 (제9장에서 언급한 것처럼) 랜덤하게 초기화되고 역전파를 통해 학습됩니다. 밀집층에서 가중치와 절편이 학습되는 방식과 같습니다. 제1장의 계층적 추상화 개념으로 설명했듯이 심층 CNN의 앞쪽 합성곱 층은 특정 방향으로 놓인 직선 같은 단순한 특성을 감지하는 경향이 있습니다. 반면 깊은 위치에 있는 층은 얼굴, 시계, 강아지를 표현하는 데 특화될 수 있습니다. 제이슨 요신스키[Jason Yosinski]와 동료들이 만든 4분짜리 동영상(bit.ly/DeepViz)이 합성곱 신경망의 깊이에 따라 합성곱 커널이 특화되는 것을 잘 보여줍니다.[14] 이 영상을 강력히 추천합니다.

이제 딥러닝에 있는 합성곱 층의 일반적인 원리를 설명했으므로 기본 기능을 정리해 보겠습니다.

- 딥러닝 모델이 위치에 상관없는 특성을 인식하도록 학습할 수 있습니다. 하나의 필터가 유사한 특성이 입력 데이터 어느 위치에 있든지 인식할 수 있습니다.
- 2차원 이미지 구조를 유지하기 때문에 공간적으로 특성을 식별할 수 있습니다.
- 이미지 데이터를 다루기 위해 필요한 파라미터 개수를 크게 줄여서 계산 효율성이 크게 높아집니다.

경우 모두 (절편을 더하고 결괏값 z를 활성화 함수에 통과시켜) 필터 하나가 합성곱하는 위치마다 하나의 활성화 값을 만듭니다.

13 인터랙티브한 합성곱 필터 계산 데모를 보려면 안드레이 카패시(Andrej Karpathy)(그림 14.6)가 만든 강의 노트를 참조하세요. bit.ly/CNNdemo로 접속하여 'Convolution Demo' 제목 아래에서 볼 수 있습니다.

14 Yosinski, J., et al. (2015). Understanding neural networks through deep visualization. *Proceedings of the International Conference on Machine Learning.*

- 궁극적으로 머신 비전 작업(예를 들면 이미지 분류)을 더 정확하게 수행합니다.

합성곱 필터 하이퍼파라미터

밀집층과 달리 합성곱 층은 선천적으로 완전 연결되지 않습니다. 즉 픽셀 하나 하나와 첫 번째 은닉층에 있는 모든 뉴런을 매핑하는 가중치가 없습니다. 대신 다음과 같이 합성곱 층에 연관된 가중치와 절편의 개수를 결정하는 몇 개의 하이퍼파라미터가 있습니다.

- 커널 크기
- 스트라이드 크기
- 패딩

커널 크기

이 장에서 지금까지 다룬 모든 예제에서 커널 크기(또는 필터 크기나 수용장receptive field[15]이라 부릅니다)는 3픽셀 너비와 3픽셀 높이입니다. 이 크기는 현대의 합성곱 모델을 사용한 다양한 범위의 머신 비전 애플리케이션에서 효과적이라고 알려져 있습니다. 5 × 5 픽셀의 커널 크기도 많이 사용하고 7 × 7도 널리 퍼지고 있습니다. 이미지에 대비해 커널이 너무 크면 수용장에서 많은 특성이 과도하게 경쟁하기 때문에 합성곱 층이 효과적으로 학습하기 어렵게 만듭니다. 하지만 수용장이 너무 작으면(예를 들면 2 × 2) 어떤 구조로도 튜닝할 수 없기 때문에 도움이 되지 않습니다.

스트라이드 크기

스트라이드는 커널이 이미지 위를 지나가는 스텝 크기입니다. (그림 10.3에서 그림 10.5까지) 합성곱 층 예제에서는 자주 사용되는 1픽셀 크기의 스트라이드를 사용했습니다. 널리 사용하는 또 다른 크기는 2픽셀 스트라이드입니다. 3픽셀 스트라이드는 덜 자주 사용됩니다. 더 큰 값은 모델에 가치가 있는 이미지 영역을 건너뛸 수 있으므로 최적이 아닐 수 있습니다. 다른 한편으로 스트라이드를 늘리면 수행해야 할 계산이 줄어들어 속도가 빨라집니다. 딥러닝에서 늘 그렇듯이 이런 영향 간의 골디락스 최적 포인트를 찾아 균형을 잡아야 합니다. 스트라이드 1 또는 2를 권장하고 3보다 큰 스트라이드는 피하는 것이 좋습니다.

---

15 수용장은 생물학적 눈 같은 시각 시스템의 연구에서 빌려온 용어입니다.

패딩

다음은 합성곱 층의 계산을 위해 스트라이드와 함께 사용하는 패딩입니다. 28×28 MNIST 숫자 이미지와 5×5 커널이 있다고 가정해 보죠. 스트라이드 1이라면 이미지 경계 안에서 커널이 움직일 수 있는 위치는 24×24개입니다. 따라서 이 층이 출력하는 활성화 맵은 입력보다 조금 더 작아집니다. 입력 이미지와 동일한 크기의 활성화 맵을 만들려면 이미지 경계 주위에 0으로 패딩할 수 있습니다(그림 10.3, 그림 10.4, 그림 10.5는 제로 패딩된 이미지를 사용합니다). 28×28 이미지와 5×5 커널이 있다면 경계에 2개의 0을 패딩하면 28×28 활성화 맵을 만듭니다. 이는 다음 식으로 계산할 수 있습니다.[16]

$$활성화\ 맵 = \frac{D - F + 2P}{S} + 1 \tag{10.3}$$

여기에서

- D는 이미지의 크기입니다(활성화 맵의 높이를 계산하려면 이미지 높이, 너비를 계산하려면 이미지 너비가 됩니다).
- F는 필터의 크기입니다.
- P는 패딩의 양입니다.
- S는 스트라이드 크기입니다.

패딩이 2이면 출력 크기가 28×28이 됩니다.

$$활성화\ 맵 = \frac{D - F + 2P}{S} + 1$$

$$활성화\ 맵 = \frac{28 - 5 + 2 \times 2}{1} + 1$$

$$활성화\ 맵 = 28$$

커널 크기, 스트라이드, 패딩이 서로 연관되어 있기 때문에 CNN 구조를 설계할 때 이런 하이퍼파라미터를 맞추어야 합니다. 즉 올바른 활성화 맵 크기가 되도록 하이퍼파라미터를 잘 조합해야 합니다. 특히 정수 값이 되어야 합니다. 예를 들면 5×5 커널 크기와 스

---

16 옮긴이_ 빈센트 두물린(Vincent Dumoulin)과 프란체스코 비신(Francesco Visin)이 쓴 'A guide to convolution arithmetic for deep learning'에서 다양한 합성곱과 풀링 계산식을 소개합니다. 이 논문은 옮긴이의 블로그에 번역되어 있습니다 (http://bit.ly/conv_guide).

트라이드 2에 패딩이 없다고 가정해 보죠. [식 10.3]을 사용하면 활성화 맵 크기가 12.5 ×
12.5이 됩니다.

$$활성화\ 맵 = \frac{D - F + 2P}{S} + 1$$

$$활성화\ 맵 = \frac{28 - 5 + 0 \times 2}{2} + 1$$

$$활성화\ 맵 = 12.5$$

부분 활성화 값 같은 것은 없습니다. 따라서 이런 차원의 합성곱 층은 계산하지 못합니다.[17]

풀링 층

합성곱 층은 또 다른 종류의 층과 종종 함께 사용됩니다. 머신 비전 신경망의 주요 구성
요소인 풀링 층[pooling layer]입니다.[18] 이 층은 신경망의 전체 파라미터 개수와 복잡도를 줄이
는 역할을 합니다. 이로 인해 계산 속도를 높이고 과대적합을 피하는 데 도움이 됩니다.

　이전 절에서 설명했듯이 합성곱 층은 여러 개의 필터를 가질 수 있습니다. 필터마다 하
나의 활성화 맵을 만듭니다(식 10.3으로 활성화 맵의 차원이 결정됩니다). 합성곱 층이 출
력하는 활성화 맵은 3차원 배열입니다. 깊이 차원은 합성곱 층의 필터 개수와 같습니다.
풀링 층은 활성화 맵의 공간 차원을 축소시키고 깊이 차원은 그대로 둡니다.

　합성곱 층처럼 풀링 층은 필터 크기와 스트라이드 크기가 있습니다. 또한 합성곱 층처럼
풀링 필터가 입력 위를 슬라이딩합니다. 각 위치에서 풀링이 데이터 축소 연산을 적용합니
다. 풀링 층에서 가장 자주 사용하는 연산은 max입니다. 이런 층을 **최대 풀링 층**이라고 부
릅니다. 이 연산은 수용장에서 가장 큰 값(최대 활성화 값)만 남기고 나머지 값을 무시합
니다(그림 10.7).[19] 전형적으로 풀링 층의 필터 크기는 2 × 2이고 스트라이드 크기는 2입니

---

17 옮긴이_ 텐서플로와 케라스에서는 소수점 이하를 버립니다. 따라서 이 경우 12 × 12 활성화 맵이 만들어집니다.

18 옮긴이_ 활성화 함수와 마찬가지로 풀링 층은 학습되는 가중치가 없기 때문에 풀링 함수라고도 종종 부릅니다.

19 다른 풀링 층(예를 들면 **평균 풀링**, *L2*-놈 풀링)도 있지만 최대 풀링에 비해 자주 사용하지 않습니다. 계산 비용이 최소
한으로 들고 머신 비전 애플리케이션에 충분히 잘 맞기 때문입니다(예를 들면, 최댓값을 찾는 것보다 평균을 계산하는
것이 계산 비용이 더 듭니다).

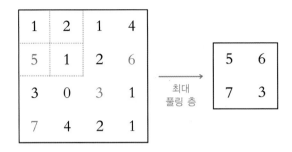

4×4 활성화 맵   2×2 활성화 맵

그림 10.7 4×4 활성화 맵이 전달되는 최대 풀링 층. 합성곱 층처럼 풀링 층은 왼쪽에서 오른쪽으로 위에서 아래로 입력 행렬 위를 슬라이드합니다. 2×2 크기 필터를 사용하면 이 층은 4 개의 입력값 중에서 가장 큰 값만 유지시킵니다(예를 들면 왼쪽 위 모서리에 있는 2×2 격자에서 주황색 "5"). 2×2 스트라이드를 사용하면 최대 풀링 층에서 만들어진 출력은 입력 면적의 4분의 1인 2×2 활성화 맵이 됩니다.

다.[20] 이 경우 풀링 층이 각 위치에서 4개의 활성화 값을 평가해 최댓값을 남깁니다. 따라서 활성화 맵이 네 배로 줄어듭니다. 이 풀링 연산은 3차원 배열의 각 깊이 슬라이스에 대해 독립적으로 일어나기 때문에 깊이가 16인 28 × 28 활성화 맵은 14 × 14 크기의 활성화 맵으로 줄어들지만 깊이 16은 그대로 유지됩니다.

계산 복잡도를 낮추기 위해 풀링하는 또 다른 방법은 큰 스트라이드로 합성곱 층을 사용하는 것입니다(스트라이드가 출력 크기에 어떻게 연관되는지 식 10.3을 참조하세요). 이는 풀링 층이 없을 때 더 잘 동작하는 경향이 있는 일부 특별한 머신 비전 작업에 유용합니다(예를 들면 나중에 제12장에서 만들 생성적 적대 신경망). 마지막으로 역전파 동안에 풀링 층에서 어떤 일이 일어나는지 궁금할 수 있습니다. 신경망이 정방향 계산에서 최댓값의 인덱스를 기록합니다. 그다음 이에 해당하는 가중치의 그레이디언트를 역전파하여 파라미터를 업데이트합니다.

---

20 필터 크기 2 × 2, 스트라이드 2로 최대 풀링을 하는 것이 기본으로 권장됩니다. 하지만 필요하다면 두 하이퍼파라미터를 변경하여 실험해 볼 수 있습니다.

케라스로 만드는 LeNeT-5

[그림 1.11]에서 딥러닝의 계층적 성질을 설명하면서 LeNet-5라 불리는 머신 비전 모델을 소개했습니다. 이 절에서 상징적인 이 모델을 따라 케라스를 사용해 MNIST 숫자 이미지를 분류하는 모델을 만듭니다. 하지만 얀 르쿤과 그의 동료들이 만든 1998년 모델에 몇 가지 최신 기법을 추가하겠습니다.

- 요즘엔 계산 비용이 훨씬 저렴하기 때문에 합성곱 층에 더 많은 필터를 사용합니다. 조금 더 구체적으로 첫 번째 합성곱 층에 32개의 필터와 두 번째 합성곱 층에 64개의 필터를 사용합니다. 원본 LeNet-5는 각각 6개와 16개의 필터를 사용합니다.
- 다시 한 번 저렴한 계산 비용 덕분에 (최대 풀링 층으로) 서브샘플링[21] 활성화를 한 번만 사용합니다. LeNet-5는 두 번 합니다.[22]
- LeNet-5가 만들어진 시기에는 아직 없었던 ReLU 활성화 함수와 드롭아웃 같은 최신 기법을 사용합니다.

다음 코드를 따라 하려면 📁 10-1.lenet_in_keras.ipynb 주피터 노트북을 참조하세요. [코드 10.1]에 있듯이 이전 노트북(제9장의 📁 9-2.deep_net_in_keras.ipynb)에 비해 3개의 패키지가 더 필요합니다.

코드 10.1 LeNet에 필요한 케라스 클래스 임포트

```
from tensorflow import keras

from tensorflow.keras.datasets import mnist

from tensorflow.keras.models import Sequential

from tensorflow.keras.layers import Dense, Dropout

from tensorflow.keras.layers import Conv2D, MaxPooling2D

from tensorflow.keras.layers import Flatten
```

이 클래스 중 Conv2D와 MaxPooling2D 2개는 합성곱 층과 최대 풀링 층을 구현하기 위해

---

21 옮긴이_풀링은 활성화 맵을 줄이기 때문에 서브샘플링이라고도 부릅니다.

22 아마도 점점 더 저렴한 계산 비용 때문에 풀링 층을 덜 자주 사용하는 것이 딥러닝에서 일반적인 경향입니다.

각각 필요합니다. 한편 Flatten 층을 사용해 다차원 배열을 1차원으로 만듭니다. 잠시 후에 모델을 만들 때 이 작업이 왜 필요한지 설명하겠습니다.

그다음 이전 노트북에서와 동일한 방식(코드 5.2)으로 손글씨 숫자 분류에 필요한 MNIST 데이터를 적재합니다. 하지만 이전에는 밀집층에 주입하기 위해 이미지 데이터를 2차원 표현에서 1차원 배열로 변경했습니다(코드 5.3). LeNet-5 신경망의 첫 번째 은닉층은 합성곱이기 때문에 [코드 10.2]처럼 28 × 28 픽셀 형태 그대로 둡니다.[23]

코드 10.2 2차원 이미지 구조 유지하기

```
X_train = X_train.reshape(60000, 28, 28, 1).astype('float32')
X_valid = X_valid.reshape(10000, 28, 28, 1).astype('float32')
```

이어서 정수 데이터를 (코드 5.4에서처럼) 0에서 1 사이 범위로 조정하기 위해 astype( ) 메서드를 사용해 실수로 바꿉니다. 또한 이전(코드 5.5)처럼 정수 레이블 y를 원-핫 인코딩으로 변환합니다.

데이터 적재와 전처리를 마치고 [코드 10.3]에서 LeNet 모델을 만듭니다.

코드 10.3 LeNet-5 CNN 모델

```
model = Sequential( )

# 첫 번째 합성곱 층
model.add(Conv2D(32, kernel_size=(3, 3), activation='relu',
                 input_shape=(28, 28, 1)))

# 두 번째 합성곱 층, 풀링, 드롭아웃
model.add(Conv2D(64, kernel_size=(3, 3), activation='relu'))
model.add(MaxPooling2D(pool_size=(2, 2)))
model.add(Dropout(0.25))
model.add(Flatten( ))
```

---

23 케라스 Conv2D( ) 층은 입력되는 배열이 4개 차원이라고 기대합니다. MNIST 숫자 이미지처럼 흑백일 경우 reshape( ) 에 네 번째 차원을 1로 지정합니다. 풀컬러 이미지 데이터일 경우 3개의 채널이 있으므로 네 번째 차원은 3이 됩니다.

 # 밀집 은닉층, 드롭아웃
```
model.add(Dense(128, activation='relu'))
model.add(Dropout(0.5))
```

 # 출력층
```
model.add(Dense(n_classes, activation='softmax'))
```

이전까지 이 책에서 만든 모든 MNIST 분류기는 Dense 층으로만 구성된 밀집 신경망이었습니다. 여기에서는 처음 2개의 은닉층으로 합성곱 층(Conv2D)을 사용합니다.[24] 이 합성곱 층의 설정은 다음과 같습니다.

- 첫 번째와 두 번째 합성곱 층의 필터 개수는 각각 32와 64로 설정합니다.
- kernel_size는 3×3 픽셀로 지정합니다.[25]
- 활성화 함수는 relu를 사용합니다.
- 스트라이드는 기본값 1픽셀을 사용합니다(너비와 높이 방향 모두). 다른 스트라이드를 사용하려면 Conv2D 클래스의 strides 매개변수에 지정합니다.
- 기본 패딩인 'valid'를 사용합니다. 이는 패딩을 사용하지 않는다는 뜻입니다. [식 10.3]에서 스트라이드 1이면 활성화 맵은 입력보다 너비와 높이가 2픽셀 줄어듭니다(예를 들면 28×28 픽셀 이미지는 26×26 활성화 맵으로 줄어듭니다). padding='same'으로 지정할 수도 있습니다. 이 경우 출력이 입력과 동일한 크기가 되도록 0을 입력에 패딩합니다(28×28 픽셀 이미지가 입력되어 28×28 활성화 맵이 출력됩니다).

두 번째 은닉층에서 추가적인 연산을 수행하는 층을 추가했습니다.[26]

---

24 여기서는 2차원 배열, 즉 이미지이기 때문에 Conv2D( )를 사용합니다. 제11장에서 1차원 데이터(텍스트 문자열)를 합성곱하기 위해 Conv1D( )를 사용하겠습니다. Conv3D( ) 층도 있지만 이 책의 범위를 넘어섭니다. 예를 들어 이 층은 3차원 의학 영상에 필요한 합성곱 연산을 수행합니다. 옮긴이_합성곱 층을 설명할 때 이처럼 깊이 차원을 언급하지 않는 경우가 많습니다. Conv2D( )의 입력은 배치 차원과 깊이 차원을 합쳐 4차원 배열을 기대합니다. Conv1D( )는 3차원 배열, Conv3D( )는 5차원 배열을 기대합니다.

25 옮긴이_커널의 너비와 높이가 동일한 경우 kernel_size=3과 같이 정수 하나로 지정할 수 있습니다.

26 풀링, 드롭아웃, Flatten( ) 층과 같은 층은 가중치가 없습니다. 따라서 밀집층이나 합성곱 층처럼 독립적인 은닉층으로 세지 않습니다. 그럼에도 불구하고 신경망을 통과하는 데이터에 의미 있는 연산을 수행합니다. 케라스에서는 밀집층을 추가하듯이 동일하게 add( ) 메서드를 사용해 모델에 이런 층을 추가합니다.

- MaxPooling2D( )를 사용해 계산 복잡도를 낮춥니다. [그림 10.7]의 예와 같이 pool_size는 2×2로 설정하고[27] strides 매개변수는 기본값을 사용합니다(기본값은 None 으로 풀링 크기를 사용합니다). 활성화 맵의 크기는 4분의 1로 줄어듭니다.
- 제9장에서처럼 Dropout( )은 훈련 데이터에 대한 과대적합 위험을 줄여줍니다.
- 마지막으로 Flatten( ) 층은 Conv2D( )가 만든 3차원 활성화 맵을 1차원 배열로 변환합니다. 이는 활성화 값을 1차원 배열만 받을 수 있는 Dense 층의 입력으로 주입하기 위해서입니다.

이 장에서 이미 언급했듯이 이 신경망의 합성곱 층은 이미지 데이터에 있는 공간 특성을 학습합니다. 첫 번째 합성곱 층은 특정 방향의 직선과 같은 간단한 특성을 표현하도록 학습됩니다. 반면 두 번째 합성곱 층은 간단한 이 특성을 연결하여 조금 더 추상적인 표현을 만듭니다. 신경망의 세 번째 은닉층으로 Dense 층을 사용함으로써 두 번째 합성곱 층에서 감지된 공간 특성이 이미지 클래스를 구별하는 데 최적인 방식으로 연결됩니다(밀집층에서는 공간 방향이 의미가 없습니다). 다르게 말하면 2개의 합성곱 층은 이미지에 있는 공간 특성을 학습하여 레이블링한 다음 이 공간 특성을 밀집층에 주입하여 이 공간 특성을 특정 이미지 클래스에 매핑합니다(예를 들면 숫자 '8'이 아니라 숫자 '3'). 이런 식으로 합성곱 층을 특성 추출기로 생각할 수 있습니다. 신경망의 밀집층은 원본 픽셀 대신 추출된 특성을 입력으로 받습니다.

밀집층 다음에 (과대적합을 피하기 위해) Dropout( ) 층을 추가했습니다. 그다음 이 신경망은 소프트맥스 함수를 사용하는 밀집층으로 끝납니다. 마지막 출력층은 이전에 MNIST 분류 모델을 만들었던 다른 노트북들과 동일합니다. 마지막으로 model.summary( )를 호출해 [그림 10.8]과 같은 CNN 모델 구조를 출력합니다.

먼저 [그림 10.8]의 'Output Shape' 열을 자세히 살펴보죠.

- 첫 번째 합성곱 층 conv2d_1은 28×28 픽셀의 MNIST 숫자 이미지를 받습니다. 여기에서 선택한 커널 하이퍼파라미터(필터 크기, 스트라이드, 패딩) 때문에 이 층은 (식 10.3에 따라) 26×26 픽셀의 활성화 맵을 출력합니다.[28] 32개의 필터를 사용하므로 만

---

27 옮긴이_ 풀링의 너비와 높이가 동일한 경우 pool_size=2와 같이 정수 하나로 지정할 수 있습니다.

28 활성화 맵 $= \dfrac{D-F+2P}{S} + 1 = \dfrac{28-3+2\times0}{1} + 1 = 26$

```
Layer (type)                    Output Shape            Param #
=================================================================
conv2d_1 (Conv2D)               (None, 26, 26, 32)        320

conv2d_2 (Conv2D)               (None, 24, 24, 64)        18496

max_pooling2d_1 (MaxPooling2    (None, 12, 12, 64)        0

dropout_1 (Dropout)             (None, 12, 12, 64)        0

flatten_1 (Flatten)             (None, 9216)              0

dense_1 (Dense)                 (None, 128)               1179776

dropout_2 (Dropout)             (None, 128)               0

dense_2 (Dense)                 (None, 10)                1290
=================================================================
Total params: 1,199,882
Trainable params: 1,199,882
Non-trainable params: 0
```

그림 10.8 LeNet-5 합성곱 신경망 구조. 각 층에 있는 None 차원은 배치에 담긴 이미지 개수(즉, 확률적 경사 하강법의 미니배치 크기)를 위한 것입니다. 배치 크기는 나중에 (model.fit( ) 메서드에서) 지정합니다. 그때까지 잠시 None을 사용합니다.

들어진 활성화 맵의 깊이는 32입니다.

- 두 번째 합성곱 층은 첫 번째 합성곱 층으로부터 $26 \times 26 \times 32$ 크기 활성화 맵을 입력으로 받습니다. 커널 파라미터가 바뀌지 않았기 때문에 활성화 맵은 다시 줄어들어 24×24가 됩니다. 하지만 이 층의 필터 개수는 64개이기 때문에 활성화 맵은 두 배 더 깊어집니다.

- 앞서 설명한 것처럼 필터 크기 2와 스트라이드 2인 최대 풀링 층은 너비와 높이 차원을 각각 절반으로 줄여 신경망을 통과하는 데이터의 양을 줄입니다. 결국 활성화 맵의 크기는 12×12가 됩니다. 활성화 맵의 깊이는 풀링에 영향을 받지 않기 때문에 64가 그대로 유지됩니다.

- Flatten( ) 층은 3차원 활성화 맵을 9,216개의 원소가 있는 1차원 배열로 변환합니다.[29]

---

29 $12 \times 12 \times 64 = 9,216$

- 밀집 은닉층은 128개의 뉴런을 가지고 있으므로 128개의 활성화 값이 담긴 1차원 배열을 출력합니다.
- 비슷하게 소프트 맥스 활성화 함수를 가진 출력층은 10개의 뉴런으로 구성되어 있으므로 가능한 MNIST 숫자마다 하나씩 $\hat{y}$을 만들어 10개의 확률을 출력합니다.

이제 [그림 10.8]의 'Param #' 열을 조사해 보죠.

- 첫 번째 합성곱 층은 320개의 파라미터를 가집니다.
  - 288개의 가중치 : 32개의 필터×각각 9개의 가중치(3×3 커널 크기 × 1 채널)
  - 필터마다 하나씩 32개의 절편
- 두 번째 합성곱 층은 1만 8,496개의 파라미터를 가집니다.
  - 1만 8,432개의 가중치 : 64개의 필터×각각 9개의 가중치×이전 층에서 받은 입력의 깊이 32(이전 층의 필터 개수)
  - 필터마다 하나씩 64개의 절편
- 밀집 은닉층은 117만 9,776개의 파라미터를 가집니다.
  - 117만 9,648개의 가중치 : 이전 층의 활성화 맵을 펼쳐서 만든 9,216개의 입력×이 밀집층에 있는 128개의 뉴런[30]
  - 밀집층에 있는 뉴런마다 하나씩 128개의 절편
- 출력층은 1,290개의 파라미터를 가집니다.
  - 1,280개의 가중치 : 이전 층에서 받은 128개의 입력×출력층에 있는 10개의 뉴런
  - 출력층에 있는 뉴런마다 하나씩 10개의 절편
- 모두 합하여 전체 합성곱 신경망은 1,19만 9,882개의 파라미터를 가집니다. 이 중 대부분(98.3 퍼센트)은 밀집 은닉층의 파라미터입니다.

모델을 컴파일하기 위해 이전처럼 `model.compile( )` 메서드를 호출합니다. 또 `model.fit( )` 메서드를 호출해 훈련을 시작합니다.[31] 최상의 에포크 결과는 [그림 10.9]에 나와 있습니다. 이전에 📁 9-2.deep_net_in_keras.ipynb 노트북에서 얻은 최상의 결과는 MNIST

---

30 밀집층은 합성곱 층보다 수십 배 이상 파라미터가 많습니다!

31 이 단계는 에포크 횟수를 (10으로) 줄인 것 외에는 이전 노트북과 동일합니다. 아홉 번째 에포크 이후에 검증 손실이 더 이상 줄어들지 않기 때문에 이렇게 지정했습니다.

```
Epoch 9/10
60000/60000 [==============================] - 39s 654us/step - loss: 0.0276 - acc: 0.9911 - val_loss: 0.0260 - val_acc: 0.9927
```

그림 10.9 LeNet-5 합성곱 신경망이 아홉 번째 훈련 에포크를 진행한 다음 99.27 퍼센트의 검증 정확도를 달성합니다. 앞서 훈련한 밀집 신경망의 정확도를 능가하는 성능입니다.

검증 세트에서 97.87 퍼센트의 정확도였습니다. 하지만 여기에서는 LeNet-5 합성곱 신경망을 사용해 99.27 퍼센트의 검증 정확도를 달성했습니다. CNN이 오차의 65.7 퍼센트를 제거했으므로 매우 놀랍습니다.[32] 아마도 이전의 심층 신경망으로 정확하게 분류하지 못한 까다로운 숫자들을 정확하게 분류했기 때문일 것입니다.

케라스로 만드는 AlexNet과 VGGNet

LeNet 신경망(코드 10.3)에서 합성곱 층 다음에 최대 풀링 층을 추가했습니다. 이는 합성곱 신경망에서 늘 사용하는 방법입니다. [그림 10.10]에 나와 있듯이 종종 (1~3개의) 합성곱 층을 풀링 층과 함께 그룹으로 묶습니다. 이런 conv-pool 블록이 여러 번 반복될 수 있습니다. LeNet-5처럼 이런 CNN 구조는 하나의 밀집 은닉층(또는 여러 개의 밀집 은닉층)

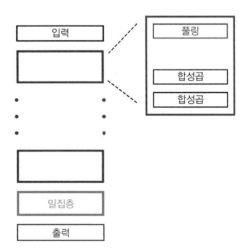

그림 10.10 일반적인 CNN 구조. (종종 1~3개의) 하나에서 합성곱 층과 풀링 층으로 구성된 (빨간색으로 표시된) 블록이 여러 번 반복됩니다. 그다음 (몇 개의) 밀집층이 놓입니다.

---

32 $1 - (100\% - 99.27\%)/(100\% - 97.87\%)$

과 출력층으로 끝납니다.

딥러닝 혁신의 단초로 소개한 2012년 컴퓨터 비전 대회의 우승자인 AlexNet 모델(그림 1.17)은 [그림 10.10]에 있는 합성곱 층 블록 방식을 사용한 모델입니다. 📁 10-2. alexnet_in_keras.ipynb 노트북에서 [코드 10.4]의 코드를 사용해 모델을 만듭니다.[33]

코드 10.4 AlexNet CNN 모델

```
model = Sequential( )

# 첫 번째 conv-pool 블록
model.add(Conv2D(96, kernel_size=(11, 11),
          strides=(4, 4), activation='relu',
          input_shape=(224, 224, 3)))
model.add(MaxPooling2D(pool_size=(3, 3), strides=(2, 2)))
model.add(BatchNormalization( ))

# 두 번째 conv-pool 블록
model.add(Conv2D(256, kernel_size=(5, 5), activation='relu'))
model.add(MaxPooling2D(pool_size=(3, 3), strides=(2, 2)))
model.add(BatchNormalization( ))

# 세 번째 conv-pool 블록
model.add(Conv2D(256, kernel_size=(3, 3), activation='relu'))
model.add(Conv2D(384, kernel_size=(3, 3), activation='relu'))
model.add(Conv2D(384, kernel_size=(3, 3), activation='relu'))
model.add(MaxPooling2D(pool_size=(3, 3), strides=(2, 2)))
model.add(BatchNormalization( ))

# 밀집층
model.add(Flatten( ))
```

---

[33] AlexNet 모델의 구조는 제이슨 요신스키가 DeepViz 도구로 보여주었던 모델과 같습니다. 이 장의 서두에서 언급한 이 영상을 못 보았다면 지금 bit.ly/DeepViz에서 확인해 보세요.

```
model.add(Dense(4096, activation='tanh'))
model.add(Dropout(0.5))
model.add(Dense(4096, activation='tanh'))
model.add(Dropout(0.5))

# 출력층
model.add(Dense(17, activation='softmax'))
```

이 모델의 핵심 포인트는 다음과 같습니다.

- 이 노트북에서 MNIST 숫자 데이터세트를 넘어 큰 사이즈(224×224 픽셀)와 풀컬러 (따라서 첫 번째 Conv2D 층의 `input_shape` 매개변수에 깊이 차원이 3입니다) 이미지 를 사용합니다.
- AlexNet은 앞쪽 합성곱 층에 큰 크기의 필터를 사용합니다. 요즘에 널리 사용하는 방 식입니다. 예를 들어 `kernel_size=(11, 11)`입니다.
- 모델 출력에 가까운 밀집층에만 드롭아웃을 사용하는 것이 일반적입니다(앞쪽 합성곱 층에는 사용하지 않습니다). 이렇게 하면 앞쪽 합성곱 층에서 모델이 훈련 데이터를 넘어서도 잘 일반화되는 공간 특성을 학습할 수 있습니다. 하지만 밀집층에서 일어나 는 특성의 재조합은 훈련 데이터세트에 고유하기 때문에 검증 데이터에 잘 일반화되 지 않을 수 있습니다.

> AlexNet과 VGGNet(잠시 후에 소개합니다) 모델 구조는 매우 크기 때문에 (예를 들면 AlexNet은 2,190만 개의 파라미터를 가집니다) 이를 적재하려면 컴퓨터에 설치된 도커의 메모리를 증가해야 할 수도 있습니다. 어떻게 하는지 bit.ly/DockerMem의 설명을 참조 하세요.

AlexNet이 ILSVRC 2012년 우승자가 된 후로 갑자기 이 대회에 딥러닝 모델이 널리 사 용되기 시작했습니다(그림 1.15). 이런 모델들은 신경망이 점점 더 깊어지는 경향을 보였습니다. 예를 들어, 2014년 ILSVRC 대회 2위 입상자는 VGGNet이었습니다.[34] AlexNet과 같이 반복되는 conv-pool 블록 구조를 사용합니다. VGGNet은 단순히 더 작은 커널 크기 (모두 3×3 픽셀)로 더 많이 사용합니다. 📁 10-3.vggnet_in_keras.ipynb 노트북에서 사용하는 구조는 [코드 10.5]와 같습니다.

코드 10.5   VGGNet CNN 모델

```
model = Sequential( )

model.add(Conv2D(64, 3, activation='relu',
          input_shape=(224, 224, 3)))
model.add(Conv2D(64, 3, activation='relu'))
model.add(MaxPooling2D(2, 2))
model.add(BatchNormalization( ))

model.add(Conv2D(128, 3, activation='relu'))
model.add(Conv2D(128, 3, activation='relu'))
model.add(MaxPooling2D(2, 2))
model.add(BatchNormalization( ))

model.add(Conv2D(256, 3, activation='relu'))
model.add(Conv2D(256, 3, activation='relu'))
model.add(Conv2D(256, 3, activation='relu'))
model.add(MaxPooling2D(2, 2))
model.add(BatchNormalization( ))

model.add(Conv2D(512, 3, activation='relu'))
model.add(Conv2D(512, 3, activation='relu'))
model.add(Conv2D(512, 3, activation='relu'))
model.add(MaxPooling2D(2, 2))
```

---

34 옥스퍼드대학교의 VGG(Visual Geometry Group)에서 개발했습니다: Simonyan, K., and Zisserman, A. (2015). Very deep convolutional networks for large-scale image recognition. *arXiv:1409.1556*.

```
model.add(BatchNormalization( ))

model.add(Conv2D(512, 3, activation='relu'))
model.add(Conv2D(512, 3, activation='relu'))
model.add(Conv2D(512, 3, activation='relu'))
model.add(MaxPooling2D(2, 2))
model.add(BatchNormalization( ))

model.add(Conv2D(512, 3, activation='relu'))
model.add(Conv2D(512, 3, activation='relu'))
model.add(Conv2D(512, 3, activation='relu'))
model.add(MaxPooling2D(2, 2))
model.add(BatchNormalization( ))

model.add(Flatten( ))
model.add(Dense(4096, activation='relu'))
model.add(Dropout(0.5))
model.add(Dense(4096, activation='relu'))
model.add(Dropout(0.5))

model.add(Dense(17, activation='softmax'))
```

잔차 네트워크

이 장의 CNN 모델(LeNet-5, AlexNet, VGGNet)이 제시하는 것처럼 심층 신경망으로 가는 경향이 있습니다. 이 절에서 심층 신경망 구조에서 학습을 (종종 극적으로) 느리게 만드는 그레이디언트 소멸을 다시 정리해 보겠습니다. 그다음 최근에 개발된 창의적인 해결 방법인 잔차 네트워크를 설명하겠습니다.

그레이디언트 소실 : 심층 CNN 최대의 적

층이 추가되면 모델은 앞쪽 층에서 비교적 더 다양한 낮은 수준의 특성을 학습할 수 있습니다. 뒤쪽 층에서는 비선형 조합을 통해 더 복잡한 추상화된 특성을 학습합니다. 하지만 이 방법은 제약이 있습니다. 신경망을 그냥 깊게 만들면 (예를 들면 그림 10.10의 conv-pool 블록 더 많이 추가할수록) 그레이디언트 소실 문제가 커질 것입니다.

제9장에서 그레이디언트 소실에 대해 소개했습니다. 근본적인 이유는 신경망의 앞쪽 층의 파라미터가 비용 함수에서 멀리 떨어져 있기 때문입니다. 오차가 역전파됨에 따라 갈수록 더 많은 파라미터가 오차에 기여하게 되고 입력에 가까운 층의 업데이터는 점점 더 작아집니다. 이 영향은 더 깊은 심층 신경망일수록 앞쪽 층을 훈련하기 어렵게 만듭니다(그림 8.8).

그레이디언트 소실 문제 때문에 신경망의 깊이를 증가시키면 최대치까지 정확도가 증가하다가 나중에 신경망이 과도하게 깊어지면 감소하기 시작하는 것을 자주 관찰할 수 있습니다. 잘 동작하는 얕은 신경망이 있다고 가정해 보죠. 이 신경망의 층을 가중치와 함께 복사하고 그 위에 새로운 층을 쌓아 모델을 깊게 만듭니다. 직관적으로 생각하면 더 깊은 새 모델은 사전 훈련된 층의 기존 능력을 받아 향상할 수 있을 것입니다. 새로운 층이 간단한 동일성 매핑identity mapping을 수행한다면 (이전 층의 결과를 재현하기만 한다면) 훈련 오류는 증가하지 않습니다. 하지만 기본 심층 신경망은 동일성 함수를 학습하기 어렵다고 밝혀졌습니다.[35, 36] 따라서 새로운 층은 새로운 정보를 추가하고 오류를 감소시키거나 새로운 정보를 추가하지 않고 (하지만 동일성 매핑은 실패하고) 오류를 증가시킵니다. 유용한 새로운 정보가 추가되는 것이 (기반 층에 비해서 랜덤한 잡음 때문에) 극도로 드문 결과라면 특정 지점을 넘어서 추가한 층은 확률적으로 전반적인 성능 감소에 기여할 것입니다.

잔차 연결

잔차 네트워크 Residual Network(또는 **ResNet**)는 소위 잔차 모듈 안에 있는 잔차 연결residual connection을 기반으로 합니다. [그림 10.11]에 나타난 잔차 모듈은 합성곱 층, 배치 정규화 연산, ReLU 활성화와 마지막 잔차 연결을 모아 놓은 개념입니다. 간단하게 만들기 위해 잔차 모듈 안의 이런 여러 종류의 층을 하나의 독립적인 단위로 생각하겠습니다. 가장 이해하기 쉬운 정의는 다음과 같습니다. 잔차 연결은 잔차 모듈의 입력과 잔차 모듈의 최종

---

35 Hardt, M., and Ma, T. (2018). Identity matters in deep learning. *arXiv:1611.04231*.

36 기대하세요! 동일성 매핑과 동일성 함수에 대한 자세한 정의가 곧 등장합니다.

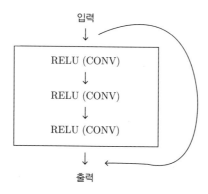

그림 10.11 잔차 모듈 그림. 배치 정규화와 드롭아웃 층이 빠졌지만 포함될 수 있습니다.

활성화 출력을 더하는 것입니다. 다른 말로 하면 잔차 모듈이 입력 a_{i-1}을 받아[37] 잔차 모듈 안에서 합성곱과 활성화 함수로 변환되어 출력 a_i를 만듭니다. 그다음 이 출력과 잔차 모듈의 원래 입력이 $y_i = a_i + a_{i-1}$과 같이 더해집니다.[38]

앞 문단에서 소개한 구조와 잔차 연결의 기본 공식을 따르면 흥미로운 성질을 발견할 수 있습니다. 잔차 모듈의 활성화가 $a_i = 0$이면, 즉 아무것도 학습하지 않는다면 잔차 모듈의 활성화와 원본 입력을 더하기 때문에 잔차 모듈의 최종 출력은 단순히 원본 입력이 됩니다. 최근에 본 공식을 사용해 보죠.

$$
\begin{aligned}
y_i &= a_i + a_{i-1} \\
&= 0 + a_{i-1} \\
&= a_{i-1}
\end{aligned}
$$

이 경우 잔차 모듈은 **동일성 함수**가 됩니다. 이 잔차 모듈은 유용한 어떤 것을 학습하여 신경망의 오류를 줄이도록 기여하거나 동일성 매핑을 수행하여 아무것도 하지 않습니다. 이런 동일성 매핑 때문에 잔차 연결을 '스킵 연결skip connection'이라고도 부릅니다. 즉, 잔차 연결은 잔차 모듈 안에 있는 함수를 건너 뜁니다.

잔차 연결의 중립적이거나 향상되는 기능에 더해서 근본적으로 가지고 있는 다양성의

---

37 어떤 층의 입력은 이전 층의 출력이기 때문에 a_{i-1}로 표시합니다.

38 잔차 모듈의 최종 출력을 y로 표시했지만 전체 모델의 최종 출력을 의미하는 것은 아닙니다. 이는 단지 현재 층과 이전 층의 활성화와 혼돈을 피하고 두 활성화의 합으로 구한 값이 최종 출력이라는 것을 나타내기 위해서입니다.

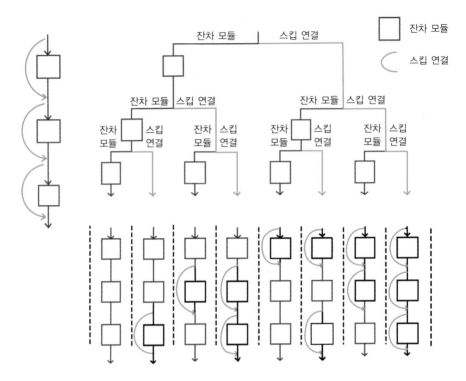

그림 10.12 왼쪽이 잔차 네트워크에 있는 잔차 블록의 일반적인 표현입니다. 오른쪽이 펼친 그림입니다. 어떤 스킵 연결이 사용되었는지에 따라 입력에서부터 출력까지 신경망의 정보 경로가 얼마나 다양한지 보여줍니다.

가치도 중요합니다. [그림 10.12]를 보면 여러 개의 잔차 모듈이 쌓여 있을 때 뒤쪽의 잔차 모듈이 점점 더 복잡하게 앞쪽의 잔차 모듈과 스킵 연결이 조합된 입력을 받습니다. 이 그림의 오른쪽에는 결정 트리 표현이 신경망에 있는 3개의 잔차 모델에서 어떻게 정보가 잔차 블록을 통과하거나 스킵 연결로 바이패스하는지 보여줍니다. 따라서 이 그림의 아래에 나타나 있듯이 3개의 잔차 모듈은 8개의 가능한 정보 경로를 만듭니다. 실전에서는 일반적으로 이 과정이 그림에 표시된 것처럼 이진 형태가 아닙니다. 즉 a_i의 값이 좀처럼 0이 되지 않습니다. 따라서 출력은 일반적으로 동일성 함수와 잔차 모듈의 혼합물이 됩니다. 이런 통찰을 기반으로 잔차 네트워크는 다양한 깊이를 가진 많은 얕은 신경망의 복잡한 조합이나 앙상블로 생각할 수 있습니다.

ResNet

첫 번째 심층 잔차 네트워크 ResNet[39]은 마이크로소프트 리서치에서 2015년에 개발하여 그 해 ILSVRC 대회에서 우승했습니다. [그림 1.15]에서 알 수 있듯이 2015년 이미지 인식 대회에서 ResNet이 사람의 성능을 뛰어 넘는 딥러닝 알고리즘의 선두 주자가 되었습니다.

이 책의 여기까지 이미지 분류가 ILSVRC의 유일한 대회인 것처럼 이야기했습니다. 하지만 사실 ILSVRC는 객체 탐지object detection, 이미지 분할image segmentation 같은 몇 가지 머신 비전 대회를 엽니다(이 두 머신 비전 작업은 나중에 이 장에 소개하겠습니다). 2015년 ResNet이 ILSVRC 이미지 분류 대회뿐만 아니라 객체 탐지와 이미지 분할에서도 우승했습니다. 또한 같은 해 ResNet은 ILSVRC의 대안으로 COCO라 불리는 이미지 데이터세트에 관련된 객체 탐지와 이미지 분할 대회에서도 우승했습니다.[40]

잔차 네트워크의 발명으로 머신 비전 대회를 휩쓴 것을 보면 이는 확실히 많은 변화를 일으키는 혁신이었습니다. 문제에 유용한 정보를 학습하지 못해도 추가된 층으로 성능이 감소되지 않고 더 깊은 구조를 만들 수 있어서 기존 신경망보다 성능을 더 쥐어 짤 수 있습니다.

이 책에서는 독자들이 중간 성능의 노트북 컴퓨터에서 훈련하기 충분한 작은 데이터세트와 모델 구조로 독자들에게 코드 예제를 제공하려고 노력했습니다. 잔차 네트워크 구조와 여기에 사용하는 데이터세트는 이런 종류에 속하지 않습니다. 하지만 이 장 끝에서 소개할 전이 학습transfer learning이라 불리는 강력한 방법을 사용해 대규모 데이터세트에서 사전 훈련된 ResNet같이 매우 깊은 신경망의 장점을 활용할 수 있습니다.

머신 비전 애플리케이션

이 장에서 머신 비전 모델을 잘 수행하는 층을 배웠습니다. 이런 모델의 성능을 향상하기 위한 몇 가지 방법도 설명했고 지난 몇 년간 등장한 고전적인 머신 비전 알고리즘을 살펴보았습니다. 지금까지는 이미지 분류 문제를 다루었습니다. 즉 [그림 10.13]의 왼쪽 그림처럼 이미지에 있는 주요 물체를 식별하는 것입니다. 이 장을 정리하면서 이미지 분류를 넘어서 흥미로운 다른 머신 비전 애플리케이션에 초점을 맞추겠습니다. 첫 번째는 [그림

39 He, K., et al. (2015). Deep residual learning for image recognition. *arXiv:1512.03385.*

40 cocodataset.org

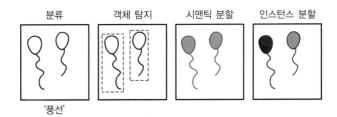

그림 10.13 다양한 머신 비전 애플리케이션. 이 장에서 분류를 소개했습니다. 이제 객체 탐지, 시맨틱 분할, 인스턴스 분할을 다루겠습니다.

10.13]의 왼쪽에서 두 번째에 있는 객체 탐지입니다. 이 알고리즘은 이미지에 있는 물체 주위에 바운딩 박스bounding box를 그리는 작업입니다. 그다음은 [그림 10.13]의 세 번째, 네 번째에 나오는 이미지 분할입니다. **시맨틱 분할**semantic segmentation은 특정 클래스의 모든 물체를 픽셀 수준으로 구별합니다. 반면 **인스턴스 분할**instance segmentation은 특정 클래스의 다른 인스턴스를 역시 픽셀 수준으로 판단합니다.

객체 탐지

저녁 식사 테이블에 둘러 앉은 사람들을 찍은 사진을 상상해 보세요. 이미지에 여러 사람들이 있습니다. 테이블 중간에 통닭 구이와 와인 한 병이 있습니다. 저녁 식사 메뉴를 예측하거나 테이블에 앉은 사람을 식별하는 자동 시스템이 필요하다면 이미지 분류 알고리즘은 이런 수준의 기능을 제공하지 못합니다. 객체 탐지를 사용해야 합니다.

객체 탐지는 자율주행 자동차에서 시야에 들어온 보행자를 감지하거나 의료 이미지에서 이상치를 구별하는 등 범위가 넓은 애플리케이션입니다. 일반적으로 말하면 객체 탐지는 2개의 작업으로 나뉩니다. 탐지(이미지에 객체가 어디 있는지 찾는 것)하고 그다음 분류(감지한 객체가 무엇인지 식별하는 것)입니다. 일반적으로 세 단계의 파이프라인으로 구성됩니다.

1. 관심 있는 영역을 찾습니다.
2. 이 영역에서 자동으로 특성 추출을 수행합니다.
3. 이 영역을 분류합니다.

대표적인 모델로는 발전된 순서대로 R-CNN, Fast R-CNN, Faster R-CNN, YOLO가 있습니다.

R-CNN

R-CNN은 UC 버클리의 로스 거쉭Ross Girshick과 그의 동료들이 2013년에 소개했습니다.[41] 이 알고리즘은 사람 뇌의 어텐션 메커니즘을 본떠서 만들었습니다. 어텐션 메커니즘은 전체 장면을 스캔하고 관심 있는 특정 영역에 초점을 맞춥니다. 어텐션을 모방하기 위해 거쉭과 동료들은 다음과 같이 R-CNN을 만들었습니다.

1. 이미지에 있는 ROIregion of interest를 위해 **선택적 탐색**selective search을 수행합니다.
2. CNN을 사용해 이 ROI에서 특성을 추출합니다.
3. (그림 1.12처럼) 2개의 '전통적인' 머신러닝 방법(선형 회귀)과 서포트 벡터 머신을 연결하여 바운딩 박스[42]의 위치를 정제하고 이 박스에 포함된 물체를 분류합니다.

R-CNN은 PASCALPattern Analysis, Statistical Modeling and Computational Learning VOCVisual Object Classes 대회에서 이전의 최고 모델보다 성능을 크게 높여 객체 탐지에서 최고 수준을 재정의했습니다.[43] 객체 탐지 분야에서 딥러닝 시대를 열었습니다. 하지만 이 모델은 몇 가지 제약이 있습니다.

- 유연하지 않습니다. 입력 크기가 특정 이미지 크기 하나로 고정되어 있습니다.
- 느리고 계산 비용이 많이 듭니다. 훈련과 추론 모두 CNN, 선형 회귀, 서포트 벡터 머신이 포함된 여러 단계로 처리됩니다.

Fast R-CNN

R-CNN의 주요 단점인 속도 문제를 해결하기 위해 거쉭은 Fast R-CNN을 개발했습니다.[44] 이 모델의 주요한 혁신점은 R-CNN 알고리즘의 단계 2 동안에 불필요하게 CNN이 ROI마다 한 번씩 여러 번 실행된다는 점을 알아차린 것입니다. Fast R-CNN에서 ROI 탐색(단계 1)은 이전처럼 실행되지만 단계 2에서 CNN이 이미지를 한 번 보고 모든 ROI에 대한 특성을 동시에 추출합니다. CNN의 마지막 층에서 특성 벡터를 추출합니다. 그다음

---

41 Girshick, R., et al. (2013). Rich feature hierarchies for accurate object detection and semantic segmentation. *arXiv: 1311.2524.*

42 [그림 10.14]에서 바운딩 박스의 예를 참조하세요.

43 PASCAL VOC 대회는 2005년에서 2012년까지 열렸습니다. 데이터세트는 그대로 제공되며 객체 탐지 문제의 대표 기준 중 하나입니다.

44 Girshick, R. (2015). Fast R-CNN. *arXiv: 1504.08083*

(단계 3) ROI와 함께 밀집 신경망에 주입합니다. 이 밀집 신경망은 각각의 ROI에 적용할 수 있는 특성에만 초점을 맞추도록 학습하고 ROI마다 2개의 출력을 만듭니다.

1. (감지된 객체가 어떤 클래스에 속하는지 예측하기 위해) 분류 카테고리에 대한 소프트맥스 확률 출력
2. (ROI 위치를 조정하기 위해) 바운딩 박스 회귀

이 방식으로 Fast R-CNN 모델이 이미지에 대해 딱 한 번 CNN을 수행해 특성을 추출합니다(따라서 계산 복잡도가 감소됩니다). 그다음 ROI 탐색과 밀집층이 함께 작동해 객체 탐지 작업을 완료합니다. 이름에서 알 수 있듯이 Fast R-CNN의 절감된 계산 복잡도가 수행 속도를 높입니다. 또한 이전 모델처럼 여러 개의 독립적인 부분으로 나누어지지 않고 하나의 단일 모델로 구성됩니다. 그럼에도 R-CNN처럼 Fast R-CNN의 초기 (ROI 탐색) 단계는 상당한 계산 명목을 만듭니다.

Faster R-CNN

이 절에 있는 모델 구조는 기발하고 혁신적입니다. 하지만 이름은 아닌 것 같죠? 세 번째 객체 탐지 알고리즘은 Faster R-CNN으로 (예상하겠지만) Fast R-CNN보다 더 빠릅니다.

Faster R-CNN은 2015년 마이크로소프트 리서치의 샤오칭 렌Shaoqing Ren과 동료들이 만들었습니다(그림 10.14에 출력 샘플이 있습니다).[45] R-CNN과 Fast R-CNN의 ROI 탐색 병목을 극복하기 위해 렌과 동료들은 이 단계에서도 이 모델의 CNN에서 나온 특성 활성화 맵을 사용합니다. 이런 활성화 맵은 이미지에 대한 구조 정보를 많이 담고 있습니다. 각 맵은 위치를 나타내는 2개의 차원을 가지고 있기 때문에 주어진 이미지 안에서 특성의 위치를 표시한 말 그대로 지도라고 생각할 수 있습니다. [그림 10.6]에서처럼 한 합성곱층이 16개 필터를 가진다면 출력되는 활성화 맵은 16개의 지도를 출력합니다. 입력 이미지에 있는 16개 특성의 위치를 나타냅니다. 각 특성 맵은 이미지가 무엇인지 어디에 있는지 풍부한 상세 정보를 포함하고 있습니다. Faster R-CNN은 이 풍부한 정보를 사용해 ROI 위치를 제안하므로 CNN이 객체 탐지 처리의 세 단계를 모두 하나로 연결하여 수행할 수 있습니다. 결국 R-CNN과 Fast R-CNN 위에 구축되었지만 훨씬 빠른 통합 모델 구조를

---

45 Ren, S. et al. (2015). Faster R-CNN: Towards real-time object detection with region proposal networks. *arXiv: 1506.01497.*

그림 10.14 객체 탐지 예시(Faster R-CNN 알고리즘으로 수행한 4개의 이미지). 이미지 안의 바운딩 박스로 정의된 ROI마다 알고리즘이 그 영역에 있는 객체가 무엇인지 예측합니다.

제공합니다.

YOLO

지금까지 언급한 다양한 객체 탐지 모델에서 CNN은 전체 입력 이미지가 아니라 개별 ROI에 초점을 맞추었습니다.[46] 조셉 레드먼Joseph Redmon과 동료들은 2015년에 이런 경향에 반기를 든 YOLO(You Only Look Once)를 발표했습니다.[47] YOLO는 특성 추출을 위해 사전 훈련된[48] CNN을 먼저 사용합니다. 그다음 이미지를 셀cell 집합으로 나누고 각 셀에 대해 여러 개의 바운딩 박스와 분류 확률을 예측합니다. 임곗값보다 큰 클래스 확률과 바운딩 박스를 선택하고 이를 사용해 이미지 안에 있는 객체 위치를 찾습니다.

  YOLO를 많은 작은 바운딩 박스를 수집하는 것으로 생각할 수 있습니다. 하지만 어떤

---

[46] 기술적으로 Fast R-CNN과 Faster R-CNN 모두 시작 단계에서 CNN이 전체 이미지를 봅니다. 하지만 둘 다 특성을 추출하기 위한 단순한 원-샷(one-shot) 단계입니다. 이후로는 이미지를 작은 영역의 집합으로 다룹니다

[47] Redmon, J., et al. (2015). You Only Look Once: Unified, real-time object detection. *arXiv:1506.02640*.

[48] 사전 훈련된 모델은 전이 학습에 사용합니다. 이 장의 끝에서 자세히 소개합니다.

객체가 포함될 확률이 높은 경우에만 해당됩니다. 이 알고리즘은 Faster R-CNN보다 속도가 빠르지만 이미지에 있는 작은 물체를 정확히 감지하기 어렵습니다.

오리지널 YOLO 논문 이후에 레드몬과 동료들이 YOLO9000[49]과 YOLOv3[50] 모델을 발표했습니다. YOLO9000은 실행 속도와 모델의 정확도를 향상시켰습니다. YOLOv3는 정확도를 더 높이기 위해 약간의 속도를 희생했습니다. 큰 이유는 모델 구조가 복잡해졌기 때문입니다. 이 모델들에 대한 자세한 설명은 이 책의 범위를 넘어서지만 이 글을 쓰는 시점에 이 모델이 최고 수준의 객체 탐지 알고리즘입니다.

이미지 분할

사람의 시야가 [그림 10.15]에 있는 축구 게임처럼 많은 물체가 겹쳐진 실제 장면에 노출되면 뇌는 쉽게 선수와 배경을 구분할 수 있습니다. 선수 모습을 나타내는 경계와 선수 사이의 관계를 수백 밀리 초 안에 정의합니다. 이 절에서는 최근 몇 년간 사람과 기계 사이시각 능력의 차이를 크게 줄인 딥러닝 애플리케이션인 이미지 분할을 다룹니다. 2개의 유명

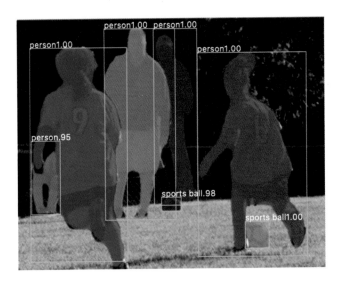

그림 10.15 (Mask R-CNN 알고리즘의) 이미지 분할 예시. 객체 탐지는 대략적인 바운딩 박스로 물체의 위치를 정의하지만 이미지 분할은 픽셀 수준에서 객체의 위치를 예측합니다.

---

49 Redmon, J., et al. (2016). YOLO9000: Better, faster, stronger. *arXiv: 1612.08242.*

50 Redmon, J. (2018). YOLOv3: An incremental improvement. *arXiv: 1804.02767.*

한 모델인 Mask R-CNN과 U-Net에 초점을 맞추겠습니다. 이들은 픽셀 수준에서 이미지에 있는 물체를 안정적으로 분류할 수 있습니다.

Mask R-CNN

Mask R-CNN은 페이스북 AI 리서치[FAIR]에서 2017년에 개발했습니다.[51] 이 모델의 방식은 다음과 같습니다.

1. 기존의 Faster R-CNN 구조를 사용해 이미지에서 객체를 포함하고 있을 것 같은 ROI를 뽑습니다.
2. ROI 분류기가 바운딩 박스에 어떤 종류의 물체가 있는지 예측하고 바운딩 박스의 위치와 크기를 조정합니다.
3. 바운딩 박스를 사용해 이미지에서 해당 부분의 CNN 특성 맵을 추출합니다.
4. 각 ROI에 대한 특성 맵을 완전 합성곱 신경망[52]에 주입하여 물체에 해당하는 픽셀을 나타내는 마스크를 출력합니다. 이런 (독립된 물체에 연관된 픽셀이라 밝은색으로 표시하는) 마스크의 예가 [그림 10.15]에 있습니다.

이미지 분할 문제는 훈련 레이블로 이진 마스크가 필요합니다. 이는 원본 이미지와 동일한 차원의 배열입니다. 하지만 RGB 픽셀 값이 아니라 이미지에서 물체의 위치를 나타내는 1과 0으로 채워집니다. 1은 물체의 픽셀 하나 하나의 위치를 나타냅니다(0은 그 외의 다른 지역입니다). 이미지가 12개의 다른 물체를 담고 있다면 12개의 이진 마스크가 있어야 합니다.

U-Net

또 다른 인기 있는 이미지 분할 모델은 프라이베르크대학교에서 개발한 U-Net입니다(제3장 끝의 자동 이미지 처리 파이프라인 부분에서 언급했습니다).[53] U-Net은 생의학 이미지를 분할하기 위한 목적으로 만들어졌습니다. 이 글을 쓰는 시점에 ISBI[International Symposium]

---

51 He, K., et al. (2017). Mask R-CNN. *arXiv:1703.06870*.

52 옮긴이_완전 합성곱 신경망은 마지막에 밀집층을 두지 않고 완전히 합성곱 층으로만 구성된 신경망입니다.

53 Ronneberger, O., et al. (2015). U-Net: Convolutional networks for biomedical image segmentation. *arXiv: 1505.04597*.

on Biomedical Images에서 주최하는 2개 대회에서 이 모델이 가장 뛰어난 성능을 보였습니다.[54]

U-Net 모델은 완전 합성곱 구조로 구성됩니다. 먼저 여러 개의 합성곱과 최대 풀링 단계를 통해 활성화 맵을 계속 작고 깊게 만드는 **압축** 경로로 시작합니다. 그다음 **팽창** 경로에서 여러 개의 업샘플링과 합성곱 단계를 통해 깊은 활성화 맵을 원래 해상도로 복원합니다. 압축과 팽창 이 두 경로는 대칭입니다('U'자 모양입니다). 이런 대칭성 때문에 압축 경로의 활성화 맵을 팽창 경로의 활성화 맵에 연결할 수 있습니다.

모델은 압축 경로를 통해 이미지에서 고해상도 특성을 학습합니다. 이런 고해상도 특성을 팽창 경로로 직접 전달합니다. 팽창 경로 끝에서 모델이 최종 이미지 차원 안에서 이런 특성의 위치를 찾을 수 있을 것입니다. 압축 경로의 특성 맵을 팽창 경로로 연결한 후 이어지는 합성곱 층으로 이런 특성을 조합하고 정확한 위치를 찾습니다. 최종적으로 특성을 구별하고 2차원 공간에 이런 특성의 위치를 찾을 수 있는 모델이 만들어집니다.

전이 학습

이 장에서 설명한 많은 모델이 효과를 내기 위해 다양한 이미지로 구성된 대규모 데이터세트에서 훈련합니다. 이런 훈련은 계산 비용이 많이 들고 데이터세트 자체가 비싸고 쉽게 구할 수 없습니다. 이 훈련을 통해 CNN은 이미지에서 일반적인 특성을 학습합니다. 낮은 수준으로 보면 직선, 모서리, 색, 간단한 모양 등에 해당합니다. 높은 수준에서는 질감, 형태의 조합, 물체의 일부분 또는 다른 복잡한 시각 요소(그림 1.17 참조) 등입니다. CNN이 다양한 이미지에서 훈련했고 충분히 깊다면 이런 특성 맵은 풍부한 시각 요소를 포함하고 있을 것입니다. 이런 요소를 조립하고 연결하면 거의 모든 이미지를 만들 수 있습니다. 예를 들어 보조개 패턴을 인식하는 특성 맵을 동그라미 물체를 인식하는 특성 맵과 연결하면 골프 공을 올바르게 인식할 수 있을 것입니다. 전이 학습은 사전 훈련된 CNN의 특성 맵에 포함된 시각 요소를 이용해 새로운 종류의 물체를 인식하도록 재사용하는 것입니다.

예를 들어 제6장에서부터 여러 번 언급했던 핫도그와 핫도그가 아닌 것을 구별하는 이진 분류 작업을 위한 머신 비전 모델을 만든다고 가정해 보죠. 물론 핫도그와 핫도그가 아닌 이미지를 받아 이진 클래스 예측을 출력하는 복잡하고 거대한 CNN을 만들 수 있습니다. 이 모델을 대규모 훈련 이미지에서 훈련할 수 있습니다. 이 신경망의 앞쪽 합성곱 층

---

54 두 대회는 전자 현미경 스택에서 뉴런 구조 분할과 2015년부터 시작된 ISBI 셀-트래킹 대회입니다.

은 핫도그스러운 특성을 인식하는 특성 맵을 학습할 것입니다. 솔직히 말해 이 모델은 잘 동작할 것입니다. 하지만 이 CNN을 적절하게 훈련하려면 많은 시간과 계산 비용이 필요합니다. 또한 CNN이 적절하고 다양한 특성 맵을 학습하려면 대규모 이미지 데이터가 필요합니다. 이 때문에 전이 학습이 필요합니다. 모델을 처음부터 훈련하는 대신에 대규모 이미지에서 이미 훈련된 심층 신경망 모델을 사용해 핫도그를 감지하는 모델을 빠르게 만들 수 있습니다.

이 장 초반에 고전 머신 비전 모델로 VGGNet을 언급했습니다. [코드 10.5]와 📂 10-3.vggnet_in_keras.ipynb 주피터 노트북에서 16개의 층으로 이루어진 VGGNet16 모델을 만들었습니다. 대부분 conv-pool 블록을 반복합니다(그림 10.10). 이와 아주 비슷한 VGGNet19 모델을 전이 학습을 위해 사용하겠습니다. 이 모델은 (3개의 합성곱 층이 포함된) 하나의 conv-pool 블록이 더 있습니다. 📂 10-4.transfer_learning_in_keras.ipynb 주피터 노트북에서 VGGNet19 모델을 적재하고 이를 사용해 핫도그 분류 문제를 풀어 보겠습니다.

> VGG16 대비 VGG19 모델의 장점은 VGG19에 추가된 층이 이미지의 추상 표현을 위한 기회를 더 제공하는 것입니다. VGG16 대비 VGG19의 주요 단점은 추가된 층 때문에 파라미터가 늘어나고 훈련 시간이 늘어나는 것입니다. 또한 그레이디언트 소실 문제 때문에 역전파가 VGG19 모델에서 추가된 앞쪽 층을 통과하기 어렵습니다.

먼저 필요한 클래스를 임포트하고 사전 훈련된 VGGNet19 모델을 적재합니다(코드 10.6).

코드 10.6　전이 학습을 위해 VGGNet19 모델 적재

```
# 라이브러리를 적재합니다.
from keras.applications.vgg19 import VGG19
from keras.models import sequential
from keras.layers import Dense, Dropout, Flatten
from keras.preprocessing.image import ImageDataGenerator
```

```
# 사전 훈련된 VGG19 모델을 적재합니다.
vgg19 = VGG19(include_top=False,
              weights='imagenet',
              input_shape=(224, 224, 3),
              pooling=None)

# VGGNet19 모델의 모든 층을 동결합니다.
for layer in vgg19.layers:
    layer.trainable = False
```

편리하게도 케라스는 이 모델과 파라미터(가중치라 부르지만 절편도 포함되어 있습니다)를 제공하기 때문에 사전 훈련된 모델을 쉽게 적재할 수 있습니다.[55] VGG19 함수의 매개변수로 적재할 모델의 몇 가지 특징을 정의할 수 있습니다.

- include_top=False는 원본 VGGNet19 구조에서 분류를 위한 최종 밀집층은 필요하지 않다는 것을 나타냅니다. 이 층들은 원본 ImageNet 데이터를 분류하도록 훈련되었습니다. 잠시 후에 보겠지만 여기에서는 이 모델 위에 새로운 분류층을 위에 쌓고 우리만의 핫도그 데이터로 모델을 훈련하겠습니다.
- weights='imagenet'은 ImageNet 데이터세트의 1,400만 개 샘플에서 훈련된 모델 파라미터를 적재합니다.[56]
- input_shape=(224, 224, 3)은 핫도그 이미지의 크기로 모델을 초기화합니다.

모델을 적재한 다음 간단한 for 반복문으로 모든 층을 순회하면서 trainable 속성을 False로 지정합니다. 이렇게 하면 훈련하는 동안 층의 파라미터를 업데이트하지 않습니다. VGGNet19의 층이 일반적인 시각 특성을 표현하도록 효과적으로 훈련되었다고 확신하기 때문에 기반 모델이 바뀌지 않도록 그대로 둡니다.

　[코드 10.7]에서 기반 VGGNet19 모델 위에 새로운 밀집층을 추가합니다. 이 층은 사전

---

55 이 장의 초반에 소개한 ResNet 모델을 포함하여 사전 훈련된 다른 케라스 모델은 https://keras.io/api/applications/를 참조하세요.

56 이 글을 쓰는 시점에 weights 매개변수에 지정할 수 있는 다른 값은 랜덤하게 초기화하는 'None'입니다. 향후에는 다른 데이터세트에서 훈련한 모델 파라미터가 제공될 수 있습니다.

훈련된 합성곱 층이 입력 이미지에서 추출한 특성을 받습니다. 훈련을 통해 이 층은 이 특성으로 이미지가 핫도그인지 아닌지를 분류하는 방법을 배울 것입니다.

코드 10.7 전이 학습 모델에 분류층 추가하기

```python
# 시퀀셜 모델을 만들고 VGG19 모델을 추가합니다.
model = Sequential( )
model.add(vgg19)

# VGG19 모델 위에 새로운 층을 추가합니다.
model.add(Flatten(name='flattened'))
model.add(Dropout(0.5, name='dropout'))
model.add(Dense(2, activation='softmax', name='predictions'))

# 훈련을 위해 모델을 컴파일합니다.
model.compile(optimizer='adam', loss='categorical_crossentropy',
              metrics=['accuracy'])
```

그다음 ImageDataGenerator 클래스 객체를 사용해 데이터를 적재합니다(코드 10.8). 케라스에서 제공하는 이 클래스는 이미지를 필요할 때 동적으로 읽어 들일 수 있습니다. 훈련 데이터를 모두 메모리에 올리고 싶지 않거나 훈련 시 랜덤한 데이터 증식data augmentation을 수행하고 싶을 때 특히 유용합니다.[57]

코드 10.8 데이터 제너레이터 정의

```python
# 2개의 이미지 제너레이터 객체를 만듭니다.
train_datagen = ImageDataGenerator(
    rescale=1.0/255,
    data_format='channels_last',
    rotation_range=30,
```

---

[57] 제9장에서 데이터 증식이 훈련 데이터세트의 크기를 늘릴 수 있는 효과적인 방법이라고 소개했습니다. 이 방식은 이전에 본 적 없는 데이터에 모델을 일반화하는 데 도움을 줍니다.

```
        horizontal_flip=True,

        fill_mode='reflect')

valid_datagen = ImageDataGenerator(

        rescale=1.0/255,

        data_format='channels_last')

# 배치 크기를 설정합니다.
batch_size=32

# 훈련과 검증 제너레이터를 만듭니다.
train_generator = train_datagen.flow_from_directory(

        directory='./hot-dog-not-hot-dog/train',

        target_size=(224, 224),

        classes=['hot_dog','not_hot_dog'],

        class_mode='categorical',

        batch_size=batch_size,

        shuffle=True,

        seed=42)

valid_generator = valid_datagen.flow_from_directory(

        directory='./hot-dog-not-hot-dog/test',

        target_size=(224, 224),

        classes=['hot_dog','not_hot_dog'],

        class_mode='categorical',

        batch_size=batch_size,

        shuffle=True,

        seed=42)
```

훈련 데이터 제너레이터는 30도 범위 안에서 랜덤하게 이미지를 회전하고, 수평 방향으로
이미지를 랜덤하게 뒤집고, (1/255로 나누어) 0과 1 사이로 데이터 스케일을 변환합니다.

그다음 채널이 마지막에 오도록[58] 이미지 데이터를 넘파이 배열로 변환합니다. 검증 데이터 제너레이터는 이미지 스케일만 조정하여 적재합니다. 여기에서는 데이터 증식이 필요 없습니다. 마지막으로 flow_from_directory( ) 메서드가 지정한 디렉터리에서 이미지를 적재하는 제너레이터를 반환합니다.[59] 이 메서드의 다른 매개변수는 이해하기 쉽습니다.

이제 모델을 훈련할 준비가 되었습니다(코드 10.9). 텐서플로 2.1.0부터 fit( ) 메서드에 입력 데이터로 제너레이터를 사용할 수 있습니다.[60] 이 모델 실행 결과에서 최상의 에포크는 여섯 번째로 81.2 퍼센트의 정확도를 냈습니다.

코드 10.9 전이 학습 모델 훈련하기

```
model.fit(train_generator, steps_per_epoch=15,
          epochs=16, validation_data=valid_generator,
          validation_steps=15)
```

이 예제가 전이 학습의 강력함을 보여줍니다. 작은 훈련 데이터를 사용하고 모델 구조를 고민하거나 하이퍼파라미터 튜닝에 거의 시간을 들이지 않고 복잡한 핫도그 이미지 분류 작업을 꽤 잘 수행하는 모델을 손안에 넣었습니다. 하이퍼파라미터 튜닝에 조금 시간을 들이면 결과는 더 좋아집니다.

캡슐 네트워크

2017년 제프리 힌튼(그림 1.16)이 이끄는 토론토 구글 브레인 팀에 있는 사라 사보어[Sara Sabour]와 동료들이 **캡슐 네트워크**[61]란 새로운 개념으로 세상을 깜짝 놀라게 했습니다. 캡슐 네트워크는 위치 정보를 고려할 수 있기 때문에 많은 관심을 받았습니다. CNN은 그렇지 못하기 때문에 예를 들어 [그림 10.16]에 있는 두 이미지를 사람의 얼굴로 인식합니다. 캡슐 네트워크 이면에 있는 이론은 이 책의 범위를 넘어섭니다. 하지만 머신 비전 기술자들

---

58 [코드 10.6]을 보면 모델이 224 × 224 × 3 차원의 입력을 받도록 설정했습니다. 즉 채널 차원이 마지막에 있습니다. 채널을 첫 번째 차원으로 설정할 수도 있습니다.

59 주피터 노트북에 있는 데이터 다운로드 안내를 참조하세요.

60 이 장의 초반 AlexNet과 VGGNet 절에서 경고했듯이 대규모 모델은 메모리 부족 에러를 일으킬 수 있습니다. 도커 컨테이너의 가용 메모리를 증가하려면 bit.ly/DockerMem을 참조하세요. 아니면 배치 크기를 줄일 수도 있습니다.

61 Sabour, S., et al. (2017). Dynamic routing between capsules. *arXiv:1710.09829.*

그림 10.16 합성곱 신경망은 이미지 특성의 상대적 위치를 알 수 없습니다. 왼쪽의 이미지와 오른쪽의 이미지를 동일하게 제프리 힌튼의 얼굴로 분류할 것입니다. 하지만 캡슐 네트워크는 위치 정보를 고려하기 때문에 오른쪽 이미지를 얼굴로 분류할 가능성이 적습니다.

은 일반적으로 이에 대해 알고 있기 때문에 독자들도 알고 있는 것이 좋습니다. 오늘날 이 모델은 애플리케이션에 널리 적용되기에는 너무 계산 집약적입니다. 하지만 계산 비용이 더 저렴해지고 이론이 더 발전한다면 이 상황이 바뀔 수 있습니다.

요약

이 장에서 공간 패턴을 감지하는 데 특화된 합성곱 층을 배웠습니다. 이 층은 특히 머신 비전 작업에 유용합니다. 이 층으로 고전인 LeNet-5 구조를 만들어 제2부에서 만든 밀집 신경망의 손글씨 숫자 정확도를 뛰어넘었습니다. CNN을 만드는 모범 사례와 언급할 가치가 있는 머신 비전 알고리즘의 애플리케이션을 소개하면서 이 장을 마쳤습니다. 다음 장에서 합성곱 층의 공간 패턴 인식 능력이 머신 비전뿐만 아니라 다른 작업에도 잘 맞는다는 것을 소개하겠습니다.

핵심 개념

다음은 지금까지 나온 중요 개념입니다. 이 장에서 등장한 새로운 용어는 보라색으로 강조했습니다.

- 파라미터 :
  - 가중치 w
  - 절편 b
- 활성화 a
- 활성화 함수 :
- 시그모이드
- tanh
- ReLU
- 소프트맥스
- 선형
- 입력층
- 은닉층
- 출력층
- 층 종류 :
  - 밀집(완전 연결)층
  - 합성곱 층
  - 최대 풀링

- Flatten
- 비용 (손실) 함수 :
  - 이차 (평균 제곱 오차) 비용 함수
  - 크로스-엔트로피 비용 함수
- 정방향 계산
- 역전파
- 불안정한 (특히 소멸하는) 그레이디언트
- 글로럿 가중치 초기화
- 배치 정규화
- 드롭아웃
- 옵티마이저 :
  - 확률적 경사 하강법
  - Adam
- 옵티마이저 하이퍼파라미터 :
  - 학습률 η
  - 배치 크기

11

자연어 처리

제2장에서 언어의 컴퓨터 표현을 소개했습니다. 특히 단어 의미를 정량적으로 표현하는 강력한 방법인 단어 벡터word vector를 강조했습니다. 이 장에서 단어 벡터를 만드는 코드를 구현하고 이를 딥러닝 모델의 입력으로 사용해 보겠습니다.

이 장에서 만드는 자연어 처리natural language processing, NLP 모델은 앞서 적용했던 신경망 층을 사용합니다. 제5장에서 제9장까지 사용했던 밀집층, 제10장에서 배운 합성곱 층입니다. 여기서 만들 NLP 모델은 새로운 종류인 순환 신경망recurrent neural network, RNN 층도 사용합니다. RNN은 태생적으로 자연어처럼 순서대로 발생하는 정보를 처리합니다. 사실 금융 시계열 데이터나 한 지역의 온도처럼 어떤 종류의 순차 데이터도 처리할 수 있습니다. 매우 다재다능하죠. 모델 설계의 자유도를 크게 높여주는 다중 병렬 스트림으로 데이터를 처리하는 딥러닝 모델을 다루는 절로 이 장을 마무리하겠습니다. 나중에 보겠지만 모델의 정확도도 향상됩니다.

자연어 데이터 전처리

후속 모델링 작업의 정확도를 높이기 위해 자연어 데이터를 전처리하는 단계가 있습니다. 널리 사용하는 자연어 전처리 방식은 다음과 같습니다.

- 토큰화tokenization : 문서(예를 들면, 책 한 권)를 토큰이라 부르는 언어 개별 요소(예를 들면, 단어)의 목록으로 나눕니다.
- 모든 문자를 소문자로 바꾸기 : 대문자로 시작하는 문장 시작 단어(예를 들면 *She*)는

나중 문장에서 사용하는 단어(*she*)와 동일한 의미를 가집니다. 말뭉치^{corpus} 안의 모든 단어를 소문자로 바꾸어 대문자로 된 단어를 무시합니다.

- **불용어**^{stop word} 삭제 : 자주 등장하지만 *the, at, which, of* 와 같이 비교적 거의 특별한 의미를 가지지 않는 단어입니다. 정확한 불용어 목록에 대한 공감대는 없습니다. 애플리케이션에 따라 어떤 단어를 불용어로 고려할지 고려하지 않을지 확인하는 것이 좋습니다. 예를 들어 이 장에서 영화 리뷰를 긍정과 부정으로 분류하는 모델을 만듭니다. 어떤 불용어 목록은 *didn't, isn't, wouldn't* 같은 부정적인 단어를 포함합니다. 하지만 이런 단어는 영화 리뷰의 감성을 구별하는 데 매우 중요할 수 있기 때문에 삭제되서는 안 됩니다.

- **구두점 삭제** : 구두점은 일반적으로 자연어 모델에 큰 정보를 제공하지 않기 때문에 종종 삭제합니다.

- **어간 추출**^{stemming}[1] : 어간 추출은 단어를 어간^{stem}으로 자릅니다. 예를 들어 단어 *house*와 *housing*의 어간은 *hous*입니다. 작은 데이터세트의 경우 어간 추출은 비슷한 의미를 가지는 단어를 하나의 토큰으로 모으기 때문에 생산적입니다. 어간 추출된 토큰을 사용하면 word2vec이나 GloVe 같은 기법이 단어 벡터 공간에 있는 토큰의 적절한 위치를 더 정확하게 찾을 수 있습니다(그림 2.5와 그림 2.6 참조).

- **n-그램**^{n-gram} 다루기 : 어떤 단어들은 자주 함께 등장합니다. 이런 단어 조합은 개별적인 의미보다 하나의 의미로 간주하는 것이 더 잘 맞습니다. 예를 들어 *New York*은 바이그램^{bigram}입니다(길이가 2인 n-gram). *New York City*는 트라이그램^{trigram}입니다(길이가 3인 n-gram). *new, york, city*는 특정 의미가 있지만 3개의 개별 단어보다 서로 연결하여 하나의 토큰으로 (따라서 단어 벡터 공간에 하나의 위치로) 표현하는 것이 더 좋습니다.

모델링하려는 작업과 여기에 사용하려는 데이터세트에 따라 이런 전처리 단계를 모두 사용하거나 일부만 혹은 전혀 사용하지 않을 수 있습니다. 특정 문제에 어떤 전처리 단계를 적용한다면 이어지는 작업에 궁극적으로 도움이 될지 직관적으로 판단해야 합니다. 이에 대한 몇 가지 사례를 이미 언급했습니다.

---

1 어간 추출보다 더 정교한 **표제어 추출**은 사전에 등록된 표제어가 필요합니다. 이 책의 예제에서는 관련된 여러 단어를 하나의 토큰으로 간주하는 어간 추출로 충분합니다.

- 어간 추출은 작은 말뭉치에 도움이 되지만 대규모 말뭉치에는 도움이 되지 않습니다.

- 비슷하게 모든 문자를 소문자로 바꾸는 것은 작은 말뭉치로 작업할 때 도움이 되지만 대규모 말뭉치에서는 도움이 되지 않습니다. 말뭉치가 크면 단어의 개별 사용 사례가 훨씬 많습니다. 예를 들어 *general*('일반적인'이란 뜻의 형용사)과 *General*(군대에서 장군을 의미하는 명사)을 구분하면 도움이 됩니다.

- 구두점 제거는 모든 경우에 도움이 되지 않을 수 있습니다. 예를 들어 질문-대답 알고리즘을 만든다면 물음표가 질문을 구분하는 데 도움이 될 수 있습니다.

- 부정 조동사를 불용어에 포함시키면 어떤 분류기에 도움이 될 수 있지만 감성 분류 작업에는 도움이 되지 않습니다. 어떤 단어를 불용어에 포함하는지에 따라 애플리케이션에 큰 영향을 미치기 때문에 주의해야 합니다. 많은 경우 제한적으로 몇 개의 불용어만 제거하는 것이 바람직합니다.

전처리 단계가 도움이 되든지 안 되든지 확신이 없다면 후속 딥러닝 모델에 적용한 후 정확도에 영향을 미치는지 관찰하여 경험적으로 이 상황을 조사할 수 있습니다. 일반적인 규칙은 말뭉치가 클수록 적은 전처리 단계가 도움이 됩니다. 작은 말뭉치를 사용하는 경우 훈련 데이터세트에 드물게 있거나 없는 단어를 만나는 것에 대해 걱정할 수 있습니다. 드물게 나타나는 몇 개의 단어를 묶어 하나의 공용 토큰으로 만들면 관련 단어를 의미 그룹으로 묶어 효과적으로 모델을 훈련할 수 있습니다. 하지만 말뭉치가 커지면 희귀 단어나 어휘 사전에 없는 단어는 점점 더 문제가 되지 않습니다. 매우 큰 말뭉치가 있다면 몇 개의 단어를 하나의 공유 토큰으로 모으지 않는 것이 좋습니다. 자주 등장하지 않는 단어라도 충분한 샘플이 있어서 고유한 의미를 효과적으로 모델링하고 관련된 단어 사이의 미묘한 뉘앙스를 모델링할 수 있기 때문입니다(아니면 하나의 의미로 합쳐질 수 있습니다).

이런 전처리 단계의 실제 예를 보려면 📁 11-1.natural_language_preprocessing.ipynb 주피터 노트북을 참조하세요. 이 노트북은 필요한 패키지를 적재하는 것으로 시작합니다.

```
import nltk
from nltk import word_tokenize, sent_tokenize
from nltk.corpus import stopwords
from nltk.stem.porter import *
```

```
nltk.download('gutenberg')
nltk.download('punkt')
nltk.download('stopwords')

import string

import gensim
from gensim.models.phrases import Phraser, Phrases
from gensim.models.word2vec import Word2Vec

from sklearn.manifold import TSNE

import pandas as pd
from bokeh.io import output_notebook, output_file
from bokeh.plotting import show, figure
%matplotlib inline
```

필요한 것들은 대부분 nltk^{Natural Language Toolkit}와 gensim(또 다른 파이썬 자연어 라이브러리)에서 가져옵니다. 예제 코드에 적용하면서 이 라이브러리의 사용법을 설명하겠습니다.

토큰화

이 노트북에서 사용할 데이터세트는 구텐베르크 프로젝트[2]에 있는 말뭉치가 작은 무료 책입니다. 이 말뭉치는 nltk에서 제공하기 때문에 다음 코드로 쉽게 적재할 수 있습니다.

```
from nltk.corpus import gutenberg
```

작은 이 말뭉치는 18개의 문학 작품으로 구성됩니다. 제인 오스틴의 엠마, 루이스 캐럴의 이상한 나라의 앨리스, 윌리엄 셰익스피어의 희곡 3개 등이 포함되어 있습니다(gutenberg.

---

2 인쇄술을 대중화시킨 요하네스 구텐베르크의 이름을 딴 구텐베르크 프로젝트는 수만 권의 전자책을 제공합니다. 이 책들은 저작권이 만료되어 전 세계 누구나 자유롭게 사용할 수 있는 고전 문학 작품들입니다. gutenberg.org를 참조하세요.

fileids( )를 실행하면 18개의 작품 이름이 모두 출력됩니다). len(gutenberg.words( ))를 실행하면 이 말뭉치가 260만 개의 단어로 이루어졌다는 것을 알 수 있습니다. 이는 이 절의 모든 예제 코드를 노트북에서 실행할 수 있을 정도의 데이터 양입니다.

이 말뭉치를 문장의 리스트로 나누려면 nltk의 sent_tokenize( ) 메서드를 사용할 수 있습니다.

```
gberg_sent_tokens = sent_tokenize(gutenberg.raw( ))
```

gberg_sent_tokens[0]을 실행하여 결과 리스트의 첫 번째 원소를 확인하면 구텐베르크 프로젝트에 있는 첫 번째 책이 엠마임을 알 수 있습니다. 첫 번째 원소가 책의 표지, 장 표시, 첫 번째 문장을 포함하고 있고 개행 문자(\n)로 어지럽게 연결되어 있습니다.

'[Emma by Jane Austen 1816]\n\nVOLUME I\n\nCHAPTER I\n\n\nEmma Wood-house, handsome, clever, and rich, with a comfortable home\nand happy disposition, seemed to unite some of the best blessings\nof existence; and had lived nearly twenty-one years in the world\nwith very little to distress or vex her.'

gberg_sent_tokens[1]를 실행해 출력한 두 번째 원소는 독립된 문장입니다.

"She was the youngest of the two daughters of a most affectionate, \nindulgent father; and had, in consequence of her sister's mar-riage,\nbeen mistress of his house from a very early period."

nltk의 word_tokenize( ) 메서드를 사용해 이 문장을 단어 수준으로 더 토큰화할 수 있습니다.

```
word_tokenize(gberg_sent_tokens[1])
```

개행 문자를 포함해 모든 공백 문자를 제거한 단어 리스트를 출력합니다(그림 11.1). 예를

```
['She',
 'was',
 'the',
 'youngest',
 'of',
 'the',
 'two',
 'daughters',
 'of',
 'a',
 'most',
 'affectionate',
 ',',
 'indulgent',
 'father',
 ';',
 'and',
 'had',
 ',',
 'in',
 'consequence',
 'of',
 'her',
 'sister',
 "'",
 's',
 'marriage',
 ',',
 'been',
 'mistress',
 'of',
 'his',
 'house',
 'from',
 'a',
 'very',
 'early',
 'period',
 '.']
```

그림 11.1 단어 수준으로 토큰화한 제인 오스틴의 엠마에 있는 두 번째 문장

들어 단어 *father*는 두 번째 문장에서 열다섯 번째 단어입니다. 다음 코드를 실행해 확인할 수 있습니다.

```
word_tokenize(gberg_sent_tokens[1])[14]
```

sent_tokenize( )와 word_tokenize( ) 메서드가 자연어 데이터를 다룰 때 편리하지만 구텐베르크 프로젝트 말뭉치에서는 대신 sents( ) 내장 메서드를 사용해 한 번에 동일한 목적을 달성할 수 있습니다.

```
gberg_sents = gutenberg.sents( )
```

이 명령은 토큰화된 리스트의 리스트인 gberg_sents를 반환합니다. 바깥쪽 리스트는 개별 문장으로 구성되고 각 문장은 단어 리스트로 이루어집니다. 편리하게도 sents( ) 메서드는 표지와 장 표시를 별도의 원소로 분리해 줍니다. gberg_sents[0:2]를 호출해 이를 볼 수 있습니다.

```
[['[', 'Emma', 'by', 'Jane', 'Austen', '1816', ']'],
 ['VOLUME', 'I'],
 ['CHAPTER', 'I']]
```

따라서 엠마의 첫 번째 문장은 gberg_sents의 네 번째 원소입니다. 두 번째 문장에 있는 열다섯 번째 단어(*father*)를 얻으려면 gberg_sents[4][14]와 같이 사용합니다.

모든 문자를 소문자로 바꾸기

남은 자연어 처리 단계는 하나의 문장에 반복적으로 적용하겠습니다. 나중에 이 절을 마칠 때 18개의 문서로 이루어진 말뭉치 전체에 이 전처리 단계를 적용하겠습니다.

　[그림 11.1]을 다시 보면 대문자로 시작하는 단어 *She*가 첫 번째 단어입니다. 이 단어를 *she*와 동일하다고 간주하기 위해 대문자를 사용하지 않으려면 [코드 11.1]처럼 파이썬의 string 라이브러리에 있는 lower( ) 메서드를 사용하여 변환할 수 있습니다.

코드 11.1　소문자로 문장 바꾸기

```
[w.lower( ) for w in gberg_sents[4]]
```

이 코드는 리스트의 첫 번째 원소가 She 대신에 she라는 점을 제외하면 [그림 11.1]에 있는 것과 동일한 리스트를 반환합니다.

불용어와 구두점 삭제

[그림 11.1]에 있는 문장은 불편하게 불용어와 구두점이 섞여 있습니다. 이를 해결하기 위해 + 연산자로 nltk의 영어 불용어 리스트와 string 라이브러리의 구두점 리스트를 연결

해 보죠.

```
stpwrds = stopwords.words('english') + list(string.punctuation)
```

앞에서 만든 `stpwrds` 리스트를 확인해 보면 *a, an, the*[3]와 같이 특별한 의미가 없는 범용적인 단어를 많이 볼 수 있습니다. 하지만 "This film was *not* good"와 같은 문장에서 감성 분류기를 만들 때 중요할 수 있는 *not* 같은 단어나 다른 부정적인 단어도 포함되어 있습니다.

어쨌든 문장에서 `stpwrds`의 원소를 모두 제거하기 위해 [코드 11.1]에 있는 소문자 변경 코드를 적용해 [코드 11.2]처럼 리스트 내포list comprehension[4]를 구성할 수 있습니다.

코드 11.2 리스트 내포로 불용어와 구두점 삭제하기

```
[w.lower( ) for w in gberg_sents[4] if w.lower( ) not in stpwrds]
```

이 코드는 [그림 11.1]보다 훨씬 짧은 리스트를 반환합니다. 이 리스트는 어느 정도 의미를 갖는 단어만 포함하고 있습니다.

```
['youngest',
 'two',
 'daughters',
 'affectionate',
 'indulgent',
 'father',
 'consequence',
 'sister',
 'marriage',
 'mistress',
```

---

3 이 세 단어를 관사라고 부릅니다.

4 파이썬의 리스트 내포에 대한 자세한 내용은 bit.ly/listComp을 참조하세요. 옮긴이_옮긴이의 블로그에 있는 리스트 내포 설명도 참조하세요(bit.ly/3b2mGtF)

```
    'house',

    'early',

    'period']
```

어간 추출

단어의 어간을 추출하기 위해 nltk에서 제공하는 포터 알고리즘[5]을 사용하겠습니다.
PorterStemmer( ) 클래스의 객체를 만들고 [코드 11.2]에 있는 리스트 내포에 stem( )
메서드를 추가하여 [코드 11.3]처럼 구성합니다.

코드 11.3 리스트 내포에 어간 추출 추가하기

```
[stemmer.stem(w.lower( )) for w in gberg_sents[4]
 if w.lower( ) not in stpwrds]
```

출력은 다음과 같습니다.

```
    ['youngest',

    'two',

    'daughter',

    'affection',

    'indulg',

    'father',

    'consequ',

    'sister',

    'marriag',

    'mistress',

    'hous',

    'earli',

    'period']
```

---

5 Porter, M. F. (1980). An algorithm for suffix stripping. *Program*, *14*, 130-7.

많은 단어의 어간이 추출된 것을 제외하면 이전 출력과 비슷합니다.

1. *daughters*가 *daughter*로 바뀌었습니다(복수형과 단수형은 동일하게 취급됩니다).
2. *house*가 *hous*로 바뀌었습니다(*house*와 관련 있는 단어와 *housing*이 동일하게 취급됩니다).
3. *early*가 *earli*로 바뀌었습니다(*early, earlier, earliest*와 같은 시제가 다른 단어를 동일하게 취급합니다).

이런 어간 추출은 이 예에서처럼 말뭉치가 작을 경우 단어의 샘플이 비교적 적기 때문에 도움이 될 수 있습니다. 비슷한 단어를 모으면 등장 횟수를 늘릴 수 있고 벡터 공간에서 조금 더 정확한 위치에 할당할 수 있습니다(그림 2.6). 하지만 매우 큰 규모의 말뭉치라면 드물게 등장하는 단어도 많은 샘플을 가지고 있습니다. 이런 경우 복수형과 단수형 단어를 다르게 다루고, 관련된 단어를 고유하게 다루고 다양한 시제를 유지하는 것이 더 나을 수 있습니다. 가치 있는 정보가 뉘앙스에 포함될 수 있습니다.

n-그램 다루기

New York 같은 바이그램을 2개가 아니라 하나의 토큰으로 다루려면 gensim 라이브러리의 Phrases( )와 Phraser( ) 메서드를 사용합니다. [코드 11.4]에 나타난 것처럼 이 메서드를 사용하는 방법은 다음과 같습니다.

1. Phrases( )는 주어진 단어 쌍(기술적으로 말하면 바이그램입니다)이 개별 단어보다 말뭉치에 얼마나 자주 등장하는지 찾는 '감지기'를 훈련합니다
2. Phraser( )는 Phrases( ) 객체가 찾은 바이그램을 받고 이 정보를 사용해 2개의 연속된 토큰으로 이루어진 전체 바이그램을 하나의 토큰으로 바꾸는 객체를 만듭니다.

코드 11.4 바이그램 감지

```
phrases = Phrases(gberg_sents)
bigram = Phraser(phrases)
```

bigram.phrasegrams을 실행하면 바이그램의 횟수와 점수를 담은 딕셔너리가 출력됩니다. 이 딕셔너리의 처음 부분을 [그림 11.2]에 나타냈습니다.

```
{(b'two', b'daughters'): (19, 11.966813731181546),
 (b'her', b'sister'): (195, 17.7960829227865),
 (b"'", b's'): (9781, 31.066242737744524),
 (b'very', b'early'): (24, 11.01214147275924),
 (b'Her', b'mother'): (14, 13.529425062715127),
 (b'long', b'ago'): (38, 63.22343628984788),
 (b'more', b'than'): (541, 29.023584433996874),
 (b'had', b'been'): (1256, 22.306024648925288),
 (b'an', b'excellent'): (54, 39.063874851750626),
 (b'Miss', b'Taylor'): (48, 453.75918026073305),
 (b'very', b'fond'): (28, 24.134280468850747),
 (b'passed', b'away'): (25, 12.35053642325912),
 (b'too', b'much'): (173, 31.376002029426687),
 (b'did', b'not'): (935, 11.728416217142811),
 (b'any', b'means'): (27, 14.096964108090186),
 (b'wedding', b'-'): (15, 17.4695197740113),
 (b'Her', b'father'): (18, 13.129571562488772),
 (b'after', b'dinner'): (21, 21.5285481168817),
```

그림 11.2 말뭉치에서 감지된 바이그램의 딕셔너리

[그림 11.2]에 있는 각 바이그램은 횟수와 바이그램에 연관된 점수를 가집니다. 예를 들어 *two daughters* 바이그램은 구텐베르크 말뭉치에서 19번 등장합니다. 이 바이그램은 꽤 낮은 점수(12.0)를 가집니다. 이는 *two*와 *daughters*가 따로 등장하는 것에 비해 함께 등장하는 빈도가 낮다는 뜻입니다. 반대로 바이그램 *Miss Taylor*는 등장 횟수가 높고(48번) *Miss*와 *Taylor*가 함께 등장하는 빈도가 따로 등장하는 경우보다 훨씬 많습니다(점수가 453.8입니다).

[그림 11.2]에 있는 바이그램을 훑어 보면 대문자와 구두점이 들어 있습니다. 다음 절에서 이 이슈를 해결하겠습니다. 그동안 앞서 만든 `bigram` 객체를 사용해 연속된 2개의 토큰으로 이루어진 바이그램을 하나의 토큰으로 변환하는 방법을 알아보겠습니다. 짧은 문장을 `split()` 메서드를 사용해 공백을 기준으로 나누어 보죠.

```
tokenized_sentence = "Jon lives in New York City".split()
```

`tokenized_sentence`를 출력하면 유니그램unigram의 리스트인 `['Jon', 'lives', 'in', 'New', 'York', 'City']`가 나옵니다. 하지만 이 리스트를 gensim의 `bigram` 객체에 `bigram[tokenized_sentence]`와 같이 전달하면 바이그램 *New York*이 포함된 리스트 `['Jon', 'lives', 'in', 'New_York', 'City']`를 얻을 수 있습니다.

bigram 객체를 통해 말뭉치에 있는 바이그램을 찾은 다음 `Phrases( )`와 `Phraser( )`에 바이그램으로 채워진 새로운 말뭉치를 전달하여 트라이그램(예를 들면 *New York City*)을 감지할 수 있습니다. 이 과정을 반복해 4-그램을 감지할 수 있습니다(다시 반복해 5-그램을 만드는 식으로 계속됩니다). 하지만 이렇게 해서 얻을 수 있는 이익이 줄어듭니다. 대부분의 애플리케이션은 바이그램으로 (또는 많아야 트라이그램으로) 충분합니다. 어쨌든 구텐베르크 말뭉치로 트라이그램을 만든다면 *New York City*가 감지될 가능성이 적습니다. 고전 문학으로 이루어진 말뭉치에는 이런 단어가 충분히 자주 등장하지 않습니다.

전체 말뭉치 전처리하기

개별 문장에서 전처리 단계를 수행하는 예를 살펴보았으므로 이제 이런 코드를 조합하여 구텐베르크 프로젝트 말뭉치 전체를 전처리해 보겠습니다. 이를 통해 대문자와 구두점을 포함하지 않는 깨끗한 말뭉치에서 바이그램을 추출합니다.

나중에 이 장에서 스탠퍼드대학교의 앤드류 마스[Andrew Maas]와 동료들이 만든 영화 리뷰 말뭉치와 NLP 모델을 사용해 리뷰의 감성을 예측해 보겠습니다.[6] 데이터 전처리 단계에서 마스와 동료들은 감정을 나타내기 때문에[7] 불용어를 그대로 두기로 결정했습니다. 또한 어간을 추출하지 않기로 결정했습니다. 단어 벡터 기반의 NLP 모델이 데이터가 주어졌을 때 같은 어간을 갖는 단어가 유사한 표현을 학습할 정도로 말뭉치가 충분히 크다고 생각했기 때문입니다. 다르게 말하면 비슷한 의미를 가지는 단어는 훈련하는 동안 단어 벡터 공간(그림 2.6)에 비슷한 위치를 찾아야 합니다.

이 방식대로 [코드 11.5]와 같이 구텐베르크 말뭉치를 전처리할 때 불용어 제거와 어간 추출을 포기하겠습니다.

코드 11.5 구텐베르크 말뭉치에서 대문자와 구두점 제거

```
lower_sents = [ ]
```

---

6 Maas, A., et al. (2011). Learning word vectors for sentiment analysis. *Proceedings of the 49th Annual Meeting of the Association for Computational Linguistics*, 142–50.

7 이 장의 앞에서 언급했듯이 이는 필자의 생각과 같습니다.

```
for s in gberg_sents:

    lower_sents.append([w.lower( ) for w in s if w.lower( )

                        not in list(string.punctuation)])
```

이 예에서 빈 리스트 lower_sents를 먼저 만듭니다. 그다음 for 반복문에서 전처리된 문장을 추가합니다.[8] 반복문 안에서 각 문장을 전처리하기 위해 [코드 11.2]의 리스트 내포를 변형해 사용했습니다. 여기에서는 모든 문자를 소문자로 바꾸고 구두점만 제거합니다.

구두점과 대문자를 제거하고 말뭉치에서 바이그램을 찾기 위해 설정합니다.

```
lower_bigram = Phraser(Phrases(lower_sents))
```

[코드 11.4]에 비해 이번에는 Phrases( )와 Phraser( ) 메서드를 연결해 한 줄로 gensim 객체 lower_bigram을 만들었습니다. lower_bigram.phrasegrams의 출력 처음 부분이 [그림 11.3]에 있습니다. 이 바이그램을 [그림 11.2]의 바이그램과 비교해 보세요. 모두 소

```
{(b'two', b'daughters'): (19, 11.080802900992637),
 (b'her', b'sister'): (201, 16.93971298099339),
 (b'very', b'early'): (25, 10.516998773665177),
 (b'her', b'mother'): (253, 10.70812618607742),
 (b'long', b'ago'): (38, 59.226442015336005),
 (b'more', b'than'): (562, 28.529926612065935),
 (b'had', b'been'): (1260, 21.583193129694834),
 (b'an', b'excellent'): (58, 37.41859680854167),
 (b'sixteen', b'years'): (15, 131.42913000977515),
 (b'miss', b'taylor'): (48, 420.4340982546865),
 (b'mr', b'woodhouse'): (132, 104.19907841850323),
 (b'very', b'fond'): (30, 24.185726346489627),
 (b'passed', b'away'): (25, 11.751473221742694),
 (b'too', b'much'): (177, 30.36309017383541),
 (b'did', b'not'): (977, 10.846196223896685),
 (b'any', b'means'): (28, 14.294148100212627),
 (b'after', b'dinner'): (22, 18.60737125272944),
 (b'mr', b'weston'): (162, 91.63290824201266),
```

그림 11.3　소문자로 바꾸고 구두점을 삭제한 말뭉치로 만든 바이그램 딕셔너리의 일부분

 8　만약 대규모 말뭉치를 전처리하려면 간단한 (그래서 따라하기 쉬운) for 반복문 대신 최적화되고 병렬화된 함수형 프로그래밍 기법을 사용하는 것이 좋습니다.

문자인 것을 확인할 수 있고(예를 들면 *miss taylor*) 구두점을 포함한 바이그램이 어디에도 없습니다.

하지만 [그림 11.3]의 결과를 조금 더 살펴보면 횟수와 점수에 대한 기본 최소 임곗값이 너무 자유로워 보입니다.[9] 즉 *two daughters*와 *her sister* 같은 단어 쌍은 바이그램으로 보이지 않습니다. 조금 더 합리적인 바이그램을 만들려면 두 배씩 늘려가며 더 보수적인 횟수와 점수 임곗값으로 실험해야 합니다. 이 방식을 따르면 [코드 11.6]에서 보는 것처럼 보통 Phrases( )의 *min_count*를 32, 점수 임곗값인 *threshold*를 64로 설정하게 됩니다.

코드 11.6 보수적인 임곗값으로 바이그램 찾기

```
lower_bigram = Phraser(Phrases(lower_sents,
                               min_count=32, threshold=64))
```

*great deal*과 *few minutes*처럼 의문스러운 몇 개의 바이그램이 있기 때문에 완벽하지는 않지만[10] [그림 11.4]에 있는 lower_bigram.phrasegrams의 결과를 보면 대체적으로 납득할 수준입니다.

[코드 11.6]에서 준비한 lower_bigram 객체를 사용해 [코드 11.7]에서 for 반복문으로

```
{(b'miss', b'taylor'): (48, 156.44059469941823),
 (b'mr', b'woodhouse'): (132, 82.04651843976633),
 (b'mr', b'weston'): (162, 75.87438262077481),
 (b'mrs', b'weston'): (249, 160.68485093258923),
 (b'great', b'deal'): (182, 93.36368125424357),
 (b'mr', b'knightley'): (277, 161.74131790625913),
 (b'miss', b'woodhouse'): (173, 229.03802722366902),
 (b'years', b'ago'): (56, 74.31594785893046),
 (b'mr', b'elton'): (214, 121.3990121932397),
 (b'dare', b'say'): (115, 89.94000515807346),
 (b'frank', b'churchill'): (151, 1316.4456593286038),
 (b'miss', b'bates'): (113, 276.39588291692513),
 (b'drawing', b'room'): (49, 84.91494947493561),
 (b'mrs', b'goddard'): (58, 143.57843432545658),
 (b'miss', b'smith'): (58, 73.03442128232508),
 (b'few', b'minutes'): (86, 204.16834974753786),
 (b'john', b'knightley'): (58, 83.03755747111268),
 (b'don', b't'): (830, 250.30957446808512),
```

그림 11.4 보수적인 임곗값으로 만든 바이그램의 딕셔너리 일부분

---

9 옮긴이_min_count의 기본값은 5, threshold의 기본값은 10.0입니다.

10 물론 이는 통계적 근삿값입니다!

```
['sixteen',
 'years',
 'had',
 'miss_taylor',
 'been',
 'in',
 'mr_woodhouse',
 's',
 'family',
 'less',
 'as',
 'a',
 'governess',
 'than',
 'a',
 'friend',
 'very',
 'fond',
 'of',
 'both',
 'daughters',
 'but',
 'particularly',
 'of',
 'emma']
```

그림 11.5　구텐베르크 말뭉치에서 정제되고 전처리된 문장

정제된 문장의 말뭉치를 만듭니다.

코드 11.7　바이그램을 포함한 정제된 말뭉치 만들기

```
clean_sents = [ ]

for s in lower_sents:

    clean_sents.append(lower_bigram[s])
```

예를 들어 보면 [그림 11.5]는 정제된 말뭉치에서 일곱 번째 원소를 보여줍니다(clean_sents[6]). 이 문장에는 바이그램 *miss taylor*와 *mr woodhouse*가 포함되어 있습니다.

word2vec으로 단어 임베딩 만들기

정제된 자연어 말뭉치 clean_sents가 준비되었으니 말뭉치의 단어를 단어-벡터 공간(그림 2.6)에 잘 임베딩embedding 할 차례입니다. 이 절에서 보겠지만 이런 단어 임베딩을 한 줄

의 코드로 생성할 수 있습니다. 하지만 자세한 내용을 이해하지 않고 이 한 줄의 코드를 실행하면 안 됩니다. 주의를 기울여야 할 매개변수가 꽤 많습니다. 이를 유념하면서 예제 코드를 만들기 전에 단어 벡터 이면에 있는 핵심 이론을 다루어 보겠습니다.

word2vec의 핵심 이론

제2장에서 단어 벡터가 무엇인지 직관적으로 이해해 보았습니다. 어떤 단어의 주변 단어를 알 수 있기 때문에 이 단어의 의미를 주변에 등장하는 단어의 평균으로 표현할 수 있다는 아이디어를 설명했습니다. word2vec은 비지도 학습 기법입니다.[11] 즉, 레이블을 사용하지 않고 자연어 말뭉치에 적용할 수 있습니다. 이런 레이블은 말뭉치에 존재할 수도 있고 없을 수도 있습니다. 이 말은 어떤 자연어 데이터세트도 word2vec[12]의 입력으로 사용할 수 있다는 뜻입니다.

　word2vec을 실행할 때 2개의 모델 구조를 선택할 수 있습니다. 스킵 그램skip-gram, SG이나 CBOWcontinuous bag of words입니다. 이 두 방법은 상반된 입장에서 확률을 최대화했음에도 어느 것을 선택하거나 일반적으로 비슷한 결과를 만듭니다. 이해를 돕기 위해 [그림 2.5]에 있는 작은 말뭉치를 생각해 보겠습니다.

```
you shall know a word by the company it keeps
```

여기에서 word를 타깃 단어라 하면 오른쪽의 세 단어와 왼쪽의 세 단어를 문맥 단어라고 합니다(윈도우 크기는 세 단어가 됩니다. 윈도우 크기는 word2vec을 적용할 때 고려해야 할 주요 하이퍼파라미터 중 하나입니다). 스킵 그램에서는 타깃 단어로 문맥 단어를 예측합니다.[13] CBOW에서는 반대로 문맥 단어 기반으로 타깃 단어를 예측합니다.[14]

　word2vec을 확실히 이해하기 위해 (스킵 그램을 살펴볼 수도 있지만) CBOW 구조를 자세히 살펴보겠습니다. CBOW는 동시에 모든 문맥 단어의 평균으로 타깃 단어를 예측합니다. 문맥 단어의 위치를 고려하지 않고 타깃 단어의 앞이나 뒤에 나오는지도 고려하지

11　지도 학습, 비지도 학습, 강화 학습 문제의 차이점에 대해서는 제4장을 참조하세요.

12　Mikolov, T., et al. (2013). Efficient estimation of word representations in vector space. *arXiv:1301.3781*.

13　기술적인 머신 러닝 용어로 말하면 스킵 그램의 비용 함수는 현재 타깃 단어가 주어졌을 때 말뭉치에서 가능한 문맥 단어의 로그 확률을 최대화합니다.

14　이것도 기술적인 머신 러닝 용어로 말하면 CBOW의 비용 함수는 현재 문맥 단어가 주어졌을 때 말뭉치에서 가능한 타깃 단어의 로그 확률을 최대화합니다.

않습니다. CBOW의 이런 성질은 이름에 포함된 BOW^bag of words에 나타나 있습니다.

- 타깃 단어 오른쪽과 왼쪽에서 윈도우 안에 있는 모든 문맥 단어를 가져옵니다.
- 모든 문맥 단어를 (비유적으로!) 가방에 넣습니다. 단어의 순서가 무관하다는 것을 생각하면 이 가방을 흔들어 섞을 수도 있습니다.
- 가방에 포함된 모든 문맥 단어의 평균을 계산합니다. 이 평균을 사용해 타깃 단어가 무엇인지 추정합니다.

> 언어의 문법을 고려하면 단어 순서는 중요합니다(그림 2.9의 자연어 구성 요소를 참조하세요). 하지만 word2vec에서는 단어의 의미만 고려하기 때문에 문맥 단어의 순서는 상관이 없습니다.

CBOW 이름의 'BOW' 부분을 이해한 다음 이 이름의 'continuous' 부분을 생각해 보죠. 타깃 단어와 문맥 단어 윈도우는 말뭉치의 첫 번째 단어에서부터 한 번에 한 단어씩 마지막 단어까지 연속적으로 슬라이드합니다. 각 위치에서 주어진 문맥 단어로 타깃 단어를 예측합니다. 확률적 경사 하강법을 사용해 벡터 공간의 단어 위치를 조정할 수 있고 따라서 타깃 단어 예측이 점점 더 향상됩니다.

[표 11.1]에 요약된 것처럼 실제로 스킵 그램 구조가 작은 말뭉치로 작업하는 경우 더 나은 선택입니다. 희귀 단어를 단어 벡터 공간에 잘 표현합니다. 반대로 CBOW는 훨씬 계산 효율적입니다. 따라서 매우 큰 말뭉치로 작업할 때 더 좋은 선택입니다. 스킵 그램에 비해 CBOW는 자주 등장하는 단어를 조금 더 잘 표현합니다.[15]

> word2vec이 자연어 말뭉치의 단어를 벡터 공간으로 임베딩하는 데 가장 널리 사용되는 방법이지만 유일한 방법은 아닙니다. word2vec의 대표적인 다른 방법은 단어 표현을 위

---

15 스킵 그램이나 CBOW 중 어느 것을 사용하든지 word2vec을 실행할 때 선택할 수 있는 추가 옵션은 훈련 방법입니다. 계층적 소프트맥스와 네거티브 샘플링 두 가지 옵션이 있습니다. 전자는 정규화를 사용하고 희귀 단어에 더 잘 맞습니다. 반면 후자는 정규화를 포기하고 자주 등장하는 단어와 저차원 단어 벡터 공간에 더 잘 맞습니다. 이 책에서는 두 훈련 방법 사이의 차이가 중요하지 않으므로 더 자세히 다루지 않겠습니다.

표 **11.1** word2vec 구조 비교

구조	예측	강점
스킵 그램	주어진 타깃 단어로 문맥 단어를 예측합니다.	작은 말뭉치에 잘 맞고 희귀 단어를 잘 표현합니다.
CBOW	주어진 문맥 단어로 타깃 단어를 예측합니다.	몇 배 더 빠르고 자주 등장하는 단어를 조금 더 잘 표현합니다.

한 글로벌 벡터인 GloVe입니다. 유명한 자연어 연구자인 제프리 페닝턴Jeffrey Pennington, 리처드 소커Richard Socher, 크리스토퍼 매닝Christopher Manning이 발표했습니다.[16] 이 세 명은 2014년 현재 스탠퍼드대학교에서 함께 일하고 있습니다.

GloVe와 word2vec은 사용하는 방법론이 다릅니다. word2vec은 예측 모델이고 GloVe는 카운트 기반입니다. 궁극적으로 두 방법 모두 후속 NLP 애플리케이션에서 비슷하게 수행하는 벡터 공간 임베딩을 만듭니다. 일부 연구에서 word2vec이 몇 가지 경우에 다소 나은 결과를 제공할 수 있다고 주장합니다. GloVe의 장점 하나는 여러 개의 프로세서나 여러 대의 컴퓨터에서 병렬화할 수 있다는 것입니다. 따라서 많은 단어와 대규모 말뭉치로 단어 벡터 공간을 만들 때 선택할 수 있는 좋은 방법입니다.

word2vec와 GloVe의 대안으로 현재 선두 주자는 fastText입니다.[17, 18, 19, 20] 이 방법은 페이스북의 연구자들이 개발했습니다. fastText의 주요 장점은 부분 단어 수준에서 작동한다는 것입니다. fastText의 단어 벡터는 실제로 단어의 부분 구성 요소입니다. 이를 통해 fastText는 이 장의 초반 전처리 절에서 언급한 희귀 단어와 어휘 사전에 없는 단어에 관련된 문제를 처리합니다.

---

16 Pennington, J., et al. (2014). GloVe: Global vectors for word representations. *Proceedings of the Conference on Empirical Methods in Natural Language Processing.*

17 fastText 라이브러리는 fasttext.cc에서 오픈소스로 제공됩니다.

18 Joulin, A., et al. (2016). Bag of tricks for efficient text classification. *arXiv:1607.01759*

19 Bojanowski, P., et al. (2016). Enriching word vectors with subword information. *arXiv:1607.04606*

20 word2vec 논문의 제1저자인 토마스 미콜로프(Tomas Mikolov)가 이 두 fastText 논문의 마지막 저자입니다.

단어 벡터 평가

word2vec이나 다른 방법으로 만든 단어 벡터의 품질을 평가할 때 고려할 수 있는 두 가지 넓은 관점이 있습니다. 내적 평가와 외적 평가입니다.

외적 평가는 후속 NLP 애플리케이션이 무엇이든지 (예를 들면 감성 분석 분류기나 개체명 인식 도구) 그 안에서 단어 벡터의 성능을 평가하는 것입니다. 외적 평가는 계산 집약적인 딥러닝 모델의 훈련을 포함하여 후속 처리 단계를 모두 수행해야 하기 때문에 시간이 오래 걸릴 수 있습니다. 하지만 NLP 애플리케이션의 정확도를 향상시킨 것과 관련이 있다면 단어 벡터의 변경 사항을 유지할 가치가 있는지 확신할 수 있습니다.

이와 달리 내적 평가는 최종 NLP 애플리케이션이 아니라 특정 중간 작업에서 단어 벡터의 성능을 평가합니다. 널리 사용하는 작업 중 하나는 단어 벡터가 [그림 2.7]에 있는 것과 같은 산술 계산에 잘 맞는지 평가하는 것입니다. 예를 들어 king 단어 벡터 위치에서 시작해서 man을 빼고 woman을 더하면 queen 단어 벡터 위치 근처에 도달하나요?[21]

외적 평가에 비해 내적 평가가 빠릅니다. 또한 전체 NLP 처리 과정의 중간 단계를 이해하는 데 (따라서 문제를 해결하는 데) 도움을 줄 수 있습니다. 하지만 내적 평가의 제약 사항은 중간 테스트의 성능과 NLP 애플리케이션 사이 관계를 정량적이고 신뢰 있게 측정하지 못한다면 후속 NLP 애플리케이션의 정확도 향상으로 이어지지 못한다는 것입니다.

word2vec 실행하기

[코드 11.8]에서 보듯이 앞서 언급한 대로 word2vec은 한 줄의 코드로 실행할 수 있습니다. 하지만 여러 개의 매개변수를 사용합니다.

코드 11.8 word2vec 실행하기

```
model = Word2Vec(sentences=clean_sents, size=64,
                sg=1, window=10, iter=5,
                min_count=10, workers=4)
```

gensim 라이브러리의 Word2Vec( ) 메서드에 전달한 매개변수를 하나씩 살펴보겠습니다.

---

21 1만 9,500개의 이런 계산 테스트를 토마스 미콜로프(Tomas Mikolov)와 그의 동료들이 2013년 word2vec 논문에서 개발했습니다. 이 테스트 세트는 download.tensorflow.org/data/questions-words.txt에서 다운로드할 수 있습니다.

- sentences : clean_sents 같은 리스트의 리스트를 말뭉치로 전달합니다. 바깥쪽 리스트의 원소는 문장이고 안쪽 리스트의 원소는 단어 수준의 토큰입니다.

- size : word2vec을 실행하여 얻을 단어 벡터 공간의 차원 개수. 외적 평가나 내적 평가를 수행해 바꿀 수 있는 하이퍼파라미터입니다. 이 책의 다른 하이퍼파라미터처럼 골디락스 지점이 있습니다. 예를 들어 32차원으로 지정하고 이 값을 두 배씩 늘리면서 최적값을 찾을 수 있습니다. 차원 개수를 두 배로 늘리면 후속 딥러닝 모델의 계산 복잡도도 두 배가 됩니다. 하지만 이렇게 해서 모델 정확도가 크게 높아진다면 이 외적 평가는 복잡도를 추가할 가치가 있다는 것을 시사합니다. 반대로 차원 개수를 절반으로 줄이면 후속 모델의 계산 복잡도도 절반이 됩니다. 이렇게 해도 NLP 모델의 정확도가 크게 감소되지 않았다면 그렇게 해야 합니다. 간단한 내적 평가를 수행해 (잠시 후에 알아보겠습니다) 이 경우 64개의 차원이 32개보다 더 좋은 단어 벡터를 제공한다는 것을 알았습니다. 하지만 이 값을 128로 두 배 늘려도 눈에 띄게 향상되지는 않습니다.

- sg : 1로 지정해 스킵 그램을 선택합니다. 또는 기본값 0으로 놔두면 CBOW가 선택됩니다. [표 11.1]에 요약한 것처럼 스킵 그램이 일반적으로 구텐베르크 말뭉치 같은 작은 데이터세트에 더 잘 맞습니다.

- window : 스킵 그램의 경우 윈도우 크기 10이 좋은 선택입니다(총 20개의 문맥 단어). 따라서 이 하이퍼파라미터를 10으로 지정했습니다. CBOW를 사용하면 윈도우 크기 5가 최적값에 가깝습니다. 어느 경우든지 이 하이퍼파라미터를 외적 평가나 내적 평가로 실험할 수 있습니다. 하지만 이 하이퍼파라미터를 조금만 변경하면 눈에 띄는 영향이 없을 수 있습니다.

- iter : 기본적으로 gensim의 Word2Vec( ) 메서드는 입력된 말뭉치를 다섯 번 반복합니다. word2vec을 여러 번 반복하는 것은 딥러닝 모델을 여러 에포크에서 훈련하는 것과 비슷합니다. 이 예제처럼 작은 말뭉치에서는 여러 번 반복하면서 단어 벡터가 향상됩니다. 매우 큰 말뭉치에서는 두 번 반복하는 것도 계산 비용이 매우 많이 들 수 있습니다. 어쨌든 매우 큰 말뭉치에는 단어 샘플이 많기 때문에 단어 벡터가 더 나아지지 않을 수 있습니다.

- min_count : 단어 벡터 공간에 매핑하기 위해 말뭉치에 등장하는 단어의 최소 횟수입니다. 타깃 단어가 한 번이나 몇 번만 나타나면 고려할 문맥 단어의 샘플이 적고 단어

벡터 공간의 위치를 신뢰하기 어렵습니다. 이 때문에 최소 횟수는 10 정도가 합리적입니다. 이 횟수를 높이면 후속 NLP 작업에서 사용할 어휘 사전이 작아집니다. 이 하이퍼파라미터는 튜닝할 수 있으며 외적 평가가 내적 평가보다 이해하기 쉽습니다. 다루는 어휘 사전의 크기가 후속 NLP 애플리케이션에 상당한 영향을 미치기 때문입니다.

- workers : 훈련에 사용할 코어 개수입니다. 컴퓨터에 CPU가 8개의 코어가 있다면 병렬로 실행할 수 있는 최대 워커 스레드는 8입니다. 이 경우 8보다 작은 값을 선택하면 다른 작업에 여유 자원이 할당될 수 있습니다.

깃허브 저장소에 word2vec 객체의 save( ) 메서드로 모델을 저장했습니다.

```
model.save('clean_gutenberg_model.w2v')
```

word2vec을 실행하는 대신에 다음 코드로 단어 벡터를 적재할 수 있습니다.

```
model = gensim.models.Word2Vec.load('clean_gutenberg_model.w2v')
```

저장소에 있는 단어 벡터를 선택한다면 이어지는 예제의 결과가 동일할 것입니다.[22] len(model.wv.vocab)를 실행하면 어휘 사전의 크기를 볼 수 있습니다. 출력값은 10,329개의 단어(정확하게는 토큰)입니다. clean_sents 말뭉치에 적어도 열 번 이상 등장하는 단어의 개수입니다.[23] 어휘 사전에 있는 단어 중 하나는 *dog*입니다. [그림 11.6]에 있듯이 model.wv['dog']를 실행하면 64차원의 단어 벡터 공간 안에 있는 이 단어의 위치를 출력합니다.

단어 벡터의 품질에 대한 기본적인 내적 평가를 위해 most_similar( ) 메서드를 수행하여 비슷한 의미를 가지는 단어를 단어 벡터 공간 안의 비슷한 위치에서 찾을 수 있는지

---

[22] word2vec이 실행될 때마다 단어 벡터 공간에 있는 어휘 사전의 모든 단어의 초기 위치가 랜덤하게 할당됩니다. 이 때문에 데이터가 같고 word2vec( )의 매개변수가 같더라도 매번 다른 단어 벡터를 만듭니다. 하지만 의미 관계는 비슷할 것입니다.

[23] [코드 11.8]에서 word2vec( )에 min_count=10으로 지정했기 때문에 어휘 사전의 크기는 말뭉치에서 최소한 열 번 이상 등장하는 토큰의 개수와 같습니다.

```
array([ 0.38401067,  0.01232518, -0.37594706, -0.00112308,  0.38663676,
        0.01287549,  0.398965  ,  0.0096426 , -0.10419296, -0.02877572,
        0.3207022 ,  0.27838793,  0.62772304,  0.34408906,  0.23356602,
        0.24557391,  0.3398472 ,  0.07168821, -0.18941355, -0.10122284,
       -0.35172758,  0.4038952 , -0.12179806,  0.096336  ,  0.00641343,
        0.02332107,  0.7743452 ,  0.03591069, -0.20103034, -0.1688079 ,
       -0.01331445, -0.29832968,  0.08522387, -0.02750671,  0.32494134,
       -0.14266558, -0.4192913 , -0.09291836, -0.23813559,  0.38258648,
        0.11036541,  0.005807  , -0.16745028,  0.34308755, -0.20224966,
       -0.77683043,  0.05146591, -0.5883941 , -0.0718769 , -0.18120563,
        0.00358319, -0.29351747,  0.153776  ,  0.48048878,  0.22479494,
        0.5465321 ,  0.29695514,  0.00986911, -0.2450937 , -0.19344331,
        0.3541134 ,  0.3426432 , -0.10496043,  0.00543602], dtype=float32)
```

그림 11.6 구텐베르크 말뭉치를 사용해 생성한 64차원의 단어 벡터 공간 안에 있는 'dog' 토큰의 위치

확인할 수 있습니다.[24] 예를 들어 단어 벡터 공간에서 *father*와 가장 유사한 단어 3개를 출력하려면 다음 코드를 실행합니다.

```
model.wv.most_similar('father', topn=3)
```

출력은 다음과 같습니다.

```
[('mother', 0.8257375359535217),
 ('brother', 0.7275018692016602),
 ('sister', 0.7177823781967163)]
```

이 출력은 단어 벡터 공간에서 *mother*, *brother*, *sister*가 *father*와 가장 유사한 단어라는 것을 말해줍니다. 다르게 말하면 이 64차원 공간에서 *father*와 가장 가까운 단어는 *mother*입니다.[25] [표 11.2]는 어휘 사전에서 고른 특정 단어와 가장 유사한 단어의 예를 보여줍니다. 이 다섯 가지의 예는 작은 구텐베르크 말뭉치에서 꽤 좋은 결과를 보여줍니다.[26]

다음 코드를 실행해 보죠.

---

24 기술적으로 말하면 주어진 두 단어 사이의 유사도는 코사인 유사도를 사용해 계산합니다.

25 즉 64차원 벡터 공간에서 가장 짧은 유클리드 거리를 가진 단어입니다.

 26 바이그램을 사용했기 때문에 [표 11.2]에 있는 마지막 단어는 ma'am을 나타냅니다(코드 11.6, 코드 11.7 참조). 옮긴이_구두점을 삭제하기 때문에 홑따옴표가 삭제되고 2개의 토큰으로 분리됩니다.

표 11.2 구텐베르크 어휘 사전에서 선택한 단어와 가장 유사한 단어

테스트 단어	가장 유사한 단어	코사인 유사도 점수
father	mother	0.82
dog	puppy	0.78
eat	drink	0.83
day	morning	0.76
ma_am	madam	0.85

```
model.wv.doesnt_match("mother father sister brother dog".split( ))
```

dog가 출력됩니다. 이는 *dog*가 다른 단어와 가장 비슷하지 않다는 것을 나타냅니다. 또한 다음 코드로 *father*와 *dog* 사이의 유사도 점수가 0.44밖에 되지 않는다는 것을 확인할 수 있습니다.

```
model.wv.similarity('father', 'dog')
```

0.44의 유사도 점수는 *father*와 *mother, brother, sister* 사이의 유사도에 비해 많이 낮습니다. 따라서 *dog*가 단어 벡터 공간에서 다른 네 단어와 비교적 멀리 떨어져 있다는 것이 놀라운 일이 아닙니다.

간단한 마지막 내적 평가로 [그림 2.7]과 같은 단어 벡터에 대한 계산을 수행할 수 있습니다. 예를 들어 다음 코드로 $v_{father} - v_{man} + v_{woman}$을 계산해 보죠.

```
model.wv.most_similar(positive=['father', 'woman'], negative=['man'])
```

가장 높은 점수의 단어로 올바른 답인 **mother**가 출력됩니다. 비슷하게 다음 코드를 실행해 보겠습니다.

```
model.wv.most_similar(positive=['husband', 'woman'], negative=['man'])
```

이 경우도 가장 높은 점수의 단어로 역시 올바른 답인 wife가 출력됩니다. 따라서 이 단어 벡터 공간이 대체적으로 올바르게 형성되었다고 말할 수 있습니다.

n-차원 단어 벡터 공간에 있는 한 차원이 단어와 관련된 특정 요소를 반드시 표현하는 것은 아닙니다. 예를 들어 성별이나 동사 시제의 실제 의미 차이는 단어 벡터 공간 안에 있는 어떤 벡터의 방향으로 나타납니다(즉, 일부 차원의 조합을 따라 이동하는 것입니다). 하지만 이 의미 있는 벡터 방향이 우연히 벡터 공간의 특정 축과 나란하거나 연관될 수 있습니다.

이는 n-차원 벡터 공간을 사용하는 다른 방법과 대비됩니다. 여기에서는 축이 특정 설명 변수를 나타내는 경향이 있습니다. 많은 사람들에게 친숙한 한 방법은 주성분 분석principal component analysis, PCA입니다. 데이터세트의 분산에 기여하는 상관관계가 없는 (즉, 수직인) 벡터를 찾습니다. PCA와 단어 벡터 공간의 한 포인트에 저장된 정보의 차이 때문에 분산에 가장 많이 기여하는 PCA의 첫 번째 주성분에 초점을 맞추고 다른 주성분은 무시할 수 있습니다. 하지만 단어 벡터 공간에서는 모든 차원이 중요하고 고려 대상이 됩니다. PCA 같은 방법은 다른 차원을 신경 쓸 필요가 없기 때문에 차원 축소에 유용합니다.

단어 벡터 출력하기

사람의 뇌는 3차원보다 높은 차원을 시각화하는 데 적합하지 않습니다. 따라서 수십 또는 수백 개의 차원을 가진 단어 벡터를 있는 그대로 출력하는 일은 불가능합니다. 다행히 차원 축소dimensionality reduction 기법을 사용해 고차원 단어 벡터 공간에 있는 단어 위치를 2차원이나 3차원으로 근사적으로 매핑할 수 있습니다. 차원 축소로 추천하는 한 방법은 로랑스 반 더 매튼Laurens van der Maaten과 제프리 힌튼(그림 1.16)이 공동으로 개발한 t-SNEt-distributed stochastic neighbor embedding입니다.[27]

---

27 van der Maaten, L., & Hinton, G. (2008). Visualizing data using t-SNE. *Journal of Machine Learning Research*, *9*, 2579–605.

[코드 11.9]는 64차원의 구텐베르크 단어 벡터 공간을 2차원으로 축소하는 코드로
📁 11-1.natural_language_preprocessing.ipynb 노트북에서 볼 수 있습니다. x와 y좌표
결괏값을 판다스 데이터프레임에 저장합니다. (사이킷런 라이브러리의) TSNE( ) 클래스에
는 2개의 중요한 매개변수가 있습니다.

- n_components는 반환될 차원 개수입니다. 따라서 이 매개변수를 2로 지정하면 2차원
  결과가 만들어지고 3으로 지정하면 3차원 결과가 만들어집니다.
- n_iter는 입력 데이터를 반복하는 횟수입니다. word2vec에서처럼(코드 11.8) 반복은
  신경망 훈련의 에포크와 비슷합니다. 반복 횟수가 크면 훈련 시간이 오래 걸리지만 결
  과는 향상됩니다(다만 한계가 있습니다).

코드 11.9 t-SNE를 사용한 차원 축소

```
tsne = TSNE(n_components=2, n_iter=1000)
X_2d = tsne.fit_transform(model.wv[model.wv.vocab])
coords_df = pd.DataFrame(X_2d, columns=['x', 'y'])
coords_df['token'] = model.wv.vocab.keys( )
```

[코드 11.9]처럼 t-SNE를 실행하면 컴퓨터에 따라 시간이 조금 걸릴 수 있습니다. 기다
리기 싫다면 다음 코드를 사용해 미리 준비한 결괏값을 불러올 수 있습니다.[28, 29]

```
coords_df = pd.read_csv('clean_gutenberg_tsne.csv')
```

t SNE를 실행해 데이터에서 직접 coords_df를 만들거나 미리 만들어진 것을 불러오든지
에 상관없이 head( ) 메서드로 DataFrame의 처음 몇 개 행을 확인할 수 있습니다.

```
coords_df.head( )
```

---

[28] 다음 명령으로 단어 벡터에서 t-SNE를 실행하여 CSV 파일을 만들었습니다.
   coords_df.to_csv('clean_gutenberg_tsne.csv', index=False)
[29] t-SNE는 확률적이기 때문에 실행할 때마다 다른 결과가 나올 것입니다.

[그림 11.7]에 head( ) 메서드의 결과가 나타나 있습니다.

[코드 11.10]은 (코드 11.9에서) t-SNE로 만든 2차원 데이터의 산점도 그래프(그림 11.8)를 그리는 코드입니다.

코드 11.10 단어 벡터 공간의 2차원 산점도 그리기

```
_ = coords_df.plot.scatter('x', 'y', figsize=(12, 12),
                           marker='.', s=10, alpha=0.2)
```

[그림 11.8]에 나타난 산점도가 흥미로울 수 있지만 여기에서 얻을 수 있는 정보가 많지 않습니다. 대신 *bokeh* 라이브러리를 사용해 매우 인터랙티브하고 정보가 풍부한 그래프를 만들 수 있습니다. [코드 11.11]의 코드를 참조하세요.[30]

코드 11.11 2차원 단어 벡터 데이터의 인터랙티브한 bokeh 그래프 만들기

```
output_notebook( )
subset_df = coords_df.sample(n=5000)
p = figure(plot_width=800, plot_height=800)
_ = p.text(x=subset_df.x, y=subset_df.y, text=subset_df.token)
show(p)
```

[코드 11.11]은 [그림 11.9]에 있는 인터랙티브한 산점도를 만듭니다. 이 그래프의 *x*와 *y* 축은 t-SNE에서 생성한 것입니다.

그래프의 오른쪽 위 모서리에 있는 Wheel Zoom 버튼을 누르면 마우스로 특정 위치를 확대하여 단어를 확인할 수 있습니다. 예를 들어 [그림 11.10]처럼 대부분 의류 항목으로 구성된 영역을 찾을 수 있습니다. 또 인체 구성 요소와 색깔, 천 종류를 포함한 군집이 근처에 있습니다. 이런 식으로 살펴보면 관련된 용어, 특히 동의어가 기대대로 함께 모여 있는지 주관적인 평가를 할 수 있습니다. 비슷하게 자연어 처리 단계의 특정 문제를 찾을 수도 있습니다. 예를 들면 단어 벡터 어휘 사전에 포함되지 않기를 바라는 구두점, 바이그램

---

30 [코드 11.11]에서 판다스 sample( ) 메서드를 사용해 데이터세트의 크기를 5,000개의 토큰으로 줄였습니다. 이보다 많은 데이터를 사용하면 인터랙티브한 bokeh 그래프를 사용할 때 사용자 경험이 좋지 않기 때문입니다.

	x	y	token
0	62.494060	8.023034	emma
1	8.142986	33.342200	by
2	62.507140	10.078477	jane
3	12.477635	17.998343	volume
4	25.736960	30.876250	i

그림 11.7 구텐베르크 말뭉치에서 만든 단어 벡터 공간의 2차원 표현을 담은 판다스 DataFrame. 토큰마다 x와 y 좌표 값을 가집니다.

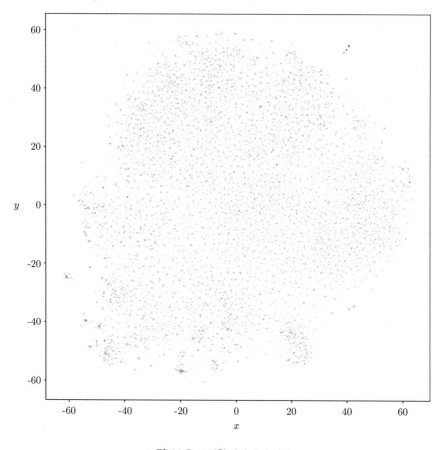

그림 11.8 2차원 단어 벡터 산점도

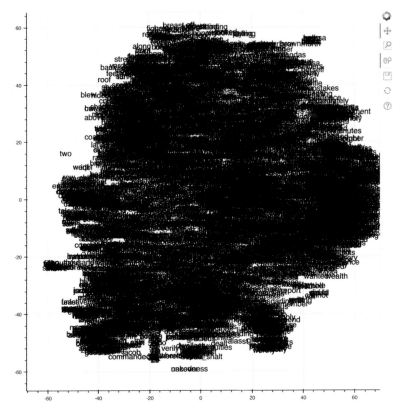

그림 11.9   인터랙티브한 bokeh 2차원 단어 벡터 그래프

이나 다른 토큰을 찾을 수 있습니다.

ROC 곡선의 면적

재미있고 인터랙티브한 단어 벡터 그래프를 잠시 멈추어 보죠. 여기에서는 자연어 처리와 관련된 내용을 잠시 쉬고 다음 절에서 딥러닝 NLP 모델의 성능을 평가할 때 만나게 될 측정 지표를 소개하겠습니다.

지금까지 대부분의 모델은 다중 클래스 출력을 가졌습니다. 예를 들어 MNIST 숫자 데이터를 다룰 때 입력 이미지가 나타내는 10개의 숫자에 각각 대응하는 출력 뉴런 10개를 사용했습니다. 하지만 이 장의 나머지 절에서 사용하는 딥러닝 모델은 이진 분류기입니다. 즉 딱 2개의 클래스만 구분합니다. 조금 더 구체적으로 말하면 이진 분류기를 만들어 영화

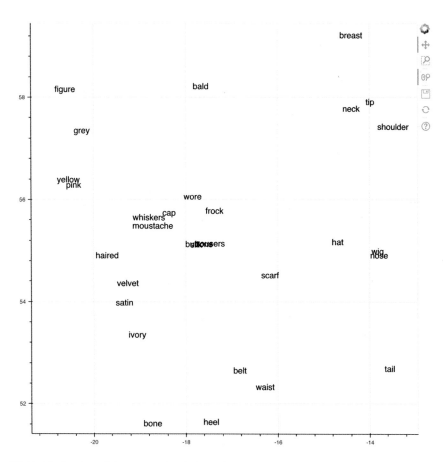

그림 11.10 [그림 11.9]의 bokeh 그래프의 한 영역을 확대하여 드러난 구텐베르크 말뭉치에 있는 의류 단어

리뷰가 긍정인지 부정인지를 예측하겠습니다.

　다중 클래스 문제를 다루는 인공 신경망은 클래스만큼 출력 뉴런 개수가 필요합니다. 이와 달리 이진 분류기 신경망은 하나의 출력 뉴런만 필요합니다. 왜냐하면 2개의 출력 뉴런을 가져서 얻을 추가 정보가 없기 때문입니다. 이진 분류기가 어떤 입력 x를 받아 클래스 하나를 위한 출력 $\hat{y}$을 계산하면 다른 클래스의 출력은 단순히 $1 - \hat{y}$으로 계산할 수 있습니다. 예를 들어, 영화 리뷰 하나를 이진 분류기에 주입하고 이 리뷰가 긍정적일 확률을 0.85로 출력한다면 이 리뷰가 부정적일 확률은 $1 - 0.85 = 0.15$입니다.

　이진 분류기가 하나의 출력을 가지기 때문에 다중 클래스 문제에 주로 사용하는 이분법적인 정확도 지표에 비해 세련된 지표를 사용해 모델의 성능을 평가할 수 있습니다. 예를 들어 일반적인 정확도 계산은 $\hat{y} > 0.5$일 경우 모델은 입력 x가 한 클래스에 속한다고 예측하고, 출력이 0.5보다 작은 경우 다른 클래스에 속한다고 가정합니다. 이런 특정 이진 임 곗값이 왜 과도하게 단순한지 이해하기 위해 한 영화 리뷰를 입력했을 때 이진 분류기가 $\hat{y}$ = 0.48을 출력했다고 생각해 보죠. 전형적인 정확도 계산은 ($\hat{y}$이 0.5보다 작기 때문에) 부정적인 리뷰로 분류할 것입니다. 두 번째 영화 리뷰의 출력이 $\hat{y}$ = 0.51이라면 모델은 첫 번째 리뷰에 비해 이 리뷰가 긍정적이라는 확신이 많지 않습니다. 하지만 0.51은 정확도 임곗값 0.5보다 크기 때문에 두 번째 리뷰는 긍정 리뷰로 분류됩니다.

정확도 지표 임곗값의 삭막함은 모델 출력의 품질에 있는 상당한 뉘앙스를 감출 수 있습니다. 따라서 이진 분류기의 성능을 평가할 때 ROC AUCarea under the curve of the receiver operating characteristic 지표를 선호합니다. ROC AUC의 기원은 제2차 세계대전까지 거슬러 올라갑니다. 적군의 존재를 식별할 때 레이더 기술자의 판단 성능을 평가하기 위해 개발되었습니다.

두 가지 이유로 ROC AUC를 선호합니다.

1. 2개의 유용한 지표인 진짜 양성 비율과 거짓 양성 비율을 섞어서 하나의 요약값을 만듭니다.
2. 0.0에서부터 1.0까지 $\hat{y}$의 전체 영역에 걸쳐서 이진 분류기의 출력 성능을 평가할 수 있습니다. 일반적으로 $\hat{y}$ = 0.5인 단일 임곗값만으로 이진 분류기의 성능을 평가하는 정확도 지표와 비교됩니다.

오차 행렬

ROC AUC 지표 계산 방법을 이해하는 첫 단계는 오차 행렬[31]을 이해하는 것입니다. 이 행렬은 이진 분류기로 동작하면서 모델(제2차 세계대전 때는 사람)이 얼마나 혼돈을 일으키는지 나타내는 간단한 2×2 표입니다. [표 11.3]에 오차 행렬의 예가 나타나 있습니다.

예를 들어 오차 행렬을 설명하기 위해 이전 장에서 엉터리 예제를 만들기 위해 사용했던 핫도그 이진 분류기를 다시 꺼내 보죠.

- 어떤 입력 x를 모델에 제공했을 때 이 입력이 핫도그를 나타낸다고 예측하면 예측 y =

---

31 옮긴이_종종 '혼동 행렬'이라고도 부릅니다.

표 11.3　오차 행렬

		실제 y	
		1	**0**
예측 y	1	진짜 양성	거짓 양성
	0	거짓 음성	진짜 음성

1이기 때문에 테이블의 첫 번째 행에서 다룹니다. 이 경우

- 진짜 양성 : 입력이 진짜 핫도그라면(즉 실제 $y = 1$), 모델이 입력을 올바르게 분류한 것입니다.
- 거짓 양성 : 입력이 진짜 핫도그가 아니라면(즉 실제 $y = 0$), 모델이 입력을 **잘못** 분류한 것입니다.

- 어떤 입력 x를 모델에 제공했을 때 이 입력이 핫도그를 나타내지 않는다고 예측하면 예측 $y = 0$이기 때문에 테이블의 두 번째 행에서 다룹니다. 이 경우

- 거짓 음성 : 입력이 진짜 핫도그라면(즉 실제 $y = 1$), 모델이 입력을 잘못 분류한 것입니다.
- 진짜 음성 : 입력이 진짜 핫도그가 아니라면(즉 실제 $y = 0$), 모델이 입력을 올바르게 분류한 것입니다.

ROC AUC 계산하기

오차 행렬을 간단히 둘러 보았으므로 간단한 예를 들어 ROC AUC 지표를 계산해 보겠습니다. [표 11.4]에 있는 것처럼 이진 분류기 모델에 4개의 입력을 제공합니다. 두 입력은 진짜 핫도그($y = 1$)이고 2개는 가짜 핫도그($y = 0$)입니다. 각 입력에 대해 모델이 예측 $\hat{y}$을 출력합니다. 이 값이 [표 11.4]에 있습니다.

ROC AUC 지표를 계산하려면 모델이 출력한 각 $\hat{y}$ 값을 이진 분류 임곗값으로 생각합니다. 가장 작은 $\hat{y}$인 0.3부터 시작해 보죠(표 11.5의 '0.3 임곗값' 열을 보세요). 이 임곗값에서는 처음 두 입력만 핫도그가 아니라고 분류됩니다. 세 번째와 네 번째 입력은 모두 핫도그로 분류됩니다(모두 $\hat{y} > 0.3$). 이 4개의 예측 결과를 [표 11.3]의 오차 행렬로 비교해 보죠.

표 11.4 핫도그 4개 예측

y	$\hat{y}$
0	0.3
1	0.5
0	0.6
1	0.9

표 11.5 핫도그 4개 예측과 ROC AUC 계산

y	$\hat{y}$	0.3 임곗값	0.5 임곗값	0.6 임곗값
0(가짜 핫도그)	0.3	0(TN)	0(TN)	0(TN)
1(진짜 핫도그)	0.5	1(TP)	0(FN)	0(FN)
0(가짜 핫도그)	0.6	1(FP)	1(FP)	0(TN)
1(진짜 핫도그)	0.9	1(TP)	1(TP)	1(TP)
진짜 양성 비율 $= \dfrac{TP}{TP+FN}$		$\dfrac{2}{2+0}=1.0$	$\dfrac{1}{1+1}=0.5$	$\dfrac{1}{1+1}=0.5$
가짜 양성 비율 $= \dfrac{FP}{FP+TN}$		$\dfrac{1}{1+1}=0.5$	$\dfrac{1}{1+1}=0.5$	$\dfrac{0}{0+2}=0.0$

1. 진짜 음성 : 실제로 가짜 핫도그($y=0$)이고 가짜라고 올바르게 예측합니다.
2. 진짜 양성 : 실제로 진짜 핫도그($y=1$)이고 진짜라고 올바르게 예측합니다.
3. 가짜 양성 : 실제로 가짜 핫도그($y=0$)이지만 진짜라고 잘못 예측합니다.
4. 진짜 양성 : 두 번째 입력처럼 실제로 진짜 핫도그($y=1$)이고 진짜라고 올바르게 예측합니다.

분류 임곗값을 0.5로 설정하고 동일한 과정을 반복합니다. 임곗값을 0.6으로 설정하고 또 반복하여 [표 11.5]의 나머지 열을 모두 채웁니다. 연습 삼아 각 임곗값에서 실제 y값과 오차 행렬(표 11.3)을 비교하여 이 두 열을 채워보는 것이 개념을 잘 이해하는 데 좋습니다. 마지막으로 가장 높은 $\hat{y}$값(이 경우 0.9)은 임곗값으로 사용할 수 없습니다. 이 임곗값은 매우 높아 4개 샘플 전부를 핫도그가 아닌 것으로 간주하여 결정 경계를 만들지 못하기 때

문입니다.

　ROC AUC를 계산하는 다음 단계는 3개의 임곗값에서 진짜 양성 비율(TPR)과 가짜 양성 비율(FPR)을 계산하는 것입니다. [식 11.1]과 [식 11.2]는 '0.3 임곗값' 열을 사용해 진짜 양성 비율과 가짜 양성 비율을 어떻게 계산하는지 보여줍니다.

$$
\begin{aligned}
\text{진짜 양성 비율} &= \frac{(TP \text{ 개수})}{(TP \text{ 개수}) + (FN \text{ 개수})} \\
&= \frac{2}{2+0} \\
&= \frac{2}{2} \\
&= 1.0
\end{aligned}
\tag{11.1}
$$

$$
\begin{aligned}
\text{가짜 양성 비율} &= \frac{(FP \text{ 개수})}{(FP \text{ 개수}) + (TN \text{ 개수})} \\
&= \frac{1}{1+1} \\
&= \frac{1}{2} \\
&= 0.5
\end{aligned}
\tag{11.2}
$$

임곗값 0.5와 0.6의 TPR와 FPR을 계산하는 식을 [표 11.5] 아래에 추가했습니다. 여기에서도 직접 이 값을 계산하여 확인해 보세요.

　ROC AUC 계산의 마지막 단계는 [그림 11.11]과 같은 그래프를 그리는 것입니다. ROC 곡선의 모양을 결정하는 포인트는 [표 11.5]에 있는 모든 임곗값에서 계산한 FPR(x축)과 TRP(y축)입니다. 또한 그래프의 왼쪽 아래와 오른쪽 위 모서리 포인트가 추가됩니다. 구체적으로 다음처럼 5개의 포인트(그림 11.11의 주황색 점)가 있습니다.

1. $(0, 0)$: 왼쪽 아래 모서리
2. $(0, 0.5)$: 임곗값 0.6
3. $(0.5, 0.5)$: 임곗값 0.5
4. $(0.5, 1)$: 임곗값 0.3
5. $(1, 1)$: 오른쪽 위 모서리

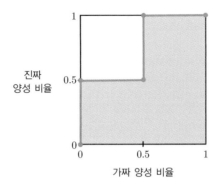

그림 11.11 [표 11.5]에 있는 TPR과 FPR로 그린 ROC 곡선 아래의 (주황색) 면적

이 작은 예제에 4개의 $\hat{y}$값만 사용했기 때문에 ROC 곡선을 그리는 데 5개 포인트만 있습니다. 그래서 그래프가 계단 모양입니다. 일반적으로 실전 문제처럼 예측한 $\hat{y}$값이 많으면 ROC 곡선이 많은 포인트를 가지게 되므로 계단 모양보다는 훨씬 곡선에 가깝게 됩니다. ROC의 아래 면적(AUC)은 말 그대로입니다. [그림 11.11]에서 이 면적을 주황색으로 칠했습니다. 이 경우 AUC는 전체의 75 퍼센트를 차지하므로 ROC AUC 지표는 0.75가 됩니다.

랜덤하게 작동하는 이진 분류기는 왼쪽 아래 모서리에서 오른쪽 위 모서리까지 이어지는 대각선을 만듭니다. 따라서 ROC AUC 0.5는 랜덤하게 동작하는 분류기를 의미합니다. 완벽한 ROC AUC는 1.0입니다. 가능한 모든 $\hat{y}$ 임곗값에서 FPR = 0이고 TPR = 1일 경우에 만들어집니다. 따라서 ROC AUC를 기반으로 잘 수행되는 이진 분류기를 만들려면 $\hat{y}$ 임곗값 전체에서 FPR을 최소화하고 TPR을 최대화하는 것이 목표입니다. 하지만 대부분의 문제에서 완벽한 ROC AUC인 1.0을 얻는 것이 불가능합니다. 데이터에 보통 일부 잡음(또는 많은 잡음)이 있기 때문에 완벽한 점수를 달성할 수 없습니다. 따라서 어떤 데이터세트로 작업할 때 어떤 (일반적으로 알려지지 않은!) 최대 ROC AUC 점수가 있습니다. 즉 얼마나 이진 분류기로 모델이 문제에 이상적으로 잘 맞는지에 상관없이 어떤 모델도 달성할 수 없는 ROC AUC 최댓값이 있습니다.

이 장의 나머지에서는 이미 알고 있는 간단한 정확도와 비용에 더해서 ROC AUC 지표를 사용해 이진 분류 딥러닝 모델의 성능을 평가하겠습니다.

신경망으로 영화 리뷰 분류하기

이 절에서는 이 장에서 배운 개념(자연어 처리 모범 사례, 단어 벡터, ROC AUC 지표)과 이전 장에서 배운 딥러닝 이론을 연결합니다. 앞에서 이미 언급했듯이 이 장의 나머지 부분에서 다룰 자연어 처리 모델은 영화 리뷰가 긍정인지 부정인지 예측하는 이진 분류기입니다. 앞 장에서 배운 신경망 종류(밀집 신경망과 합성곱 신경망)를 사용해 자연어 문서를 분류하고 순서대로 등장하는 데이터를 다루는 데 특화된 신경망으로 넘어가겠습니다.

IMDb 영화 리뷰 데이터

성능 기준점을 정하기 위해 비교적 간단한 밀집 신경망을 훈련하고 테스트하겠습니다. 여기에 있는 모든 코드는 📁 11-2.dense_sentiment_classifier.ipynb 주피터 노트북에 있습니다.

[코드 11.12]는 밀집 신경망을 사용한 감성 분류기에 필요한 라이브러리를 적재합니다. 대부분의 라이브러리는 이전 장에서 본 것들이지만 일부는 새로운 것입니다(예를 들면 영화 리뷰 데이터세트를 적재하고, 훈련한 모델 파라미터를 저장하고, ROC AUC를 계산하는 유틸리티). 이전처럼 코드에 적용하면서 이런 유틸리티를 자세히 설명하겠습니다.

코드 11.12 감성 분류기를 위한 라이브러리를 적재합니다.

```
from tensorflow import keras
from tensorflow.keras.datasets import imdb # new!
from tensorflow.keras.preprocessing.sequence import pad_sequences # new!
from tensorflow.keras.models import Sequential
from tensorflow.keras.layers import Dense, Flatten, Dropout
from tensorflow.keras.layers import Embedding # new!
from tensorflow.keras.callbacks import ModelCheckpoint # new!
import os # new!
from sklearn.metrics import roc_auc_score, roc_curve # new!
import pandas as pd
import matplotlib.pyplot as plt # new!
%matplotlib inline
```

가능한 많은 하이퍼파라미터를 코드 맨 처음에 두는 것이 좋은 프로그래밍 습관입니다. 이렇게 하면 하이퍼파라미터를 실험하기 쉽습니다. (아마도 한참) 나중에 다시 볼 때 이 파일에서 무엇을 했는지 이해하기도 쉽습니다(친구를 위해서라도). 이런 점을 생각하고 모든 하이퍼파라미터를 주피터 노트북의 셀 하나에 넣었습니다. 이 셀이 [코드 11.13]입니다.

코드 11.13 밀집 신경망 감성 분류기의 하이퍼파라미터 셋팅

```
# 출력 디렉터리
output_dir = 'model_output/dense'

# 훈련
epochs = 4

batch_size = 128

# 벡터 공간 임베딩
n_dim = 64

n_unique_words = 5000

n_words_to_skip = 50

max_review_length = 100

pad_type = trunc_type = 'pre'

# 신경망 구조
n_dense = 64

dropout = 0.5
```

각 변수의 목적을 자세히 알아 보죠.

- output_dir : 매 에포크 후에 모델 파라미터를 저장할 (고유한) 디렉터리 이름입니다. 나중에 원하는 에포크의 파라미터를 복원할 수 있습니다.
- epochs : 훈련에서 반복할 에포크 횟수입니다. NLP 모델은 머신 비전 모델보다 적은 에포크에서 훈련 데이터에 과대적합되는 경우가 많습니다.
- batch_size : 모델 훈련 반복에서 사용할 훈련 샘플 개수(그림 8.5 참조).

- `n_dim` : 단어 벡터 공간의 차원 개수
- `n_unique_words` : 이 장의 초반에 word2vec을 만들 때 말뭉치에 최소한 특정 횟수 이 상 등장한 토큰만 어휘사전에 포함했습니다. 또 다른 방식은 여기서 사용하는 것처럼 말뭉치에 있는 모든 토큰을 등장 횟수 순으로 정렬하고 가장 많이 등장하는 특정 개수 만 사용하는 것입니다. 앤드루 마스와 동료[32]들은 영화 리뷰 말뭉치에서 가장 많이 등 장하는 5,000개 단어만 사용했습니다. 여기서도 동일하게 설정하겠습니다.[33]
- `n_words_to_skip` : 수동으로 모은 불용어를 어휘 사전에서 제거하는 대신 마스와 동 료들은 영화 리뷰 말뭉치에서 가장 흔히 등장하는 50개 단어가 괜찮은 불용어 목록이 된다고 가정했습니다. 이들을 따라서 여기에서도 동일하게 처리하겠습니다.[34]
- `max_review_length` : 텐서플로가 딥러닝 모델을 통과할 입력 데이터 크기를 알아야 하기 때문에 각 영화 리뷰는 길이가 같아야 합니다. 여기에서는 리뷰의 길이를 100개 단어로 설정합니다.[35] 100개 단어보다 긴 리뷰는 잘립니다. 100개 단어보다 짧은 리뷰 는 특별한 패딩 문자로 채워집니다(그림 10.3의 머신 비전에 사용되는 제로 패딩과 비 슷합니다).
- `pad_type` : `'pre'`를 선택하여 리뷰의 시작 부분에 패딩 문자를 추가합니다. 다른 옵 션은 끝에 추가하는 `'post'`입니다. 이 노트북에 있는 밀집 신경망은 어떤 옵션을 선택 하든지 큰 차이가 없습니다. 나중에 이 장에서 순차 데이터에 특화된 층[36]으로 작업할 때는 일반적으로 `'pre'`를 사용하는 것이 좋습니다. 문서의 끝에 있는 정보가 모델에 큰 영향을 미치기 때문에 의미 없는 패딩 문자는 문서 앞에 둡니다.
- `trunc_type` : `pad_type`처럼 이 옵션은 `'pre'` 또는 `'post'`입니다. 전자는 리뷰의 시 작 부분에 있는 단어를 삭제하고 후자는 끝에 있는 단어를 삭제합니다. `'pre'`를 선택 하여 영화 리뷰 처음보다 마지막 부분이 감성적인 정보가 더 많다고 (대담한) 가정을 하겠습니다.

---

32 이 장의 서두에서 Maas et al. (2011) 논문을 언급했습니다. 이들은 이 노트북에서 사용하는 영화 리뷰 말뭉치도 모았 습니다.

33 5,000개의 단어가 최적이 아닐 수 있지만 이보다 높거나 낮은 값으로 테스트하지 않았습니다. 직접 해보는 것은 언제 든지 환영합니다!

34 여기에서도 마스 등의 선택이 최적이 아닐 수 있습니다. 또한 이는 가장 많이 등장하는 51번째 단어부터 5,050번째 단 어까지 어휘사전에 포함시킨다는 뜻입니다.

35 100개보다 길거나 짧게 하여 실험해 보세요.

36 예를 들면 RNN, LSTM 등입니다.

- n_dense : 신경망의 밀집층에 있는 뉴런의 개수입니다. 여기에서는 막연한 추측으로 64를 선택합니다. 따라서 필요하다면 약간의 실험과 최적화는 독자들에게 맡기겠습니다. 간단하게 만들기 위해 하나의 밀집층을 사용하지만 여러 개를 사용할 수도 있습니다.

- dropout : 밀집층에 얼마나 많은 뉴런에 드롭아웃을 적용할 것인지 정합니다. 이 하이퍼파라미터 값(0.5)도 최적화하지 않았습니다.

[코드 11.14]에서처럼 코드 한 줄로 영화 리뷰 데이터를 적재합니다.

코드 11.14 IMDb 영화 리뷰 데이터 적재하기

```
(x_train, y_train), (x_valid, y_valid) = \
    imdb.load_data(num_words=n_unique_words, skip_top=n_words_to_skip)
```

이 데이터세트는 IMDb$^{\text{Internet Movie Database}}$(imdb.com)에 공개된 리뷰 데이터로 만들어졌습니다. 5만 개 리뷰가 있고 절반은 훈련 데이터세트(x_train), 나머지 절반은 모델 검증용입니다(x_valid). 영화에 리뷰를 남길 때 사용자는 별점도 매깁니다. 이 점수는 10점 만점입니다. 이 별점을 기반으로 이진 레이블(y_train과 y_valid)을 제공합니다.

- 별 4개 혹은 그보다 별이 적은 리뷰는 부정적인 리뷰($y = 0$)로 간주합니다.
- 별 7개 혹은 그보다 별이 많은 리뷰는 긍정적인 리뷰($y = 1$)로 분류합니다.
- 쉬운 이진 분류 문제를 만들기 위해 별 5개나 6개인 중성 리뷰는 이 데이터세트에 포함하지 않았습니다.

imdb.load_data( )를 호출할 때 num_words와 skip_top 매개변수를 지정하여 어휘 사전의 크기를 제한하고 가장 흔하게 등장하는 단어(불용어)를 제거합니다.

📖 11-2.dense_sentiment_classifier.ipynb 노트북에서 케라스의 imdb.load_data( ) 함수를 사용해 IMDb 영화 리뷰 데이터를 간편하게 적재했습니다. 자신만의 자연어 데이터를 다룰 때는 스스로 데이터를 전처리해야 합니다. 이 장에서 제공한 일반적인 전처리 방법 외에도 케라스는 많은 텍스트 전처리 유틸리티를 제공합니다. https://keras.io/api/

preprocessing/text/에 있는 온라인 문서를 참조하세요. 특히 `Tokenizer( )` 클래스는 코드 한 줄로 필요한 모든 전처리 단계를 수행할 수 있습니다. 다음과 같은 작업이 가능합니다.

- 말뭉치를 단어 수준으로 (또는 문자 수준으로) 토큰화하기
- (`num_words`를 사용해) 어휘 사전의 크기를 설정하기
- 구두점 삭제
- 모든 문자를 소문자로 바꾸기
- 토큰을 정수 인덱스로 바꾸기

IMDb 데이터 살펴보기

`x_train[0:6]`를 실행하여 훈련 데이터세트에서 처음 6개 리뷰를 확인할 수 있습니다. 이 중에 처음 2개가 [그림 11.12]에 나와 있습니다. 이 리뷰들은 원래 정수 인덱스로 표현되어 있습니다. 이 정수는 데이터세트에 있는 고유한 각 토큰을 나타냅니다. 처음 몇 개의 정수는 특별한 값으로 NLP 분야에서 널리 사용되는 일반적인 관례를 따릅니다.

- 0 : 패딩 토큰을 나타냅니다(`max_review_length`보다 짧은 리뷰에 추가합니다).
- 1 : 리뷰의 시작을 표시하는 시작 토큰입니다. 하지만 시작 토큰이 가장 자주 등장하는

```
array([ [2, 2, 2, 2, 2, 530, 973, 1622, 1385, 65, 458, 4468, 66, 3941, 2,
173, 2, 256, 2, 2, 100, 2, 838, 112, 50, 670, 2, 2, 2, 480, 284, 2, 150,
2, 172, 112, 167, 2, 336, 385, 2, 2, 172, 4536, 1111, 2, 546, 2, 2, 447,
2, 192, 50, 2, 2, 147, 2025, 2, 2, 2, 2, 1920, 4613, 469, 2, 2, 71, 87,
2, 2, 2, 530, 2, 76, 2, 2, 1247, 2, 2, 2, 515, 2, 3, 2, 626, 2, 2, 2, 62,
386, 2, 2, 316, 2, 106, 2, 2, 2223, 2, 2, 480, 66, 3785, 2, 2, 130, 2, 2,
2, 619, 2, 2, 124, 51, 2, 135, 2, 2, 1415, 2, 2, 2, 2, 215, 2, 77, 52, 2,
2, 407, 2, 82, 2, 2, 2, 107, 117, 2, 2, 256, 2, 2, 2, 3766, 2, 723, 2, 7
1, 2, 530, 476, 2, 400, 317, 2, 2, 2, 2, 1029, 2, 104, 88, 2, 381, 2, 29
7, 98, 2, 2071, 56, 2, 141, 2, 194, 2, 2, 2, 226, 2, 2, 134, 476, 2, 480,
2, 144, 2, 2, 2, 51, 2, 224, 92, 2, 104, 2, 226, 65, 2, 2, 1334, 88,
2, 2, 283, 2, 2, 4472, 113, 103, 2, 2, 2, 2, 2, 178, 2],
        [2, 194, 1153, 194, 2, 78, 228, 2, 2, 1463, 4369, 2, 134, 2, 2, 71
5, 2, 118, 1634, 2, 394, 2, 2, 119, 954, 189, 102, 2, 207, 110, 3103, 2,
2, 69, 188, 2, 2, 2, 2, 2, 249, 126, 93, 2, 114, 2, 2300, 1523, 2, 647,
2, 116, 2, 2, 2, 2, 229, 2, 340, 1322, 2, 118, 2, 2, 130, 4901, 2, 2, 100
2, 2, 89, 2, 952, 2, 2, 2, 455, 2, 2, 2, 2, 1543, 1905, 398, 2, 1649, 2,
2, 2, 163, 2, 3215, 2, 2, 1153, 2, 194, 775, 2, 2, 2, 349, 2637, 148, 60
5, 2, 2, 2, 123, 125, 68, 2, 2, 2, 349, 165, 4362, 98, 2, 2, 228, 2, 2,
2, 1157, 2, 299, 120, 2, 120, 174, 2, 220, 175, 136, 50, 2, 4373, 228, 2,
2, 2, 656, 245, 2350, 2, 2, 2, 131, 152, 491, 2, 2, 2, 1212, 2, 2, 2,
371, 78, 2, 625, 64, 1382, 2, 2, 168, 145, 2, 2, 1690, 2, 2, 2, 1355, 2,
2, 2, 52, 154, 462, 2, 89, 78, 285, 2, 145, 95],
```

그림 11.12 앤드루 마스와 동료들이 만든 IMDb 데이터세트(2011)에 있는 처음 2개 영화 리뷰. 토큰은 정수 인덱스로 표현됩니다.

50개 토큰 중에 있기 때문에 다음 항목에 의해 '알 수 없는unknown' 토큰으로 나타납니다.

- 2 : '알 수 없는' 토큰입니다. 말뭉치에 매우 자주 등장하거나 (즉, 가장 자주 등장하는 50개 단어) 매우 드물게 등장하는 (즉, 가장 자주 등장하는 5,050개 이후의 단어) 토큰을 어휘 사전에서 제외하고 이 토큰으로 바꿉니다.
- 3 : 말뭉치에서 가장 자주 등장하는 단어
- 4 : 두 번째로 가장 자주 등장하는 단어
- 5 : 세 번째로 가장 자주 등장하는 단어. 이런 식으로 계속됩니다.

[코드 11.15]를 실행하면 훈련 데이터세트에 있는 처음 6개 리뷰의 길이를 볼 수 있습니다.

코드 11.15 리뷰 6개의 토큰 길이 출력하기

```
for x in x_train[0:6]:
    print(len(x))
```

43개 토큰에서 550개 토큰까지 차이가 큽니다. 이런 차이를 해결하기 위해 모든 리뷰를 동일한 길이로 맞추겠습니다.

영화 리뷰를 [그림 11.12]의 정수 인덱스 형태로 신경망 모델에 주입합니다. 토큰 정보를 메모리에 저장하는 데 정수가 효율적이기 때문입니다. 예를 들어 문자열 형태로 토큰을 주입하려면 상당한 양의 메모리가 더 필요합니다. 하지만 사람은 정수 인덱스 형태의 리뷰를 읽을 수 없습니다(솔직히 재미도 없습니다). 자연어로 리뷰를 보려면 다음처럼 단어의 인덱스를 만들어야 합니다. 여기에서 PAD, START, UNK는 관례적으로 패딩, 시작, 알 수 없는 토큰을 각각 나타냅니다.

```
word_index = keras.datasets.imdb.get_word_index( )
word_index = {k:(v+3) for k,v in word_index.items( )}
word_index["PAD"] = 0
word_index["START"] = 1
word_index["UNK"] = 2
index_word = {v:k for k,v in word_index.items( )}
```

```
"UNK UNK UNK UNK UNK brilliant casting location scenery story direction e
veryone's really suited UNK part UNK played UNK UNK could UNK imagine bei
ng there robert UNK UNK UNK amazing actor UNK now UNK same being director
UNK father came UNK UNK same scottish island UNK myself UNK UNK loved UNK
fact there UNK UNK real connection UNK UNK UNK UNK witty remarks througho
ut UNK UNK were great UNK UNK UNK brilliant UNK much UNK UNK bought UNK U
NK UNK soon UNK UNK UNK released UNK UNK UNK would recommend UNK UNK ever
yone UNK watch UNK UNK fly UNK UNK amazing really cried UNK UNK end UNK U
NK UNK sad UNK UNK know what UNK say UNK UNK cry UNK UNK UNK UNK must UNK
been good UNK UNK definitely UNK also UNK UNK UNK two little UNK UNK play
ed UNK UNK UNK norman UNK paul UNK were UNK brilliant children UNK often
left UNK UNK UNK list UNK think because UNK stars UNK play them UNK g
rown up UNK such UNK big UNK UNK UNK whole UNK UNK these children UNK ama
zing UNK should UNK UNK UNK what UNK UNK done don't UNK think UNK whole s
tory UNK UNK lovely because UNK UNK true UNK UNK someone's life after UNK
UNK UNK UNK UNK us UNK"
```

그림 11.13 문자열로 출력한 훈련 데이터세트에 있는 첫 번째 영화 리뷰

그다음 [코드 11.16]을 사용해 선택한 영화 리뷰를 볼 수 있습니다. 여기에서는 훈련 데이터에 있는 첫 번째 리뷰입니다.

코드 11.16 리뷰를 문자열로 출력하기

```
' '.join(index_word[id] for id in x_train[0])
```

결과 문자열은 [그림 11.13]의 출력과 동일하게 보일 것입니다.

[그림 11.13]의 리뷰는 신경망에 주입할 토큰을 담고 있습니다. 그럼에도 UNK 토큰 없이 완전한 리뷰를 읽는 것이 낫습니다. 모델 결과를 디버깅하는 경우 전체 리뷰를 보는 것이 실용적일 수도 있습니다. 예를 들어 n_unique_words나 n_words_to_skip 임곗값을 너무 급진적이거나 보수적으로 정했는지 [그림 11.13]과 같은 리뷰와 완전한 리뷰를 비교해보고 알 수 있습니다. 단어 인덱스는 이미 준비되어 있으므로 전체 리뷰를 다운로드해야 합니다.

```
(all_x_train,_),(all_x_valid,_) = imdb.load_data( )
```

그다음 [코드 11.16]을 수정해 전체(all_x_train나 all_x_valid)에서 선택한 리뷰에 [코드 11.17]처럼 join( ) 메서드를 실행합니다.

코드 11.17 문자열로 완전한 리뷰 출력하기

```
' '.join(index_word[id] for id in all_x_train[0])
```

```
"START this film was just brilliant casting location scenery story direct
ion everyone's really suited the part they played and you could just imag
ine being there robert redford's is an amazing actor and now the same bei
ng director norman's father came from the same scottish island as myself
so i loved the fact there was a real connection with this film the witty
remarks throughout the film were great it was just brilliant so much that
i bought the film as soon as it was released for retail and would recomme
nd it to everyone to watch and the fly fishing was amazing really cried a
t the end it was so sad and you know what they say if you cry at a film i
t must have been good and this definitely was also congratulations to the
two little boy's that played the part's of norman and paul they were just
brilliant children are often left out of the praising list i think becaus
e the stars that play them all grown up are such a big profile for the wh
ole film but these children are amazing and should be praised for what th
ey have done don't you think the whole story was so lovely because it was
true and was someone's life after all that was shared with us all"
```

그림 11.14 완전한 문자열로 나타난 훈련 데이터세트에 있는 첫 번째 영화 리뷰

이 코드를 실행하면 선택한 리뷰의 완전한 텍스트를 출력합니다. [그림 11.14]에서 보듯이 이 경우도 훈련 세트의 첫 번째 리뷰입니다.

리뷰 길이 맞추기

앞서 [코드 11.15]를 실행하여 영화 리뷰 길이가 다양하다는 것을 알았습니다. 케라스로 만든 텐서플로 모델을 실행하기 위해서는 훈련할 때 모델에 전달할 입력의 크기를 지정해야 합니다. 이를 통해 텐서플로는 메모리 할당과 컴퓨팅 자원을 최적화합니다. 케라스의 pad_sequences( ) 함수를 사용하면 간편하게 텍스트 문서를 패딩하거나 자를 수 있습니다. [코드 11.18]처럼 이 방식으로 훈련 데이터와 검증 데이터의 길이를 맞추겠습니다.

코드 11.18 패딩을 추가하거나 텍스트를 잘라서 입력 길이를 맞추기

```
x_train = pad_sequences(x_train, maxlen=max_review_length,
                  padding=pad_type, truncating=trunc_type, value=0)
x_valid = pad_sequences(x_valid, maxlen=max_review_length,
                  padding=pad_type, truncating=trunc_type, value=0)
```

이제 (예를 들면 x_train[0:6]로) 리뷰 또는 (예를 들면 [코드 11.15]의 코드로) 길이를 출력할 때 모든 리뷰의 길이가 동일하게 100이 됩니다(max_review_length = 100으로 지정했기 때문에). 이전에는 43개의 토큰만 가지고 있던 x_train[5]를 [코드 11.16]과 비슷한 코드로 확인해 보면 이 리뷰의 시작 부분에 57개의 PAD 토큰이 패딩된 것을 확인할 수 있습니다(그림 11.15).

```
'PAD PAD PAD PAD PAD PAD PAD PAD PAD PAD PAD PAD PAD PAD PAD PAD PAD
PAD PAD PAD PAD PAD PAD PAD PAD PAD PAD PAD PAD PAD PAD PAD PAD PAD P
AD PAD PAD PAD PAD PAD PAD PAD PAD PAD PAD PAD PAD PAD PAD PAD PAD PA
D PAD PAD UNK begins better than UNK ends funny UNK UNK russian UNK crew
UNK UNK other actors UNK UNK those scenes where documentary shots UNK UNK
spoiler part UNK message UNK UNK contrary UNK UNK whole story UNK UNK doe
s UNK UNK UNK UNK'
```

그림 11.15 훈련 데이터세트에 있는 여섯 번째 영화 리뷰. 다른 모든 리뷰와 마찬가지로 길이가 100이 되도록 시작 부분에 PAD 토큰으로 패딩되어 있습니다.

밀집 신경망

NLP 이론을 충분히 익히고 데이터를 적재하고 전처리도 했으므로 이제 신경망을 사용해 영화 리뷰의 감성을 분류할 차례입니다. 이 작업을 위한 기본적인 밀집 신경망은 [코드 11.19]와 같습니다.

코드 11.19 밀집 신경망 감성 분류기

```
model = Sequential( )
model.add(Embedding(n_unique_words, n_dim,
                    input_length=max_review_length))
model.add(Flatten( ))
model.add(Dense(n_dense, activation='relu'))
model.add(Dropout(dropout))
# model.add(Dense(n_dense, activation='relu'))
# model.add(Dropout(dropout))
model.add(Dense(1, activation='sigmoid'))
```

이 코드를 한 줄 한 줄 살펴보죠.

- 지금까지 이 책에서 만든 모든 모델과 마찬가지로 케라스의 Sequential( ) 클래스를 사용해 모델을 만듭니다.
- word2vec처럼 Embedding( ) 층을 사용해 말뭉치에서 단어 벡터를 만듭니다. 이 말뭉치는 IMDb 훈련 데이터세트에 있는 2만 5,000개의 영화 리뷰입니다. 이 장에서 word2vec으로 (또는 GloVe 등으로) 독립적으로 만든 단어 벡터에 비해 NLP 모델의 구성 요소로 역전파를 통해 단어 벡터를 훈련하는 것은 잠재적인 이득이 있습니다. 벡

터 공간에 단어가 할당된 위치가 단어 유사도뿐만 아니라 모델의 궁극적인 목적(예를 들면 감상에 따른 IMDb 리뷰의 이진 분류)에 대한 단어의 관련성도 반영합니다. 어휘 사전의 크기와 벡터 공간의 차원 개수는 n_unique_words와 n_dim으로 지정합니다. 임베딩 층이 이 신경망의 첫 번째 은닉층이기 때문에 input_length 매개변수에 입력 층의 크기를 전달해야 합니다.

- 제10장에서처럼 Flatten( ) 층을 사용해 다차원 출력(여기에서는 임베딩 층의 2차원 출력)을 1차원 밀집층으로 전달합니다.

- 이 신경망은 relu 활성화 함수를 적용한 Dense( ) 층 하나를 사용합니다. 그다음 Dropout( )을 적용합니다.

- 기본 모델로 매우 얇은 신경망을 선택했지만 Dense( ) 층을 추가해 더 깊게 만들 수 있습니다(주석이 달린 코드를 참조하세요).

- 마지막으로 2개의 클래스만 분류하기 때문에 출력층은 하나의 뉴런만 필요합니다(이 장에서 설명했듯이 한 클래스의 확률이 p이면 다른 클래스의 확률은 $1-p$입니다). 0 과 1 사이의 확률을 출력해야 하기 때문에 sigmoid 활성화 함수를 사용합니다(그림 6.9 참조).

자연어 데이터에서 (예를 들면 word2vec이나 GloVe로) 단어 벡터를 훈련하거나 딥러닝 모델의 일부로 임베딩 층에서 훈련하는 것 외에 사전 훈련된 단어 벡터도 온라인으로 제공됩니다.

ImageNet의 수백만 개 이미지에서 훈련된 합성곱 신경망을 (제10장에서) 사용한 것처럼 극도로 큰 말뭉치(예를 들면 위키피디아 문서 전체나 영문 인터넷)에서 단어 벡터를 훈련하기 때문에 자연어 처리 분야의 전이 학습은 강력합니다. 이런 말뭉치는 아주 큰 미묘한 어휘를 제공하기 때문에 개인적으로 사용하기에는 계산 비용이 너무 큽니다. 사전 훈련된 단어 벡터의 예는 github.com/Kyubyong/wordvectors와 nlp.stanford.edu/projects/glove입니다. fastText 라이브러리도 157개 언어로 부분 단어 임베딩을 제공합니다. 이 임베딩은 fasttext.cc에서 다운로드할 수 있습니다.

이 책에서는 임베딩층 대신에 (다운로드하거나 이 장에서 word2Vec( )로 했던 것처럼 딥러닝 모델과 별개로 훈련한) 사전 훈련된 단어 벡터를 사용하는 방법을 다루지 않습니다. 이를 위해 할 수 있는 방법이 다양하기 때문입니다. 케라스 창시자인 프랑소와 숄레의 튜토리얼(bit.ly/preTrained)을 참조하세요. [37]

`model.summary( )`를 실행하면 [그림 11.16]에서 보듯이 아주 간단한 이 NLP 모델에 꽤 많은 파라미터가 있습니다.

- 임베딩층에는 단어 5,000개와 각 단어가 64차원 단어 벡터 공간에 매핑되므로 32만 개 파라미터가 있습니다($64 \times 5,000 = 320,000$).
- 임베딩 층 다음에 `Flatten( )` 층을 통과해 밀집층으로 6,400개의 값이 전달됩니다. 각 영화 리뷰 입력은 100개의 토큰으로 구성되고 각 토큰은 64차원의 단어 벡터입니다($64 \times 100 = 6,400$).
- 밀집 은닉층에 있는 64개 뉴런 모두가 `Flatten( )` 층에서 넘어온 6,400개의 값을 입력으로 받습니다. 따라서 총 $64 \times 6,400 = 409,600$ 가중치가 있습니다. 물론 64개의 뉴런에 모두 절편이 있으므로 이 층의 총 파라미터는 40만 9,664개입니다.
- 마지막으로 출력층의 뉴런 1개는 (이전 층에서 출력된 활성화의 크기인) 64개의 가중치와 절편을 더해 총 65개 파라미터를 가집니다.
- 모든 층의 파라미터를 더하면 전체 파라미터는 73만 개입니다.

```
Layer (type)                 Output Shape              Param #
=================================================================
embedding_1 (Embedding)      (None, 100, 64)           320000
flatten_1 (Flatten)          (None, 6400)              0
dense_1 (Dense)              (None, 64)                409664
dropout_1 (Dropout)          (None, 64)                0
dense_2 (Dense)              (None, 1)                 65
=================================================================
Total params: 729,729
Trainable params: 729,729
Non-trainable params: 0
```

그림 11.16 감성 분류를 위한 밀집 신경망 모델

[37] 옮긴이_케라스 창시자에게 배우는 딥러닝 2판(길벗, 2022)의 제11장에서 사전 훈련된 임베딩을 사용하는 방법을 설명합니다.

[코드 11.20]에서 이 밀집 신경망을 컴파일하는 코드는 이전 장에서 보아서 이미 익숙할 것입니다. 다만 다중 클래스를 가진 MNIST 분류기에서 사용했던 `categorical_crossentropy` 비용 대신 `binary_crossentropy` 비용을 사용합니다. 왜냐하면 1개의 출력 뉴런을 가진 이진 분류기이기 때문입니다.

코드 11.20 감성 분류기 컴파일하기

```
model.compile(loss='binary_crossentropy', optimizer='adam',
              metrics=['accuracy'])
```

[코드 11.21]에서 `ModelCheckpoint( )` 객체를 만들어 훈련하는 동안 에포크마다 모델 파라미터를 저장합니다. 이렇게 하면 나중에 모델 평가나 제품 시스템에서 추론을 하기 위해 원하는 에포크의 파라미터를 복원할 수 있습니다. `output_dir` 디렉터리가 아직 없다면 `makedirs( )` 함수를 사용해 만듭니다.

코드 11.21 에포크가 끝날 때마다 모델 파라미터를 저장하기 위해 체크포인트 객체와 디렉터리 만들기

```
modelcheckpoint = ModelCheckpoint(filepath=output_dir+
                                  "/weights.{epoch:02d}.hdf5")
if not os.path.exists(output_dir):
    os.makedirs(output_dir)
```

컴파일 단계처럼 이 감성 분류기의 모델 훈련 단계(코드 11.22)도 익숙할 것입니다. 아마 `modelcheckpoint` 객체를 전달하기 위해 `callbacks` 매개변수를 사용한 것만 다릅니다.[38]

코드 11.22 감성 분류기 훈련

```
model.fit(x_train, y_train,
          batch_size=batch_size, epochs=epochs, verbose=1,
          validation_data=(x_valid, y_valid),
          callbacks=[modelcheckpoint])
```

```
Train on 25000 samples, validate on 25000 samples
Epoch 1/4
25000/25000 [==============================] - 2s 80us/step - loss: 0.5612 - acc: 0.6892 - val_loss: 0.3630 - val_acc: 0.8398
Epoch 2/4
25000/25000 [==============================] - 2s 69us/step - loss: 0.2851 - acc: 0.8841 - val_loss: 0.3486 - val_acc: 0.8447
Epoch 3/4
25000/25000 [==============================] - 2s 70us/step - loss: 0.1158 - acc: 0.9646 - val_loss: 0.4252 - val_acc: 0.8337
Epoch 4/4
25000/25000 [==============================] - 2s 70us/step - loss: 0.0237 - acc: 0.9961 - val_loss: 0.5304 - val_acc: 0.8340
```

그림 11.17　감성 분류 훈련

[그림 11.17]에서 보듯이 두 번째 에포크에서 가장 낮은 검증 손실(0.349)과 가장 높은 검증 정확도(84.5 퍼센트)를 얻었습니다. 세 번째와 네 번째 에포크에서 모델이 크게 과대적합되고 훈련 세트의 정확도가 검증 세트의 정확도보다 크게 높아집니다. 네 번째 에포크에서 훈련 정확도는 99.6 퍼센트지만 검증 정확도는 훨씬 낮은 83.4 퍼센트입니다.

　최상의 에포크에서 결과를 철저히 평가하기 위해 [코드 11.23]처럼 케라스의 load_weights( ) 메서드를 사용해 두 번째 에포크의 파라미터(weights.02.hdf5)를 모델로 복원합니다. [39, 40]

코드 11.23　모델 파라미터 적재

```
model.load_weights(output_dir+"/weights.02.hdf5")
```

그다음 [코드 11.24]처럼 predict( ) 메서드에 x_valid 데이터세트를 전달해 최상의 에포크에서 검증 세트의 $\hat{y}$값을 계산합니다.

코드 11.24　검증 데이터에 대한 $\hat{y}$ 계산하기

```
y_hat = model.predict(x_valid)
```

예를 들어 y_hat[0]에서 검증 세트에 있는 첫 번째 영화 리뷰의 감성 예측을 확인할 수 있습니다. 이 리뷰의 예측값은 $\hat{y} = 0.09$입니다. 모델이 이 리뷰가 긍정적일 확률을 9 퍼센트로 예측한다는 의미입니다. 따라서 부정적일 확률은 91 퍼센트입니다. y_valid[0]을 확

---

38 callbacks 매개변수를 처음 사용한 것은 아닙니다. (제9장에서) 텐서보드에 모델 훈련 과정에 대한 데이터를 제공하기 위해 사용했습니다. 이 매개변수에는 여러 개의 콜백을 리스트로 전달할 수 있습니다.

39 메서드의 이름이 load_weights( )이지만 절편을 포함해 모든 파라미터를 복원합니다. 가중치가 모델 파라미터의 대부분을 차지하기 때문에 딥러닝 기술자들은 종종 파라미터 파일을 '가중치 파일'이라 부릅니다.

40 케라스 초기 버전의 인덱스 파일은 0부터 사용했지만 최근 버전의 인덱스는 1부터 시작합니다.

인하면 이 리뷰는 $\hat{y}=0$입니다. 즉 이 리뷰는 사실 부정적인 리뷰입니다. 따라서 모델이 아주 잘 예측했습니다! 이 부정적인 리뷰가 어떤 내용인지 궁금하다면 [코드 11.25]처럼 all_x_valid[0]에서 완전한 텍스트를 확인하기 위해 [코드 11.17]을 조금 수정해서 사용할 수 있습니다.

코드 11.25 완전한 검증 리뷰 출력하기

```
' '.join(index_word[id] for id in all_x_valid[0])
```

개별 점수를 확인하면 흥미로울 수 있습니다. 하지만 검증 결과를 모두 모아 보면 모델의 성능을 더 잘 이해하게 됩니다. [코드 11.26]을 실행하여 검증 세트의 모든 $\hat{y}$값에 대한 히스토그램을 출력해 보죠.

코드 11.26 검증 세트에 대한 $\hat{y}$ 값의 히스토그램 출력하기

```
plt.hist(y_hat)
_ = plt.axvline(x=0.5, color='orange')
```

[그림 11.18]에 이 히스토그램 출력이 나타나 있습니다. 이 그래프는 리뷰의 감성에 대한 모델의 의견이 강하다는 것을 보여줍니다. 2만 5,000개 리뷰 중 8,000개(~32 퍼센트)는 0.1보다 작은 $\hat{y}$값을 가집니다. ~6,500개(~26 퍼센트)는 0.9보다 큰 $\hat{y}$값을 가집니다.

[그림 11.18]에 있는 주황색 수직선은 긍정 리뷰로 간주하는 단순한 정확도 임곗값 0.5

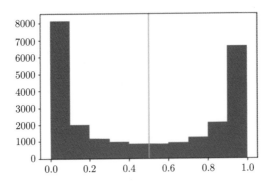

그림 11.18 밀집 신경망으로 만든 감성 분류기의 검증 데이터에 대한 $\hat{y}$값의 히스토그램

를 나타냅니다. 앞서 언급했듯이 이런 단순한 임곗값은 오해를 일으킬 수 있습니다. $\hat{y}$값이 0.5 바로 아래인 리뷰는 $\hat{y}$값이 0.5 바로 위에 있는 리뷰에 비해 감성적으로 큰 차이가 없습니다. 하지만 모델은 이렇게 예측하지 않습니다. 이진 분류기 모델의 성능을 조금 더 자세하게 평가하려면 [코드 11.27]처럼 사이킷런의 roc_auc_score( ) 함수를 사용해 검증 세트에 대한 ROC AUC 점수를 계산할 수 있습니다.

코드 11.27 검증 세트의 ROC AUC 계산하기

```
pct_auc = roc_auc_score(y_valid, y_hat)*100.0
"{:0.2f}".format(pct_auc)
```

읽기 쉽게 format( ) 메서드로 출력하면 ROC 곡선 아래의 면적이 (매우 높은) 92.9 퍼센트입니다.

모델의 오류 부분을 파악하기 위해 [코드 11.28]에서 검증 세트의 y와 $\hat{y}$값으로 DataFrame을 만들겠습니다.

코드 11.28 y와 $\hat{y}$값으로 ydf DataFrame 만들기

```
float_y_hat = [ ]
for y in y_hat:
    float_y_hat.append(y[0])
ydf = pd.DataFrame(list(zip(float_y_hat, y_valid)),
                columns=['y_hat', 'y'])
```

ydf DataFrame의 처음 10개 행을 ydf.head(10)으로 출력해 보죠. [그림 11.19]와 같이 출력을 볼 수 있습니다.

[코드 11.29]와 [코드 11.30]에서 DataFrame에 질의하고 [코드 11.25]에서 리스트 인덱스를 바꾸어 개별 리뷰를 조사하면 모델에 가장 큰 오류를 일으키는 리뷰 종류를 파악할 수 있습니다.

코드 11.29 검증 세트에서 높은 $\hat{y}$ 점수를 가진 부정적인 리뷰 10개

```
ydf[(ydf.y == 0) & (ydf.y_hat > 0.9)].head(10)
```

	y_hat	y
0	0.089684	0
1	0.982754	1
2	0.746905	1
3	0.543328	0
4	0.997054	1
5	0.833994	1
6	0.766254	1
7	0.008032	0
8	0.812743	0
9	0.729463	1

그림 11.19 IMDb 검증 데이터의 y와 $\hat{y}$값으로 만든 DataFrame

코드 11.30 검증 세트에서 낮은 $\hat{y}$ 점수를 가진 긍정적인 리뷰 10개

```
ydf[(ydf.y == 0) & (ydf.y_hat > 0.9)].head(10)
```

[코드 11.29]로 찾은 거짓 양성의 예[매우 높은 점수($\hat{y} = 0.97$)를 가진 부정적인 리뷰($y = 0$)]가 [그림 11.20]에 있습니다.[41] [코드 11.30]으로 찾은 거짓 음성의 예[매우 낮은 점수($\hat{y} = 0.06$)를 가진 긍정적인 리뷰($y = 1$)]가 [그림 11.21]에 있습니다.[42] 이렇게 모델을 사후 분석하여 드러나는 잠재적인 문제점은 이 밀집 신경망이 순서대로 등장하는 여러 토큰의 패턴을 감지하여 영화 리뷰의 감성을 예측하는 데 특화되지 않는다는 것입니다. 예를 들어 *not-good* 같은 토큰 쌍의 패턴을 감지하면 모델이 부정적인 감성을 예측하는 데 도움이 될 것입니다.

합성곱 신경망

제10장에서 다룬 것처럼 합성곱 신경망은 특히 공간 패턴을 감지하는 데 뛰어납니다. 이

---

41 검증 세트의 387번째 리뷰입니다. 다음과 같은 코드로 출력했습니다. ' '.join(index_word[id] for id in all_x_valid[386])

42 이 리뷰를 출력하기 위해 다음 코드를 사용했습니다. ' '.join(index_word[id] for id in all_x_valid[224])

```
"START wow another kevin costner hero movie postman tin cup waterworld bo
dyguard wyatt earp robin hood even that baseball movie seems like he make
s movies specifically to be the center of attention the characters are al
most always the same the heroics the flaws the greatness the fall the red
emption yup within the 1st 5 minutes of the movie we're all supposed to b
e in awe of his character and it builds up more and more from there br br
and this time the story story is just a collage of different movies you d
on't need a spoiler you've seen this movie several times though it had di
fferent titles you'll know what will happen way before it happens this is
like mixing an officer and a gentleman with but both are easily better mo
vies watch to see how this kind of movie should be made and also to see h
ow an good but slightly underrated actor russell plays the hero"
```

그림 11.20 거짓 양성의 예 : 모델이 부정적인 리뷰를 긍정적으로 잘못 분류했습니다.

```
"START finally a true horror movie this is the first time in years that i
had to cover my eyes i am a horror buff and i recommend this movie but it
is quite gory i am not a big wrestling fan but kane really pulled the who
le monster thing off i have to admit that i didn't want to see this movie
my 17 year old dragged me to it but am very glad i did during and after t
he movie i was looking over my shoulder i have to agree with others about
the whole remake horror movies enough is enough i think that is why this
movie is getting some good reviews it is a refreshing change and takes yo
u back to the texas chainsaw first one michael myers and jason and no cgi
crap"
```

그림 11.21 거짓 음성의 예 : 모델이 긍정적인 리뷰를 부정적으로 잘못 분류했습니다.

절에서는 합성곱 신경망을 사용해 *not-good* 시퀀스 같은 단어 사이의 공간 패턴을 감지합니다. 감성에 따라 영화 리뷰를 분류하는 데 밀집 신경망의 성능을 뛰어넘을 수 있는지 확인해 보겠습니다. 이 합성곱 신경망의 모든 코드는 📁 11-3.convolutional_sentiment_classifier.ipynb 노트북에 있습니다.

이 모델에 필요한 라이브러리는 새로운 케라스 층을 제외하고 [코드 11.12]에서 만든 밀집 신경망과 같습니다. [코드 11.31]과 같습니다.

코드 11.31 CNN에 필요한 라이브러리

```
from keras.layers import Conv1D, GlobalMaxPooling1D
from keras.layers import SpatialDropout1D
```

이 합성곱 신경망에 필요한 하이퍼파라미터는 [코드 11.32]에 있습니다.

코드 11.32 합성곱 신경망 하이퍼파라미터

 # 출력 디렉터리

```
output_dir = 'model_output/conv'

# 훈련
epochs = 4
batch_size = 128

# 벡터 공간 임베딩
n_dim = 64
n_unique_words = 5000
max_review_length = 400
pad_type = trunc_type = 'pre'
drop_embed = 0.2 # new!

# 합성곱 층 구조
n_conv = 256 # filters, a.k.a. kernels
k_conv = 3 # kernel length

# 밀집층 구조
n_dense = 256
dropout = 0.2
```

밀집층의 하이퍼파라미터(코드 11.13)와 비교해 보죠.

- 훈련 에포크마다 모델 파라미터를 저장하기 위해 새로운 디렉터리 이름('conv')을 지정합니다.
- 에포크 횟수와 배치 크기는 동일합니다.
- 다음을 제외하면 벡터 공간 임베딩 하이퍼파라미터는 동일합니다.
  - max_review_length를 네 배 늘려 400으로 설정합니다. 은닉층의 개수와 입력 크기가 크게 늘어나지만 합성곱 분류기는 밀집 신경망보다 훨씬 적은 파라미터를 사용하기 때문입니다.
  - drop_embed으로 임베딩 층에 드롭아웃을 설정합니다.

- 합성곱 신경망은 임베딩 층 뒤에 2개의 은닉층을 가집니다.
  - 한 차원(길이)이 3(k_conv)인 256개의 필터(n_conv)를 가진 합성곱 층. 제10장에서 2차원 이미지를 다룰 때 합성곱 층은 2차원 필터를 가집니다. 구어 또는 문어로서 자연어는 (시간 차원인) 1차원만 가집니다. 따라서 이 장에서 사용하는 합성곱 층은 1차원 필터를 사용합니다.
  - 256개(n_dense)의 뉴런을 가진 밀집층과 20 퍼센트 드롭아웃하는 dropout 층

IMDb 데이터를 적재하고 리뷰의 길이를 맞추는 과정은 📁 11-2.dense_sentiment_ classifier.ipynb 노트북과 동일합니다(코드 11.14와 코드 11.18 참조). 물론 모델 구조는 [코드 11.33]과 같이 많이 다릅니다.

코드 11.33 합성곱 신경망 구조

```
model = Sequential( )

# 벡터 공간 임베딩
model.add(Embedding(n_unique_words, n_dim,
                    input_length=max_review_length))
model.add(SpatialDropout1D(drop_embed))

# 합성곱 층
model.add(Conv1D(n_conv, k_conv, activation='relu'))
# model.add(Conv1D(n_conv, k_conv, activation='relu'))
model.add(GlobalMaxPooling1D( ))

# 밀집층
model.add(Dense(n_dense, activation='relu'))
model.add(Dropout(dropout))

# 출력층
model.add(Dense(1, activation='sigmoid'))
```

모델을 자세히 살펴보죠.

- 임베딩 층은 드롭아웃이 적용된 것을 빼면 이전과 동일합니다.[43]

- 더 이상 Flatten( )이 필요하지 않습니다. Conv1D( ) 층이 임베딩 층의 2차원 출력을 입력으로 받기 때문입니다.

- 1차원 합성곱 층에 relu 활성화 함수를 사용합니다. 이 층은 256개의 필터를 사용하고 각각은 특정한 3개의 토큰 시퀀스가 전달될 때 활성화됩니다. 256개 필터에 대한 각 활성화 맵의 길이는 398입니다. 따라서 출력 크기는 398×256입니다.[44, 45]

- 내키면 합성곱 층을 더 추가해도 괜찮습니다. 예를 들어 두 번째 Conv1D( ) 코드의 주석을 제거하세요.

- **전역 최대 풀링**global max pooling은 딥러닝 NLP 모델에서 차원 축소 용도로 널리 사용됩니다. 이를 사용해 활성화 맵을 398×256에서 256×1로 압축합니다. 이 풀링은 합성곱 필터가 만든 활성화 맵마다 가장 큰 값 하나를 고릅니다. 따라서 필터가 398 길이의 긴 활성화 맵에 기록한 시간 정보를 잃어버립니다.

- 전역 최대 풀링 층이 출력한 활성화는 1차원이기 때문에 밀집층에 바로 주입할 수 있습니다. 그다음 relu 함수와 드롭아웃을 적용합니다.[46]

- 출력층은 동일합니다.

- 이 모델의 전체 파라미터 개수는 43만 5,000입니다(그림 11.22 참조). 밀집 신경망보다 수십만 개의 파라미터가 적습니다. 그럼에도 에포크마다 모델의 훈련 시간이 더 오래 걸립니다. 합성곱 연산이 비교적 계산 비용이 많이 들기 때문입니다.

---

43 옮긴이_ Dropout은 각 원소별로 드롭아웃되지만 Spatial Dropout ID는 1차원 특성 맵별로 드롭아웃됩니다. 이 예에서 임베딩 층의 출력 크기가 400×64이므로 Spatial Dropout ID는 샘플마다 단어 벡터의 특정 차원을 모든 토큰에서 랜덤하게 드롭아웃합니다.

44 제10장에서 설명했듯이 2차원 필터가 이미지에 합성곱 연산을 수행할 때 이미지에 패딩을 추가하지 않았다면 주위 픽셀을 잃게 됩니다. 이 자연어 모델에서 1차원 합성곱 필터의 길이는 3이므로 영화 리뷰의 가장 왼쪽에서 두 번째 토큰에 중심을 두고 시작하여 리뷰의 맨 오른쪽 끝에서 두 번째 토큰에 중심이 올 때까지 진행합니다. 합성곱 층에 주입하기 전에 영화 리뷰 양쪽 끝에 패딩하지 않으므로 양 끝의 토큰 정보를 잃게 됩니다. 즉 $400 - 1 - 1 = 398$입니다. 이 정도 손실은 괜찮습니다.

45 옮긴이_ 합성곱 층의 필터가 256개이고 필터의 길이는 3입니다. 이전 층의 깊이 차원이 64이므로 이 층의 가중치는 $256 \times 3 \times 64 = 49,152$이고 절편 256개를 더하면 총 파라미터 개수는 4만 9,408이 됩니다.

46 옮긴이_ 밀집층의 뉴런 개수가 256개이고 입력의 길이도 256이므로 이 층의 가중치는 $256 \times 256 = 65,536$개이고 절편 256개를 더하면 총 파라미터 개수는 6만 5,792가 됩니다.

```
Layer (type)                    Output Shape              Param #
=================================================================
embedding_1 (Embedding)         (None, 400, 64)           320000
_____
spatial_dropout1d_1 (Spatial    (None, 400, 64)           0
_____
conv1d_1 (Conv1D)               (None, 398, 256)          49408
_____
global_max_pooling1d_1 (Glob    (None, 256)               0
_____
dense_1 (Dense)                 (None, 256)               65792
_____
dropout_1 (Dropout)             (None, 256)               0
_____
dense_2 (Dense)                 (None, 1)                 257
=================================================================
Total params: 435,457
Trainable params: 435,457
Non-trainable params: 0
```

그림 11.22 감성 분류를 위한 합성곱 신경망 모델

이 모델 구조에서 중요하게 언급할 하나는 합성곱 필터가 단순히 3개 단어를 감지하는 것이 아니라는 점입니다. 이 모델은 3개의 단어 벡터를 감지합니다. 제2장에서 언급한 것처럼 이산적인 원-핫 단어 표현과 고차원 공간에 의미를 분산시킨 단어 벡터 표현을 대조해 보면(표 2.1 참조) 이 장의 모든 모델은 단어 의미와 리뷰 감성을 연관시키는 데 특화되어 있습니다. 즉 단순히 개별 단어와 리뷰 감성을 연관시킨 것이 아닙니다. 예를 들어 이 신경망이 *not-good* 토큰 쌍과 부정적인 리뷰의 연관성을 학습했다면 *not-great* 쌍도 부정적인 리뷰와 연관시켜야 합니다. *good*과 *great*는 비슷한 의미를 가졌기 때문입니다(따라서 단어 벡터 공간에서 비슷한 위치를 차지할 것입니다).

컴파일, 체크포인트, 모델 훈련 단계는 밀집 신경망과 동일합니다(코드 11.20, 코드 11.21, 코드 11.22 참조). 모델 훈련 과정이 [그림 11.23]에 나와 있습니다. 세 번째 에포크에서 가장 낮은 검증 손실(0.258)과 가장 높은 검증 정확도(89.6 퍼센트)를 냅니다. (코드 11.23에서 weights.03.hdf5를 지정하여) 이 에포크의 모델 파라미터를 다시 적재하여 (코드 11.24와 같이) 전체 검증 데이터에 대한 $\hat{y}$을 예측합니다. (코드 11.26과 동일한 코

```
Train on 25000 samples, validate on 25000 samples
Epoch 1/4
25000/25000 [==============================] - 41s 2ms/step - loss: 0.4894 - acc: 0.7447 - val_loss: 0.2971 - val_acc: 0.8750
Epoch 2/4
25000/25000 [==============================] - 41s 2ms/step - loss: 0.2534 - acc: 0.8972 - val_loss: 0.2604 - val_acc: 0.8914
Epoch 3/4
25000/25000 [==============================] - 41s 2ms/step - loss: 0.1709 - acc: 0.9357 - val_loss: 0.2577 - val_acc: 0.8959
Epoch 4/4
25000/25000 [==============================] - 41s 2ms/step - loss: 0.1151 - acc: 0.9589 - val_loss: 0.2828 - val_acc: 0.8934
```

그림 11.23 합성곱 신경망 훈련

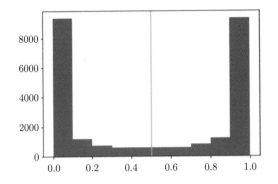

그림 11.24 합성곱 신경망의 세 번째 에포크에서 계산한 검증 데이터에 대한 $\hat{y}$값의 히스토그램

드로) 이 $\hat{y}$값의 히스토그램(그림 11.24)을 그리면 이 CNN이 밀집 신경망(그림 11.18 참조)보다 리뷰의 감성에 대해 더 강한 의견을 낸다는 것을 볼 수 있습니다. $\hat{y} < 0.1$인 리뷰가 1,000개가 더 많고 $\hat{y} > 0.9$인 리뷰는 수천 개가 더 많습니다. (코드 11.27을 사용해) ROC AUC를 계산하면 매우 높은 점수인 96.12 퍼센트가 출력됩니다. 이 CNN의 확신이 잘못되지 않았다는 것을 의미합니다. 이미 93 퍼센트의 높은 점수를 낸 밀집 신경망보다 더 향상되었습니다.

순차 데이터를 위한 신경망

합성곱 신경망 분류기는 밀집 신경망의 성능을 앞질렀습니다. 아마도 합성곱 층이 영화 리뷰가 긍정적인지 부정적인지 예측하기 위해 단어의 패턴을 학습하는 데 능통하기 때문일 것입니다. 합성곱 층의 필터는 3개의 단어처럼 짧은 시퀀스를 학습하는 데 뛰어난 경향이 있습니다(코드 11.32에서 k = 3으로 지정했습니다). 하지만 영화 리뷰 같은 자연어 데이터는 훨씬 긴 단어의 시퀀스로 이루어져 있습니다. 이를 모두 고려하면 모델이 더 정확한 출력을 예측할 수 있습니다. 이렇게 긴 시퀀스의 데이터를 다루는 딥러닝 모델이 순환 신경망_{recurrent neural network, RNN}입니다. LSTM_{long short-term memory}과 GRU_{gated recurrent unit} 같은 특별한 층을 포함합니다. 이 절에서는 RNN의 핵심 이론을 다루고 몇 종류의 RNN을 영화 리뷰 분류 문제에 적용해 봅니다. 또한 자연어 데이터를 모델링하는 고급 방법으로 NLP 애플리케이션의 새로운 기준이 된 어텐션_{attention}을 소개합니다.

이 장의 시작 부분에서 언급했듯이 LSTM과 GRU를 포함한 RNN 신경망들은 자연어 데이터뿐만 아니라 1차원 시퀀스로 등장하는 어떤 입력 데이터에도 잘 맞습니다. 여기에는 가격 데이터(예를 들면 금융 시계열, 주식 가격), 판매 실적, 온도, (전염병) 발병률 등이 있습니다. NLP 이외의 RNN 애플리케이션은 이 책의 범위를 넘어섭니다. 시간에 따른 정량적인 데이터 모델링에 관한 자료를 jonkrohn.com/resources의 *Time Series Prediction* 제목 아래 모아 놓았습니다.

순환 신경망

다음 문장을 생각해 보세요.

Jon and Grant are writing a book together. They have really enjoyed writing it.

사람은 쉽게 두 번째 문장을 이해할 수 있습니다. 두 번째 문장의 'they'는 존과 그랜트이고 'it'은 이들이 쓰는 'book'입니다. 사람에게 이런 일은 쉽지만 신경망에게는 간단한 일이 아닙니다.

이전 절에서 만든 합성곱 신경망 분류기는 단어의 좌우측에 있는 2개의 문맥 단어만을 고려합니다(코드 11.32에서 k_conv = 3). 이런 작은 윈도우로는 신경망이 '그들'이나 '그것'이 참조하는 바를 찾을 능력이 없습니다. 사람은 생각이 순환하기 때문에 이런 일을 할 수 있습니다. 현재 맥락을 이해하기 위해 이전의 아이디어를 다시 사용합니다. 이 절에서 순환 신경망의 개념을 소개합니다. 이 신경망은 시간의 흐름에 따라 정보가 유지되게 만드는 반복 구조를 가집니다.

순환 신경망의 고수준 구조는 [그림 11.25]와 같습니다. 왼쪽에 보라색 선은 신경망의 스텝 간에 정보를 전달하는 **루프**를 의미합니다. 입력마다 뉴런이 있는 밀집 신경망처럼 여기에서도 입력마다 뉴런이 있습니다.[47] 이를 오른쪽의 펼쳐진 RNN 구조에서 쉽게 확인할 수 있습니다. 문장의 각 단어마다 순환 모듈이 있습니다(여기에서는 간소하게 나타내려고 처음 4개의 단어만 표시했습니다).[48] 하지만 각 모듈은 이전 모듈에서 추가적인 입력을 받

---

47 옮긴이_이 문장은 약간 오해의 소지가 있습니다. 시퀀스 데이터를 처리하는 순서대로 펼친 오른쪽 그림에서 'Jon' 과 'and'를 처리하는 RNN 뉴런은 실제로 동일한 뉴런입니다. 여기에서는 타임스텝을 고려한 표현으로 생각해 주세요.

48 이것이 전처리할 때 짧은 문장에 패딩을 추가한 이유입니다. RNN은 특정 길이의 시퀀스를 기대하기 때문에 시퀀스가

순환 신경망   펼쳐진 RNN

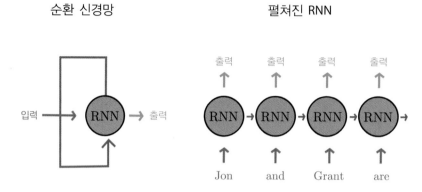

그림 11.25 순환 신경망의 구조

습니다. 이런 식으로 이 신경망은 시퀀스에 있는 이전 타임스텝의 정보를 전달합니다. [그림 11.25]의 경우 단어를 RNN 시퀀스에 있는 별개의 타임스텝으로 표현했습니다. 따라서 이 신경망은 '존'과 '그랜트'가 책을 쓰고 있다는 것을 학습할 수 있고 이 용어를 나중에 시퀀스에 등장하는 'they' 단어와 연관 지을 수 있습니다.

지금까지 이 책에서 본 밀집 신경망이나 CNN 같은 피드포워드 신경망에 비해 순환 신경망은 훈련하기가 계산적으로 더 복잡합니다. [그림 8.6]에 있듯이 피드포워드 신경망은 출력층에서 입력층으로 비용을 역전파시킵니다. 신경망에 순환층(`SimpleRNN`, `LSTM`, `GRU`)이 있다면 비용이 입력층뿐만 아니라 순환층의 타임스텝을 거슬러 가야 합니다(최근 타임스텝에서 이전 타임스텝 방향으로). 출력층에 가까운 은닉층에서 앞쪽의 은닉층으로 역전파될 때 그레이디언트 소실 문제가 있는 것처럼 순환층의 최근 타임스텝에서 이전 타임스텝으로 역전파될 때도 그레이디언트가 소실됩니다. 이 때문에 시퀀스에 있는 최근 타임스텝이 이전 타임스텝보다 모델에 더 큰 영향을 미칩니다.[49]

케라스로 RNN 구현하기

케라스에서 신경망 모델에 순환 층을 추가해 쉽게 RNN을 만들 수 있습니다. 📁 11-4. rnn_sentiment_classifier.ipynb 주피터 노트북에 잘 나와 있습니다. 간단하고 읽기 편하

충분히 길지 않으면 차이를 메우기 위해 PAD 토큰을 추가합니다.

49 시퀀스의 시작 부분(예를 들면, 영화 리뷰의 앞부분)이 끝부분(영화 리뷰의 마지막 구절)보다 해결할 문제(감성 분류)에 더 관련이 있다고 생각되면 신경망에 입력으로 전달하기 전에 시퀀스를 뒤집을 수 있습니다. 이렇게 하면 신경망의 순환층에서 시퀀스의 시작 부분에서 끝쪽으로 역전파될 것입니다.

게 하려고 이 장의 모든 노트북에서 다음 코드 셀을 동일하게 맞추었습니다. 앞서 보았던 📁 11-2.dense_sentiment_classifier.ipynb와 📁 11-3.convolutional_sentiment_classifier.ipynb 노트북도 마찬가지입니다.

- 라이브러리를 적재합니다(코드 11.12). 다만 노트북마다 한두 개의 라이브러리를 추가로 임포트합니다. 추가되는 항목은 해당 노트북의 신경망 구조를 소개할 때 설명합니다.
- IMDb 영화 리뷰 데이터를 적재합니다(코드 11.14).
- 리뷰의 길이를 맞춥니다(코드 11.18).
- 모델을 컴파일합니다(코드 11.20).
- ModelCheckpoint( ) 객체와 디렉터리를 만듭니다(코드 11.21).
- 모델을 훈련합니다(코드 11.22).
- 최상의 에포크에서 저장한 모델 파라미터 적재하기(코드 11.23). 가장 낮은 검증 손실을 가진 에포크가 모델마다 다릅니다.
- 모든 검증 데이터에 $\hat{y}$을 예측합니다(코드 11.24).
- $\hat{y}$ 히스토그램 그리기(코드 11.26).
- ROC AUC 계산(코드 11.27).

다른 코드 셀은 다음과 같습니다:

1. 하이퍼파라미터 설정
2. 신경망 만들기

RNN의 하이퍼피라미터는 [코드 11.34]에 있습니다.

코드 11.34 RNN 감성 분류기 하이퍼파라미터

```
# 출력 디렉터리
output_dir = 'model_output/rnn'

# 훈련
epochs = 16 # 더 많이!

batch_size = 128
```

```
# 벡터 공간 임베딩
n_dim = 64

n_unique_words = 10000

max_review_length = 100 # 시간에 따른 그레이디언트 소실 때문에 낮춤

pad_type = trunc_type = 'pre'

drop_embed = 0.2


# RNN 층 구조
n_rnn = 256

drop_rnn = 0.2
```

이전 밀집 신경망 노트북과 다른 점은 다음과 같습니다.

- 에포크 초반에 과대적합이 일어나지 않기 때문에 훈련 에포크를 네 배 늘려 16으로 지 정했습니다.

- `max_review_length`를 다시 100으로 낮추었습니다. 이것도 간단한 RNN에서 큰 값 입니다. (다음 절에서 다룸) LSTM을 사용하면 그레이디언트가 완전히 소멸되기 전에 거의 100 타임스텝(즉, 자연어 모델에서 100개의 토큰 또는 단어)까지 역전파할 수 있 습니다. 하지만 보통의 RNN에서 그레이디언트는 10 타임스텝 정도 후에 완전히 소 멸됩니다. 따라서 `max_review_length`를 10 이하로 낮추기 전에는 모델 성능이 감소 되지 않을 것입니다.

- 이 장에서 다루는 모든 RNN 구조에서 어휘 사전의 크기를 두 배로 늘려 1만 개의 토 큰을 사용합니다. 엄밀하게 테스트하지는 않았지만 이렇게 하면 성능이 향상되는 것 같습니다.

- `n_rnn = 256`으로 지정하여 순환 층에 256개의 유닛 또는 셀[50]을 둡니다. 256개의 합 성곱 필터로 CNN 모델이 256개의 고유한 세 단어의 의미를 감지했듯이[51] 이렇게 하면 RNN이 리뷰 감성에 관련된 256개의 고유한 단어 의미의 시퀀스를 감지할 수 있습니다.

---

50 옮긴이_RNN에서는 셀을 층의 의미로 사용하는 경우도 많습니다.

51 '단어 의미'는 단어 벡터 공간의 위치를 의미합니다.

[코드 11.35]에 RNN 모델 구조가 나타나 있습니다.

코드 11.35 RNN 감성 분류기 구조

```
from keras.layers import SimpleRNN

model = Sequential( )
model.add(Embedding(n_unique_words,
                    n_dim, input_length=max_review_length))
model.add(SpatialDropout1D(drop_embed))
model.add(SimpleRNN(n_rnn, dropout=drop_rnn))
model.add(Dense(1, activation='sigmoid'))
```

이 모델의 은닉층으로 합성곱 층이나 밀집층 대신에 케라스의 SimpleRNN( ) 층을 사용합니다. 이 층은 dropout 매개변수를 제공하므로 별도로 드롭아웃 층을 추가할 필요가 없습니다. 합성곱 층 뒤에 밀집층을 두는 것과 달리 순환층 뒤에는 일반적으로 밀집층을 추가하지 않습니다. 성능 향상에 거의 도움이 되지 않기 때문입니다. 하지만 Dense( ) 은닉층을 추가하여 테스트해도 좋습니다.

이 모델의 실행 결과(📂 11-4.rnn_sentiment_classifier.ipynb에서 볼 수 있습니다)는 고무적이지 않습니다. 처음 여섯 번째 에포크까지 훈련 손실이 꾸준히 감소하다가 그 이후에 증가합니다. 이는 검증 데이터에 비해 쉽게 학습할 것 같은 훈련 데이터에서도 모델이 패턴을 학습하기 어렵다는 것을 의미합니다. 이 책에 지금까지 나온 모든 모델의 훈련 손실은 에포크마다 안정적으로 감소했습니다.

훈련 손실이 오르기 때문에 검증 손실도 오릅니다. 일곱 번째 에포크에서 가장 낮은 검증 손실(0.504)을 볼 수 있고 이때 검증 정확도는 77.6 퍼센트이고 ROC AUC는 84.9 퍼센트입니다. 이 세 지표의 값은 지금까지 감성 분류 모델 중 가장 나쁩니다. 이 절에서 언급했지만 기본 RNN은 그레이디언트가 소멸하기 전에 10 타임스텝까지 역전파할 수 있기 때문입니다. 따라서 파라미터 업데이트 양이 아주 작아집니다. LSTM처럼 더 복잡한 순환층은 100 타임스텝까지 역전파할 수 있고 훨씬 많이 사용됩니다.[52]

---

52 단순한 RNN을 적용할 수 있는 곳은 풀려는 문제와 관련된 정보가 10 타임스텝이나 그보다 적은 타임스텝에 있는 경

LSTM

이전 절의 끝에서 언급했듯이 간단한 RNN은 관련 있는 정보나 문맥 사이 간격이 (10 타임스텝보다) 작을 때 적절합니다. 하지만 (NLP에서 종종 있는 작업과 같이) 문맥 사이 간격이 넓다면 다른 종류의 순환층인 LSTM^{long short-term memory}이 잘 맞습니다.

LSTM은 1997년 셉 호흐라이터^{Sepp Hochreiter}와 유르겐 슈미트후버^{Jürgen Schmidhuber}가 개발했습니다.[53] 하지만 어느 때보다도 요즘 NLP 딥러닝 애플리케이션에서 폭넓게 사용되고 있습니다. [그림 11.25]에 있는 LSTM 층의 기본 구조는 단순한 순환층과 같습니다. LSTM은 시퀀스 데이터에서 입력을 받고 (예를 들면, 자연어 문서에 있는 특정 토큰) 시퀀스의 이전 타임스텝에서도 입력을 받습니다. 차이점은 셀 안에 있습니다. 단순한 순환층 (예를 들면, 케라스의 `SimpleRNN( )`)은 tanh 함수 같은 하나의 활성화 함수가 RNN 셀의 입력을 출력으로 변환합니다. 이에 비해 LSTM 층의 셀은 [그림 11.26]처럼 훨씬 복잡한 구조를 가집니다.

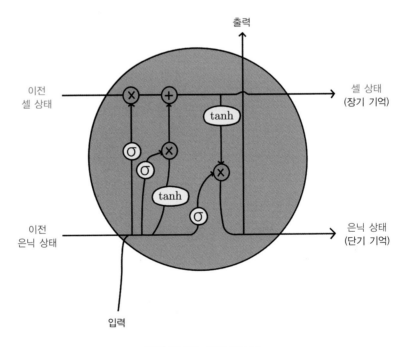

그림 11.26 LSTM의 구조

우입니다. 일부 시계열 예측 모델이나 짧은 문자열의 자연어로 데이터세트가 구성된 경우입니다.

53 Hochreiter, S., & Schmidhuber, J. (1997). Long short-term memory. *Neural Computation*, 9, 1735-80.

이 그림을 보고 겁먹었을지 모르겠습니다. 이 책에서 LSTM 셀 안에 있는 각 구성 요소를 완전히 분해하여 상세히 설명하는 것은 불필요합니다.[54] 하지만 그럼에도 여기에서 다룰 중요한 핵심 포인트가 몇 가지 있습니다. 첫 번째는 LSTM 셀의 위를 지나가는 셀 상태입니다. 셀 상태는 어떤 비선형 활성화 함수도 거치지 않습니다. 사실 셀 상태는 약간의 선형 변환만 겪고 그냥 셀에서 셀로 전달됩니다. 이 2개의 선형 변환(곱셈과 덧셈 연산)에서 LSTM 층의 셀이 셀 상태에 정보를 추가하고 층에 있는 다음 셀로 정보를 전달합니다.[55] 두 경우 모두 셀 상태에 정보가 추가되기 전에 시그모이드 활성화 함수를 거칩니다(그림에서 σ로 표시되어 있습니다). 시그모이드 활성화 함수는 0에서 1 사이의 값을 출력하기 때문에 이런 시그모이드 함수는 새로운 정보를 셀 상태에 추가할지 안 할지 결정하는 '게이트'처럼 동작합니다.

현재 타임스텝에서 새로운 정보는 현재 타임스텝의 입력과 이전 타임스텝의 은닉 상태를 단순히 연결한 것입니다. 이 연결이 셀 상태에 통합되는 방법은 두 가지가 있습니다. 하나는 선형적으로 또는 비선형 tanh 활성화 함수를 통과합니다. 두 경우 모두 시그모이드 게이트에서 이 정보를 수용할지 결정합니다.

LSTM이 셀 상태에 추가할 정보를 결정한 후 또 다른 시그모이드 게이트가 현재 입력에서 온 정보를 최종 셀 상태에 더할지 결정합니다. 이 결과가 현재 타임스텝의 출력이 됩니다. 은닉 상태란 이름으로 이 출력이 (시퀀스의 다음 타임스텝을 의미하는) 다음 LSTM 모듈로 전달되고 다음 타임스텝의 입력에 연결되어 전체 과정이 다시 시작됩니다. (은닉 상태와 함께) 최종 셀 상태가 다음 타임스텝을 나타내는 모듈로 전달됩니다.

알아야 할 것이 많군요. LSTM을 이해하는 다른 방법은 다음과 같습니다.

- 셀 상태는 LSTM 셀에서 각 타임스텝을 거치면서 시퀀스를 따라 정보를 유지시킵니다. LSTM의 장기 기억입니다.
- 은닉 상태는 단순한 RNN에 있는 순환 연결과 비슷합니다. 이는 LSTM의 단기 기억을 표현합니다.
- 각 모듈은 시퀀스 데이터에 있는 특정 포인트를 표현합니다(예를 들면 자연어 문서에

---

54 LSTM 셀에 대한 자세한 설명은 크리스토퍼 올라의 블로그(bit.ly/colahLSTM)를 참조하세요.

55 옮긴이_여기에서 이전 셀 혹은 다음 셀은 이전 타임스텝과 다음 타임스텝의 셀을 의미합니다(즉 같은 셀입니다). 다음 순환층의 셀로 전달되는 값은 [그림 11.26]에서 위쪽으로 출력되는 값입니다.

있는 특정 토큰).

- 각 타임스텝에서 시퀀스에 있는 특정 타임스텝의 정보가 지역 문맥(은닉 상태)과 전역 문맥(셀 상태)에 관련이 있는지에 대한 (시그모이드 게이트를 사용해) 여러 가지 결정이 내려집니다.
- 처음 2개의 시그모이드 게이트는 현재 타임스텝에서 온 정보가 전역 문맥(셀 상태)에 관련이 있는지와 어떻게 연결할지 결정합니다.
- 마지막 시그모이드 게이트는 현재 타임스텝에서 온 정보가 지역 문맥에 관련이 있는지 (즉, 은닉 상태에 추가하고 현재 타임스텝의 출력으로 사용할지) 결정합니다.

잠시 시간을 내서 [그림 11.26]을 다시 보고 어떻게 정보가 LSTM 셀을 통과하여 이동하는지 확인해 보세요. 시그모이드 게이트가 정보의 통과 여부를 결정한다는 점을 유념하면 이해하기 쉽습니다. 어쨌든 이 절에서 기억해야 할 중요한 점은 다음과 같습니다.

- 단순한 RNN 셀은 타임스텝 간에 한 종류의 정보(은닉 상태)만 전달하고 하나의 활성화 함수만 가지고 있습니다.
- LSTM 셀은 훨씬 복잡합니다. 타임스텝 간에 두 종류의 정보(은닉 상태와 셀 상태)를 전달하고 5개의 활성화 함수를 가지고 있습니다.

케라스로 LSTM 구현하기

계산 복잡도가 증가하지만 📁 11-5.lstm_sentiment_classifier.ipynb 노트북에 있듯이 케라스를 사용해 쉽게 LSTM을 구현할 수 있습니다. [코드 11.36]에 보듯이 단순한 RNN에서 사용했던 것과 같은 하이퍼파라미터를 LSTM에 사용했습니다. 달라지는 것은 다음과 같습니다.

- 출력 디렉터리 이름을 바꾸었습니다.
- 변수 이름을 n_lstm과 drop_lstm로 바꾸었습니다.
- LSTM이 단순한 RNN보다 훨씬 빠르게 훈련 데이터에 과대적합되기 때문에 훈련 에포크 횟수를 4로 줄였습니다.

코드 11.36 LSTM 감성 분류기 하이퍼파라미터

 # 출력 디렉터리

```
output_dir = 'model_output/LSTM'

# 훈련
epochs = 4

batch_size = 128

# 벡터 공간 임베딩
n_dim = 64

n_unique_words = 10000

max_review_length = 100

pad_type = trunc_type = 'pre'

drop_embed = 0.2

# LSTM 층 구조
n_lstm = 256

drop_lstm = 0.2
```

LSTM 모델 구조도 RNN 구조와 동일합니다. SimpleRNN( ) 층을 LSTM( )으로 바꾸었을 뿐입니다. [코드 11.37]을 참조하세요.

코드 11.37 LSTM 감성 분류기 구조

```
from tensorflow.keras.layers import LSTM

model = Sequential( )
model.add(Embedding(n_unique_words, n_dim,
                    input_length=max_review_length))
model.add(SpatialDropout1D(drop_embed))
model.add(LSTM(n_lstm, dropout=drop_lstm))
model.add(Dense(1, activation='sigmoid'))
```

LSTM의 훈련 결과는 📁 11-5.lstm_sentiment_classifier.ipynb 노트북에 있습니다. 요

약하면 훈련 손실이 에포크마다 지속적으로 감소합니다. 모델 훈련이 단순한 RNN보다 더 전형적으로 진행되었습니다. 하지만 이 결과가 대성공은 아닙니다. 비교적 복잡하지만 LSTM은 겨우 기본 밀집 신경망의 성능을 냈습니다. 가장 낮은 검증 손실(0.349)의 LSTM 에포크는 두 번째입니다. 이때 검증 정확도는 84.8 퍼센트이고 ROC AUC는 92.8 퍼센트입니다.

양방향 LSTM

양방향 LSTM^Bidirectional LSTM(또는 Bi-LSTM)은 표준 LSTM의 기발한 변종입니다. 표준 LSTM이 한 방향으로만 (영화 리뷰의 끝에서 시작 방향으로 가는 것처럼 전형적으로 타임스텝을 거슬러서) 역전파하는 반면, 양방향 LSTM은 1차원 입력에 대해 양방향으로 (타임스텝의 역방향과 정방향으로) 역전파합니다. 추가된 역전파는 계산 복잡도를 두 배로 늘립니다. 하지만 애플리케이션에서 정확도가 가장 중요하다면 적용할 가치가 있습니다. Bi-LSTM은 입력 문서 안에 있는 토큰 전후로 패턴을 학습할 수 있어 고성능 모델이 가능하기 때문에 최신 NLP 애플리케이션에서 인기가 높습니다.

LSTM 구조(코드 11.37)에서 Bi-LSTM 구조로 바꾸는 것이 어렵지 않습니다. [코드 11.38]과 같이 Bidirectional( )로 LSTM( ) 층을 감싸면 됩니다.

코드 11.38 양방향 LSTM 감성 분류기 구조

```
from tensorflow.keras.layers import LSTM
from tensorflow.keras.layers import Bidirectional # new!

model = Sequential( )
model.add(Embedding(n_unique_words, n_dim,
                    input_length=max_review_length))
model.add(SpatialDropout1D(drop_embed))
model.add(Bidirectional(LSTM(n_lstm, dropout=drop_lstm)))
model.add(Dense(1, activation='sigmoid'))
```

LSTM을 Bi-LSTM으로 간단하게 바꾸면 모델 훈련 결과에서 볼 수 있듯이 상당한 성능 이득이 있습니다(📁 11-6.bi_lstm_sentiment_classifier.ipynb 노트북을 참조하세요). 가장

낮은 검증 손실(0.331)의 에포크는 네 번째입니다. 이때 검증 정확도는 86.0 퍼센트이고 ROC AUC는 93.5 퍼센트입니다. 지금까지 합성곱 모델에 이어 두 번째로 좋은 모델입니다.

적층 순환 신경망

여러 개의 RNN 층(SimpleRNN( ), LSTM, 그외 다른 순환층)을 쌓는 것은 케라스에서 밀집층이나 합성곱 층을 쌓는 것만큼 간단하지 않습니다. 하지만 확실히 어렵지는 않습니다. 층을 정의할 때 추가적인 매개변수를 지정하기만 하면 됩니다.

설명했듯이 순환층은 순서가 있는 시퀀스를 입력으로 받습니다. 이런 층의 순환 기능은 시퀀스를 타임스텝마다 처리하고 은닉 상태를 시퀀스의 다음 타임스텝의 입력으로 전달하는 데서 옵니다.

따라서 순환층을 쌓으려면 return_sequences=True와 같이 매개변수를 지정해야 합니다. 이렇게 하면 순환층이 시퀀스에 있는 타임스텝마다 은닉 상태를 반환합니다. 출력은 이제 3차원이 되고 입력 시퀀스의 차원과 맞게 됩니다. 순환층의 기본 동작은 마지막 은닉 상태만 다음 층으로 전달합니다. 만약 이 정보를 밀집층에 전달하려면 이렇게 하는 것이 맞습니다. 하지만 신경망의 다음 층이 또 다른 순환층이라면 이 후속 순환층은 시퀀스를 입력으로 받아야 합니다. 따라서 후속 순환층으로 (하나의 마지막 은닉 상태 값이 아니라) 시퀀스의 모든 타임스텝에 대한 은닉 상태의 배열을 전달하기 위해 return_sequences 매개변수를 True로 지정합니다.[56]

실제 실행해 보기 위해 [코드 11.39]에 있는 2개의 층으로 구성된 Bi-LSTM 모델을 확인해 보세요(이 예에서 마지막 순환층은 기본값 return_sequences=False를 그대로 사용하도록 두었습니다. 마지막 순환층의 경우 마지막 은닉 상태만 이어지는 밀집층에서 사용하기 때문입니다).

코드 11.39 적층 순환 신경망

```
from tensorflow.keras.layers import LSTM
```

---

[56] return_state 매개변수도 있습니다(return_sequences와 마찬가지로 기본값은 False입니다). 이 매개변수를 True로 설정하면 신경망이 최종 은닉 상태 외에 최종 셀 상태도 반환합니다. 이 매개변수를 자주 사용하지는 않지만 한 순환층의 셀 상태를 다른 순환층의 셀 상태로 초기화할 때 유용합니다. 예를 들어 (다음 절에서 소개할) 인코더-디코더 모델에서 사용합니다.

```
from tensorflow.keras.layers import Bidirectional

model = Sequential( )
model.add(Embedding(n_unique_words, n_dim,
                    input_length=max_review_length))
model.add(SpatialDropout1D(drop_embed))
model.add(Bidirectional(LSTM(n_lstm_1, dropout=drop_lstm,
                        return_sequences=True))) # new!
model.add(Bidirectional(LSTM(n_lstm_2, dropout=drop_lstm)))
model.add(Dense(1, activation='sigmoid'))
```

제1장부터 여러 번 보았듯이 신경망에 층을 추가하면 모델이 더 복잡하고 추상적인 표현을 학습할 수 있습니다. 이 경우 추가된 Bi-LSTM 층으로 만들어진 추상 표현은 성능 향상으로 이어집니다. 적층 Bi-LSTM은 기본 Bi-LSTM 버전을 꽤 큰 차이로 앞섭니다. 최상의 에포크(검증 손실이 0.296인 두 번째 에포크)에서 ROC AUC가 94.9 퍼센트이고 검증 정확도는 87.8 퍼센트입니다. 전체 결과는 📁 11-7.stacked_bi_lstm_sentiment_classifier.ipynb 노트북에 있습니다.

적층 Bi-LSTM은 합성곱 신경망보다 훨씬 더 복잡하고 자연어와 같은 순차 데이터를 다룰 수 있도록 특별히 설계되었습니다. 그럼에도 합성곱 모델의 정확도보다 뒤집니다. 하이퍼파라미터 탐색이나 미세 튜닝으로 더 나은 결과를 얻을 수 있지만 궁극적으로 IMDb 영화 리뷰 데이터세트가 너무 작기 때문에 LSTM 모델의 잠재력을 발휘할 기회가 없는 것으로 보입니다. 훨씬 큰 자연어 데이터세트가 LSTM 층에서 여러 타임스텝에 걸쳐 효과적인 역전파를 사용할 수 있을 것입니다.[57]

RNN 중에서 LSTM과 유사한 모델은 GRU^{gated recurrent unit}입니다.[58] GRU는 3개의 활성화 함수만 사용하기 때문에 LSTM보다 계산량이 조금 적습니다. 하지만 종종 LSTM

---

57 이 가정을 테스트해 보고 싶다면 제14장에서 소개한 감성 분석 데이터세트를 사용해 보세요.

58 Cho, K., et al. (2014). Learning phrase representations using RNN encoder-decoder for statistical machine translation. *arXiv:1406.1078*.

에 견줄 만한 성능을 냅니다. 계산 비용이 큰 문제가 되지 않는다면 LSTM보다 GRU를 선택해서 얻는 이득이 많지 않습니다. 어쨌든 케라스에서 GRU를 테스트해보고 싶다면 GRU( ) 층을 임포트하고 모델 구조에서 LSTM( ) 층 대신에 사용하면 됩니다. 🗂 11-8. gru_sentiment_classifier.ipynb 노트북의 예제 코드를 참조하세요.

Seq2seq와 어텐션

시퀀스-투-시퀀스seq2seq 모델이라 불리는 NLP 기술은 입력 시퀀스를 받아 출력 시퀀스를 생성합니다. 신경망 기계 번역neural machine translation, NMT이 seq2seq 모델의 전형적인 예입니다. 구글 번역의 기계 번역 알고리즘이 제품 시스템에 NMT를 사용하는 좋은 사례입니다.[59]

NMT는 인코더-디코더 구조로 구성됩니다. 인코더가 입력 시퀀스를 처리하고 디코더는 출력 시퀀스를 생성합니다. 인코더와 디코더 모두 RNN입니다. 인코딩 단계에서 RNN 유닛 사이[60]에 전달되는 은닉 상태가 있습니다. 인코딩 단계가 끝나면 최종 은닉 상태가 디코더로 전달됩니다. 이 최종 상태를 '문맥'이라 생각할 수 있습니다. 이렇게 디코더는 입력 시퀀스의 문맥으로 시작합니다. 이론상 아이디어가 타당해 보이지만 문맥은 종종 병목 지점이 됩니다. 모델이 정말 긴 시퀀스를 다루기가 어려워 문맥이 손실됩니다.

문맥과 연관된 계산 병목을 극복하기 위해 어텐션attention이 개발되었습니다.[61] 간단히 요약하면 인코더에서 디코더로 하나의 은닉 상태 벡터(최종 상태)만 전달하지 않고 디코더에게 은닉 상태의 전체 시퀀스를 전달합니다. 각 은닉 상태는 입력 시퀀스의 한 단계와 연관되어 있습니다. 하지만 디코더는 디코딩하는 동안 한 스텝의 동작을 결정하기 위해 입력에 있는 여러 단계의 문맥이 필요합니다. 이를 위해 시퀀스의 각 스텝에서 디코더는 인코더의 각 은닉 상태에 대한 점수를 계산합니다. 인코더의 각 은닉 상태에 이 점수의 소프트맥스를 곱합니다.[62] 이를 통해 가장 관련 있는 문맥을 증폭합니다(점수가 높기 때문에 소프트맥스 확률도 높습니다). 반면 관련 없는 것은 감소시킵니다. 요약하면 어텐션은 주어진 타임스텝에서 가능한 문맥에 가중치를 부여합니다. 가중치가 적용된 은닉 상태를 더하고

---

59 구글 번역은 2016년부터 NMT를 적용했습니다. 이에 대한 자세한 내용은 bit.ly/translateNMT을 참조하세요.

60 옮긴이_타임스텝으로 펼쳤을 때 유닛 사이를 의미합니다.

61 Bahdanau, D., et al. (2014). Neural machine translation by jointly learning to align and translate. *arXiv:1409.0473*.

62 제6장에서 보았듯이 소프트맥스 함수는 실수 벡터를 받아 입력 벡터의 클래스와 같은 개수의 확률 분포를 생성합니다.

이 새로운 문맥 벡터를 사용해 디코더 시퀀스에 있는 각 타임스텝에 대한 출력을 예측합니다. 이런 식으로 모델이 입력 시퀀스에 관해 알고 있는 것을 돌아보고 출력을 위해 필요한 정보만 사용합니다. 전체 시퀀스에서 가장 관련된 요소에만 관심^{attention}을 두는 거죠!

이 책이 NLP만 다룬다면 seq2seq와 어텐션에 대해 적어도 하나의 장을 할애했을 것입니다. 많은 NLP 애플리케이션의 성능을 높일 수 있는 이 기술에 대한 더 자세한 내용은 독자에게 숙제로 남기겠습니다.

NLP의 전이 학습

머신 비전 기술자들은 수년 전부터 대규모 데이터세트에서 사전 훈련된 모델의 도움을 받아왔습니다. 제10장 '전이 학습' 절에서 다루었듯이 보통의 사용자들은 사전 훈련된 가중치와 모델을 다운로드하여 자신만의 비전 애플리케이션을 최고 수준의 모델로 빠르게 만들 수 있습니다. 최근에는 NLP에서도 전이 학습이 가능합니다.[63]

첫 번째로 등장한 것은 ULMFiT^{universal language model fine-tuning}입니다.[64] 사전 훈련하는 동안 모델이 학습한 것을 재사용할 수 있는 도구를 설명하고 오픈소스로 공개했습니다. 이 방법은 모델을 특정 작업 데이터에서 미세 조정할 수 있기 때문에 훈련 시간을 줄이고 적은 데이터로 높은 정확도를 얻을 수 있습니다.

그다음 ELMo^{embeddings from language model}가 세상에 나왔습니다.[65] 이 장에서 소개한 표준 단어 벡터를 개선했습니다. 여기에서는 단어 임베딩이 단어만이 아니라 단어가 등장하는 문맥에도 의존합니다. 어휘 사전에 있는 각 단어에 대한 고정된 단어 임베딩 대신에 ELMo는 단어에 특정 임베딩을 할당하기 전에 문장에 있는 각 단어를 살펴봅니다. ELMo 모델은 대규모 말뭉치에서 사전 훈련됩니다. 만약 직접 훈련한다면 컴퓨팅 자원을 모두 소진시킬 것입니다. 그럼에도 NLP 모델의 구성 요소로 사용할 수 있습니다.

여기서 언급할 마지막 전이 학습의 발전은 구글에서 공개한 BERT^{bi-directional encoder representations from transformers}입니다.[66] 아마도 ULMFiT과 ELMo보다 특정 NLP 작업에 튜닝

63 이 장에서 케라스 Embedding( ) 층을 소개할 때 단어 벡터의 전이 학습을 언급했습니다. 이 절에서 다루는 전이 학습 방법(ULMFiT, ELMo, BERT)은 머신 비전의 전이 학습에 더 가깝습니다. 자연어 요소(예를 들면, [그림 2.9]와 같이 부분 단어, 단어, 문맥)를 계층적으로 표현할 수 있기 때문입니다(심층 CNN이 표현하는 계층적 시각 특성과 비슷합니다. [그림 1.17] 참조). 이와 달리 단어 벡터는 계층이 없습니다. 언어에서 단어 수준만 표현합니다.

64 Howard, J., and Ruder, S. (2018). Universal language model fine-tuning for text classification. *arXiv:1801.06146*.

65 Peters, M.E., et al. (2018). Deep contextualized word representations. *arXiv:1802.05365*.

66 Devlin, J., et al. (2018). BERT: Pre-training of deep bidirectional transformers for language understanding. *arXiv:*

된 사전 훈련된 BERT 모델이 광범위한 애플리케이션에서 최상의 성능을 달성할 것입니다. 반면 훈련 시간과 데이터는 훨씬 적게 필요합니다.

케라스 함수형 API

어떤 문제를 풀기 위해 이 책에서 소개한 다양한 층을 조합해 딥러닝 모델을 만드는 방법은 셀 수 없이 많습니다. 예를 들어 📁 11-9.conv_lstm_stack_sentiment_classifier.ipynb 노트북을 보면 창의성을 발휘해 합성곱 층에서 만들어진 활성화 출력을 Bi-LSTM 층으로 전달하는 모델을 만듭니다.[67] 하지만 지금까지 케라스의 `Sequential( )` 클래스를 사용해 모델을 만들었습니다. 이 클래스로는 각 층의 출력이 다음 층으로 하나씩 연결되어야 합니다.

시퀀셜 모델[68]이 딥러닝 모델의 대부분을 이루지만 시퀀셜 구조가 아닌 경우도 있습니다. 모델 설계에 무한한 가능성을 제공하고 종종 더 복잡한 모델을 만듭니다.[69] 이런 경우 케라스의 함수형 API를 사용할 수 있습니다. 이 방식에서는 지금까지 이 책에서 사용한 `Sequential` 클래스 대신 `Model` 클래스를 사용합니다.

시퀀셜 구조가 아닌 구조의 예로 가장 높은 성능을 내는 감성 분류기인 합성곱 신경망을 다시 사용하여 더 높은 성능을 쥐어 짤 수 있는지 알아보겠습니다. [그림 11.27]에 있는 그림처럼 `Embedding( )` 층의 단어 벡터를 입력으로 받는 합성곱 층 3개를 나란히 사용해 보겠습니다. 📁 11-3.convolutional_sentiment_classifier.ipynb 노트북에서처럼 합성곱 층 중 하나의 필터 길이는 토큰 3개입니다. 다른 하나의 필터 길이는 토큰 2개입니다. 따라서 이 합성곱은 영화 리뷰가 긍정적인지 부정적인지 분류하는 데 관련 있어 보이는 단어 벡터 쌍을 학습하는 데 특화됩니다. 세 번째 합성곱 층의 필터 길이는 토큰 4개입니다. 따라서 관련 있는 단어 의미 4개를 감지하는 데 특화될 것입니다.

3개의 합성곱 층을 가진 모델의 하이퍼파라미터가 [코드 11.40]에 있습니다. 📁 11-

0810.04805.

67 이 conv-LSTM 모델은 적층 Bi-LSTM 구조의 검증 정확도와 ROC AUC 점수에 근접합니다. 하지만 각 에포크의 훈련 시간은 82 퍼센트나 빠릅니다.

68 옮긴이_케라스의 시퀀셜 클래스를 사용하여 순서대로 층을 차곡차곡 쌓은 모델을 말합니다.

69 시퀀셜하지 않은 모델의 대표적인 예는 여러 개의 입력과 출력을 가진 경우입니다(이런 입력과 출력은 동일한 수준에 있지 않을 것입니다. 예를 들어 모델의 중간 지점에서 추가 입력과 추가 출력을 가질 수 있습니다). 한 층의 활성화를 다른 여러 층과 공유하고 유향 비순환 그래프를 만듭니다.

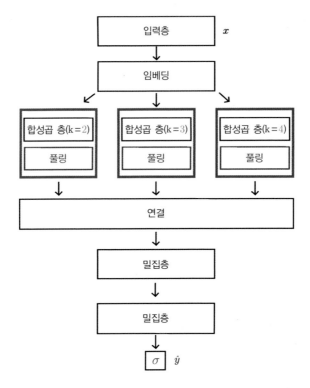

그림 11.27 시퀀셜하지 않은 모델 구조. 3개의 병렬 합성곱 층은 단어 임베딩 층에서 입력을 받고 다른 필터 길이를 가집니다($k=2$, $k=3$, $k=4$). 3개의 합성곱 층에서 출력된 활성화 맵은 연결되어 2개의 밀집 은닉층과 시그모이드 함수를 통과하여 최종 출력됩니다.

10. multi_convnet_sentiment_classifier.ipynb 노트북에서도 볼 수 있습니다.

코드 11.40 다중 합성곱 감성 분류기 하이퍼파라미터

```
# 출력 디렉터리
output_dir = 'model_output/multiconv'


# 훈련
epochs = 4
batch_size = 128


# 벡터 공간 임베딩
n_dim = 64
```

```
n_unique_words = 5000

max_review_length = 400

pad_type = trunc_type = 'pre'

drop_embed = 0.2


# 합성곱 층 구조
n_conv_1 = n_conv_2 = n_conv_3 = 256

k_conv_1 = 2

k_conv_2 = 3

k_conv_3 = 4


# 밀집층 구조
n_dense = 256

dropout = 0.2
```

새로운 하이퍼파라미터는 3개의 합성곱 층과 관련되어 있습니다. 합성곱 층 3개는 모두 256개의 필터를 가집니다. 하지만 [그림 11.27]의 그림에서 볼 수 있듯이 이 층들은 나란히 놓여 있고 필터 길이(k)는 2에서 4까지 서로 다릅니다.

　다중 합성곱 층 모델 구조를 위한 케라스 코드는 [코드 11.41]과 같습니다.

코드 11.41　다중 합성곱 감성 분류기 구조

```
from tensorflow.keras.models import Model

from tensorflow.keras.layers import Input, concatenate


# 입력층
input_layer = Input(shape=(max_review_length,),
                    dtype='int16', name='input')


# 임베딩
embedding_layer = Embedding(n_unique_words, n_dim,
                            name='embedding')(input_layer)
```

```
drop_embed_layer = SpatialDropout1D(drop_embed,
                                    name='drop_embed')(embedding_layer)

# 3개의 병렬 합성곱 층
conv_1 = Conv1D(n_conv_1, k_conv_1,
                activation='relu', name='conv_1')(drop_embed_layer)
maxp_1 = GlobalMaxPooling1D(name='maxp_1')(conv_1)

conv_2 = Conv1D(n_conv_2, k_conv_2,
                activation='relu', name='conv_2')(drop_embed_layer)
maxp_2 = GlobalMaxPooling1D(name='maxp_2')(conv_2)

conv_3 = Conv1D(n_conv_3, k_conv_3,
                activation='relu', name='conv_3')(drop_embed_layer)
maxp_3 = GlobalMaxPooling1D(name='maxp_3')(conv_3)


# 합성곱 층의 활성화 출력을 연결합니다.
concat = concatenate([maxp_1, maxp_2, maxp_3])


# 밀집 은닉층
dense_layer = Dense(n_dense,
                    activation='relu', name='dense')(concat)
drop_dense_layer = Dropout(dropout, name='drop_dense')(dense_layer)
dense_2 = Dense(int(n_dense/4),
                activation='relu', name='dense_2')(drop_dense_layer)
dropout_2 = Dropout(dropout, name='drop_dense_2')(dense_2)


# 시그모이드 함수를 사용한 출력층
predictions = Dense(1, activation='sigmoid', name='output')(dropout_2)


# 모델을 만듭니다.
model = Model(input_layer, predictions)
```

이전에 케라스의 Model 클래스를 본 적이 없다면 이 구조가 조금 당황스러울 수 있습니다. 하지만 한 줄씩 나누어 보면 어렵지 않습니다.

- Model 클래스에서는 첫 번째 은닉층의 shape 매개변수에 입력 크기를 지정하는 대신 별도로 Input( ) 층을 지정해야 합니다. 데이터 타입을 3만 2,767까지 가질 수 있는 16비트 정수(int16)로 지정했습니다. 입력할 단어의 최대 인덱스에 맞추기 위해서입니다.[70] 이 층의 다른 모든 층과 마찬가지로 나중에 (model.summary( )를 사용해) 모델을 출력할 때 구분하기 위해 name 매개변수에 이름을 지정합니다. 이렇게 하면 구성이 잘 되었는지 확인하기 편리합니다.

- 각 층을 input_layer, embedding_layer, conv_2와 같이 각기 다른 변수에 할당합니다. 이 변수를 사용해 모델의 데이터 흐름을 지정합니다.

- 함수형 프로그래밍 언어를 다루어 본 개발자에게는 익숙하게 느껴지겠지만 모델 클래스를 사용하는 데 가장 눈에 띄는 점은 층을 호출하면서 두 번째 괄호 안에 변수를 쓰는 것입니다. 이렇게 하여 어떤 층의 출력을 다른 층의 입력으로 전달합니다. 예를 들어 embedding_layer의 두 번째 괄호에 쓴 (input_layer)는 입력층의 출력이 임베딩 층의 입력으로 전달된다는 의미입니다.

- Embedding( )과 SpatialDropout1D 층은 이전과 동일한 매개변수를 가집니다.

- SpatialDropout1D 층의 출력(drop_embed_layer)은 3개의 병렬 합성곱 층(conv_1, conv_2, conv_3)의 입력이 됩니다.

- [그림 11.27]처럼 합성곱 모듈 3개는 각각 Conv1D 층(필터 길이 k_conv는 다릅니다)과 GlobalMaxPooling1D 층을 포함합니다.

- 합성곱 모듈 3개의 각 GlobalMaxPooling1D 층에서 출력된 활성화는 concatenate( ) 층에서 하나의 활성화 값으로 연결됩니다. concatenate( ) 층은 활성화 3개를 리스트로 입력([maxp_1, maxp_2, maxp_3])받습니다.

- 연결된 합성곱 모듈의 활성화는 2개의 Dense( ) 은닉층을 통과합니다. 이 두 은닉층은 모두 Dropout( ) 층을 가집니다(두 번째 밀집층의 뉴런 개수는 n_dense/4로 지정하여 첫 번째 밀집층에 비해 네 배 적습니다).

---

70 n_unique_words와 n_words_to_skip 하이퍼파라미터 때문에 이 인덱스의 최댓값은 5,049입니다.

표 11.6 감성 분류기 모델의 성능 비교

모델	ROC AUC (%)
밀집	92.9
합성곱	96.1
단순한 RNN	84.9
LSTM	92.8
Bi-LSTM	93.5
적층 Bi-LSTM	94.9
GRU	93.0
합성곱-LSTM	94.5
다중 합성곱	96.2

- 시그모이드 함수에서 출력된 활성화 값($\hat{y}$)을 predictions 변수에 할당합니다.
- 마지막으로 Model 클래스가 입력층의 변수(input_layer)와 출력층의 변수 (predictions)를 매개변수로 받아 모델의 모든 층을 연결합니다.

세련된 이 병렬 신경망 구조는 이 장에서 가장 뛰어난 감성 분류기를 만듭니다(표 11.6 참조). 📁 11-10.multi_convnet_sentiment_classifier.ipynb 노트북에 자세히 나와 있듯이 두 번째 에포크에서 가장 낮은 검증 점수(0.262)를 얻습니다. 이 에포크에서 검증 정확도 는 89.4 퍼센트이고 ROC AUC는 96.2 퍼센트입니다. Sequential 합성곱 모델보다 0.1 퍼센트 포인트 더 높습니다.

요약

이 장에서 자연어 데이터 전처리 방법, 자연어 말뭉치에서 단어 벡터를 만드는 방법, ROC AUC를 계산하는 과정을 설명했습니다. 이 장의 후반부에서는 이런 지식을 영화 리뷰가 긍정적인지 부정적인지 분류하는 데 적용하여 다양한 딥러닝 NLP 모델을 테스트해 보았 습니다. 이 모델 중 일부는 이전 장에서 이미 보았던 층을 사용합니다(즉 밀집층과 합성곱 층). 나머지는 RNN 분야에 속하는 새로운 종류의 층입니다(LSTM과 GRU). 그리고 이 책에서 처음으로 시퀀셜하지 않은 모델을 사용했습니다.

[표 11.6]에 감성 분류기의 결과를 요약했습니다. 자연어 데이터세트가 훨씬 크다면 Bi-LSTM 구조가 아마도 합성곱 구조의 성능을 뛰어 넘었을 것입니다.

핵심 개념

다음은 지금까지 나온 중요 개념입니다. 이 장에서 등장한 새로운 용어는 보라색으로 강조했습니다.

- 파라미터 :
  - 가중치 w
  - 절편 b
- 활성화 a
- 활성화 함수 :
  - 시그모이드
  - tanh
  - ReLU
  - 소프트맥스
  - 선형
- 입력층
- 은닉층
- 출력층
- 층 종류 :
  - 밀집 (완전 연결) 층
  - 합성곱 층
  - 최대 풀링
  - Flatten
  - 임베딩
  - RNN

- (양방향) LSTM
- concatenate
- 비용 (손실) 함수 :
  - 이차 (평균 제곱 오차) 비용 함수
  - 크로스-엔트로피 비용 함수
- 정방향 계산
- 역전파
- 불안정한 (특히 소멸하는) 그레이디언트
- 글로럿 가중치 초기화
- 배치 정규화
- 드롭아웃
- 옵티마이저 :
  - 확률적 경사 하강법
  - Adam
- 옵티마이저 하이퍼파라미터 :
  - 학습률 η
  - 배치 크기
- word2vec

12

생성적 적대 신경망

제3장에서 예술 작품이라고 부를 수 있는 새롭고 독창적인 이미지를 만드는 딥러닝 모델에 대해 소개했습니다. 이 장에서 제3장에서 언급한 고수준의 이론을 제10장의 합성곱 신경망, 제11장의 케라스 Model 클래스, 새로운 신경망 층과 연결하여 생성적 적대 신경망generative adversarial network, GAN을 만듭니다. 이 모델을 사용해 사람이 손으로 그린 스케치 스타일을 흉내 내는 이미지를 만들어 보겠습니다.

핵심 GAN 이론

고수준에서 보면 GAN은 적대 관계를 가지고 서로 경쟁하는 2개의 딥러닝 모델을 사용합니다. [그림 3.4]에 나타나 있듯이 한 신경망은 위조 이미지를 만드는 생성자generator이고 다른 하나는 생성자의 가짜 이미지와 진짜 이미지를 구별하려는 판별자discriminator입니다. 조금 더 기술적으로 설명하면 생성자는 [그림 12.1]의 왼쪽에 있는 것처럼 랜덤한 잡음을 입력으로 받아 가짜 이미지로 바꿉니다. 진짜와 가짜 이미지를 구별하는 이진 분류기인 판별자는 [그림 12.1]의 오른쪽에 있습니다. (이 그림의 구조는 매우 단순화한 것입니다. 잠시 후에 자세히 살펴보겠습니다.) 훈련 반복을 거치면서 생성자는 더 가짜 같은 이미지를 만들고 판별자는 가짜를 감지하는 능력을 향상시킵니다. 훈련이 계속됨에 따라 두 모델은 서로 경쟁하여 상대를 이기려 합니다. 이런 식으로 두 모델은 더욱 더 자신의 작업에 특화됩니다. 결국 이런 적대 상호작용을 통해 판별자뿐만 아니라 사람이 보아도 그럴싸한 가짜를 만드는 생성자가 됩니다.

반대 (적대!) 과정으로 구성된 두 가지 GAN을 훈련해 보죠.

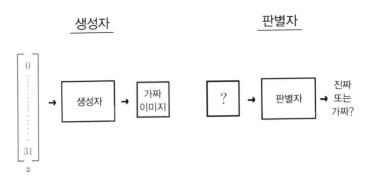

그림 12.1 전형적인 GAN을 구성하는 두 모델 생성자(왼쪽)와 판별자(오른쪽)의 도식화

1. 판별자 훈련 : [그림 12.2]에 나와 있듯이 이 과정에서 생성자가 가짜 이미지를 만듭니다. 즉 생성자는 추론만 수행합니다.[1] 반면 판별자는 가짜 이미지와 진짜 이미지를 구별하는 방법을 학습합니다.

2. 생성자 훈련 : [그림 12.3]처럼 이 과정에서 판별자는 생성자가 만든 가짜 이미지를 판단합니다. 여기에서 판별자는 추론만 수행하고 생성자는 이 정보를 사용해 학습합니다. 가짜 이미지와 진짜 이미지를 구분하는 판별자를 더 잘 속이는 방법을 학습합니다.

두 과정 모두 모델 중 하나는 출력(가짜 이미지나 이미지가 가짜인지 예측)을 만들지만 훈련되지 않습니다. 다른 모델은 이 출력을 사용해 주어진 작업을 더 잘 수행하는 방법을 학습합니다.

　전체 GAN 훈련 과정 동안에 판별자 훈련과 생성자 훈련이 교대로 진행됩니다. 훈련 과정에 대해 조금 더 자세히 살펴보죠. 먼저 판별자 훈련입니다(그림 12.2).

- 생성자는 가짜 이미지를 만듭니다(검은색으로 표시한 추론을 통해). 이 이미지와 진짜 이미지를 섞어 배치를 만들고 판별자 훈련을 위해 주입합니다.
- 판별자는 이미지가 진짜일 가능성에 해당하는 예측($\hat{y}$)을 출력합니다.
- 판별자의 예측 $\hat{y}$과 진짜 레이블 y에 대한 크로스-엔트로피 비용을 계산합니다.
- 역전파로 판별자의 파라미터를 튜닝합니다(초록색으로 표시됨)

판별자가 훈련하는 동안에는 판별자 신경망만 학습합니다. 생성자 신경망은 역전파에 포

1 　추론은 정방향 계산만 수행하고 모델 훈련(예를 들면 역전파)은 수행하지 않습니다.

판별자 훈련

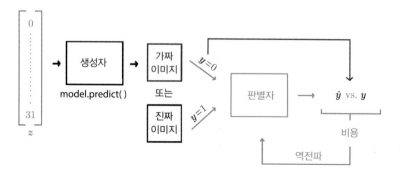

그림 12.2 판별자 훈련 반복 개요. 생성자의 정방향 계산으로 가짜 이미지를 만듭니다. 그다음 진짜 이미지와 함께 배치에 섞습니다. 여기에 레이블을 더해 판별자를 훈련합니다. 학습 과정은 초록색으로 표시되어 있고 학습되지 않는 과정은 검은색으로 나타나 있습니다. 파란 화살표는 이미지 레이블 y에 대한 강조 표시입니다.

생성자 훈련

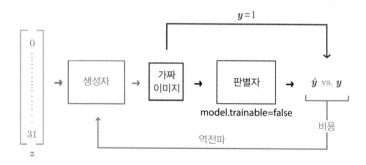

그림 12.3 생성 훈련 반복 개요. 생성자의 정방향 계산으로 가짜 이미지를 만듭니다. 판별자는 추론을 수행하여 이 이미지에 대한 점수를 계산합니다. 역전파를 통해 생성자가 향상됩니다. [그림 12.2]에서처럼 학습 과정은 초록색으로 표시되어 있고 학습되지 않는 과정은 검은색으로 나타나 있습니다. 파란 화살표는 이미지와 레이블 y에 대한 강조 표시입니다. 여기에서는 무조건 1로 설정합니다.

함되지 않기 때문에 아무것도 학습하지 않습니다.

이제 판별자 훈련 과정에서 생성자 훈련으로 초점을 옮겨 보죠(그림 12.3).

- 생성자는 랜덤한 잡음 벡터 z를 입력으로 받고[2] 가짜 이미지를 출력합니다.

---

2 이 랜덤한 잡음 벡터 z가 제3장에서 소개한 잠재 공간 벡터에 해당합니다(그림 3.4). [그림 6.8]에서부터 $w \cdot x + b$를

- 생성자가 만든 가짜 이미지를 판별자의 입력으로 직접 주입합니다. 이 과정에서 중요한 점은 판별자에게 가짜 이미지의 레이블을 모두 진짜($y = 1$)라고 거짓말을 하는 것입니다.

- 판별자는 입력 이미지가 진짜인지 가짜인지에 대한 예측 $\hat{y}$을 출력합니다(검은색으로 표시한 추론을 통해).

- 크로스-엔트로피 손실을 사용해 생성자 신경망의 파라미터를 튜닝합니다(초록색으로 표시됨). 더 구체적으로 말하면 생성자는 판별자가 속을 만한 가짜 이미지를 만드는 방법을 학습합니다. 이 비용을 최소화하면 판별자가 진짜로 잘못 판단할 가짜 이미지를 만들도록 생성자가 학습될 것입니다. 이 이미지는 사람 눈에도 진짜 같아 보일 수 있습니다.

생성자가 훈련하는 동안 생성자 신경망만 학습됩니다. 나중에 이 장에서 판별자의 파라미터를 동결하여 역전파가 판별자에게 영향을 미치지 않고 생성자 파라미터만 튜닝하도록 만드는 방법을 알아 보겠습니다.

GAN이 훈련을 시작할 때 생성자는 무엇을 만들어야 할지 아직 모릅니다. 따라서 랜덤한 잡음이 입력으로 주입되기 때문에 생성자는 랜덤한 잡음 이미지를 출력으로 만듭니다. 이런 엉터리 가짜는 진짜 이미지와 극명하게 대비됩니다. 진짜 이미지는 실제 이미지를 만드는 특성이 조합되어 있기 때문입니다. 따라서 판별자는 처음에 진짜와 가짜를 구분하는 것을 쉽게 학습할 수 있습니다. 하지만 생성자가 훈련되면서 점차 진짜 이미지의 구조를 복제하는 방법을 배웁니다. 결국 생성자는 판별자를 속일 만큼 똑똑해집니다. 이번에는 판별자가 진짜 이미지에서 더 복잡하고 미묘한 특성을 학습하여 판별자를 이기는 것이 더 어려워집니다. 이런 식으로 생성자 훈련과 판별자 훈련 사이를 오가면서 생성자는 훨씬 더 그럴싸한 이미지를 생성합니다. 어느 순간에 두 적대 모델은 교착 상태에 빠집니다. 구조상 한계에 도달하고 양쪽에서 모두 학습이 멈춥니다.[3]

훈련이 끝나면 판별자는 버리고 최종 결과물로 생성자를 선택합니다. 랜덤한 잡음을 주입하면 적대 신경망이 훈련한 이미지 스타일에 맞는 이미지를 출력할 것입니다. 이런

표현하기 위해 사용한 z 변수와는 상관이 없습니다. 이 장에서 잠재 공간 벡터에 대해 더 자세히 다룹니다.

3 더 복잡한 생성자와 판별자 신경망은 더 복잡한 특성을 학습하고 더 그럴싸한 이미지를 만들 수 있습니다. 하지만 이렇게 복잡한 구조가 필요 없는 경우가 있습니다. 물론 이런 모델들은 훈련하기 더 어렵습니다.

GAN의 생성 능력을 창의력이라고 생각할 수 있습니다. 유명인의 사진으로 구성된 대규모 훈련 데이터를 제공하면 GAN은 존재하지 않지만 진짜 같은 유명인의 사진을 생성할 수 있습니다.[4] [그림 3.4]에서 특정 z값을 생성자에 전달하여 GAN의 잠재 공간 안에서 특정 좌표를 지정하면 원하는 속성을 가진 얼굴을 출력할 수 있습니다. 예를 들어 특정 나이, 성별, 안경 종류 등입니다. 이 장에서 훈련할 GAN에서는 손으로 그린 스케치를 훈련 데이터로 사용하겠습니다. 따라서 이 GAN은 이전에 사람이 생각해 본 적 없는 새로운 그림을 그릴 수 있습니다. 자 이제 준비됐나요. 생성자와 판별자 구조를 조금 더 자세히 설명하겠습니다. 먼저 스케치 데이터를 다운로드하여 준비해 보죠.

QUICK, DRAW! 데이터세트

제1장 끝에서 Quick, Draw! 게임[5]을 해보라고 권유했었죠. 했다면 세계에서 가장 큰 스케치 데이터세트에 기여한 셈입니다. 이 글을 쓰는 시점에 Quick, Draw! 데이터세트에 있는 그림은 5,000만 개이고 345개의 카테고리가 있습니다. [그림 12.4]에 개미, 모루, 사과와 같은 12 카테고리에서 가져온 샘플을 나타냈습니다. 이 장에서 만들 GAN은 사과 카테고리에서 훈련하겠습니다. 하지만 맘에 드는 다른 카테고리를 선택해도 좋습니다. 모험을 좋아한다면 여러 개의 카테고리에서 동시에 훈련할 수도 있습니다![6]

Quick Draw! 게임 데이터세트의 깃허브 저장소는 bit.ly/QDrepository로 접속할 수 있습니다. 이 데이터는 원시 이미지 형태를 포함해 몇 가지 포맷으로 다운로드할 수 있습니다. 비교적 균일한 데이터를 사용하려면 여러 가지 버전 중에서 스케일을 조정하고 중앙에 맞도록 전처리된 버전이 좋습니다. 특히 파이썬에서 데이터를 쉽게 다루기 위해 전처리된 넘파이 포맷의 비트맵을 추천합니다.[7]

여기에서는 apple.npy 파일을 다운로드하지만 다른 카테고리를 선택해 GAN을 훈련할 수 있습니다. 이 데이터 파일(`/dl-illustrated/quickdraw_data/apples.npy`)이 저장

---

4 옮긴이_고해상도 얼굴 이미지를 만들 수 있는 ProGAN을 비롯해 최신 GAN 기법에 대해서는 GAN 인 액션(한빛미디어, 2020)을 참조하세요.

5 quickdraw.withgoogle.com

6 컴퓨팅 리소스가 충분하다면(여러 개의 GPU가 있다면) 345 스케치 카테고리 전체에서 동시에 GAN을 훈련할 수 있습니다. 저자들은 이렇게 테스트하지 못했습니다. 이는 진짜 모험적인 일입니다.

7 특별히 이 데이터는 bit.ly/QDdata에서 다운로드할 수 있습니다.

그림 12.4   Quick, Draw! 게임으로 사람이 그린 스케치. 야구공, 바스켓, 벌 등

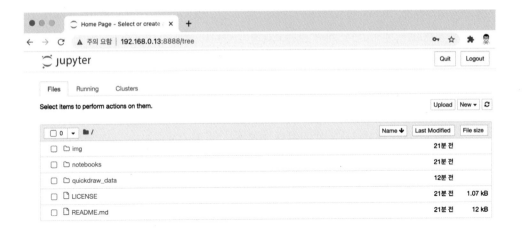

그림 12.5   주피터 노트북의 작업 디렉터리. (이 책에서 설명하는 모든 주피터 노트북이 있는) notebooks 디렉터리와 같은 수준에 있는 quickdraw_data 디렉터리에 (Quick, Draw! 넘파이 비트맵) 데이터를 넣습니다.

된 주피터 노트북 작업 디렉터리는 [그림 12.5]와 같습니다.

다른 곳에 데이터를 저장해도 괜찮고 파일 이름을 바꾸어도 좋습니다(특히 다른 카테고리의 데이터를 다운로드받았다면). 다만 [코드 12.2]에 있는 데이터 적재 코드를 적절히 변경해 주어야 합니다.

첫 단계로 필요한 라이브러리를 적재해야 합니다. 📁 12-1.generative_adversarial_
network.ipynb 노트북에서 필요한 라이브러리는 [코드 12.1]과 같습니다.[8]

코드 12.1 라이브러리 적재

```
# 데이터 입력과 출력을 위해
import numpy as np

import os


# 딥러닝 모델을 위해
from tensorflow import keras

from tensorflow.keras.models import Model

from tensorflow.keras.layers import Input, Dense, Conv2D, Dropout

from tensorflow.keras.layers import BatchNormalization, Flatten

from tensorflow.keras.layers import Activation

from tensorflow.keras.layers import Reshape # new!

from tensorflow.keras.layers import Conv2DTranspose, UpSampling2D # new!

from tensorflow.keras.optimizers import RMSprop # new!


# 출력을 위해
import pandas as pd

from matplotlib import pyplot as plt

%matplotlib inline
```

새로운 층 3개와 RMSProp 옵티마이저를 제외하면 나머지 클래스들은 모두 이전에 책에
서 나왔던 것들입니다.[9] 모델 구조를 설계하면서 새로운 클래스를 소개하겠습니다.

좋습니다. 이제 데이터를 적재해 보죠. 주피터 노트북에 있는 디렉터리 이름을 사용하고
apple.npy 파일을 다운로드했다고 가정하면 [코드 12.2]와 같이 데이터를 불러올 수 있습
니다.

---

8 이 GAN 구조는 Rowel Atienza의 깃허브(https://bit.ly/3ivBQiJ)를 기반으로 합니다.

9 제9장에서 RMSProp을 소개했습니다. 기억이 잘 안 나면 '고급 옵티마이저' 절을 참조하세요.

코드 12.2 Quick, Draw! 데이터 적재

```
input_images = "../quickdraw_data/apple.npy"

data = np.load(input_images)
```

디렉터리 이름이 다르거나 Quick, Draw! 데이터세트에서 다른 카테고리의 데이터를 다운로드했다면 input_images 변수의 값을 수정해 주세요.

data.shape를 실행하면 훈련 데이터의 2차원 크기를 출력합니다. 첫 번째 차원이 이미지의 개수입니다. 이 글을 쓰는 시점에 사과 카테고리에서는 약 14만 5,000개의 이미지가 있습니다. 하지만 나중에 더 늘어날 수 있습니다. 두 번째 차원은 이미지의 픽셀 개수입니다. 이 값은 784로 MNIST 숫자와 동일하게 28×28 픽셀 크기 이미지이기 때문입니다.

Quick, Draw! 이미지가 MNIST 숫자와 크기만 같은 것이 아니라 동일하게 0에서 255 사이 값을 갖는 8비트 정수로 표현됩니다. data[4242]를 실행해 4,243번째 이미지를 출력해 보죠. 이 데이터는 1차원 배열이기 때문에 눈으로 확인하기 어렵습니다. 다음과 같이 2차원으로 바꿉니다.

```
data = data/255

data = np.reshape(data,(data.shape[0],28,28,1))

img_w,img_h = data.shape[1:3]
```

이 코드를 하나씩 살펴보죠.

- 픽셀 값을 255로 나누어 MNIST 숫자와 마찬가지로 0과 1 사이 범위로 만들었습니다.[10]
- 판별자 신경망의 첫 번째 은닉층은 2차원 합성곱 필터를 가집니다. 따라서 넘파이 reshape( ) 메서드를 사용해 이미지를 1×784 픽셀 배열에서 28×28 픽셀의 행렬로 바꿉니다. 이미지가 흑백이므로 네 번째 차원은 1입니다. 풀 컬러 이미지이면 3이 됩니다.

---

10 [코드 5.4] 앞에 있는 각주에서 이렇게 스케일을 조정한 이유를 설명했습니다.

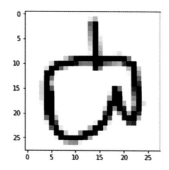

그림 12.6 이 비트맵 샘플은 Quick, Draw! 데이터세트의 사과 카테고리에 있는 4,243번째 스케치입니다.

- 나중에 사용하기 위해 이미지 너비(img_w)와 높이(img_h)를 저장합니다.

[그림 12.6]은 크기가 변경된 데이터 샘플입니다. 다음과 같은 코드를 실행해 사과 카테고리의 4,243번째 스케치 이미지를 출력했습니다.

```
plt.imshow(data[4242,:,:,0], cmap='Greys')
```

판별자 신경망

판별자는 제10장에서 설명한 Conv2D 층과 제11장에서 소개한 Model 클래스를 사용한 매우 단순한 합성곱 신경망입니다. [코드 12.3]을 참조하세요.

코드 12.3 판별자 구조

```
def build_discriminator(depth=64, p=0.4):

    # 입력
    image = Input((img_w,img_h,1))

    # 합성곱 층
    conv1 = Conv2D(depth*1, 5, strides=2,
                    padding='same', activation='relu')(image)
    conv1 = Dropout(p)(conv1)
```

```
conv2 = Conv2D(depth*2, 5, strides=2,
               padding='same', activation='relu')(conv1)
conv2 = Dropout(p)(conv2)

conv3 = Conv2D(depth*4, 5, strides=2,
               padding='same', activation='relu')(conv2)
conv3 = Dropout(p)(conv3)

conv4 = Conv2D(depth*8, 5, strides=1,
               padding='same', activation='relu')(conv3)
conv4 = Flatten( )(Dropout(p)(conv4))

# 출력층
prediction = Dense(1, activation='sigmoid')(conv4)

# 모델 생성
model = Model(inputs=image, outputs=prediction)

return model
```

이 책에서 처음으로 모델을 직접 만들지 않고 만들어진 모델 객체를 반환하는 함수 (build_discriminator)를 만듭니다. [그림 12.7]에 있는 모델의 구조와 [코드 12.3]을 참조하세요. 모델을 자세히 분석해 보죠.

- 입력 이미지의 크기는 28 × 28 픽셀입니다. img_w와 img_h 변수로 입력층을 정의합니다.
- 4개의 은닉층 모두 합성곱 층입니다.
- 층을 거치면서 합성곱 필터의 개수가 두 배로 늘어납니다. 첫 번째 은닉층은 64개의 합성곱 필터를 가지고 (따라서 출력되는 활성화 맵의 깊이가 64입니다) 네 번째 은닉층은 512개의 합성곱 필터를 가집니다(출력 활성화 맵의 깊이도 512입니다).[11]

---

11 필터가 많을수록 파라미터 개수가 늘어나고 모델 복잡도도 높아집니다. 또한 GAN이 훨씬 선명한 이미지를 생성합니

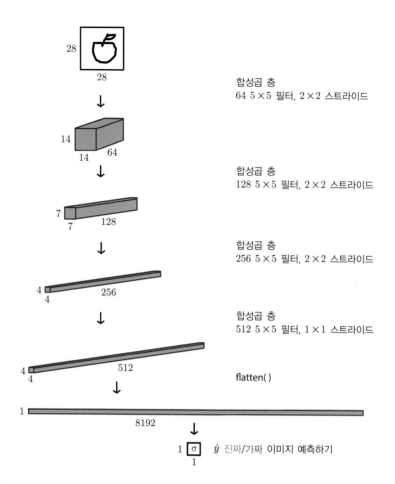

합성곱 층
64 5×5 필터, 2×2 스트라이드

합성곱 층
128 5×5 필터, 2×2 스트라이드

합성곱 층
256 5×5 필터, 2×2 스트라이드

합성곱 층
512 5×5 필터, 1×1 스트라이드

flatten( )

$\hat{y}$ 진짜/가짜 이미지 예측하기

그림 12.7 입력 이미지가 진짜(이 경우 Quick, Draw! 데이터세트에 있는 손으로 그린 사과 그림)인지 가짜(생성자가 만든 그림)인지 예측하는 판별자 신경망의 구조

- 필터 크기는 동일하게 5 × 5를 유지합니다.[12]
- 처음 3개의 합성곱 층의 스트라이드는 2 × 2입니다. 즉 활성화 맵의 높이와 너비는 층마다 절반으로 줄어듭니다(식 10.3 참조). 마지막 합성곱 층의 스트라이드는 1 × 1입니다. 따라서 출력되는 활성화 맵의 높이와 너비는 입력되는 활성화 맵과 같습니다(4 × 4).

다. 이 예제에서는 이 정도면 충분합니다.

12 이 책에서는 3 × 3 필터를 많이 사용했지만 GAN은 조금 더 큰 필터를 사용하는 것이 도움이 됩니다. 특히 신경망의 앞쪽 층에서 그렇습니다.

- 모든 합성곱 층에 40 퍼센트(p=0.4)의 드롭아웃을 적용합니다.
- 마지막 합성곱 층에서 출력한 3차원 활성화 맵을 펼쳐서 밀집 출력층으로 주입합니다.
- 제11장의 영화 리뷰 분류 모델에서처럼 진짜 이미지와 가짜 이미지를 구분하는 것은 이진 분류 작업이므로 (밀집) 출력층은 하나의 뉴런과 시그모이드 활성화 함수를 사용합니다.

판별자를 만들려면 매개변수 없이 build_discriminator 함수를 호출합니다.

```
discriminator = build_discriminator( )
```

모델의 summary 메서드를 호출해 모델 구조를 출력하면 430만 개의 파라미터가 있고 대부분(76 퍼센트)이 최종 합성곱 층에 있다는 것을 알 수 있습니다.

[코드 12.4]에서 판별자의 compile 메서드를 호출합니다.

코드 12.4 판별자 신경망 컴파일

```
discriminator.compile(loss='binary_crossentropy',
                optimizer=RMSprop(lr=0.0008,
                                decay=6e-8,
                                clipvalue=1.0),
                metrics=['accuracy'])
```

[코드 12.4]를 하나씩 자세히 알아보죠.

- 제11장에서처럼 판별자가 이진 분류 모델이기 때문에 이진 크로스-엔트로피 손실 함수를 사용합니다.
- 제9장에서 소개한 RMSprop은 Adam 대신 사용할 수 있는 고급 옵티마이저입니다.[13]
- RMSprop 옵티마이저의 감쇠율(decay, ρ)은 제9장에서 설명한 하이퍼파라미터입니다.

---

13 이안 굿펠로우와 동료들이 2014년에 처음 GAN 논문을 발표했습니다. 그 당시 RMSProp이 이미 유행이었습니다(연구원 Kingma와 Ba가 2014년에 Adam도 발표했습니다. 이 알고리즘은 그 후 몇 년 안에 더 유명해졌습니다). 하이퍼파라미터를 조금 튜닝할 필요가 있겠지만 RMSProp을 Adam으로 바꿔 비슷한 효과를 볼 수 있습니다.

- 마지막으로 `clipvalue`는 (확률적 경사 하강법 동안 비용과 파라미터 값 사이의 편미분 관계를 학습하는) 그레이디언트가 이 값을 초과하지 못하게 막는 (즉, 자르는) 하이퍼파라미터입니다. 따라서 `clipvalue`는 명시적으로 그레이디언트 폭주를 제한합니다(제9장 참조). 보통 1.0으로 지정합니다.

생성자 신경망

판별자 신경망의 CNN 구조가 대체적으로 익숙하지만 생성자 신경망은 이전에 본 적이 없는 여러 가지 특징을 포함하고 있습니다. 생성자 신경망의 구조가 [그림 12.8]에 나타나 있습니다.

생성자는 지금까지 사용한 전형적인 합성곱 층의 기능과 반대로 수행하는 **전치 합성곱** transposed convolution 층을 사용합니다. 특성을 감지하고 이 특성이 이미지에서 어디에 있는지 나타내는 활성화 맵을 출력하는 것이 아니라 전치 합성곱은 활성화 맵을 입력받아 특성을 공간에 재정렬하여 출력합니다. 생성자 신경망의 시작 단계에서 잡음 입력(1차원 벡터)을 2차원 배열로 바꾸어 전치 합성곱 층에 사용합니다. 몇 개의 전치 합성곱 층을 통과하면서 생성자는 랜덤한 잡음을 가짜 이미지로 바꿉니다.

생성자를 만드는 코드는 [코드 12.5]와 같습니다.

코드 12.5 생성자 구조

```
z_dimensions = 32
def build_generator(latent_dim=z_dimensions,
                    depth=64, p=0.4):

    # 입력
    noise = Input((latent_dim,))

    # 첫 번째 은닉층
    dense1 = Dense(7*7*depth)(noise)
    dense1 = BatchNormalization(momentum=0.9)(dense1)
    dense1 = Activation(activation='relu')(dense1)
```

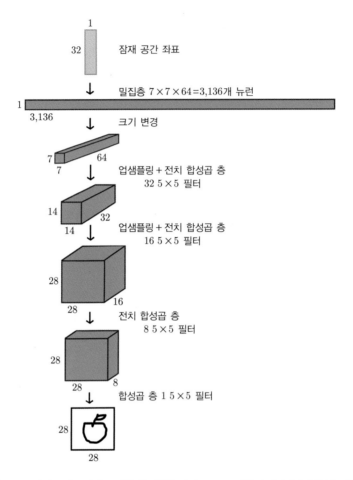

그림 12.8 (이 경우 잠재 공간 크기인 32차원의) 잡음을 받아 28×28 픽셀의 이미지를 출력하는 생성자 신경망의 구조. GAN 훈련이 끝나면 훈련 데이터세트에 있는 이미지를 닮은 이미지를 만듭니다(이 경우 손으로 그린 사과).

```
dense1 = Reshape((7,7,depth))(dense1)

dense1 = Dropout(p)(dense1)


# 전치 합성곱 층
conv1 = UpSampling2D( )(dense1)

conv1 = Conv2DTranspose(int(depth/2),

                        kernel_size=5, padding='same',

                        activation=None,)(conv1)

conv1 = BatchNormalization(momentum=0.9)(conv1)
```

```
    conv1 = Activation(activation='relu')(conv1)

    conv2 = UpSampling2D( )(conv1)
    conv2 = Conv2DTranspose(int(depth/4),
                            kernel_size=5, padding='same',
                            activation=None,)(conv2)
    conv2 = BatchNormalization(momentum=0.9)(conv2)
    conv2 = Activation(activation='relu')(conv2)

    conv3 = Conv2DTranspose(int(depth/8),
                            kernel_size=5, padding='same',
                            activation=None,)(conv2)
    conv3 = BatchNormalization(momentum=0.9)(conv3)
    conv3 = Activation(activation='relu')(conv3)

    # 출력층
    image = Conv2D(1, kernel_size=5, padding='same',
                   activation='sigmoid')(conv3)

    # 모델 생성
    model = Model(inputs=noise, outputs=image)

    return model
```

이 구조를 자세히 알아보죠.

- 입력 잡음 벡터(z_dimensions)의 차원 개수를 32로 지정합니다. 제11장에서 단어 벡터 공간의 차원 개수를 선택할 때 제시했던 가이드와 동일한 방식으로 이 하이퍼파라미터를 설정합니다. 고차원 잡음 벡터는 많은 정보를 저장할 수 있고 따라서 GAN이 만드는 가짜 이미지의 품질을 높일 수 있습니다. 하지만 계산 복잡도를 높입니다. 일반적으로 이 하이퍼파라미터를 2의 배수로 바꾸어가며 실험합니다.
- 판별자 구조(코드 12.3)에서처럼 함수로 생성자 구조를 감쌌습니다.

- 입력은 `latent_dim` 길이의 랜덤한 잡음 배열입니다. 여기에서 길이는 32입니다.
- 첫 번째 은닉층은 밀집층입니다. 완전 연결층을 사용하면 잠재 공간 입력을 공간적인 (전치 합성곱) 은닉층으로 부드럽게 매핑할 수 있습니다. 32개 입력 차원이 밀집층에 있는 3,136개 뉴런으로 매핑되고 1차원 활성화 배열을 출력합니다. 이 활성화는 $7 \times 7 \times 64$ 크기 활성화 맵으로 변경됩니다. 생성자에 있는 이 밀집층에서만 드롭아웃을 적용합니다.
- 3개의 전치 합성곱 층(`Conv2DTranspose`)을 사용합니다. 첫 번째 층은 32개의 필터를 가지고 남은 2개의 층에서 계속 절반으로 줄어듭니다.[14] 필터 개수는 줄어들지만 업샘플링층(`UpSampling2D`) 덕분에 필터의 크기는 증가합니다. 업샘플링이 적용될 때마다 (기본 매개변수를 사용했으므로) 활성화 맵의 높이와 너비가 두 배가 됩니다.[15] 3개의 전치 합성곱 층의 설정은 다음과 같습니다.
  - 5×5 필터 크기
  - 1×1 스트라이드(기본값)
  - 패딩을 same으로 지정하여 전치 합성곱 후에 활성화 맵의 높이와 너비 차원을 그대로 유지합니다.
  - ReLU 활성화 함수
  - 배치 정규화(규제 역할을 위해)
- 출력층은 $28 \times 28 \times 8$ 크기 활성화 맵을 하나의 $28 \times 28 \times 1$ 이미지로 압축하는 합성곱 층입니다. 마지막 이 층의 시그모이드 활성화 함수는 픽셀 값을 0과 1 사이로 만듭니다. 판별자에 주입하는 진짜 이미지 데이터의 범위와 같습니다.

판별자 신경망에서 했던 것과 동일하게 아무런 매개변수 없이 `build_generator` 함수를 호출해 생성자를 만듭니다.

```
generator = build_generator( )
```

이 모델의 `summary` 메서드를 호출하면 생성자가 겨우 17만 7,000개의 파라미터를 가지고

---

14 합성곱 층처럼 이 층의 필터 개수는 층이 출력하는 활성화 맵의 깊이에 해당됩니다.

15 이를 통해 업샘플링은 풀링의 반대 효과를 냅니다.

있다는 것을 볼 수 있습니다. 판별자의 파라미터 개수의 4 퍼센트밖에 되지 않습니다.

적대 신경망

[그림 12.2]와 [그림 12.3]의 훈련 과정을 연결하면 [그림 12.9]와 같은 구조에 도달합니다. 이 장의 코드를 실행하면 다음 작업이 준비됩니다.

- 판별자 훈련(그림 12.2)을 위해 하나의 판별자 신경망을 만들고 컴파일 합니다. 진짜 두 클래스를 구분하는 방법을 학습하기 위해 진짜 이미지와 가짜 이미지에서 훈련할 준비를 마칩니다.
- 생성자 훈련(그림 12.3)을 위해 생성자 신경망을 만들고 전체 적대 신경망adversarial network의 일부로 컴파일하여 훈련 준비를 마칩니다.

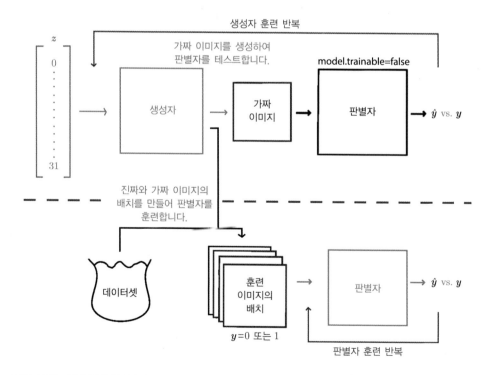

그림 12.9 전체 적대 신경망의 구조. 수평 파선은 생성자 훈련과 판별자 훈련을 구분합니다. 초록색 선은 훈련 경로를 나타내고 검은색 선은 추론만 수행하는 경로입니다. 위와 아래의 빨간색 선은 훈련 과정에서 일어나는 역전파 단계를 나타냅니다.

[코드 12.6]에서 생성자와 판별자 신경망을 연결하여 적대 신경망을 만듭니다.

코드 12.6 적대 신경망 구조

```
z = Input(shape=(z_dimensions,))
img = generator(z)
discriminator.trainable = False
pred = discriminator(img)
adversarial_model = Model(z, pred)
```

이 코드를 하나씩 살펴보죠.

- Input( )을 사용해 모델의 길이가 32인 랜덤한 잡음 배열인 입력 z를 정의합니다.
- z를 generator에 전달하여 28×28 크기 이미지인 img를 출력합니다.
- 생성자를 훈련하기 위해 판별자 신경망의 파라미터를 동결합니다(그림 12.3). 이를 위해 판별자의 trainable 속성을 False로 설정합니다.
- 가짜 이미지 img를 동결된 discriminator 신경망으로 전달하여 이미지가 진짜인지 가까인지에 대한 예측(pred)을 출력합니다.
- 마지막으로 케라스의 함수형 API인 Model 클래스를 사용해 적대 신경망을 만듭니다. 적대 신경망의 입력을 z로 출력을 pred로 지정하면 함수형 API는 동결된 판별자에게 img를 전달하는 생성자로 구성된 적대 신경망을 만듭니다.

[코드 12.7]을 사용해 적대 신경망을 컴파일합니다.

코드 12.7 적대 신경망 컴파일

```
adversarial_model.compile(loss='binary_crossentropy',
                          optimizer=RMSprop(lr=0.0004,
                                            decay=3e-8,
                                            clipvalue=1.0),
                          metrics=['accuracy'])
```

compile( ) 메서드의 매개변수는 판별자 신경망에서 사용했던 것(코드 12.4)과 동일합니다. 다만 옵티마이저의 학습률과 감쇠율을 절반으로 줄였습니다. GAN이 그럴싸한 가짜 이미지를 만들기 위해서는 판별자와 생성자의 학습 속도에 미묘한 균형이 존재합니다. 판별자를 컴파일할 때 옵티마이저 하이퍼파라미터를 조정하면 만족스러운 이미지를 출력하기 위해 적대 신경망의 옵티마이저 하이퍼파라미터도 조정해야 할 것입니다.

GAN 훈련이 어렵다는 것은 다시 언급할 만합니다. 한 가지 어려운 것은 판별자 신경망의 같은 파라미터(가중치)가 판별자 훈련과 적대 모델 훈련에 사용된다는 것입니다. 판별자는 항상 동결되는 것이 아니라 적대 모델의 구성 요소일 때만 동결됩니다. 판별자가 훈련되는 동안 역전파로 가중치가 업데이트되고 모델은 진짜와 가짜 이미지를 구별하는 방법을 학습합니다. 이와 달리 적대 모델은 동결된 판별자를 사용합니다. 이 판별자는 정확히 같은 가중치를 가진 같은 모델입니다. 적대 모델을 훈련할 때 판별자의 가중치를 업데이트하지 않고 생성자의 가중치만 업데이트합니다.

GAN 훈련

GAN 훈련을 위해 [코드 12.8]에 있는 train 함수를 정의합니다.

코드 12.8 GAN 훈련

```python
def train(epochs=2000, batch=128, z_dim=z_dimensions):

    d_metrics = [ ]
    a_metrics = [ ]

    running_d_loss = 0
    running_d_acc = 0
    running_a_loss = 0
    running_a_acc = 0

    for i in range(epochs):
```

```python
# 진짜 이미지 샘플링
real_imgs = np.reshape(
    data[np.random.choice(data.shape[0],
                          batch,
                          replace=False)],
    (batch,28,28,1))

# 가짜 이미지 생성
fake_imgs = generator.predict(
    np.random.uniform(-1.0, 1.0,
                      size=[batch, z_dim]))

# 판별자에게 전달하기 위해 이미지를 합치기
x = np.concatenate((real_imgs,fake_imgs))

# 판별자에게 전달하기 위해 y 레이블 설정하기
y = np.ones([2*batch,1])
y[batch:,:] = 0

# 판별자 훈련
d_metrics.append(
    discriminator.train_on_batch(x,y)
)
running_d_loss += d_metrics[-1][0]
running_d_acc += d_metrics[-1][1]

# 적대 신경망의 잡음 입력과 진짜 레이블 y
noise = np.random.uniform(-1.0, 1.0,
                          size=[batch, z_dim])
y = np.ones([batch,1])
```

```
# 적대 신경망 훈련
a_metrics.append(
    adversarial_model.train_on_batch(noise,y)
)
running_a_loss += a_metrics[-1][0]
running_a_acc += a_metrics[-1][1]

# 훈련 과정과 생성한 가짜 이미지를 출력합니다.
if (i+1)%100 == 0:

    print('에포크 #{ }'.format(i))
    log_mesg = "%d: [D 손실: %f, acc: %f]" % \
    (i, running_d_loss/i, running_d_acc/i)
    log_mesg = "%s [A 손실: %f, acc: %f]" % \
    (log_mesg, running_a_loss/i, running_a_acc/i)
    print(log_mesg)

    noise = np.random.uniform(-1.0, 1.0,
                                  size=[16, z_dim])
    gen_imgs = generator.predict(noise)

    plt.figure(figsize=(5,5))

    for k in range(gen_imgs.shape[0]):
        plt.subplot(4, 4, k+1)
        plt.imshow(gen_imgs[k, :, :, 0],
                   cmap='gray')
        plt.axis('off')

    plt.tight_layout( )
    plt.show( )
```

```
    return a_metrics, d_metrics
```

 # GAN을 훈련합니다.
```
a_metrics_complete, d_metrics_complete = train( )
```

이 책에서 가장 긴 코드입니다. 위에서부터 하나씩 자세히 살펴보겠습니다.

- 2개의 빈 리스트(예를 들면, d_metrics)와 0으로 설정된 4개의 변수(예를 들면, running_d_loss)는 판별자(d)와 적대 신경망(a)의 훈련 손실과 정확도 지표를 추적하기 위한 변수입니다.
- for 반복문을 사용해 원하는 epochs 횟수만큼 훈련합니다. GAN 개발자들은 이 반복을 에포크라고 보통 부르지만 배치라고 부르는 더 정확합니다. for 반복문의 매 반복마다 수십만 개의 스케치 데이터세트에서 128개의 사과 스케치를 샘플링합니다.
- 에포크마다 판별자 훈련과 생성자 훈련을 교대로 수행합니다.
- (그림 12.2에 나타난) 판별자를 다음과 같이 훈련합니다.
  - 128개의 진짜 이미지의 배치를 샘플링합니다.
  - 잡음 벡터([−1.0, 1.0] 범위의 균등 분포로 샘플링한 z)에서 128개의 가짜 이미지를 생성합니다. 그다음 생성자 모델의 predict 메서드에 이를 전달합니다. predict 메서드를 사용해 생성자는 **추론**만 수행합니다. 생성자는 모델 파라미터를 업데이트하지 않고 이미지를 생성합니다.
  - 진짜 이미지와 가짜 이미지를 연결하여 하나의 변수 x에 저장합니다. 이를 판별자의 입력으로 제공합니다.
  - 진짜($y=1$)와 가짜($y=0$) 이미지 레이블을 위해 배열 y를 만들어 판별자를 훈련하는 데 사용합니다.
  - discriminator를 훈련하기 위해 입력 x와 레이블 y를 모델의 train_on_batch 메서드에 전달합니다.
  - 매 훈련 반복 후에 훈련 손실과 정확도 지표를 d_metrics 리스트에 추가합니다.
- (그림 12.3에 나타난) 생성자를 다음과 같이 훈련합니다.
  - 랜덤한 잡음 벡터(noise 변수)와 모두 진짜 이미지로 설정한 (즉, $y=1$) 레이블 배열 (y)을 적대 모델의 train_on_batch 메서드에 입력으로 전달합니다.

- 적대 모델의 생성자는 noise 입력을 가짜 이미지로 변환하여 자동으로 판별자의 입력으로 전달합니다.
- 적대 모델을 훈련할 때는 판별자의 파라미터가 동결되어 있기 때문에 판별자는 입력된 이미지가 진짜인지 가짜인지만 판단합니다. 생성자가 가짜 이미지를 출력했지만 레이블은 진짜($y=1$)라고 되어 있습니다. 그리고 크로스-엔트로피 비용을 사용해 역전파로 생성자 모델의 가중치를 업데이트합니다. 이 비용을 최소화하면 생성자는 판별자가 진짜라고 잘못 분류할 수 있는 가짜 이미지를 만들 것입니다.
- 매 훈련 반복 후에 적대 손실과 정확도 지표를 a_metrics 리스트에 추가합니다.
- 100번째 에포크가 끝날 때마다
- 진행 에포크 횟수를 출력합니다.
- 판별자와 적대 모델의 손실과 정확도를 포함한 로그 메시지를 출력합니다.
- 16개의 잡음 벡터를 랜덤하게 샘플링하고 생성자의 predict 메서드를 사용해 가짜 이미지를 생성하여 gen_imgs에 저장합니다.
- 4×4 그리드로 16개의 가짜 이미지를 그려서 훈련 중간에 생성자가 만든 이미지 품질을 모니터링합니다.
- train 함수가 종료될 때 적대 모델과 판별자 모델의 지표(a_metrics와 d_metrics)를 반환합니다.
- 마지막으로 train 함수를 호출하고 이 지표를 a_metrics_complete와 d_metrics_complete 변수에 저장합니다.

100번 훈련 반복(에포크)이 끝난 후에 GAN이 만든 가짜 이미지(그림 12.10)는 스케치 그림의 구조가 얼핏 보입니다. 하지만 아직 사과처럼 보이지는 않습니다. 하지만 200번 반복한 후에 이미지(그림 12.11)는 약하지만 사과 모양을 띠기 시작합니다. 수백 번 훈련을 더 반복하면 GAN이 꽤 그럴싸한 사과 스케치 그림을 생성합니다(그림 12.12). 2,000번을 반복한 후에 이 GAN은 제3장에 끝에서 기계 예술의 데모로 제시했던 이미지(그림 3.9)를 만듭니다.

📁 12-1.generative_adversarial_network.ipynb 노트북을 마무리하면서 [코드 12.9]와 [코드 12.10]을 실행하여 GAN 훈련 손실(그림 12.13)과 훈련 정확도(그림 12.14)를 그래프로 그렸습니다. 사과 스케치 이미지가 향상됨에 따라 적대 손실이 줄어드는 것을 볼 수

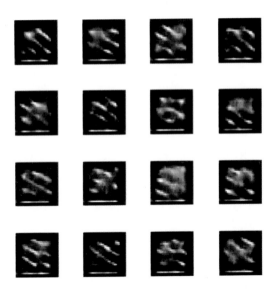

그림 12.10   100번의 에포크 동안 GAN을 훈련한 후에 만든 가짜 사과 스케치

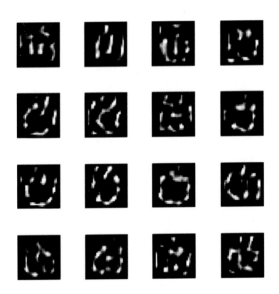

그림 12.11   200번의 에포크 동안 GAN을 훈련한 후에 만든 가짜 사과 스케치

있습니다. 이 모델의 손실이 판별자가 가짜 이미지를 진짜로 잘못 분류하는 것과 관련되어 있기 때문에 기대했던 대로입니다. [그림 12.10], [그림 12.11], [그림 12.12]에서 볼 수 있듯이 오래 훈련할수록 가짜 이미지는 점점 진짜처럼 보입니다. 생성자가 고품질의 가짜

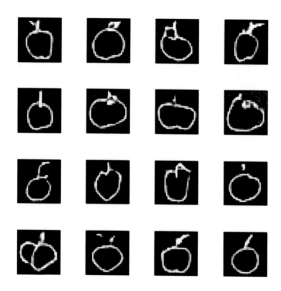

그림 12.12   1,000번의 에포크 동안 GAN을 훈련한 후에 만든 가짜 사과 스케치

를 만들기 시작하면 진짜 사과 스케치와 가짜를 구별하는 판별자의 작업은 더 어려워집니다. 이 때문에 300번 에포크까지 판별자의 손실이 상승합니다. 300번 에포크부터 판별자는 이진 분류 작업에 조금씩 향상됩니다. 이에 따라 훈련 손실이 완만히 줄어들고 훈련 정확도가 증가됩니다.

코드 12.9   GAN 훈련 손실 출력하기

```
ax = pd.DataFrame(
    {
        'Adversarial': [metric[0] for metric in a_metrics_complete],
        'Discriminator': [metric[0] for metric in d_metrics_complete],
    }
).plot(title='Training Loss', logy=True)
ax.set_xlabel("Epochs")
ax.set_ylabel("Loss")
```

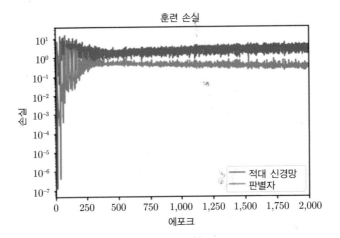

그림 12.13 GAN 훈련 손실

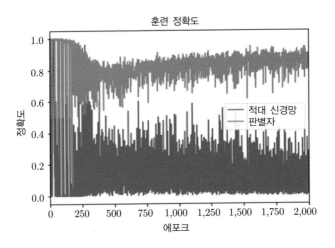

그림 12.14 GAN 훈련 정확도

코드 12.10 GAN 훈련 정확도 출력하기

```
ax = pd.DataFrame(
    {
        'Adversarial': [metric[1] for metric in a_metrics_complete],
        'Discriminator': [metric[1] for metric in d_metrics_complete],
    }
```

```
).plot(title='Training Accuracy')
ax.set_xlabel("Epochs")
ax.set_ylabel("Accuracy")
```

요약

이 장에서 핵심적인 GAN 이론과 새로운 종류의 층(전치 합성곱과 업샘플링)을 다루었습니다. 판별자와 생성자 신경망을 만들고 두 모델을 연결하여 적대 신경망을 만들었습니다. 판별자 모델 훈련과 생성자 모델 훈련을 번갈아 진행하여 GAN은 새로운 사과를 '스케치'하는 방법을 배웠습니다.

핵심 개념

다음은 지금까지 나온 중요 개념입니다. 이 장에서 등장한 새로운 용어는 보라색으로 강조했습니다.

- 파라미터 :
  - 가중치 w
  - 절편 b
- 활성화 a
- 활성화 함수 :
  - 시그모이드
  - tanh
  - ReLU
  - 소프트맥스
  - 선형
- 입력층
- 은닉층

- 출력층
- 층 종류 :
  - 밀집(완전 연결)층
  - 합성곱 층
  - 전치 합성곱 층
  - 최대 풀링
  - 업샘플링
  - Flatten
  - 임베딩
  - RNN
  - (양방향) LSTM
  - Concatenate

- 비용 (손실) 함수 :
  - 이차 (평균 제곱 오차) 비용 함수
  - 크로스-엔트로피 비용 함수
- 정방향 계산
- 역전파
- 불안정한 (특히 소멸하는) 그레이디언트
- 글로럿 가중치 초기화
- 배치 정규화
- 드롭아웃
- 옵티마이저 :
- 확률적 경사 하강법
  - Adam
- 옵티마이저 하이퍼파라미터 :
  - 학습률 η
  - 배치 크기
- word2vec
- GAN 구성 요소 :
  - 판별자 신경망
  - 생성자 신경망
  - 적대 신경망

13

심층 강화 학습

제4장에서 에이전트(예를 들면 알고리즘)가 환경 안에서 연속적인 행동을 수행하는 (지도 학습이나 비지도 학습과 다른) 강화 학습의 패러다임을 소개했습니다. 시뮬레이션 혹은 실제 세상의 환경은 아주 복잡하고 빠르게 변할 수 있습니다. 목표를 달성하려면 이런 환경에 적절히 적용할 수 있는 정교한 에이전트가 필요합니다. 오늘날 대부분의 딥러닝 에이전트는 인공 신경망을 사용하기 때문에 **심층 강화 학습**deep reinforcement learning 알고리즘이라 부릅니다.

이 장에서는

- 강화 학습의 핵심 이론을 다룹니다. 특히 심층 Q-러닝이라 부르는 심층 강화 학습 모델을 소개합니다.
- 케라스를 사용해 심층 Q-러닝 신경망을 만들어 가상의 환경에서 비디오 게임을 잘 플레이 하는 방법을 학습합니다.
- 심층 강화 학습 에이전트의 성능을 처쩍최하는 방볍을 설명합니다.
- 심층 Q-러닝을 넘어서 다른 종류의 심층 강화 학습 에이전트를 소개합니다.

강화 학습의 핵심 이론

제4장을 떠올려보면 (특히 그림 4.3) 강화 학습은 다음과 같은 머신러닝 패러다임입니다.

- **에이전트**agent는 **환경**environment 안에서 행동action을 수행합니다(행동이 어떤 타임스텝 t 에서 일어났다고 가정합니다).

- 환경은 에이전트에게 두 종류의 정보를 전달합니다.
  1. 보상reward : 보상은 타임스텝 t에서 에이전트가 수행한 행동의 정량적인 피드백에 해당하는 스칼라 값입니다. 예를 들어 팩-맨 비디오 게임에서 체리를 먹어서 받은 보상으로 100포인트를 받을 수 있습니다. 에이전트의 목표는 누적 보상을 최대화하는 것입니다. 따라서 보상은 특정 환경 조건에서 에이전트가 탐색하는 행동이 생산성을 높이도록 강화합니다.
  2. 상태state : 에이전트의 행동으로 환경에서 일어난 변화입니다. 다음 타임스텝($t + 1$)에서 에이전트가 행동을 선택하기 위한 조건이 됩니다.
- 어떤 종료 상태에 도달할 때까지 위 두 단계를 반복합니다. 종료 상태는 가능한 최대 보상 점수를 얻었거나, 특정 목표(예를 들면, 자율 주행 자동차가 예정된 목적지에 도착함)를 달성하거나, 시간을 초과하거나, 게임에서 허용한 최대 이동 횟수가 되거나, 게임에서 에이전트가 죽었을 때 도달합니다.

강화 학습 문제는 순차 의사 결정 문제입니다. 제4장에서 다음과 같은 여러 가지 사례를 소개했습니다.

- 팩-맨, 퐁, 브레이크아웃 같은 아타리 비디오 게임
- 자율 주행 자동차나 비행 드론 같은 자율 주행 기기
- 바둑, 체스, 쇼기 같은 보드 게임
- 망치로 못을 제거하는 것 같은 작업을 수행하는 로봇 팔

카트-폴 게임

이 장에서 유명한 강화 학습 환경 라이브러리인 OpenAI 짐Gym(그림 4.13의 예 참조)을 사용해 카트-폴 게임을 플레이하는 에이전트를 훈련하겠습니다. 이 게임은 제어 이론 분야의 고전적인 문제입니다. 카트-폴 게임에서는

- 카트 위에 막대가 쓰러지지 않도록 균형을 잡는 것이 목표입니다. 막대는 보라색 점으로 카트와 연결되어 있습니다. 이 점은 핀으로 [그림 13.1]처럼 막대가 수평 축을 따라 회전하게 만듭니다.[1]

---

1 카트-폴 게임의 실제 스크린 캡처는 [그림 4.13a]에 있습니다.

카트-폴 게임

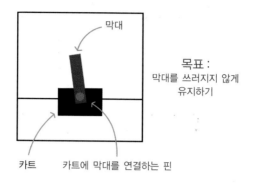

목표 :
막대를 쓰러지지 않게
유지하기

사용자가 카트를 직접 제어합니다
(왼쪽 또는 오른쪽으로 이동할 수 있습니다)

그림 13.1　카트-폴 게임의 목표는 가능한 오랫동안 검은색 카트 위에 갈색 막대가 쓰러지지 않도록 유지하는 것입니다. 게임 플레이어(사람 또는 컴퓨터)는 검은 선을 따라 카트를 왼쪽 또는 오른쪽으로 수평 이동할 수 있습니다. 막대는 보라색 핀 축을 중심으로 자유롭게 회전합니다.

- 카트는 왼쪽이나 오른쪽으로 수평 이동만 가능합니다. 어떤 순간, 즉 어떤 타임스텝에서 카트는 왼쪽 또는 오른쪽으로 이동해야 합니다. 멈춰 서 있을 수 없습니다.
- 게임의 에피소드[2]는 화면 중간 근처의 랜덤한 위치에서 시작합니다. 막대는 수직에 가까운 랜덤한 각도로 시작합니다.
- [그림 13.2]에서처럼 에피소드는 다음과 같을 때 끝납니다.
  - 막대가 카트에 쓰러질 때입니다. 즉 막대의 각도가 수직에서 수평 방향으로 너무 크게 이동할 때입니다.
  - 카트가 화면 왼쪽 끝 또는 오른쪽 끝의 경계선에 도달할 때입니다.

2　옮긴이_에피소드는 게임 한 판을 의미합니다.

게임 종료 조건

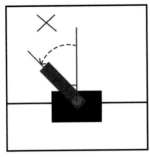
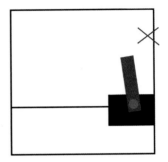

막대가 쓰러질 때
(막대의 각도가 너무 클 때)

카트가 화면 밖으로 나갈 때

그림 13.2 카트-폴 게임은 막대가 수평 방향으로 쓰러지거나 카트가 화면 밖으로 나가면 종료됩니다.

- 이 장에서 사용할 게임에서는 에피소드의 최대 타임스텝 횟수가 200입니다. 따라서 에피소드가 일찍 끝나지 않으면 (막대가 쓰러지거나 화면 밖으로 나가지 않는다면) 200번째 타임스텝 이후에 게임이 끝납니다.
- 1포인트의 보상이 에피소드가 지속되는 타임스텝마다 제공됩니다. 따라서 최대 가능한 보상은 200포인트입니다.

카트-폴 게임은 단순하기 때문에 강화 학습을 배울 때 시작하기 좋은 문제입니다. 자율 주행 자동차라면 가능한 환경 상태의 개수가 무한합니다. 도로 위를 달리면서 카메라, 레이더, 음파 탐지기, 라이다[3], 가속도계, 마이크 등과 같은 많은 센서를 통해 자동차 주변 환경에 대한 초당 기가바이트[4] 데이터에 달하는 대량의 상태 정보를 받습니다. 이와 다르게 카트-폴 게임은 겨우 4개의 상태 정보만 가집니다.

1. 1차원 수평 축에 놓인 카트의 위치
2. 카트의 속도
3. 막대의 각도
4. 막대의 각속도

---

3 음파 탐지와 원리는 같지만 음파 대신에 레이저를 사용합니다.

4 bit.ly/GBpersec

비슷하게 자율 주행 자동차에서는 매우 많은 행동이 가능합니다. 예를 들면 가속, 브레이크, 왼쪽이나 오른쪽으로 회전 등입니다. 카트-폴 게임에서는 어떤 타임스텝 t에서 2개의 가능한 행동 중에서 오직 하나의 행동만 선택할 수 있습니다. 왼쪽으로 이동 또는 오른쪽으로 이동하는 것입니다.

마르코프 결정 과정

강화 학습 문제는 마르코프 결정 과정Markov decision process, MDP을 사용해 수학적으로 정의할 수 있습니다. MDP는 마르코프 속성Markov property이란 특징이 있습니다. 이 속성은 현재 타임스텝이 이전 타임스텝의 환경 상태에 대한 관련 정보를 모두 가지고 있다는 가정입니다. 카트-폴 게임으로 생각해 보면 에이전트가 어떤 타임스텝 t에서 카트의 속성(예를 들면 위치)과 막대의 속성(예를 들면 각도)만 고려하여 왼쪽 또는 오른쪽으로 이동을 선택한다는 의미입니다.[5]

[그림 13.3]에 요약되어 있듯이 MDP는 5개의 구성요소를 가집니다.

1. S는 가능한 모든 상태의 집합입니다. 집합 이론의 관례를 따라 가능한 개별 상태(즉 카트 위치, 카트 속도, 막대 각도, 각속도의 특정 조합)는 소문자 s로 표시합니다. 비교적 간단한 카트-폴 게임에서도 4개 상태 차원으로 만들 수 있는 조합이 많습니다. 간단한 예를 들면 카트가 화면 맨 오른쪽 근처로 느리게 움직이고 막대는 수직으로 서 있거나, 카트가 왼쪽 화면 끝으로 빠르게 움직이고 막대는 시계 방향으로 큰 각속도로 움직일 수 있습니다.

2. A는 가능한 모든 행동의 집합입니다. 카트-폴 게임에서는 이 집합은 2개의 원소(왼쪽과 오른쪽)만 가집니다. 다른 환경은 더 많은 원소를 가질 수 있습니다. 가능한 개별 행동은 a로 표시합니다.

3. R은 특정 상태와 특정 행동이 짝을 이룬 상태-행동 쌍에 대한 보상의 분포입니다. 상태-행동 쌍은 (s, a)로 표시합니다. 이 분포는 확률 분포를 의미합니다. 완전히 동일한 상태-행동 쌍(s, a)이 다른 상황에서 랜덤하게 다른 크기의 보상 r을 유발할 수 있습니다.[6] 평균과 분산을 포함해 보상 분포 R의 크기는 에이전트에 감춰져 있습니

---

5 마르코프 속성은 금융 거래 전략에서 사용됩니다. 예를 들면 주식 거래 전략은 이전 날의 주가는 고려하지 않고 그날의 가격만 고려할 수 있습니다.

6 일반적으로 강화 학습은 이렇지만 특별히 카트-폴 게임은 완전히 결정적인 비교적 단순한 환경입니다. 카트-폴 게임

'마르코프 결정 과정'

S : 가능한 모든 상태
A : 가능한 모든 행동
R : (s, a)가 주어졌을 때 보상 분포
$\mathbb{P}$: (s, a)가 주어졌을 때 s_{t+1}로의 전이 확률
γ : 할인 계수

그림 13.3 강화 학습의 반복 과정(위쪽 그림. [그림 4.3]과 같지만 편의를 위해 다시 표시했습니다)은 5개의 구성 요소 S, A, R, $\mathbb{P}$, γ로 정의된 마르코프 결정 과정(아래 그림)으로 이해할 수 있습니다.

다. 하지만 환경에서 행동을 수행하여 엿볼 수 있습니다. 예를 들어 [그림 13.1]에서 카트가 화면 중앙에 있고 막대가 약간 왼쪽으로 기울어져 있습니다.[7] 이 상태 s와 왼쪽으로 이동하는 행동의 쌍이 이 상태와 오른쪽으로 이동하는 행동의 쌍보다 평균적으로 더 높은 보상 r을 받을 것이라 기대할 수 있습니다. 이 상태 s에서 왼쪽으로 이동하면 막대가 더 똑바로 서기 때문에 막대가 쓰러지지 않을 타임스텝의 횟수를 늘립니다. 따라서 더 높은 보상 r을 기대할 수 있기 때문입니다. 반면 이 상태 s에서 오른쪽으로 이동하면 막대가 쓰러질 가능성을 높입니다. 따라서 게임이 일찍 끝날 가능성이 높고 보상 r은 작을 것입니다.

4. R처럼 $\mathbb{P}$도 확률 분포입니다. 이 경우 현재 타임스텝 t에서 특정 상태-행동 쌍(s, a)이 주어졌을 때 다음 상태의 확률을 표현합니다(즉 s_{t+1}). R처럼 $\mathbb{P}$ 분포는 에이전트에서 감춰져 있습니다. 하지만 환경에서 행동을 수행해 유추할 수 있습니다. 예를 들어 카트-폴 게임에서 왼쪽 행동은 바로 카트를 왼쪽으로 움직이는 것에 대응한다는 것을 에이전트가 비교적 배우기 쉽습니다.[8] 더 복잡한 관계는 배우기 더 어렵기 때문

에서 정확히 같은 상태-행동 쌍(s, a)은 항상 동일한 보상을 반환합니다. 일반적인 강화 학습의 원리를 설명하기 위해 이 절에서는 카트-폴 게임이 실제보다 결정적이지 않다고 가정합니다.

7 정적인 이미지에서 카트 속도와 막대의 각속도를 유추할 수 없기 때문에 간단하게 설명하기 위해 이 두 값은 무시하겠습니다.

8 이 책의 다른 모든 인공 신경망처럼 심층 강화 학습 에이전트의 인공 신경망은 랜덤한 파라미터로 초기화됩니다. 어떤 (카트-폴 게임의 에피소드를 플레이 하는) 사전 학습이 없다는 뜻입니다. 상태-행동 쌍(s, a)과 다음 상태 s_{t+1} 사이에 있는 간단한 관계조차도 에이전트는 알지 못합니다. 사람에게는 왼쪽 행동이 카트를 왼쪽으로 움직이게 만든다는 것이 직관적이고 당연해 보이지만 랜덤하게 초기화된 신경망에게는 직관이나 당연한 것이 없습니다. 따라서 모든 관

20 타임스텝 거리의
100 포인트는
12.2 포인트의
가치가 있습니다.

1 타임스텝 거리의
100 포인트는
90 포인트의
가치가 있습니다.

그림 13.4 마르코프 결정 과정에서는 할인 계수 γ에 기반하여 즉각 얻을 수 있는 보상에 비해 상대적으로 멀리 떨어진 보상을 할인합니다. 아타리 게임인 팩-맨을 사용해 이 개념을 그림으로 나타냈습니다(초록색 삼엽충이 팩맨입니다). $\gamma=0.9$일 때 1 타임스텝 거리의 체리(또는 물고기!)는 90 포인트의 가치가 있습니다. 반면 20 타임스텝 거리에 있는 체리(물고기)는 12.2 포인트의 가치가 있습니다. 팩-맨 게임의 고스트처럼 여기서 문어는 이곳저곳을 돌아다니며 삼엽충을 죽이려 합니다. 이 때문에 즉각 얻을 수 있는 보상이 멀리 떨어진 보상보다 가치가 있습니다. 멀리 있는 물고기에 가려면 도중에 죽을 가능성이 높아집니다.

에 더 많이 게임을 플레이해야 합니다. 예를 들어 [그림 13.1]에 있는 상태 s에서 왼쪽 행동은 다음 상태 s_{t+1}에서 막대가 더 수직에 가깝게 서 있게 됩니다.

5. γ(감마)는 할인 계수라 불리는 하이퍼파라미터입니다. 이 하이퍼파라미터의 중요도를 설명하기 위해 카트-폴 게임에서 잠시 벗어나 팩-맨을 생각해 보죠. 팩-맨 캐릭터는 2차원 맵을 탐험하면서 과일을 모아 보상 점수를 받고 고스트에게 잡히면 죽습니다. [그림 13.4]에 나타난 것처럼 에이전트는 미래 보상의 가치를 생각할 때 즉시 얻을 수 있는 보상(예를 들면 팩-맨과 1 픽셀 떨어져 있는 체리를 먹을 때 얻는 100 포인트)이 더 많은 타임스텝을 필요로 하는 같은 보상(20 픽셀 떨어져 있는 체리를 먹을 때 얻는 100 포인트)보다 더 높게 평가해야 합니다. 먼 거리에 있는 보상에 의지할 수 없기 때문에 즉각적인 보상이 어느 정도 떨어져 있는 보상보다 더 가치가 있습니

계는 게임 플레이를 통해 학습되어야 합니다.

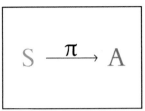

그림 13.5 정책 함수 π를 사용해 에이전트는 (가능한 모든 상태의 집합 S에 있는) 어떤 상태 s를 가능한 모든 행동의 집합 A에 있는 행동 a로 매핑합니다.

다. 고스트나 어떤 장애물이 팩-맨이 가는 길에 나타날 수도 있기 때문입니다.[9, 10] γ = 0.9로 설정하면 1 타임스텝 떨어진 체리는 90 포인트의 가치로 간주됩니다.[11] 반면 20 타임스텝 거리에 있는 체리는 12.2 포인트의 가치만 있습니다.[12]

최적 정책

MDP의 궁극적인 목표는 가능한 모든 환경 상태 집합 S에 있는 특정 상태 s에서 에이전트가 (가능한 모든 행동 집합 A 중에서) 적절한 행동 a를 선택할 수 있는 함수를 찾는 것입니다. 다른 말로 하면 에이전트가 S에서 A를 매핑하는 함수를 학습해야 합니다. [그림 13.5]에 있듯이 이런 함수를 π로 표시하고 **정책** 함수라고 부릅니다.

정책 함수 π의 아이디어를 고수준으로 말하면 다음과 같습니다. 에이전트가 발견한 특정 상황에 관계없이 보상을 최대화하기 위해 따라야 할 정책은 무엇인가? 이 보상 최대화 아이디어의 구체적인 정의를 위해 다음 식을 자세히 알아보겠습니다.

$$J(\pi^*) = \max_{\pi} J(\pi) = \max_{\pi} \mathbb{E}\left[\sum_{t>0} \gamma^t r_t\right] \tag{13.1}$$

이 식에서

- $J(\pi)$는 목적 함수입니다. 보상을 최대화하기 위해 머신러닝 기법을 적용할 수 있는 함

---

9 할인 계수 γ는 회계에서 널리 사용하는 **현금 흐름 할인법**과 비슷합니다. 지금부터 1년 후의 미래 소득은 현재 기대 소득에 비례하여 할인됩니다.

10 나중에 이 장에서 가치 함수(V)와 Q-가치 함수(Q)의 개념을 소개합니다. V와 Q는 모두 γ를 사용합니다. 게임은 타임스텝이 무한히 가능하므로 최댓값에 한계가 없기 (따라서 계산이 불가능하기) 때문입니다.

11 $100 \times \gamma^t = 100 \times 0.9^1 = 90$

12 $100 \times \gamma^t = 100 \times 0.9^{20} = 12.16$

수입니다.[13]

- π는 S를 A에 매핑하는 정책 함수를 나타냅니다.
- π^*는 S를 A에 매핑하기 위한 (가능한 모든 π 정책 중에서) 최적 정책을 나타냅니다. 즉 π^*는 상태 s를 입력받아 에이전트가 할인된 최대 미래 보상을 받을 수 있는 행동 a를 반환하는 함수입니다.
- 할인된 미래 보상의 기댓값은 $\mathbb{E}\left[\sum_{t>0}\gamma^t r_t\right]$로 정의합니다. 여기에서 $\mathbb{E}$는 기댓값을 의미하며 $\sum_{t>0}\gamma^t r_t$는 할인된 미래 보상입니다.
- 할인된 미래 보상 $\sum_{t>0}\gamma^t r_t$를 계산하기 위해 미래의 모든 타임스텝(즉, $t>0$)에 대해 다음을 수행합니다.
  - 미래 타임스텝(r_t)에서 얻을 수 있는 보상과 그 타임스텝의 할인 계수(γ^t)를 곱합니다.
  - 이 개별 할인된 미래 보상($\gamma^t r_t$)을 ($\sum$ 기호에서) 모두 더합니다.

심층 Q-러닝 신경망의 핵심 이론

이전 절에서 강화 학습을 마르코프 결정 과정으로 정의했습니다. 마지막 부분에서 언급했듯이 MDP의 일부분으로 에이전트가 타임스텝 t에서 상태 s를 만났을 때 어떤 최적 정책 π^*을 따라 행동 a를 선택하여 할인된 미래 보상을 최대화하길 원합니다. 문제는 카트-폴 게임같이 아주 간단한 강화 학습 문제라도 누적 할인된 미래 보상의 최댓값 $\max\left(\sum_{t>0}\gamma^t r_t\right)$을 계산할 수 없다는 것입니다(또는 적어도 극도로 계산 비효율적입니다). 가능한 모든 미래 상태 S와 이 미래 상태에서 선택할 수 있는 가능한 모든 행동 A 때문에 고려할 미래의 결과가 너무 많습니다. 따라서 지름길을 찾기 위해 주어진 상황에서 최적의 행동 a를 추정하기 위한 Q-러닝 방법을 설명하겠습니다.

---

13 이 책에서 소개한 비용 함수(또는 손실 함수)는 목적 함수의 한 예입니다. 비용 함수가 어떤 비용 값 C를 반환하지만 목적 함수 $J(\pi)$는 어떤 보상 값 r을 반환합니다. 비용 함수는 비용을 최소화하는 것이 목적이기 때문에 경사 하강법을 적용합니다(그림 8.2에서 계곡을 따라 내려오는 삼엽충을 떠올려 보세요). 이와 달리 함수 $J(\pi)$의 목적은 보상을 최대화하는 것입니다. 따라서 경사 상승법을 적용합니다(그림 8.2에서 산 정상으로 올라가는 삼엽충을 상상해 보세요). 하지만 수학적으로는 경사 하강법과 동일합니다.

가치 함수

Q-러닝은 가치 함수의 설명으로 시작하는 것이 가장 쉽습니다. 가치 함수는 $V^\pi(s)$로 씁니다. 이 함수는 향후 상태에서 정책 π를 따른다면 주어진 상태 s가 얼마나 가치가 있는지 나타냅니다.

간단한 예로서 [그림 13.1]의 상태 s를 다시 생각해 보죠.[14] 어느 정도 합리적인 정책 π를 이미 가지고 있다고 가정하면 이 상태에서 기대할 수 있는 할인된 미래 보상의 합은 꽤 큽니다. 왜냐하면 막대가 거의 수직으로 서 있기 때문입니다. 그렇다면 이 특정 상태 s의 가치 $V^\pi(s)$가 높습니다.

다른 한편으로 막대가 거의 수평에 도달한 상태 s_h라면 이 상태의 가치 $V^\pi(s_h)$는 낮습니다. 에이전트가 이미 막대를 제어하지 못해서 이 에피소드가 다음 몇 번의 타임스텝 후에 끝날 가능성이 높기 때문입니다.

Q-가치 함수

Q-가치 함수[15]는 상태뿐만 아니라 특정 행동이 주어진 상태와 쌍을 이루었을 때 유용성도 고려하여 가치 함수를 만듭니다. 즉 (s, a)로 표현되는 상태-행동 쌍을 사용합니다. 따라서 가치 함수를 $V^\pi(s)$로 정의하고 Q-가치 함수는 $Q^\pi(s, a)$로 정의합니다.

다시 한번 [그림 13.1]로 돌아가 보죠. 상태 s와 왼쪽 행동(a_L)이 쌍을 이루고 그다음 거기서부터 막대 균형 정책 π를 따르면 일반적으로 할인된 미래 보상의 합이 높아야 합니다. 따라서 이 상태-행동 쌍 (s, a_L)의 Q-가치는 높습니다.

비교를 위해 [그림 13.1]의 상태 s와 오른쪽 행동(a_R)이 쌍을 이룬다고 가정해 보죠. 그다음 거기서부터 막대 균형 정책 π를 따릅니다. 어쩌면 심각한 오류를 만들지 않을 수 있지만 그럼에도 할인된 미래 보상의 합은 아마도 왼쪽 행동에 비해 어느 정도 낮을 것입니다. 이 상태 s에서 왼쪽 행동이 일반적으로 막대를 더 수직에 가깝게 만들기 때문입니다(막대를 조정하기 쉽고 더 균형이 잘 잡혀 있습니다). 반면 오른쪽 행동은 막대를 조금 더 수평에 가깝게 만들기 때문에 제어가 안 됩니다. 이 에피소드는 일찍 끝날 가능성이 다소 높습니다. 대체로 (s, a_L)의 Q-가치는 (s, a_R)의 Q-가치보다 높을 것입니다.

---

14 이 장의 서두에서 언급했지만 카트 위치와 막대 위치만 고려합니다. 정적 이미지에서는 카트 속도와 막대 각속도를 짐작하기 어렵기 때문입니다.

15 Q-가치의 Q는 품질(quality)을 나타냅니다. 하지만 이를 '품질-가치 함수'라고 부르지 않습니다.

최적의 Q-가치 추정하기

에이전트가 어떤 상태 s에 도달했을 때 최적의 Q-가치 $Q^*(s, a)$를 계산할 수 있어야 합니다. 가능한 모든 행동을 고려하여 가장 높은 Q-가치(가장 높은 할인된 미래 보상의 합)를 가진 행동이 최선의 선택입니다.

마찬가지로 간단한 강화 학습 문제라도 최적의 정책 π*(식 13.1)를 완벽하게 계산하기 어렵습니다. 일반적으로 최적의 Q-가치인 $Q^*(s, a)$를 완벽하게 계산하기 어렵기 때문입니다. 하지만 (제4장에서 소개한) 심층 Q-러닝 방식은 인공 신경망을 사용해 최적의 Q-값을 추정합니다(그림 4.5 참조). 이 심층 Q-러닝 신경망(DQN)은 다음 식을 사용합니다.

$$Q^*(s, a) \approx Q^*(s, a; \boldsymbol{\theta}) \tag{13.2}$$

이 식에서

- 최적의 Q-가치[$Q^*(s, a)$]는 근사값입니다.
- Q-가치 근사 함수는 상태 s와 행동 a 입력 외에도 (그리스 문자 세타인 $\boldsymbol{\theta}$로 표시된) 신경망 모델 파라미터를 사용합니다. 이 파라미터는 제6장부터 사용해 익숙한 인공 뉴런의 가중치와 절편입니다.

카트-폴 게임으로 생각해 보면 [식 13.2]로 무장한 DQN 에이전트는 특정 상태 s에서 어떤 행동 a(왼쪽 또는 오른쪽)가 더 높은 할인된 미래 보상의 합을 기대할 수 있는지 계산합니다. 만약 왼쪽 행동이 더 높은 할인된 미래 보상의 합을 만든다고 예측한다면 이 행동을 선택합니다. 다음 절에서 케라스로 만든 밀집 신경망을 사용하여 DQN 에이전트를 직접 만들어 보겠습니다.

심층 Q-러닝 신경망을 포함해 강화 학습 이론에 대한 자세한 정보를 얻으려면 리차드 서튼과 앤드루 바르토(그림 13.6)의 *Reinforcement Learning: An Introduction*[16]을 추천합니다. bit.ly/SuttonBarto에서 무료로 다운로드 할 수 있습니다.

---

16 Sutton, R., & Barto, A. (2018). *Reinforcement Learning: An Introduction* (2nd ed.). Cambridge, MA: MIT Press. 옮긴이_이 책의 번역서는 단단한 강화학습(제이펍, 2020)입니다.

그림 13.6　강화 학습 분야의 유명 인사인 리차드 서튼은 앨버타대학교의 컴퓨터 과학과 교수입니다. 구글 딥마인 드의 연구 과학자이기도 합니다.

DQN 에이전트 만들기

OpenAI 짐 라이브러리에서 제공하는 카트-폴 게임 환경에서 동작하는 법을 배우는 DQN 에이전트 코드는 📁 13-1.cartpole_dqn.ipynb 주피터 노트북에 있습니다.[17] 필요 한 패키지는 다음과 같습니다.

```python
import random
import gym
import numpy as np
from collections import deque
from tensorflow.keras.models import Sequential
from tensorflow.keras.layers import Dense
from tensorflow.keras.optimizers import Adam
import os
```

이 목록에서 가장 눈에 띄는 것은 OpenAI 짐 라이브러리인 gym입니다. 이전처럼 새로운

---

17 이 DQN 에이전트는 Keon Kim의 깃허브(bit.ly/keonDQN)를 기반으로 합니다.

패키지는 코드에 적용하면서 자세히 설명하겠습니다.

노트북 위에 지정한 하이퍼파라미터는 [코드 13.1]과 같습니다.

코드 13.1 카트-폴 DQN 하이퍼파라미터

```
env = gym.make('CartPole-v0')

state_size = env.observation_space.shape[0]

action_size = env.action_space.n

batch_size = 32

n_episodes = 1000

output_dir = 'model_output/cartpole/'

if not os.path.exists(output_dir):

    os.makedirs(output_dir)
```

코드를 하나씩 살펴보죠.

- OpenAI 짐의 make( ) 메서드를 사용해 에이전트가 활동할 환경을 지정합니다. 여기 서 선택한 환경은 카트-폴 게임의 버전 0(v0)입니다. 이 환경을 env 변수에 할당했습 니다. 나중에 [그림 4.13]에 있는 것과 같은 다른 OpenAI 짐 환경도 선택해 보세요.
- 이 환경에서 2개의 파라미터를 읽습니다.
  1. state_size : 상태 종류의 개수로 카트-폴 게임은 4개입니다(카트 위치, 카트 속 도, 막대 각도, 막대 각속도).
  2. action_size : 가능한 행동의 개수로 카트-폴은 2개입니다(왼쪽, 오른쪽).
- 신경망 훈련에 사용할 미니배치 크기를 32로 지정합니다.
- 에피소드 개수(게임 횟수)를 1000으로 지정합니다. 곧 보겠지만 카트-폴 게임을 잘 플레이하기 위해 필요한 에피소드 개수입니다. 더 복잡한 게임에서는 이 하이퍼파라 미터 값을 늘려 에이전트가 학습하기 위해 필요한 게임 플레이 횟수를 늘려야 합니다.
- 고유한 디렉터리 이름('model_output/cartpole/')을 정합니다. 이 디렉터리에 정기 적으로 신경망 파라미터를 저장하겠습니다. 디렉터리가 없으면 os.makedirs( )를 사 용해 만듭니다.

[코드 13.2]는 DQN 에이전트를 만드는 파이썬 클래스 DQNAgent입니다.

코드 13.2 심층 Q-러닝 에이전트

```python
class DQNAgent:
    def __init__(self, state_size, action_size):
        self.state_size = state_size
        self.action_size = action_size
        self.memory = deque(maxlen=2000)
        self.gamma = 0.95
        self.epsilon = 1.0
        self.epsilon_decay = 0.995
        self.epsilon_min = 0.01
        self.learning_rate = 0.001
        self.model = self._build_model()

    def _build_model(self):
        model = Sequential()
        model.add(Dense(32, activation='relu',
                        input_dim=self.state_size))
        model.add(Dense(32, activation='relu'))
        model.add(Dense(self.action_size, activation='linear'))
        model.compile(loss='mse',
                      optimizer=Adam(lr=self.learning_rate))
        return model

    def remember(self, state, action, reward, next_state, done):
        self.memory.append((state, action,
                            reward, next_state, done))

    def train(self, batch_size):
        minibatch = random.sample(self.memory, batch_size)
```

```
        for state, action, reward, next_state, done in minibatch:
            target = reward # if done
            if not done:
                target = (reward +
                        self.gamma *
                        np.amax(self.model.predict(next_state)[0]))
                target_f = self.model.predict(state)
                target_f[0][action] = target
                self.model.fit(state, target_f, epochs=1, verbose=0)
        if self.epsilon > self.epsilon_min:
            self.epsilon *= self.epsilon_decay

    def act(self, state):
        if np.random.rand( ) <= self.epsilon:
            return random.randrange(self.action_size)
        act_values = self.model.predict(state)
        return np.argmax(act_values[0])

    def save(self, name):
        self.model.save_weights(name)

    def load(self, name):
        self.model.load_weights(name)
```

파라미터 초기화

[코드 13.2]은 여러 개의 파라미터를 정의하고 있는 클래스 초기화 함수로 시작합니다.

- state_size와 action_size 환경에 따라 다릅니다. 앞서 언급했듯이 카트-폴 게임에서는 각각 4와 2입니다.
- memory는 DQN 신경망 훈련을 위해 나중에 재생할 수 있도록 경험을 저장하는 용도

입니다. 덱^{deque}이라 불리는 데이터 구조의 원소로 경험을 저장합니다. maxlen=2000으로 지정했기 때문에 최근 경험 2,000개만 보유합니다. 즉 2,001번째 원소를 덱에 추가하면 첫 번째 원소가 삭제됩니다.

- gamma는 이 장에서 앞서 소개한 할인 계수 γ입니다(그림 13.4). 이 하이퍼파라미터는 미래의 보상을 할인합니다. 일반적으로 효과적인 γ값은 1에 가깝습니다(예를 들면 0.9, 0.95, 0.98, 0.99). 1에 가까울수록 미래 보상을 덜 할인합니다.[18] γ와 같은 강화 학습 모델의 하이퍼파라미터 튜닝은 번거로운 작업입니다. 이 장의 끝부분에서 이를 효율적으로 수행할 수 있는 SLM Lab 도구를 소개하겠습니다.

- epsilon은 **탐험률**$^{\text{exploration rate}}$이라 부르는 또 다른 강화 학습 하이퍼파라미터로 그리스 문자 ϵ으로 나타냅니다. 신경망이 게임 플레이를 통해 쌓은 기존 지식을 활용하여 행동을 선택하는 것에 비해 에이전트의 행동을 랜덤하게 선택할 비율을 나타냅니다(이를 통해 이런 행동이 다음 상태 s_{t+1}에 미치는 영향과 환경에서 반환되는 보상 r을 탐험합니다). 어떤 에피소드도 플레이하기 전에는 에이전트가 활용할 게임 플레이 경험이 없습니다. 따라서 시작할 때는 100 퍼센트 탐험을 수행하는 것이 일반적입니다. 이 때문에 epsilon = 1.0으로 지정했습니다.

- 에이전트가 게임 플레이 경험을 쌓으면서 점진적으로 학습한 정보를 활용하도록 탐험률을 매우 느리게 감소시킵니다(아마도 [그림 13.7]처럼 더 많은 보상을 얻을 수 있을 것입니다). 즉 에피소드가 끝날 때마다 ϵ에 epsilon_decay를 곱합니다. 이 하이퍼파라미터의 일반적인 값은 0.990, 0.995, 0.999입니다.[19]

- epsilon_min은 탐험률 ϵ이 감소할 수 있는 최솟값입니다. 일반적으로 이 하이퍼파라미터는 0.001, 0.01, 0.02와 같이 0에 가까운 값으로 지정합니다. 0.01로 지정하면 ϵ이 0.01까지 감소한 후에는 (911번째 에피소드가 되면) 에이전트가 행동의 1 퍼센트만 탐험합니다. 다른 99 퍼센트는 게임 플레이 경험을 활용합니다.[20]

- learning_rate는 제8장에서 소개한 확률적 경사 하강법 하이퍼파라미터입니다.

- 마지막으로, 밑줄 문자로 시작하는 _build_model( )은 비공개 메서드를 의미합니

---

18 $\gamma = 1$로 설정하면 미래 보상을 전혀 할인하지 않기 때문에 권장하지 않습니다.

19 $\gamma = 1$과 비슷하게 epsilon_decay=1로 지정하면 ϵ이 전혀 감소하지 않습니다. 계속 탐험만 수행합니다. 이 하이퍼파라미터를 이렇게 설정하는 경우는 없습니다.

20 탐험률 개념이 잘 이해되지 않는다면 나중에 에이전트의 각 에피소드 결과를 확인하면 명확해질 것입니다.

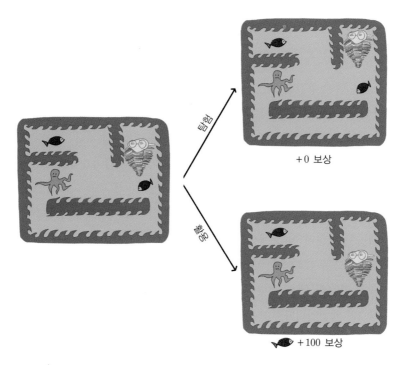

+0 보상

+100 보상

그림 13.7 [그림 13.4]에서처럼 강화 학습의 개념을 설명하기 위해 팩-맨 환경을 사용했습니다(초록색 삼엽충은 팩맨 캐릭터 대신 DQN 에이전트를 나타냅니다). 탐험 대 활용에 대한 개념입니다. 주어진 에피소드에서 하이퍼파라 미터 ϵ(엡실론)이 클수록 에이전트가 완전히 랜덤하게 행동을 선택하는 탐험 모드로 활동할 가능성이 높습니다. 이 모드의 에이전트는 우연히 100 포인트 보상이 걸린 바로 앞의 물고기와 반대 방향으로 갈 수 있습니다. 탐험 모드의 대안은 활용 모드입니다. DQN 에이전트의 신경망 파라미터가 이미 이전의 게임 플레이 경험으로 학습되었다면 탐험 모드의 에이전트 정책은 바로 앞에 있는 보상을 획득해야 합니다.

다.[21] 이 메서드가 내부적으로 사용된다는 의미입니다. 즉 DQNAgent 클래스의 인스턴스가 사용합니다.

에이전트 신경망 모델 만들기

[코드 13.2]의 _build_model( ) 메서드는 케라스 신경망 모델을 만들고 컴파일합니다. 이 신경망은 환경의 상태 s를 에이전트의 가능한 행동 a에 대한 Q-가치에 매핑합니다. 게임 플레이를 통해 훈련이 되고 나면 에이전트가 특정 환경 상태를 만났을 때 예측된 Q-가치를 사용해 행동을 선택할 수 있습니다. 이 메서드의 코드는 이전에 사용해 보았던 것들입

---

21 옮긴이_파이썬은 진짜 비공개 메서드가 없습니다. 비공개 메서드처럼 사용하고 싶은 경우 함수 이름을 밑줄 문자로 시 작하는 것은 파이썬 프로그래머들의 관례입니다.

니다.

- 시퀀셜 모델을 만듭니다.
- 다음 층을 모델에 추가합니다.
  - 첫 번째 은닉층은 32개 뉴런과 ReLU 활성화 함수를 사용하는 밀집층입니다. input_dim 매개변수를 사용해 입력층의 크기를 지정했습니다. 환경 상태 s의 차원이 입력 크기가 됩니다. 카트-폴 환경의 경우 이 값은 길이가 4인 배열입니다. 각각 카트 위치, 카트 속노, 막대 긱도, 막대 각속도입니다.[22]
  - 두 번째 은닉층도 32개 뉴런과 ReLU 활성화 함수를 사용하는 밀집층입니다. 앞서 언급했듯이 나중에 이 장에서 SLM Lab 도구를 소개하면서 어떻게 이 모델 구조를 선택했는지를 포함하여 하이퍼파라미터 탐색에 대해 설명하겠습니다.
  - 출력층은 가능한 행동 개수에 대응하는 차원을 가집니다.[23] 카트-폴 게임의 경우 길이가 2인 배열입니다. 하나는 **왼쪽** 또 하나는 **오른쪽**입니다. 회귀 모델(코드 9.8)처럼 DQN의 z는 0과 1 사이 확률로 바꾸지 않고 신경망에서 바로 출력됩니다. 이를 위해 이 책에서 많이 사용한 시그모이드나 소프트맥스 함수 대신 linear 활성화 함수를 지정합니다.[24]
- 회귀 모델을 컴파일할 때 (코드 9.9) 설명했지만 출력층에 선형 활성화 함수를 사용할 때 비용 함수로는 평균 제곱 오차가 적절한 선택입니다. 따라서 compile( ) 메서드의 loss 매개변수를 mse로 지정합니다. 옵티마이저는 Adam을 선택합니다.

게임 플레이 기억하기

모든 타임스텝 t에서 DQN 에이전트의 remember( ) 메서드를 실행하여 memory 덱의 끝에 경험을 추가합니다. 덱에 있는 각 경험은 타임스텝 t에서 얻은 5개의 정보로 구성됩니다.

---

22 카트-폴 이외의 환경에서는 상태 정보가 훨씬 복잡할 수 있습니다. 예를 들어 팩-맨 같은 아타리 비디오 게임에서 상태 s는 화면 픽셀로 구성됩니다. 따라서 입력은 (흑백 또는 풀컬러이므로) 2차원 또는 3차원이 됩니다. 이런 경우에 첫 번째 은닉층은 Conv2D 같은 합성곱 층을 사용하는 것이 좋습니다(제10장 참조).

23 이 책에서는 이전까지 2개의 출력을 가진 모델에 하나의 뉴런과 시그모이드 활성화 함수를 사용했습니다(제11장과 제12장). 여기에서는 카트-폴 게임을 넘어서 코드를 일반화시키기 위해 출력마다 하나의 뉴런을 지정합니다. 카트-폴은 2개의 행동만 있지만 많은 환경에는 이보다 많은 행동이 있습니다.

24 옮긴이_이 값이 activation 매개변수의 기본값입니다. 선형 활성화 함수는 실제로 어떤 활성화 함수도 적용하지 않고 출력층에서 계산한 값을 그대로 출력합니다.

1. 에이전트가 만난 state s_t
2. 에이전트가 선택한 action a_t
3. 환경이 에이전트에게 전달한 reward r_t
4. 환경이 에이전트에게 전달한 next_state s_{t+1}
5. t가 에피소드의 마지막 타임스텝이면 true이고 아니면 false인 불리언 변수 done

경험 재생을 통해 훈련하기

DQN 에이전트 신경망 모델은 [코드 13.2]의 train( ) 메서드에서 게임 플레이 경험을 재생하여 훈련합니다. 먼저 (2,000개의 경험이 저장된) 덱에서 (batch_size 변수로 지정한) 32개의 경험을 랜덤하게 샘플링하여 minibatch를 만듭니다. 에이전트의 대규모 경험 데이터에서 작은 양을 샘플링하면 모델 훈련이 훨씬 효율적입니다. 가령 가장 최근의 32개 경험을 사용해 모델을 훈련하면 경험에 있는 상태가 매우 비슷할 것입니다. 이를 설명하기 위해 카트가 특정 위치에 있고 막대가 거의 수직으로 서 있는 타임스텝 t를 생각해보죠. 인접한 타임스텝(예를 들면, $t - 1$, $t + 1$, $t + 2$)에서도 카트의 위치는 비슷하고 막대도 거의 수직으로 서 있을 것입니다. 시간적으로 가까운 경험을 선택하는 대신 넓은 범위에 걸쳐 샘플링하면 훈련 반복마다 모델이 훨씬 풍부한 경험을 통해 학습할 수 있습니다.

32개의 샘플링된 경험마다 다음과 같은 모델 훈련 단계를 수행합니다. done이 True이면, 즉 이 경험이 에피소드의 마지막 타임스텝이면 이 타임스텝에서 얻을 수 있는 가장 높은 보상이 reward r_t와 같다는 것을 알 수 있습니다. 따라서 target 보상을 reward로 지정합니다.

그렇지 않으면 (즉, done이 False이면) 할인된 최대 미래 보상인 target을 추정합니다. 알려진 reward r_t에서 시작하여 할인된[25] 최대 미래 Q-가치를 더하여 이 값을 추정합니다. 가능한 미래 Q-가치는 다음 (즉 미래의) 상태 s_{t+1}을 모델의 predict( ) 메서드에 전달하여 추정합니다. 카트-폴 게임에서는 2개의 출력이 반환됩니다. 왼쪽 행동에 대한 출력과 오른쪽 행동에 대한 출력입니다. (넘파이 amax 함수로 결정한) 두 출력 중 높은 것이 예측된 최대 미래 Q-가치입니다.

(에피소드의 최종 타임스텝이기 때문에) target을 확실히 얻든지 또는 최대 미래 Q-가

---

25 즉 할인 계수 γ인 gamma를 곱합니다.

치를 계산하여 추정하든지 train( ) 함수의 for 반복문을 계속 진행합니다.

- 현재 상태 s_t를 전달하여 predict( ) 메서드를 다시 실행합니다. 이전과 동일하게 카트-폴 게임에서는 2개의 출력이 반환됩니다. 하나는 왼쪽 행동이고 하나는 오른쪽 행동입니다. 이 두 출력을 target_f 변수에 저장합니다.
- 에이전트가 이 경험에서 실제 선택한 action a_t에 따라 target_f[0][action] = target을 사용해 target_f 출력을 target 보상으로 바꿉니다.[26]
- fit( ) 메서드를 호출해 모델을 훈련합니다.
  - 모델 입력은 현재 state s_t이고 출력은 할인된 최대 미래 보상을 근사한 target_f 입니다. 모델 파라미터(식 13.2의 θ)를 튜닝하여 주어진 상태에서 미래 보상을 최대화할 가능성이 높은 행동을 정확히 예측하도록 능력을 향상시킵니다.
  - 많은 강화 학습 문제에서 epochs는 1로 설정합니다. 기존 훈련 데이터세트를 여러 번 반복하는 대신 (예를 들면) 더 많은 카트-폴 게임의 에피소드를 플레이하여 저렴한 비용으로 원하는 만큼 새로운 훈련 데이터를 생성할 수 있습니다.
  - 이 단계에서 모델 훈련 과정을 모니터링하기 위해 출력할 필요가 없기 때문에 verbose=0으로 설정합니다. 잠시 후에 보겠지만 에피소드 기준으로 에이전트의 성능을 모니터링하겠습니다.

행동 선택하기

어떤 타임스텝 t에서 수행할 특정 행동 a_t를 선택하려면 에이전트의 act( ) 메서드를 사용합니다. 이 메서드에서는 넘파이 rand 함수를 사용해 0과 1 사이의 랜덤 값을 샘플링합니다. 이 값을 v라고 부르겠습니다. 에이전트의 epsilon, epsilon_decay, epsilon_min 하이퍼파라미터와 함께 이 v값이 에이전트가 탐험 행동을 수행할지 활용 행동을 수행할지 결정합니다.[27]

- 랜덤 값 v가 탐험률 ϵ보다 작거나 같으면 randrange 함수를 사용해 랜덤한 탐험 행동

---

26 이렇게 하는 이유는 에이전트가 실제 선택한 행동을 기반으로만 Q-가치 추정을 훈련할 수 있기 때문입니다. next_state s_{t+1}을 기반으로 target을 추정했고 타임스텝 t에서 에이전트가 실제 선택한 action a_t에 대하여 s_{t+1}이 무엇인지만 알기 때문입니다. 에이전트가 다른 행동을 선택했을 때 환경이 반환할 다음 상태 s_{t+1}을 모릅니다.

27 앞서 DQNAgent 클래스의 초기화 파라미터를 설명할 때 탐험 모드 행동과 활용 모드 행동을 소개했습니다. [그림 13.7]에 그림으로도 표현했습니다.

이 선택됩니다. 에피소드 초반에는 ϵ이 높기 때문에 대부분의 행동이 탐험적입니다. 후반 에피소드에서는 (epsilon_decay 하이퍼파라미터 때문에) ϵ이 점점 줄어들기 때문에 에이전트가 탐험적인 행동을 점점 적게 수행합니다.

- 그렇지 않으면, 즉 랜덤 값이 ϵ보다 크다면 에이전트는 모델이 재생 메모리에서 학습한 지식을 활용해 행동을 선택합니다. 이 지식을 활용하기 위해 모델의 predict( ) 메서드에 state s_t를 전달하고 이론적으로 에이전트가 수행할 수 있는 가능한 행동마다 활성화 출력을 반환받습니다.[28] 넘파이 argmax 함수를 사용해 가장 큰 활성화 출력을 가진 행동 a_t를 선택합니다.

모델 파라미터 저장하고 로드하기

마지막으로 한 줄 짜리 짧은 메서드인 save( )와 load( )는 모델 파라미터를 저장하고 로드합니다. 특히 복잡한 환경에서는 에이전트의 성능이 들쭉날쭉할 수 있습니다. 오랫동안 에이전트가 주어진 환경에서 잘 수행되다가 나중에 완전히 능력을 상실한 것처럼 행동하기도 합니다. 이런 변덕스러움 때문에 모델 파라미터를 정기적으로 저장하는 것이 좋습니다. 에이전트의 성능이 나중에 떨어지면 성능이 좋았던 이전 에피소드의 파라미터를 다시 로드하여 되돌릴 수 있습니다.

OpenAI 짐 환경과 연동하기

DQN 에이전트 클래스를 만들었으므로 다음 코드로 이 클래스의 인스턴스 agent를 만듭니다.

```
agent = DQNAgent(state_size, action_size)
```

[코드 13.3]에서 agent가 OpenAI 짐에서 제공하는 카트-폴 게임 환경에서 플레이합니다.

코드 13.3 OpenAI 짐 환경과 상호작용하는 DQN 에이전트

```
for e in range(n_episodes):
```

---

28 선형 활성화 함수를 사용하기 때문에 이 출력은 확률이 아닙니다. 행동에 대한 할인된 미래 보상입니다.

```
    state = env.reset( )
    state = np.reshape(state, [1, state_size])
    done = False
    time = 0
    while not done:
#         env.render( )
        action = agent.act(state)
        next_state, reward, done, _ = env.step(action)
        reward = reward if not done else -10
        next_state = np.reshape(next_state, [1, state_size])
        agent.remember(state, action, reward, next_state, done)
        state = next_state
        if done:
            print("episode: {}/{}, score: {}, e: {:.2}"
                .format(e, n_episodes-1, time, agent.epsilon))
        time += 1
    if len(agent.memory) > batch_size:
        agent.train(batch_size)
    if e % 50 == 0:
        agent.save(output_dir + "weights_"
                + '{:04d}'.format(e) + ".hdf5")
```

하이퍼파라미터 n_episodes를 1000으로 설정했으므로 [코드 13.3]의 반복문에서 에이전트가 게임을 1,000번 플레이합니다. 게임 플레이 횟수는 변수 e로 카운트하고 각 에피소드에서는 다음과 같은 작업을 수행합니다.

- env.reset( )을 사용해 랜덤한 state s_t로 에피소드를 시작합니다. 모델이 기대하는 형태로 state를 케라스 신경망에 전달하기 위해 reshape 함수를 사용해 열 벡터에서

행 벡터로 변환합니다.[29]

- 1,000번 에피소드를 반복하는 반복문 안에서 while 반복문이 에피소드의 타임스텝에 대해 반복합니다. 에피소드가 끝날 때까지 (즉, done이 True일 때까지) 각 타임스텝 t(변수 time)에서 다음을 수행합니다.

  - 도커 컨테이너 안에서 이 주피터 노트북을 실행하면 에러가 발생하기 때문에 env. render( ) 라인을 주석 처리했습니다. 다른 도구를 사용한다면 (예를 들면 도커를 사용하지 않는 주피터 노트북) 이 코드의 주석을 삭제하세요. 팝업 윈도우에서 이 환경이 비주얼하게 렌더링 됩니다. 이렇게 하면 DQN 에이전트가 에피소드마다 카트-폴 게임을 플레이하는 것을 실시간으로 볼 수 있습니다. 재미있긴 하지만 필수적이진 않습니다. 에이전트가 학습하는 방법에는 아무런 영향을 주지 않습니다!

  - state s_t를 에이전트의 act( ) 메서드에 전달하면 이 메서드는 에이전트의 action a_t를 반환합니다. 이 값은 0(왼쪽) 또는 1(오른쪽)입니다.

  - 환경의 step( ) 메서드에 행동 a_t를 제공하면 next_state s_{t+1}, 현재 reward r_t, 불리언 값 done을 반환합니다.

  - 에피소드가 끝나면 (즉 done이 True이면) reward를 음수 값(-10)으로 설정합니다. 막대 균형을 잡지 못하거나 화면 밖으로 나가 에피소드가 일찍 종료되면 에이전트에서 큰 벌칙을 주기 위해서입니다. 에피소드가 끝나지 않았다면 (즉 done이 False이면) reward는 게임 플레이 타임스텝이 경과될 때마다 +1이 됩니다.

  - 에포크 시작 부분에서 state를 열 벡터로 바꾸었던 것처럼 next_state도 reshape 함수를 사용해 열 벡터로 바꿉니다.

  - 에이전트의 remember( ) 메서드를 사용해 이 타임스텝의 모든 정보(상태 s_t, 수행한 행동 a_t, 보상 r_t, 다음 상태 s_{t+1}, 플래그 done)를 덱에 저장합니다.

  - 타임스텝 $t+1$인 다음 반복을 위해 state를 next_state로 설정합니다.

  - 에피소드가 끝나면 이 에피소드의 요약 정보를 출력합니다(그림 13.8과 그림 13.9가 출력 예입니다).

  - 타임스텝 카운터 time에 1을 더합니다.

- 에이전트의 메모리 덱의 길이가 배치 크기보다 크면 에이전트의 train( ) 메서드로

---

29 [코드 9.11]에서 동일한 이유로 이런 변환을 수행했습니다.

```
episode: 0/999, score: 19, e: 1.0
episode: 1/999, score: 14, e: 1.0
episode: 2/999, score: 37, e: 0.99
episode: 3/999, score: 11, e: 0.99
episode: 4/999, score: 35, e: 0.99
episode: 5/999, score: 41, e: 0.98
episode: 6/999, score: 18, e: 0.98
episode: 7/999, score: 10, e: 0.97
episode: 8/999, score: 9, e: 0.97
episode: 9/999, score: 24, e: 0.96
```

그림 13.8 카트-폴 게임을 플레이하는 DQN 에이전트의 처음 10개 에피소드의 성능. 점수가 낮고 (10에서 42 타임스텝 사이에서 게임이 끝납니다) 탐험률 ϵ이 높습니다(100 퍼센트에서 시작해서 10번째 에피소드에서 96 퍼센트로 줄어들었습니다).

```
episode: 990/999, score: 199, e: 0.01
episode: 991/999, score: 199, e: 0.01
episode: 992/999, score: 199, e: 0.01
episode: 993/999, score: 199, e: 0.01
episode: 994/999, score: 199, e: 0.01
episode: 995/999, score: 199, e: 0.01
episode: 996/999, score: 199, e: 0.01
episode: 997/999, score: 199, e: 0.01
episode: 998/999, score: 199, e: 0.01
episode: 999/999, score: 199, e: 0.01
```

그림 13.9 카트-폴 게임을 플레이하는 DQN 에이전트의 마지막 10개 에피소드의 성능. 10번의 에피소드 전부에서 최대 점수(199 타임스텝)를 얻었습니다. 탐험률 ϵ은 이미 최솟값인 1 퍼센트까지 감소되었습니다. 따라서 에이전트는 활용 모드로 99 퍼센트의 행동을 수행합니다.

게임 플레이 경험을 재생하여 신경망을 훈련합니다.[30]

• 50 에피소드마다 에이전트의 save( ) 메서드를 사용해 신경망 모델 파라미터를 저장합니다.

[그림 13.8]에서 보듯이 카트-폴 게임의 처음 10개 에피소드의 점수는 낮습니다. 42 타임스텝 이상 게임을 진행하지 못합니다(즉, 최대 점수가 41입니다). 첫 번째 에피소드는 탐험률 ϵ이 100 퍼센트에서 시작합니다. 10번째 에피소드가 되면 ϵ이 96 퍼센트로 감소합니다. 에이전트가 4 퍼센트의 타임스텝에서는 활용 모드로 동작한다는 의미입니다(그림 13.7 참조). 훈련 초기에는 이런 활용 모드에서 선택한 행동이 사실상 랜덤할 것입니다.

---

30 이 훈련 단계를 while 반복문 안으로 넣을 수도 있습니다. 에이전트를 더 자주 훈련하기 때문에 각 에피소드는 더 오래 걸리겠지만 에이전트가 더 적은 에피소드로 카트-폴 게임을 배울 수 있을 것입니다.

[그림 13.9]에서 볼 수 있듯이 991번째 에피소드가 되면 에이전트가 카트-폴 게임을 마스터합니다. 200 타임스텝 동안 게임을 진행하여 마지막 10개 에피소드의 점수가 전부 199점으로 완벽합니다. 911번째[31] 에피소드에서 탐험률 ϵ은 최솟값 1 퍼센트에 도달했습니다. 따라서 이 최종 에피소드들에서는 에이전트가 99 퍼센트의 타임스텝에서 활용 모드로 동작합니다. 마지막 에피소드들에 있는 완벽한 성능으로 미루어보아 이전 에피소드의 게임 플레이 경험으로 훈련한 신경망이 활용 모드의 행동을 올바르게 안내했다는 것이 명확합니다.

이 장의 서두에서 언급했듯이 심층 강화 학습 에이전트는 종종 변덕스러운 행동을 보입니다. 카트-폴 게임을 플레이하는 DQN 에이전트를 훈련할 때 어느 정도 후반 에피소드들에서 잘 동작할 수 있습니다(850번째나 900번째 에피소드 근처에서 연속적으로 200번 타임스텝을 플레이합니다). 하지만 최종 (1,000번째) 에피소드 근처에서 성능이 낮아질 수 있습니다. 이런 경우에는 load( ) 메서드로 성능이 좋은 이전 상태의 모델 파라미터를 복원할 수 있습니다.

SLM Lab을 사용한 하이퍼파라미터 최적화

이 장의 여러 군데에서 하이퍼파라미터를 먼저 소개하고 그다음 나중에 이 하이퍼파라미터 튜닝을 위해 SLM Lab 도구를 소개하겠다고 언급했습니다.[32] 드디어 그 순간이 왔습니다!

 SLM Lab은 캘리포니아 지역의 소프트웨어 엔지니어인 와룬켕Wah Loon Keng과 로라 그래써Laura Graesser(각각 모바일 게임 회사인 MZ와 구글 브레인 팀에서 일합니다)가 개발한 심층 강화 학습 프레임워크입니다. 이 프레임워크는 github.com/kengz/SLM-Lab에서 다운로드할 수 있고 심층 강화 학습과 관련된 폭넓은 기능과 구현을 가지고 있습니다.

• DQN을 포함하여 (이 장에서 곧 등장할) 많은 종류의 심층 강화 학습 에이전트를 사용할 수 있습니다.

---

31 여기에는 없지만 📖 13-1.cartpole_dqn.ipynb 노트북을 참조하세요.

32 'SLM'은 *strange loop machine*의 약자입니다. 이 개념은 사람의 의식 경험에 대한 아이디어와 관련이 있습니다. Hofstadter, R. (1979). *Gödel, Escher, Bach*. New York: Basic Books.

- 모듈 형태의 에이전트 컴포넌트를 제공하여 새로운 심층 강화 학습 에이전트를 만들 수 있습니다.
- OpenAI 짐과 유니티(제4장 참조)와 같은 여러 가지 다른 환경 라이브러리에 에이전트를 손쉽게 적용할 수 있습니다.
- 동시에 여러 개의 환경에서 에이전트를 훈련할 수 있습니다. 예를 들어 하나의 DQN 에이전트가 동시에 OpenAI 짐의 카트-폴 게임과 유니티 게임 Ball2D를 플레이할 수 있습니다.
- 주어진 환경에 대한 에이전트의 성능을 벤치마킹할 수 있습니다.

또한 여기서 필요한 기능으로 SLM Lab은 주어진 환경에서 에이전트의 성능에 미치는 영향을 평가하여 다양한 하이퍼파라미터를 실험할 수 있는 도구를 제공합니다. 예를 들어 [그림 13.10]에 있는 **실험 그래프**를 생각해 보죠. 이 실험에서 여러 번에 걸쳐 DQN 에이전트가 카트-폴 게임을 플레이하도록 훈련했습니다. 각 실험에서 특정 하이퍼파라미터를 가진 에이전트를 많은 에피소드를 통해 훈련합니다. 실험한 일부 하이퍼파라미터는 다음과 같습니다.

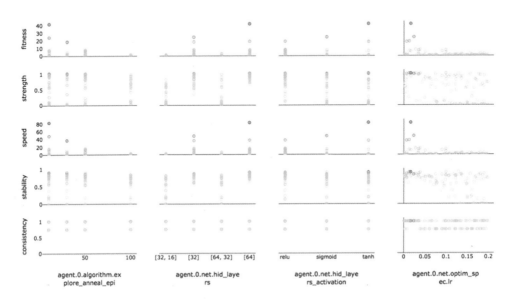

그림 13.10 SLM Lab으로 수행한 실험. 여러 가지 하이퍼파라미터(예를 들면, 은닉층 구조, 활성화 함수, 학습률)가 카트-폴 환경 안에서 DQN 에이전트에 미치는 영향을 조사합니다.

- 밀집 신경망 모델 구조
  - [32] : 1개의 은닉층. 32개의 뉴런
  - [64] : 1개의 은닉층. 64개의 뉴런
  - [32, 16] : 2개의 은닉층. 첫 번째는 32개 뉴런이고 두 번째는 16개 뉴런
  - [64, 32] : 2개의 은닉층. 첫 번째는 64개 뉴런이고 두 번째는 32개 뉴런
- 모든 은닉층에 적용된 활성화 함수
  - 시그모이드
  - tanh
  - ReLU
- 옵티마이저 학습률(η). 0에서 0.2까지 범위
- 탐험률(ϵ) 어닐링annealing. 0에서 100까지 범위[33]

SLM Lab은 모델 성능을 평가하기 위해 여러 가지 측정 방법을 제공합니다(이 중 몇 가지를 [그림 13.10]의 수직 축에서 볼 수 있습니다).

- 강도 : 에이전트가 얻은 보상의 합을 측정합니다.
- 스피드 : 얼마나 빠르게 (즉 얼마나 많은 에피소드에 걸쳐) 에이전트가 강도에 도달할 수 있는지 나타냅니다.
- 안정성 : 에이전트가 환경에서 잘 수행하는 방법을 익힌 후에 후속 에피소드에서 학습한 솔루션을 얼마나 잘 유지하는지 측정합니다.
- 일관성 : 동일한 하이퍼파라미터 설정으로 여러 번 시도해서 에이전트의 성능이 얼마나 잘 재현되는지 측정합니다.
- 적합성 : 위 4개 지표를 동시에 고려하는 전체 요약 지표. [그림 13.10]의 실험에서 적합성 지표를 사용하면 카트-폴 게임을 플레이하는 DQN 에이전트의 최적 하이퍼파라미터 셋팅은 다음과 같습니다.
  - 1개의 은닉층으로 구성된 신경망. 64개의 뉴런을 가진 신경망이 32개 뉴런을 가진

---

33 어닐링은 동일하게 ϵ을 감소시키는 다른 방법입니다. epsilon과 epsilon_min 하이퍼파라미터를 고정값(예를 들면 1.0과 0.01)으로 지정하면 어닐링은 특정 에피소드에서 ϵ이 0.01이 되도록 epsilon_decay를 조정합니다. 예를 들어 어닐링을 25로 지정하면 ϵ이 첫 번째 에피소드에서 1.0으로 시작해 25번째 에피소드에서 0.01까지 균일하게 작아집니다. 어닐링을 50으로 지정하면 ϵ이 첫 번째 에피소드에서 1.0으로 시작해 50번째 에피소드에서 0.01로 균일하게 작아집니다.

모델보다 성능이 뛰어납니다.

- 은닉층에는 tanh 활성화 함수
- ~0.02의 낮은 학습률(η)
- 10 에피소드 어닐링을 적용한 탐험률(ϵ)이 50이나 100 에피소드 어닐링보다 성능이 뛰어납니다.

SLM Lab에 대한 자세한 내용은 이 책의 범위를 넘어섭니다. 하지만 이 라이브러리의 문서(kengz.gitbooks.io/slm-lab)를 참조할 수 있습니다.[34]

DQN 이외의 에이전트

심층 강화 학습 분야에서는 이 장에서 만든 것과 같은 심층 Q-러닝 신경망이 비교적 간단합니다. DQN이 (비교적) 간단할 뿐만 아니라 다른 많은 심층 RL 에이전트에 비해 훈련 샘플을 효율적으로 사용합니다. 하지만 DQN 에이전트에 단점이 있습니다. 가장 큰 단점은 다음과 같습니다.

1. 주어진 환경에서 가능한 상태-행동 개수가 크면 Q-함수가 매우 복잡해질 수 있기 때문에 최적의 Q-가치인 $Q*$를 추정하기 어려워집니다.
2. $Q*$를 계산할 수 있는 상황이더라도 DQN이 다른 방법보다 탐험에 뛰어나지 않습니다. 따라서 DQN이 $Q*$에 수렴하지 않을 수 있습니다.

따라서 DQN이 샘플을 효율적으로 사용하더라도 모든 문제에 적용할 수는 없습니다.

심층 강화 학습 장을 마무리하면서 DQN 이외의 다른 에이전트 종류를 간단하게 소개하겠습니다. 심층 강화 학습 에이전트의 주요 카테고리는 [그림 13.11]에 있는 것과 같습니다.

- **가치 최적화** : 여기에는 DQN 에이전트와 변종이 포함됩니다(예를 들면, 더블 DQN, 듀얼링 QN). 또한 (Q-가치 함수를 포함해) 가치 함수를 최적화하여 강화 학습 문제를 해결하는 다른 종류의 에이전트도 포함됩니다.

---

34 이 글을 쓰는 시점에 SLM Lab 설치는 macOS를 포함해 유닉스 기반 시스템에서만 가능합니다.

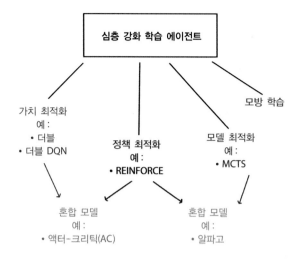

그림 13.11 심층 강화 학습 에이전트의 카테고리

- 모방 학습 : 이 카테고리의 에이전트(예를 들면 행동 복사와 조건 모방 학습 알고리즘)
  는 시연을 통해 가르치는 행동을 흉내 내도록 설계됩니다. 예를 들어 접시 선반에 접
  시를 올려 놓는 방법이나 컵에 물을 따르는 방법을 보여줍니다. 모방 학습이 매력적인
  방법이지만 적용 분야가 비교적 좁아서 이 책에서 더 자세히 언급하지 않습니다.
- 모델 최적화 : 이 카테고리의 에이전트는 주어진 타임스텝에서 (s, a)를 기반으로 미래
  상태를 예측하도록 학습됩니다. 이런 알고리즘의 한 예는 몬테 카를로 트리 탐색입니
  다. 제4장에서 알파고와 함께 소개했습니다.
- 정책 최적화 : 이 카테고리의 에이전트는 정책을 직접 학습합니다. 즉 [그림 13.5]에 있
  는 정책 함수 π를 직접 학습합니다. 다음 절에서 이에 대해 조금 더 자세히 설명하겠
  습니다.

정책 그레이디언트와 REINFORCE 알고리즘

[그림 13.5]를 다시 기억해 보면 강화 학습 에이전트의 목표는 상태 공간 S를 행동 공간 A
로 매핑하는 어떤 정책 함수 π를 학습하는 것입니다. DQN과 다른 가치 최적화 에이전트
는 최적의 Q-가치인 Q^*와 같은 가치 함수를 추정하여 간접적으로 π를 학습합니다. 정책
최적화 에이전트는 π를 직접 학습합니다.

정책 그레이디언트Policy gradient, PG 알고리즘은 π에 직접 경사 상승법[35]을 수행합니다. 유명한 강화 학습 알고리즘인 REINFORCE가 정책 그레이디언트 알고리즘의 한 예입니다.[36] REINFORCE와 같은 PG 알고리즘의 장점은 최적의 솔루션에 잘 수렴한다는 것입니다.[37] 따라서 DQN 같은 가치 최적화 알고리즘보다 훨씬 널리 적용할 수 있습니다. 그 대신 PG 는 일관성이 낮습니다. 즉 DQN 같은 가치 최적화 방법보다 비교적 성능에 변동이 심합니다. 따라서 PG는 많은 훈련 샘플을 필요로 하는 경향이 있습니다.

액터-크리틱 알고리즘

[그림 13.11]에서 알 수 있듯이 액터-크리틱 알고리즘은 가치 최적화와 정책 최적화 방법을 결합한 강화 학습 에이전트입니다. 조금 더 구체적으로 말하면 [그림 13.12]에 있듯이 액터-크리틱은 Q-러닝과 PG 알고리즘을 결합합니다. 고수준에서 보면 만들어진 알고리즘은 다음을 교대로 순환합니다.

* 액터 : 수행할 행동을 결정하는 PG 알고리즘
* 크리틱 : 액터가 선택한 행동을 평가하고 어떻게 조정할지 피드백을 제공하는 Q-러닝 알고리즘. 경험 재생 같은 Q-러닝의 효율적인 기법을 사용합니다.

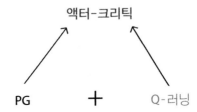

그림 13.12 액터-크리틱 알고리즘은 (액터의 역할을 수행하는) 정책 그레이디언트 방법과 Q-러닝 방식을 결합한 강화 학습입니다.

---

35 PG 알고리즘은 (비용을 최소화하는 것이 아니라) 보상을 최대화하기 때문에 경사 하강법이 아니라 경사 상승법을 사용합니다. 더 자세한 내용은 이 장의 주석 13번을 참조하세요.

36 Williams, R. (1992). Simple statistical gradient-following algorithms for connectionist reinforcement learning. *Machine Learning*, 8, 229-56.

37 PG 에이전트는 적어도 지역 최적 솔루션에 수렴하는 경향이 있습니다. 반면 일부 특정 PG 방법은 전역 최적 솔루션을 찾는다고 알려져 있습니다. Fazel, K., et al. (2018). Global convergence of policy gradient methods for the linear quadratic regulator. *arXiv:1801.05039*.

넓은 관점에서 보면 액터-크리틱 알고리즘은 제12장의 생성적 적대 신경망을 연상시킵니다. GAN은 순환하는 생성자 신경망과 판별자 신경망을 가집니다. 전자는 가짜 이미지를 만들고 후자는 이를 평가합니다. 액터-크리틱 알고리즘은 순환하는 액터와 크리틱을 가집니다. 전자는 행동을 수행하고 후자는 이를 평가합니다.

　액터-크리틱 알고리즘의 장점은 DQN보다 해결할 수 있는 문제의 범위가 더 넓다는 것입니다. 또한 REINFORCE에 비해 성능에 변동이 작습니다. 하지만 PG 알고리즘 때문에 액터-크리틱은 여전히 어느 정도 샘플 효율성이 좋지 않습니다.

　REINFORCE와 액터-크리틱 알고리즘을 구현하는 것은 이 책의 범위를 넘어서지만 SLM Lab을 사용해 적용하고 관련된 코드를 검사할 수도 있습니다.

요약

이 장에서 마르코프 결정 과정을 포함해 강화 학습의 핵심 이론을 다루었습니다. 이 지식을 활용해 심층 Q-러닝 에이전트를 만들어 카트-폴 환경을 마스터했습니다. 마무리하면서 DQN 말고도 REINFORCE와 액터-크리틱 같은 심층 강화 학습 알고리즘을 소개했습니다. 또한 에이전트 하이퍼파라미터 최적화를 위한 도구뿐만 아니라 기존 알고리즘이 구현된 심층 강화 학습 프레임워크인 SLM Lab을 소개했습니다.

　이 장이 제3부의 끝입니다. 제3부에서 머신 비전(제10장), 자연어 처리(제11장), 생성 모델(제12장), 순차 의사 결정 에이전트에 대한 애플리케이션을 만들어 보았습니다. 이 책의 마지막 제4부에서는 이런 애플리케이션을 자신의 프로젝트의 기호에 맞세 석봉하기 위한 가이드라인을 제시하겠습니다.

핵심 개념

다음은 지금까지 나온 중요 개념입니다. 이 장에서 등장한 새로운 용어는 보라색으로 강조했습니다.

- 파라미터 :
  - 가중치 w
  - 절편 b
- 활성화 a
- 활성화 함수 :
  - 시그모이드
  - tanh
  - ReLU
  - 소프트맥스
  - 선형
- 입력층
- 은닉층
- 출력층
- 층 종류 :
  - 밀집(완전 연결)층
  - 합성곱 층
  - 전치 합성곱 층
  - 최대 풀링
  - 업샘플링
  - Flatten( )
  - 임베딩
  - RNN
  - (양방향) LSTM

- Concatenate
- 비용 (손실) 함수 :
  - 이차 (평균 제곱 오차) 비용 함수
  - 크로스-엔트로피 비용 함수
- 정방향 계산
- 역전파
- 불안정한 (특히 소멸하는) 그레이디언트
- 글로럿 가중치 초기화
- 배치 정규화
- 드롭아웃
- 옵티마이저 :
  - 확률적 경사 하강법
  - Adam
- 옵티마이저 하이퍼파라미터 :
  - 학습률 η
  - 배치 크기
- word2vec
- GAN 구성요소 :
  - 판별자 신경망
  - 생성자 신경망
  - 적대 신경망
- 심층 Q-러닝

IV

나 그리고 AI

Chapter 14 딥러닝 프로젝트 시작하기

14

딥러닝 프로젝트 시작하기

축하합니다. 이 책의 마지막 장까지 왔습니다! 제1부에서 딥러닝에 대해 소개했습니다. 딥러닝이 무엇인지 어떻게 놀라운 능력을 내는지 설명했습니다. 제2부에서 딥러닝의 핵심 이론을 자세히 살펴보았습니다. 제3부에서는 지금까지 배운 이론을 비전, 언어, 예술, 변화하는 환경과 같은 다양한 문제에 적용해 보았습니다.

이 장에서는 제3부에 있는 예제를 넘어 자신만의 딥러닝 프로젝트를 시작하기 위해 필요한 자료와 조언을 제공합니다. 이런 프로젝트가 우리가 사는 세상에 큰 도움을 줄 수도 있습니다. 여러분의 성과가 전 세계적으로 딥러닝의 지속적인 발전과 인공 일반 지능의 서막에 어떻게 기여할 수 있는지 설명하는 것으로 마치겠습니다.

딥러닝 프로젝트 아이디어

이 절에서 첫 번째 딥러닝 프로젝트를 위한 아이디어를 제시하겠습니다.

머신 비전과 GAN

처음으로 가장 쉽게 시도해 볼 수 있는 딥러닝 문제는 패션 MNIST 데이터세트입니다.[1] 케라스를 사용하면 이 데이터를 쉽게 적재할 수 있습니다. 이 데이터는 10개의 클래스로 구분된 의류 사진입니다(표 14.1). 패션 MNIST 데이터는 제2부에서 많이 다루었던 손글씨 MNIST 숫자 데이터세트와 차원이 같습니다. 둘 다 8비트 28 × 28 픽셀의 흑백 비트맵

---

1 Xiao, H., et al. (2017). Fashion-MNIST: A novel image dataset for benchmarking machine learning algorithms. *arXiv:1708.07747*.

표 14.1 패션 MNIST 카테고리

클래스	레이블
0	T셔츠
1	바지
2	스웨터
3	드레스
4	코트
5	샌달
6	셔츠
7	스니커
8	가방
9	앵클 부츠

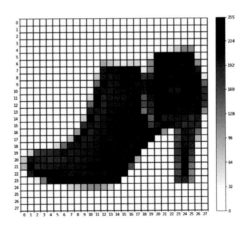

그림 14.1 MNIST 숫자의 픽셀 렌더링(그림 5.3)과 비슷한 패션 MNIST 데이터세트의 이미지 샘플입니다. 이 이미지의 클래스는 9입니다. [표 14.1]에 따라 앵클 부츠를 의미합니다. 이 그림을 만든 코드는 📁 14-1.fashion_mnist_pixel_by_pixel.ipynb 주피터 노트북을 참조하세요.

이미지입니다(그림 14.1의 샘플 참조). 6만 개의 훈련 이미지와 1만 개의 검증 이미지 세트가 있습니다. 따라서 이 책에서 MNIST 분류를 하는 주피터 노트북에 있는 데이터 적재 코드(예를 들면 코드 5.2)를 다음 코드로 바꾸면 패션 MNIST 데이터로 쉽게 바꿔 사용할 수 있습니다.

```
from keras.datasets import fashion_mnist
(X_train, y_train), (X_valid, y_valid) = fashion_mnist.load_data( )
```

모델 구조를 바꾸고 하이퍼파라미터를 튜닝하여 검증 세트 정확도를 향상시킬 수 있습니다. 패션 MNIST 데이터는 손글씨 MNIST 숫자에 비해 분류하기가 꽤 어렵습니다. 이 책에서 배운 내용을 적용해 볼 수 있는 좋은 문제입니다. 제10장에서 MNIST 데이터로 99퍼센트 이상의 검증 정확도를 얻었습니다(그림 10.9). 하지만 패션 MNIST 데이터로 92퍼센트 이상 얻는 것이 쉽지 않습니다. 94 퍼센트 이상 넘는다면 아주 인상적인 결과입니다.

딥러닝 이미지 분류 모델을 위한 다른 훌륭한 머신 비전 데이터세트는 다음과 같습니다.

- 캐글 : 캐글은 데이터 과학 경연 플랫폼으로 실제 데이터세트가 많이 있습니다. 대회에서 우승하면 진짜 상금도 받을 수 있습니다! 예를 들어 프랑스 전자 상거래 사이트인 C디스카운트는 상품 이미지 분류 대회에 3만 5,000달러의 상금을 걸었습니다.[2] 캐글 데이터세트는 대회가 시작되고 끝나면 사라질 수 있지만 언제든지 다운로드 받을 수 있는 대규모 이미지 데이터세트가 많습니다. 모델 구축 경험, 명예와 어쩌면 상금을 얻을 수도 있습니다.
- 피겨 에이트 : 크라우드소싱을 통한 데이터 레이블링 회사(전신은 크라우드플라워입니다)입니다.[3] 수십 개의 잘 정리된 이미지 분류 데이터세트를 제공합니다. 어떤 데이터세트가 있는지 알려면 figure-eight.com/data-for-everyone으로 접속하세요.
- 인공지능 연구자인 루크 드 올리베이(Luke de Oliveira)라는 딥러닝 기술자 사이에서 유명한 데이터세트를 잘 정리한 목록을 만들었습니다. bit.ly/LukeData에 접속해서 'Computer Vision' 제목 아래를 확인해 보세요.

GAN 모델을 만들고 튜닝해 보고 싶다면 시작하기 좋은 작은 데이터세트는 다음과 같습니다.

---

2 bit.ly/kaggleCD

3 옮긴이_이 회사는 2019년 아펜에 인수되었습니다.

- 제12장에서 사용한 Quick, Draw! 데이터세트에서 1개 또는 그 이상의 클래스[4]
- 패션 MNIST 데이터
- 손글씨 MNIST 숫자

자연어 처리

이 책에서 만든 이미지 분류 모델에 패션 MNIST 데이터를 바로 적용할 수 있는 것처럼 얀 르쿤(그림 1.9) 연구실의 샹 장^{Xiang Zhang}과 동료들이 정리한 데이터세트를 제11장에서 만든 자연어 분류 모델에 바로 적용할 수 있기 때문에 첫 번째 NLP 프로젝트 데이터로 안성맞춤입니다.

장 등이 만든 8개의 자연어 데이터세트는 논문[5]에 자세히 설명되어 있고 bit.ly/NLPdata 에서 다운로드 할 수 있습니다. 각 데이터세트는 제11장에서 다루었던 2만 5,000개 훈련 샘플이 있는 IMDb 영화 리뷰 데이터보다 적어도 열 배 이상 큽니다. 따라서 훨씬 복잡한 딥러닝 모델과 풍부한 단어 벡터 공간을 실험해 볼 수 있습니다. 6개의 데이터세트는 클래스가 2개 이상입니다(출력층에 여러 개의 뉴런을 두고 소프트맥스 함수를 사용해야 합니다). 2개의 데이터세트는 이진 분류 문제입니다(IMDb 데이터에 사용했던 시그모이드 함수를 사용하고 1개의 뉴런을 가진 출력층을 그대로 사용할 수 있습니다).

- **옐프 리뷰 분류** : 옐프 웹사이트에 올라온 서비스와 위치에 대해 긍정(별 4개나 5개) 리뷰나 부정(별 1개나 2개) 리뷰로 분류된 56만 개의 훈련 샘플과 3만 8,000개의 검증 샘플
- **아마존 리뷰 분류** : 전자 상거래 공룡인 아마존이 수집한 긍정적인 리뷰와 부정적인 리뷰로 이루어진 360만 개의 훈련 샘플과 40만 개의 검증 샘플

머신 비전과 마찬가지로 캐글, 피겨 에이트, (bit.ly/LukeData에서 "Natural Language" 제목 아래에 있는) 올리베이라의 NLP 데이터로 나만의 딥러닝 프로젝트를 시작할 수 있습니다.

---

4 github.com/googlecreativelab/quickdraw-dataset

5 Zhang, X., et al. (2016). Character-level convolutional networks for text classification. *arXiv:1509.01626.*

심층 강화 학습

첫 번째 심층 강화 학습 프로젝트로는 다음과 같은 것을 고려할 수 있습니다.

- 새로운 환경 : 📁 13-1.cartpole_dqn.ipynb 노트북에 있는 OpenAI 짐 환경을 카트-폴 게임 대신 다른 환경으로 바꾸어[6] 제13장에서 배운 DQN 에이전트를 적용해 볼 수 있습니다. 비교적 간단한 환경은 Mountain Car(MountainCar-v0)와 Frozen Lake (FrozenLake-v0)입니다.

- 새로운 에이전트 : (macOS를 포함하여) 유닉스 기반 컴퓨터를 사용한다면 SLM Lab(그림 13.10)을 설치하고 다른 에이전트(예를 들면 액터-크리틱 에이전트. 그림 13.10 참조)를 테스트할 수 있습니다. 이 중 일부는 OpenAI 짐에서 제공하는 아타리 게임[7]이나 유니티에 있는 3차원 환경같이 복잡한 환경을 학습하기에 충분합니다.

고급 에이전트에 익숙해졌다면 딥마인드 랩(그림 4.14)과 같은 다른 환경을 사용해 보거나 여러 다른 환경에서 동시에 하나의 에이전트를 시작해 보세요(SLM Lab을 사용하면 도움이 됩니다).

기존 머신러닝 프로젝트 변환하기

지금까지 제안한 모든 프로젝트가 서드파티 데이터를 사용하지만 데이터를 직접 수집할 수도 있습니다. 선형 회귀 모델이나 서포트 벡터 머신 같은 머신러닝에 이런 데이터를 이미 사용했을지도 모르겠네요. 이런 경우 이미 가지고 있는 데이터를 딥러닝 모델에 주입할 수 있습니다. 제9장에서 케라스로 만든 심층 신경망처럼 3개의 은닉층으로 구성된 밀집 신경망으로 시작해 볼 수 있습니다. 범주형이 아니라 연속적인 변수를 예측하려면 (제9장 끝에서 다룬) 📁 9-3.regression_in_keras.ipynb 노트북을 참조하세요.

서의 원시 데이터를 딥러닝 모델에 주입할 수 있습니다. 이미 원시 데이터에서 추출한 특성이 있다면 이런 특성을 입력으로 사용해도 괜찮습니다. 실제로 구글의 연구자들은 와이드 앤 딥 모델링 방식으로[8] 이미 가공한 기존 특성을 사용하면서 원시 입력 데이터에서 새로운 특성을 동시에 학습했습니다. 와이드 앤 딥 방식의 일반화된 구조를 [그림 14.2]에

---

6 [코드 13.1]에서 gym.make( )에 전달하는 매개변수를 바꾸세요.

7 gym.openai.com/envs/#atari

8 bit.ly/wideNdeep

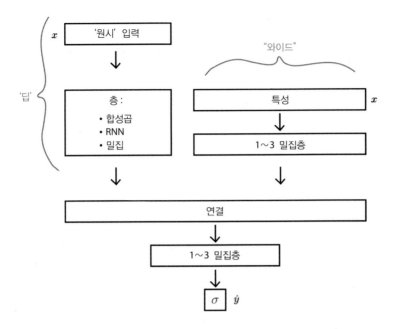

그림 14.2 와이드 앤 딥 모델 구조는 다른 두 종류의 입력을 연결합니다. 딥 네트워크는 거의 원시 데이터를 입력 받고 이 데이터에 맞는 층(예를 들면 합성곱 층, 순환층, 밀집층)으로 특성을 자동 추출합니다. 여러 개의 층을 사용하기 때문에 딥 네트워크라 부릅니다. 반면 와이드 네트워크는 수동으로 만든 특성(전문적으로 정의한 함수로 원시 데이터에서 추출한 특성)을 입력으로 받습니다. 이런 특성을 입력으로 많이 사용하기 때문에 와이드 네트워크라 부릅니다.

나타냈습니다. 제11장의 끝에서 소개한 concat 층을 사용합니다(코드 11.41 참조).

프로젝트를 위한 추가 자료

위에서 언급한 초기 프로젝트를 넘어 더 나아가기 위해 jonkrohn.com / resources에 도움이 될 자료를 모아 놓았습니다. 다음과 같은 링크가 담겨 있습니다.

- 대부분 대용량이고 잘 정리된 공개 데이터 소스
- 대규모 딥러닝 모델을 훈련하기 위한 권장 하드웨어와 클라우드 인프라 선택
- 핵심 딥러닝 논문과 논문의 구현 모음
- 인터랙티브한 딥러닝 데모
- 금융 애플리케이션 같은 시계열 데이터 예측에 적용한 순환 신경망의 사례[9]

---

9 딥러닝을 배우는 학생들에게 인기가 많은 주제이지만 이 책의 범위는 아닙니다.

사회적으로 유익한 프로젝트

특히 jonkrohn.com/resources 페이지에서 'Problems Worth Solving' 제목 아래를 주목해 주세요. 이 절에는 이 시대가 직면하고 있는 가장 중요한 글로벌 이슈를 정리한 자료를 나열해 놓았습니다. 딥러닝 기법을 적용해 이 문제를 해결해 보세요. 이런 연구 중 하나를 예를 들면 맥킨지 글로벌 연구소에서 10개의 사회 영향력이 큰 분야를 선정했습니다.[10]

1. 평등과 포용
2. 교육
3. 건강과 굶주림
4. 안전과 정의
5. 정보 확인과 검증
6. 재난 대응
7. 경제 권위 신장
8. 공공 부문과 사회 부문
9. 환경
10. 기반 시설

이 책에 소개된 많은 기술을 이런 도메인에 활용할 수 있는 가능성을 자세히 설명하고 있습니다. 여기에는 다음과 같은 예가 포함됩니다.

- 구조적인 데이터를 사용한 딥러닝(제5장에서 제9장까지 소개한 밀집 신경망) : 10개 도메인에 모두 적용할 수 있습니다.
- 손글씨 인식을 포함한 이미지 분류(제10장) : 공공 부문과 사회 부문을 제외한 모든 분야
- 삼성 분석을 포함한 NLP(제11장) : 기반 시설을 제외한 모든 분야
- 콘텐츠 생성(제12장) : 평등과 포용, 공공 부문과 사회 부문
- 강화 학습(제13장) : 건강과 굶주림 분야

---

10 Chui, M. (2018). Notes from the AI frontier: Applying AI for social good. McKinsey Global Institute. bit.ly/aiForGood

하이퍼파라미터 튜닝을 포함한 모델링 프로세스

이 장에서 다룬 딥러닝 프로젝트 아이디어에서 하이퍼파라미터 튜닝이 아마도 성공의 핵심이 될 것입니다. 이 절에서 프로젝트에 템플릿으로 사용할 수 있는 단계별 모델링 과정을 소개하겠습니다. 하지만 기억하세요. 프로젝트의 특수성 때문에 권장되는 방법을 벗어나야 할 경우가 많습니다. 예를 들어 다음에 나오는 단계의 순서를 엄격히 지켜서 진행하지 않을 것입니다. 후반 단계에 가서 모델의 동작을 보고[11] 초기 단계가 어떻게 개선될 수 있을지 감을 얻을 수 있습니다.[12] 따라서 여러 번 다시 뒤로 돌아가 일부 단계를 다시 진행할 것입니다. 아마도 수십 번이나 그 이상일지 모릅니다!

대략적인 단계별 가이드는 다음과 같습니다.

1. 파라미터 초기화 : 제9장에서 다룬 것처럼(그림 9.3 참조) 모델의 하이퍼파라미터를 합리적인 랜덤 값으로 초기화해야 합니다. 절편은 0으로 초기화하고 가중치는 세이비어 글로럿 방식으로 초기화하는 것을 권장합니다. 다행히 케라스는 이런 초기화 방법을 자동으로 적용합니다.

2. 비용 함수 선택 : 분류 문제를 다룬다면 크로스-엔트로피 비용을 사용해야 합니다. 회귀 문제라면 평균 제곱 오차 비용을 사용하세요. 하지만 다른 옵션을 실험해 보고 싶다면 https://keras.io/api/losses/를 참조하세요.

3. 랜덤한 성능보다 앞서기 : 초기 모델 구조(이 책에서 다룬 모델을 기반으로 만들 수 있습니다)가 검증 데이터에서 랜덤한 성능보다 낮다면 (예를 들면 10개의 클래스가 있는 MNIST 숫자 데이터에서 10 퍼센트 정확도보다 낮다면) 다음 전략을 고려해 보세요.

   • 문제를 단순화하세요 : 예를 들어 MNIST 숫자로 작업한다면 클래스 개수를 10개에서 2개로 줄일 수 있습니다.

   • 신경망 구조를 단순화하세요 : 아마 바보 같은 일을 했는데 느끼지 못할 수 있습니다. 또는 모델이 너무 깊어서 그레이디언트가 심각하게 소멸됐을지 모릅니다. 층을 줄

---

11 딥러닝 프로젝트를 많이 수행하고 (깃허브, 스택오버플로, arXiv 논문 등에서) 고성능 모델 구조를 많이 검토하면 주어진 문제에 어떤 모델 구조와 하이퍼파라미터를 적용할지 직관을 기를 수 있습니다.

12 모델의 동작은 모델을 훈련할 때 훈련 세트와 검증 세트의 손실을 모니터링해서 조사할 수 있습니다. 텐서보드를 사용하면 이런 작업을 쉽게 수행할 수 있습니다(그림 9.8 참조).

이는 것 같이 모델 구조를 단순화하면 감춰진 문제가 드러날 것입니다.

- **훈련 세트 크기를 줄이세요** : 훈련 세트가 크다면 훈련 에포크 하나가 실행되는 데 오랜 시간이 걸릴 수 있습니다. 훈련 샘플 크기를 줄이면 좀 더 빠르게 모델을 반복하고 개선할 수 있습니다.

4. **층** : 모델이 어느 정도 학습된다면 층을 실험해 볼 차례입니다. 다음을 시도해 보세요.
    - **층 개수를 변경합니다** : 제8장에서 언급한 가이드라인(그림 8.8이 포함된 절에 있습니다)을 따라 개별 층이나 (그림 10.10에 있는 합성곱-풀링 블록 같은) 층 블록을 추가하거나 제거할 수 있습니다.
    - **층 종류를 변경합니다** : 문제와 데이터세트에 따라 특정 종류의 층이 다른 것보다 훨씬 높은 성능을 낼 수 있습니다. 제11장에서 영화 리뷰 분류 문제에 여러 종류의 층을 적용한 결과를 생각해 보세요(표 11.6에 요약되어 있습니다).
    - **층의 폭을 변경합니다** : 제8장에서 했던 것처럼 층의 뉴런 개수를 2의 배수로 바꾸는 것이 좋습니다.

5. **과대적합 피하기** : 훈련 데이터세트를 넘어 모델을 일반화합니다. 이를 위해 드롭아웃, (이미지 데이터처럼 가능하다면) 데이터 증식, 배치 정규화 등을 사용하는 것이 좋습니다. 새로운 추가 데이터를 모델에 주입할 수 있다면 도움이 될 것입니다. 마지막으로 제11장에서 여러 번 보았듯이 모델이 훈련 세트에 과대적합된다면 이전 에포크의 모델 가중치를 다시 적재하는 것이 좋습니다. 이때 검증 세트 손실이 가장 낮은 에포크를 사용합니다(예를 들면 그림 14.3 참조).

6. **학습률** : 제9장에서처럼 학습률을 튜닝할 수 있습니다. 하지만 Adam과 RMSProp 같은 고급 옵티마이저들은 자동으로 학습률을 조정합니다.[13]

7. **배치 크기** : 이 하이퍼파라미터는 가장 영향이 작은 것 중 하나일 것입니다. 따라서 그대로 놔두어도 됩니다. 이 값을 늘리거나 줄이려면 제8장의 가이드라인을 참조하세요.

하이퍼파라미터 탐색 자동화

이런 모든 하이퍼파라미터를 가지고 딥러닝 모델에 맞도록 끝없이 튜닝할 수 있기 때문

---

[13] 예외가 있습니다. 예를 들어 제12장(GAN)과 제13장(강화 학습 에이전트)에서 Adam과 RMSProp 같은 옵티마이저를 사용할 때도 학습률 튜닝이 효과가 있었습니다.

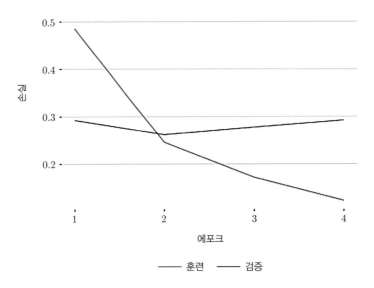

그림 14.3 모델 훈련 에포크에 따른 훈련 손실(빨간색)과 검증 손실(파란색). 이 그림은 (제11장의 마지막 절에서 본) 11-10.multi_convnet_sentiment_classifier.ipynb 노트북에서 가져온 것입니다. 이런 과대적합 패턴은 딥러닝 모델에 흔히 나타납니다. 두 번째 에포크 다음부터 훈련 손실은 0을 향해 가지만 검증 손실은 다시 상승합니다. 두 번째 에포크가 가장 검증 손실이 낮습니다. 따라서 모델을 테스트하거나 제품으로 사용하려면 이 에포크의 파라미터를 사용해야 합니다.

에 (게으름으로 정평이 난!) 개발자들이 하이퍼파라미터 탐색 자동화 도구를 만든 것은 놀라운 일이 아닙니다. 제13장에서 심층 강화 학습 모델의 하이퍼파라미터 탐색을 위해 특별히 SLM Lab을 소개했습니다. 일반적인 딥러닝 모델을 위해서는 Spearmint를 추천합니다.[14] 사용하는 하이퍼파라미터 탐색 방법과 상관없이 몬트리올대학교의 제임스 버그스트라James Bergstra와 요슈아 벤지오(그림 1.10)가 고정된 그리드 탐색보다 랜덤하게 하이퍼파라미터를 선택하는 것이 최적의 하이퍼파라미터를 찾을 가능성이 높다는 것을 보였습니다.[15] [그림 14.4]를 참조하세요.

---

14 Snoek, J., et al. (2012). Practical Bayesian optimization of machine learning algorithms. *Advances in Neural Information Processing Systems*, 25. Code available at github.com/JasperSnoek/spearmint.

15 Bergstra, J., & Bengio, Y. (2012). Random search for hyper-parameter optimization. *Journal of Machine Learning Research*, 13, 281–305.

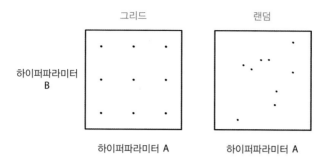

그림 14.4 동일한 하이퍼파라미터 범위에서 고정된 그리드 탐색(왼쪽 그림)이 랜덤하게 샘플링된 값을 탐색하는 것(오른쪽 그림)보다 최적의 하이퍼파라미터를 찾을 가능성이 낮습니다.

딥러닝 라이브러리

이 책 전반에 걸쳐 케라스를 사용해 딥러닝 모델을 만들고 실행했습니다. 하지만 다른 딥러닝 라이브러리가 많이 있고 새로운 라이브러리도 매년 등장합니다. 이 절에서는 유명한 다른 라이브러리를 소개합니다.

케라스와 텐서플로

텐서플로는 가장 유명한 딥러닝 라이브러리입니다. 이 이름은 연산(예를 들면 [그림 6.7]에서 '가장 중요한 공식'처럼 인공 뉴런의 계산을 정의하는 것)을 통과해 흐르는 텐서(일종의 배열. 예를 들면 모델 입력 x나 활성화 a) 개념에서 따 왔습니다. 텐서플로 라이브러리는 원래 구글 내부용으로 만들었습니다. 구글은 2015년 이 라이브러리를 오픈소스로 공개했습니다. [그림 14.5]는 가장 인기 있는 5개의 딥러닝 라이브러리에 대한 관심을 구글 검색 횟수로 보여줍니다. 케라스가 인기가 높아지고 있고 텐서플로가 선두입니다. 이를 보면 텐서플로 사용법을 배우고 싶을 것입니다. 좋은 소식이 있습니다. 이미 여러분은 사용법을 배웠습니다.

케라스가 텐서플로를 백엔드로 호출하기 위한 고수준 API일 뿐만 아니라 2019년 텐서플로 2.0이 릴리즈되면서 케라스는 텐서플로에 통합되었고 텐서플로에서 모델을 만드는 데 권장되는 첫 번째 API가 되었습니다. 텐서플로 1.x 버전에서 모델을 만들려면 이해하기 어려운 세 단계를 알아야 합니다.

1. 자세한 '계산 그래프' 설정

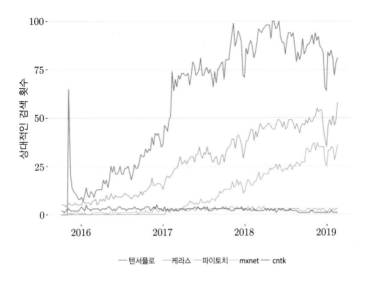

그림 14.5 가장 인기 있는 5개 딥러닝 라이브러리의 구글 검색 횟수(2015년 10월부터 2019년 2월까지)

2. '세션' 안에서 계산 그래프 초기화

3. 세션으로 데이터를 주입하고 세션에서 보고 싶은 정보 추출하기(예를 들면, 통계 지 표, 모델 파라미터)

텐서플로가 (CPU, GPU 그리고 다중 장치에서 분산처리를 위해) 다양한 장치에서 딥러닝 모델 훈련과 추론의 최적화를 위해 이런 복잡한 처리 과정이 필요했습니다. 이때 파이토치 같은 라이브러리를 만든 개발자들은 양쪽 부분에서 최선의 동작을 수행하는 창의적인 메 커니즘을 고안했습니다.

1. 개념적으로 간단하고 층에 초점을 맞추며 딥러닝 모델을 즉각적으로 실행할 수 있습 니다. 동시에…

2. 여러 장치에서 모델을 고도로 최적화하여 실행합니다.

텐서플로 팀은 성능에 손실을 끼치지 않고 케라스 층과 (앞서 언급한 3단계 과정이 아니 라) 즉각적인 실행을 가능하게 만드는 즉시 실행 모드를 밀접하게 연결하여 응대했습니다. 텐서플로 2.0 이전에 즉시 실행 모드를 사용하려면 먼저 활성화해야 합니다.[16] 하지만 2.0

---

16 다음 코드를 실행합니다. `tf.enable_eager_execution()`

부터는 기본으로 활성화됩니다.

　이 책의 코드처럼 멀티-백엔드 케라스 라이브러리에서 텐서플로 케라스로 바꾸는 것은 간단합니다.[17] 예를 들어 9-2.deep_net_in_keras.ipynb 노트북에서 볼 수 있듯이 tensorflow.keras로 시작하여 케라스 API를 로드하면 됩니다.

코드 14.1　텐서플로에 포함된 케라스 API 사용하기

```
import tensorflow as tf
from tensorflow.keras.datasets import mnist
from tensorflow.keras.models import Sequential
from tensorflow.keras.layers import Dense, Dropout
from tensorflow.keras.layers import BatchNormalization
from tensorflow.keras.optimizers import SGD
from tensorflow.keras.utils import to_categorical
```

이를 통해 텐서플로가 제공하는 기능과 유연성을 사용할 수 있습니다.

　멀티-백엔드 케라스 대신 텐서플로의 케라스 API를 사용하는 이유는 다음과 같습니다.

- `tf.keras.Model` 클래스를 상속하여 커스텀 모델로 원하는 정방향 계산을 수행하기 위해[18]
- `tf.data`를 사용해 고성능 데이터 입력 파이프라인을 만들기 위해
- 모델을 다음과 같은 곳에 배포하기 위해
  - 텐서플로 서빙을 사용해 고성능 서버 시스템으로
  - 텐서플로 라이트를 사용해 모바일이나 임베디드 장치에
  - TensorFlow.js를 사용해 웹 브라우저에

파이토치

파이토치는 루아 프로그래밍 언어로 만들어진 머신러닝 라이브러리인 토치의 사촌뻘입니

---

[17] 옮긴이_이 책은 텐서플로 케라스로 본문의 코드를 모두 바꾸었습니다.

[18] tensorflow.org/guide/keras#model_subclassing 참조하세요. 옮긴이_유튜브 영상(https://youtu.be/wzxh3wg5Ysw)을 보면 사용자 정의 층과 모델을 만드는 방법을 쉽게 이해할 수 있습니다.

다. 토치를 확장한 것으로 널리 사용되는 파이썬 언어를 사용해 빠르고 직관적으로 설계되었습니다. 파이토치는 얀 르쿤(그림 1.9)이 이끄는 페이스북 AI 리서치 그룹에서 개발했습니다. 텐서플로나 케라스만큼 인기가 높지는 않지만 파이토치는 짧은 기간에 많은 관심을 얻었습니다(그림 14.5). 그럴 만한 이유에 대해 여기에서 소개하겠습니다.

(케라스를 포함해) 많은 고수준 딥러닝 라이브러리들은 저수준 코드를 단순하게 감싸는 식으로 구현됩니다(파이썬이나 C 같은 다른 언어로). 하지만 파이토치는 토치의 단순한 파이썬 래퍼가 아닙니다. 파이토치는 완전히 재작성되었으며 특히 파이썬에 익숙한 사람들이 자연스럽게 느끼도록 설계되었습니다. 반면 원래 토치 라이브러리의 계산 효율성을 유지합니다.

파이토치 핵심은 넘파이와 비슷하게 행렬 연산을 수행합니다. 실제로 파이토치의 텐서는 대부분 넘파이 연산과 호환됩니다. 넘파이 배열과 파이토치 텐서 사이를 변환하는 메서드도 있습니다. 넘파이와 잘 통합되어 있기 때문에 유연성이 필요하다면 파이썬으로 사용자 정의층을 직접 만들 수 있습니다. 하지만 넘파이와 달리 파이토치는 GPU에서 연산을 실행할 수 있습니다. 따라서 GPU의 대규모 병렬 행렬 연산 기능을 활용할 수 있습니다. 추가적으로 장치에 상관없이 파이토치를 빠르게 만들어주는 가속 라이브러리가 내장되어 있고 사용자 정의 메모리 할당 기능으로 메모리를 효율적으로 사용할 수 있습니다.

파이토치에 대해 더 자세히 알고 싶은 독자를 위해 부록 C에서 파이토치 라이브러리의 여러 기능을 소개합니다. 텐서플로와 비교하고 딥러닝 모델을 훈련하는 예제를 제공합니다. 여기서 볼 수 있듯이 파이토치 문법은 케라스와 비슷하기 때문에 필요하다면 쉽게 배울 수 있습니다.

MXNet, CNTK, 카페 등등

케라스, 텐서플로, 파이토치 외에도 다른 딥러닝 라이브러리가 많이 있습니다. 그중 일부는 다음과 같습니다.

- 아마존에서 개발한 MXNet
- 마이크로소프트의 CNTK^{Cognitive Toolkit}[19]
- 버클리대학교에서 개발한 카페는 특히 머신 비전과 CNN 애플리케이션을 위해 설계

---

[19] 옮긴이_ CNTK는 2019년 3월 2.7버전을 마지막으로 개발이 중지되었습니다.

되었습니다. 카페2는 FAIR에서 개발한 카페의 경량 버전입니다. 하지만 2018년 FAIR 파이토치 프로젝트로 통합되었습니다.

- 몬트리올대학교에서 개발한 씨아노^{Theano}는 한때 텐서플로와 경쟁하는 대표 딥러닝 라이브러리였습니다. 하지만 많은 개발자들이 구글의 텐서플로 프로젝트로 옮겨갔기 때문에 더 이상 개발되지 않습니다.

이 라이브러리들은 모두 오픈소스입니다. 또한 대부분의 라이브러리들은 케라스의 층 기반 설계를 따르고 문법이 비슷합니다. 이런 라이브러리를 사용하고 싶다면 코드를 수정해서 적용하는 데 큰 어려움이 없을 것입니다.

소프트웨어 2.0

이런 모든 딥러닝 라이브러리가 만든 모델은 소프트웨어 세상에 혁명을 일으켰습니다. 잘 알려진 데이터 과학자 안드레이 카패시^{Andrej Karpathy}(그림 14.6)가 쓴 유명한 블로그 글[20]에

그림 14.6 안드레이 카패시는 캘리포니아에 본사를 둔 자동차 및 에너지 기업인 테슬라의 AI 디렉터입니다. 제10 장의 주석에서 언급한 적이 있습니다. 카패시는 이 책에서 언급한 여러 회사를 거쳤습니다. OpenAI(그림 4.13과 제 13장), 스탠퍼드대학교[페이-페이 리(그림 1.14) 교수 아래에서 박사학위를 받았습니다], DeepMind(그림 4.4에서 그림 4.10까지), 구글(텐서플로 개발을 비롯해 이 책에서 아주 많이 언급했습니다), 토론토대학교(그림 1.16과 그림 3.2) 입니다.

---

20 bit.ly/AKsoftware2

서 딥러닝이 '소프트웨어 2.0'을 가능하게 만든다고 주장했습니다. 카패시는 소프트웨어 1.0이 파이썬, 자바, 자바스크립트, C++ 등 같은 전통적인 컴퓨터 프로그래밍 언어라고 설명했습니다. 소프트웨어 1.0에서는 기대하는 방식으로 컴퓨터가 출력을 만들기 위해 컴퓨터 프로그램에게 명시적인 명령을 제공해야 합니다.

이 책에서 손글씨 숫자를 분류하거나 주택 가격을 예측하고, 영화 리뷰를 분석하고, 사과 스케치를 생성하고, 카트-폴 게임을 플레이하기 위한 Q^* 함수를 근사했습니다. 소프트웨어 2.0은 이런 함수를 근사하는 딥러닝 모델로 구성됩니다. 오늘날 제품에 사용되는 딥러닝 모델에는 수백만이나 수십억 개의 파라미터가 하드 코딩된 소프트웨어 1.0보다 훨씬 더 적응적이고, 유용하고, 강력하게 만듭니다. 하지만 소프트웨어 2.0이 소프트웨어 1.0을 대체하지는 않습니다. 소프트웨어 2.0은 1.0 위에 놓입니다. 소프트웨어 1.0은 2.0이 들어 있는 중요한 모든 디지털 인프라를 제공합니다.

카패시가 언급한 소프트웨어 2.0의 특별한 장점은 다음과 같습니다.

1. 동일한 계산을 사용합니다 : 딥러닝 모델은 ReLU 같은 균일한 구성요소로 만들어집니다. 이런 구성요소를 통해 행렬 계산을 고도로 최적화하고 확장시킬 수 있습니다.

2. 실행 시간이 일정합니다 : 제품 시스템에서 입력되는 데이터에 상관없이 딥러닝 모델의 추론 계산 양은 동일합니다. 아주 많은 if-else 문장을 사용하는 소프트웨어 1.0에서는 주입되는 입력에 따라 계산 양이 크게 바뀔 수 있습니다.

3. 메모리 사용량이 일정합니다 : 이전 항목과 같은 이유로 제품에 적용된 딥러닝 모델은 입력 데이터에 상관없이 필요한 메모리 양이 동일합니다.

4. 쉽습니다 : 이 책을 읽고 다양한 영역에 맞는 고성능 알고리즘을 만들 수 있는 기술을 배웠습니다. 딥러닝 이전 시대에서는 이런 작업을 위해 뛰어난 도메인 전문가 필요했습니다.

5. 뛰어납니다 : 다음 절에서 볼 수 있듯이 딥러닝 모델은 다른 방식보다 뛰어난 성능을 발휘할 수 있습니다.

이런 점을 생각하면서 제3부에서 다루었던 애플리케이션을 다시 돌아보겠습니다.

- 머신 비전(예를 들면 제10장의 MNIST 숫자 인식) : 전통적인 머신러닝은 이 분야에서 다년간의 경력이 필요한 하드 코딩된 시각 특성이 광범위하게 필요합니다. 시각에 대

한 전문 지식이 거의 없어도 딥러닝 모델을 사용해 자동으로 특성을 학습하고 더 나은 성능을 낼 수 있습니다(그림 1.15).

- 자연어 처리(예를 들면 제11장의 감성 분석) : 전통적인 머신러닝은 효과적인 알고리즘을 만들기 위해 언어학에 대한 다년간의 경험이 필요합니다. 애플리케이션과 관련된 특정 언어의 고유한 문법과 의미를 이해해야 합니다. 여기에서도 딥러닝 모델이 더 나은 성능을 발휘합니다(그림 2.3 참조). 언어학에 대한 최소한의 전문 지식만 있어도 관련 특성을 자동으로 학습하고 효과적으로 사용할 수 있습니다.
- 예술 작품 모방 및 시각화(예를 들면 제12장의 스케치 그림) : 딥러닝 모델을 사용하는 생성적 적대 신경망이 기존의 어떤 방법보다 정말 진짜 같은 이미지를 만듭니다.[21]
- 게임 플레이(예를 들면 제13장의 심층 Q-러닝 신경망) : 하나의 알고리즘인 알파제로가 바둑, 체스, 쇼기(그림 4.10 참조)에서 소프트웨어 1.0이나 전통적인 머신러닝 방법을 모두 이겼습니다. 놀랍게도 더 효율적이고 어떤 훈련 데이터도 필요하지 않습니다.

인공 일반 지능

제1장에서 삼엽충의 시각 발달을 되돌아보면(그림 1.1) 사람과 같은 영장류에게 꼭 필요한 정교한 풀컬러 시각 시스템이 생물에서 진화되기까지 수백만 년이 흘렀습니다. 이와 대조적으로 컴퓨터 비전 작업에서 첫 번째 컴퓨터 비전 시스템(그림 1.8)부터 사람 수준의 성능과 맞먹거나 뛰어넘기까지 수십 년이 걸렸습니다(그림 1.15).[22] 이미지 분류는 약인공지능artificial narrow intelligence, ANI의 고전적인 사례이지만 이런 빠른 발전 때문에 많은 연구자들이 인공 일반 지능artificial general intelligence, AGI 또는 초인공지능artificial super intelligence, ASI을 머지않아 달성할 수 있다고 믿고 있습니다.[23] 제4장에서 소개한 뮐러와 보스트롬의 연구 결과에서 AGI와 ASI 달성의 예측 중간 값은 각각 2040년과 2060년입니다.

ANI의 발전을 빠르게 가속하고 있는 주요 요인에는 네 가지가 있습니다. 이런 것들이 AGI나 ASI를 향해가는 발걸음도 재촉하게 만들 것입니다.

---

21 distill.pub/2017/aia에서 Shan Carter와 Michael Nielsen이 GAN이 어떻게 인간의 지능을 도울 수 있는지 설명하는 인터랙티브한 글을 읽어보세요.

22 [그림 1.15]에 있는 사람의 정확도 기준은 안드레이 카패시(그림 14.6)가 자기 자신을 테스트한 것입니다.

23 ANI, AGI, ASI에 대해서는 제4장의 마지막 부분을 참조하세요.

1. 데이터 : 최근 몇 년간 디지털 세상의 데이터 양은 18개월마다 두 배로 늘어납니다. 이런 급격한 성장세가 꺾일 기미가 없습니다(예를 들면 제13장에서 자율 주행 자동차마다 끊임없이 생산하는 데이터를 떠올려 보세요). 많은 데이터는 품질이 낮지만 이 장에서 소개한 오픈 데이터 소스처럼 데이터세트는 점점 커지고, 저장 비용이 저렴해지고, 종종 잘 정리되어 있습니다(제1장과 제10장의 ImageNet).

2. 컴퓨팅 성능 : 개별 CPU의 성능 향상 속도가 향후 몇 년간 느려질 수 있지만[24] GPU와 (다중 CPU나 다중 GPU를 가진) 많은 서버에서 병렬화된 대규모 행렬 연산은 컴퓨터의 성능을 지속적으로 상승시킬 것입니다.

3. 알고리즘 : 전 세계적으로 학계와 산업계에 두루 걸쳐서 데이터 과학자와 엔지니어들이 빠르게 늘고 있습니다. 이들은 의미 있는 패턴을 찾기 위해 데이터세트에 적용하는 기술을 바꾸고 있습니다. 이따금 AlexNet(그림 1.15)과 같은 혁신이 일어납니다. 최근 몇 년간에는 이런 혁신들이 딥러닝에 많이 일어났으며 그중 많은 부분을 이 책에서 다루었습니다.

4. 인프라 : 오픈소스 운영 체제와 프로그래밍 언어 같은 소프트웨어 1.0 인프라는 (arXiv와 깃허브를 통해 전 세계적으로 거의 실시간 공유되는) 소프트웨어 2.0 라이브러리와 기술들, 저렴한 클라우드 컴퓨팅(예를 들면, 아마존 웹 서비스, 마이크로소프트 애저Azure, 구글 클라우드 플랫폼)과 짝을 이루어 끊임없이 증가하는 데이터세트를 실험할 수 있는 확장성이 아주 높은 환경을 제공합니다.

사람이 어려워하는 인지와 관련된 작업(예를 들면 체스 두기, 행렬 대수 문제 풀기, 금융 포트폴리오 최적화하기)은 일반적으로 **호모 사피엔스**가 겨우 수천 년간 해왔던 일입니다. 이런 종류의 일은 오늘날 기계가 더 잘합니다. 반대로 사람이 쉽다고 생각하는 인지와 관련된 작업(예를 들면, 눈치 보기, 아이를 계단 위로 올려 주기)은 수백만 년간 진화한 것이고 아직 기계가 해내지 못하는 영역입니다. 머신러닝에 대해 열광하는 것이 정당하더라도 AGI는 아직 갈 길이 멀고 현재로는 이론적 가능성만 있습니다. 현재 딥러닝이 AGI가 되는 것을 막는 주요 장애물은 다음과 같습니다.[25]

---

[24] 무어의 법칙은 진짜 법칙이 아닙니다. 트랜지스터가 전자 크기 수준으로 작아지면 계산 비용을 줄이는 것이 점점 더 어려워집니다.

[25] 딥러닝의 제약 사항에 대해서 자세히 알고 싶다면 다음 논문을 참조하세요. Marcus, G. (2018). Deep learning: A critical appraisal. *arXiv:1801.00631*

- 딥러닝은 매우 매우 많은 훈련 샘플이 필요합니다. 이런 대규모 데이터세트는 항상 가능하지 않습니다. 대조적으로 쥐와 어린 아이를 포함해 생물학적 학습 시스템은 하나의 샘플에서 학습할 수도 있습니다.
- 딥러닝 모델은 일반적으로 블랙 박스입니다. 제이슨 요신스키와 동료들이 만든 DeepViz[26]와 같은 도구가 있지만 이들은 예외적인 것입니다.
- 딥러닝 모델은 세상의 지식을 사용하지 않습니다. 예를 들어 추론을 수행할 때 데이터베이스에 있는 사실들을 고려하지 않습니다.
- 딥러닝 모델에서 입력 x와 출력 y 사이의 예측된 상관관계는 인과관계를 평가하지 않습니다. 변수 사이의 상관관계를 예측하는 것을 넘어서 이들 사이에 있는 인과관계로 나아갈 수 있는 것은 일반 지능의 개발에 매우 중요할 것입니다.
- 딥러닝 모델은 이해할 수 없고 당황스러운 실패에 종종 민감합니다.[27] 입력 이미지에 있는 픽셀 하나에도 속을 수 있습니다.[28]

이 문제 중 어떤 것이 여러분의 관심을 끌지 모릅니다. 해결책을 찾기 위해 경력의 일부를 여기에 투자할 수도 있습니다! 미래를 정확히 알 수 없지만 데이터, 컴퓨팅, 알고리즘, 인프라의 놀라운 발전으로 미루어 볼 때 확신하건대 딥러닝을 적용하기 위한 좋은 기회를 어렵지 않게 찾을 수 있을 것입니다.

요약

이 장에서 프로젝트 아이디어, 향후 학습 자료, 모델 훈련용 일반 가이드라인, 케라스 이외 딥러닝 라이브러리 소개, 인공 신경망이 소프트웨어를 빠르게 변모시키는 방향을 이야기하면서 이 책을 마무리했습니다. 다가올 미래에 더 많은 놀라운 일들이 기대됩니다!

시각적이고 인터랙티브한 딥러닝의 세계를 즐겼기를 바랍니다. 함께 이 여행에 투자한 시간과 에너지에 깊이 감사합니다. 그럼 이만 인사하겠습니다. 그림 14.7의 상냥한 삼엽충으로부터.

---

26 bit.ly/DeepViz

27 bit.ly/googleGaffe가 악명 높은 사례입니다.

28 머신러닝 알고리즘을 의도적으로 속이는 것을 적대 공격이라고 부릅니다. 적대 샘플을 주입하여 수행됩니다. 이와 관련된 논문이 많습니다. 합성곱 신경망에 단일 픽셀 적대 공격을 한 사례는 다음 논문을 참고하세요. Su, J., et al. (2017). One pixel attack for fooling deep neural networks. *arXiv: 1710.08864*.

그림 14.7 마지막 인사를 하는 삼엽충

V

부록

신경망 표기법

인공 뉴런을 가능한 쉽게 설명하기 위해 이 책에서는 신경망에 나타낼 때 간단한 표기법을 사용했습니다. 이 부록에서 다음과 같은 내용에 관심 있는 독자들을 위해 좀 더 널리 사용되는 표기법을 소개합니다.

- 정확한 뉴런 표기 방법을 알고 싶은 경우
- 부록 B에서 다루는 역전파 기술을 자세히 알고 싶은 경우

[그림 7.1]을 다시 보면 이 신경망은 총 4개의 층을 가집니다. 첫 번째 층은 입력층입니다. 각 데이터 포인트가 신경망으로 들어가기 위한 시작 지점으로 생각할 수 있습니다. MNIST 모델의 경우 784개의 시작 지점이 28×28 픽셀의 손글씨 MNIST 숫자에 있는 각 픽셀을 나타냅니다. 입력층에서는 어떤 계산도 일어나지 않습니다. 단지 입력값을 담고 있어 신경망 다음 층에서 계산을 위해 얼마나 많은 값이 있는지 알려주는 역할을 합니다.[1]

[그림 7.1]에 있는 신경망의 다음 2개의 층은 은닉층입니다. 신경망에서 많은 계산이 일어나는 곳입니다. 잠시 후에 이야기하겠지만 입력값 x는 은닉층의 각 뉴런에서 수학적으로 변형되고 결합되어 어떤 활성화 값 a로 출력됩니다. 특정 층의 특정 뉴런을 지칭할 필요가 있기 때문에 층을 나타낼 때는 위첨자로 첫 번째 은닉층부터 나타냅니다. 이 층의 뉴런을 나타낼 때는 아래첨자로 나타냅니다. 따라서 [그림 7.1]의 첫 번째 은닉층에 a_1^1, a_2^1, a_3^1와 같은 뉴런 3개가 있습니다. 이런 식으로 특정 층에 있는 개별 뉴런을 상세하게 지칭할 수 있습니다. 예를 들어 a_2^2는 두 번째 은닉층에 있는 두 번째 뉴런을 나타냅니다.

---

1 이런 이유 때문에 입력 뉴런에 필요한 도구가 없습니다. 즉 가중치와 절편이 없습니다.

[그림 7.1]은 밀집 신경망이기 때문에 뉴런 a_1^1은 이전 층에 있는 모든 뉴런으로부터 입력을 받습니다. 즉 신경망 입력 x_1과 x_2를 받습니다. 각 뉴런은 자신만의 절편 b를 가집니다. 절편은 활성화 a와 같은 방식으로 표기합니다. 예를 들어 b_2^1는 첫 번째 은닉층의 두 번째 뉴런의 절편입니다.

[그림 7.1]에 있는 초록색 화살표는 정방향 계산에서 일어나는 수학 변환을 나타냅니다. 각각의 초록 화살표는 독자적인 가중치를 가집니다. 이 가중치를 나타내기 위해 다음과 같은 표기법을 사용합니다. $w_{(1,\,2)}^1$는 뉴런 a_1^1과 입력층(아래첨자)에 있는 입력 x_2와 연결된 첫 번째 은닉층(위첨자)의 가중치입니다. 층 사이가 완전 연결되어 있기 때문에 이런 이중 아래첨자가 필요합니다. 즉 한 층의 뉴런이 이전 층의 뉴런과 모두 연결됩니다. 그리고 이런 연결은 모두 각자 가중치를 가집니다. 이 가중치 표기법을 일반화해 보죠.

- 위첨자는 입력을 받는 뉴런의 은닉층 번호입니다.
- 첫 번째 아래첨자는 은닉층에 있는 입력을 받는 뉴런의 번호입니다.
- 두 번째 아래첨자는 이전 층에서 입력을 제공하는 뉴런의 번호입니다.

예를 하나 더 들어보면 뉴런 a_2^2의 가중치는 $w_{(2,\,i)}^2$로 표시합니다. 여기에서 i는 이전 층에 있는 뉴런 번호입니다.

신경망의 가장 오른쪽 끝에 출력층이 있습니다. 은닉층에서처럼 출력층 뉴런도 가중치와 절편을 가지며 동일한 방식으로 표시합니다.

B

역전파

이 부록에서는 부록 A의 신경망 표기법을 사용해 제8장에서 소개한 역전파 이면에 있는 편미분 공식을 유도해 보겠습니다.

먼저 몇 가지 추가적인 표기법을 정의하겠습니다. 역전파는 반대 방향으로 작동하기 때문에 표기법이 마지막 층(L로 표시합니다)을 기준으로 합니다. 이전 층은 마지막 층을 기준으로 표시합니다($L-1$, $L-2$, $\cdots L-n$). 가중치, 절편, 함수의 출력을 동일한 표기법을 사용해 적절히 아래첨자를 붙입니다. [식 7.1]과 [식 7.2]를 다시 보면 층의 활성화 a^L은 이전 층의 활성화(a^{L-1})와 가중치 w^L을 곱하고 절편 b^L을 더해서 z^L을 만든 다음 이 값을 활성화 함수(여기에서는 간단히 σ로 씁니다)에 전달하여 계산됩니다. 또한 간단한 비용 함수를 마지막에 구현합니다. 여기에서는 유클리드 거리를 사용합니다. 따라서 마지막 층에 대한 계산을 다음과 같이 쓸 수 있습니다.

$$z^L = w^L \cdot a^{L-1} + b^L \tag{B.1}$$

$$a^L = \sigma(z^L) \tag{B.2}$$

$$C_0 = (a^L - y)^2 \tag{B.3}$$

매 반복마다 앞쪽 층에서부터 전체 오차의 그레이디언트($\partial C / \partial a^L$)가 필요합니다. 이런 식으로 시스템의 전체 오차는 거꾸로 전파됩니다. 이 값을 δ_L이라고 쓰겠습니다. 역전파가 뒤에서 앞쪽으로 진행하기 때문에 출력층부터 시작합니다. 이 층은 특별한 층입니다. 오차가 비용 함수를 기반으로 여기에서부터 출발하기 때문입니다. 이 층 위에는 다른 층이 없습니다. 따라서 δ_L은 다음과 같이 쓸 수 있습니다.[1]

---

1 옮긴이_ 미분 결과에 포함된 상수 2를 없애기 위해 종종 [식 B.3]의 우변에 1/2을 곱한 식을 사용합니다.

$$\delta_L = \frac{\partial C}{\partial a^L} = 2(a^L - y) \tag{B.4}$$

이 초기 δ값도 특별한 경우입니다. 나머지 층은 다를 것입니다(잠시 후에 설명합니다). 이제 층 L의 가중치를 업데이트하기 위해 가중치에 대한 비용의 그레이디언트 $\partial C / \partial w^L$가 필요합니다. 연쇄 법칙에 따라 이는 이전 층의 출력에 대한 비용의 그레이디언트, z에 대한 활성화 함수의 그레이디언트, w^L에 대한 z의 그레이디언트의 곱입니다.

$$\frac{\partial C}{\partial w^L} = \frac{\partial C}{\partial a^L} \cdot \frac{\partial a^L}{\partial z^L} \cdot \frac{\partial z^L}{\partial w^L} \tag{B.5}$$

$\partial C / \partial a^L = \delta_L$(식 B.4)이므로 이 식은 다음과 같이 쓸 수 있습니다.

$$\frac{\partial C}{\partial w^L} = \delta_L \cdot a^{L-1}(1 - a^{L-1}) \cdot a^{L-1} \tag{B.6}$$

이 값은 층 L에 있는 가중치가 상대적으로 전체 비용에 영향을 미치는 값입니다. 이 값을 사용해 이 층의 가중치를 업데이트합니다. 하지만 여기서 끝이 아닙니다. 나머지 층으로 계속 진행해야 합니다. 층 $L - 1$은 다음과 같습니다.

$$\delta_{L-1} = \frac{\partial C}{\partial a^{L-1}} = \frac{\partial C}{\partial a^L} \cdot \frac{\partial a^L}{\partial z^L} \cdot \frac{\partial z^L}{\partial a^{L-1}} \tag{B.7}$$

여기에서도 $\partial C / \partial a^L = \delta_L$(식 B.4)입니다. 이런 식으로 전체 오차는 길을 따라 내려 갑니다. 또는 역전파됩니다. 나머지 항의 미분식을 적용하면 이 식은 다음과 같습니다.

$$\delta_{L-1} = \frac{\partial C}{\partial a^{L-1}} = \delta_L \cdot a^L(1 - a^L) \cdot w^L \tag{B.8}$$

이제 이전처럼 층 $L - 1$에 있는 가중치에 대한 비용의 그레이디언트를 찾아야 합니다.

$$\frac{\partial C}{\partial w^{L-1}} = \frac{\partial C}{\partial a^{L-1}} \cdot \frac{\partial a^{L-1}}{\partial z^{L-1}} \cdot \frac{\partial z^{L-1}}{\partial w^{L-1}} \tag{B.9}$$

여기서도 $\partial C / \partial a^{L-1}$(식 B.8)을 δ_{L-1}로 바꾸고 다른 항의 미분식을 적용하면 다음 식을 얻게 됩니다.

$$\frac{\partial C}{\partial w^{L-1}} = \delta_{L-1} \cdot a^{L-1}(1 - a^{L-1}) \cdot a^{L-2} \tag{B.10}$$

이 과정이 층마다 반복되어 첫 번째 층까지 내려갑니다.

　정리하면 먼저 비용 함수(식 B.3)의 오차인 δ^L(식 B.4)를 찾습니다. 그다음 이 값을 사용해 층 L에 있는 가중치에 대한 비용 함수의 미분식을 구합니다(식 B.6). 다음 층에서 $L-1$ 층의 출력에 대한 비용 함수의 그레이디언트인 δ_{L-1}(식 B.8)을 찾습니다. 이전처럼 이 값을 사용해 $L-1$ 층에 있는 가중치에 대한 비용 함수의 그레이디언트를 계산하는 식을 구합니다(식 B.10). 이런 식으로 계속하여 모델의 입력에 도달할 때까지 역전파가 계속됩니다.

　이 부록에서 여기까지는 하나의 입력, 하나의 은닉 뉴런, 하나의 출력으로 된 신경망을 다루었습니다. 실전에서는 딥러닝 모델이 이렇게 간단하지 않습니다. 다행히 위에 쓴 수식은 간단하게 여러 개의 뉴런이 있는 층과 여러 개의 입력과 출력으로 확장할 수 있습니다.

　MNIST 숫자를 분류할 때처럼 여러 개의 출력 클래스가 있다고 생각해 보죠. 이 경우에는 0~9까지 숫자를 나타내는 10개의 출력 클래스($n=10$)가 있습니다. 각 클래스에 대해 모델은 이미지가 이 클래스에 속할 확률을 제공합니다. 전체 비용을 계산하기 위해 모든 클래스에 대한 비용(여기서는 이차 비용 함수)의 합을 계산합니다.[2]

$$C_0 = \sum_{n=1}^{n}(a_n^L - y_n)^2 \tag{B.11}$$

[식 B.11]에서 a^L과 y는 벡터입니다. 둘 다 n개의 원소가 있습니다.

　출력층에 대한 $\partial C / \partial w^L$을 구하려면 마지막 은닉층에 여러 개의 뉴런이 있다는 사실을 고려해야 합니다. 이 뉴런은 출력 뉴런과 모두 연결되어 있습니다. 여기에서 표기법을 살짝 바꾸는 것이 좋습니다. 마지막 은닉층의 뉴런을 i로 표시하고 출력층의 뉴런을 j로 표시하겠습니다. 이렇게 하면 출력 뉴런이 하나의 행이고 은닉층의 뉴런이 하나의 열로 나타나는 가중치 행렬을 가지게 됩니다. 각 가중치는 w_{ji}로 쓸 수 있습니다. 이제 각 가중치에 대한 그레이디언트를 찾아야 합니다(여기에는 $i \times j$개의 가중치가 있습니다. 두 층에 있는 모든 뉴런 사이의 연결마다 하나씩 가중치가 있습니다).

$$\frac{\partial C}{\partial w_{ji}^L} = \frac{\partial C}{\partial a_j^L} \cdot \frac{\partial a_j^L}{\partial z_j^L} \cdot \frac{\partial z_j^L}{\partial w_{ji}^L} \tag{B.12}$$

2　옮긴이_사실 분류에는 크로스-엔트로피 비용 함수를 사용하는 것이 일반적입니다. 하지만 놀랍게도 크로스-엔트로피 비용 함수의 미분 결과는 이차 비용 함수의 미분 결과와 같습니다. 여러 가지 비용 함수를 사용한 미분 유도 과정은 Do it! 딥러닝 입문(이지스퍼블리싱, 2019)을 참조하세요.

이를 층에 있는 모든 가중치마다 수행하여 $i \times j$ 크기의 가중치에 대한 그레이디언트 벡터를 만듭니다.

기본적으로 층에 하나의 뉴런이 있는 역전파(식 B.7 참조)와 동일하지만 이전 층의 출력 a_{L-1}에 대한 비용의 그레이디언트 식이 바뀌게 됩니다(즉, δ_{L-1}값). 이 그레이디언트는 현재 층의 입력과 가중치의 편미분으로 구성되는데 이제 이 편미분이 여러 개이기 때문에 모두 더해야 합니다. i와 j 표기법을 계속 사용하여 나타내면 다음과 같습니다.

$$\delta_{L-1} = \frac{\partial C}{\partial a_i^{L-1}} = \sum_{j=0}^{n_i-1} \frac{\partial C}{\partial a_j^L} \cdot \frac{\partial a_j^L}{\partial z_j^L} \cdot \frac{\partial z_j^L}{\partial a_i^{L-1}} \tag{B.13}$$

수학이 많이 등장했으므로 간단히 리뷰해 보겠습니다. 간단한 신경망을 나타낸 [식 B.1]~[식 B.10]에 비해 이 공식은 크게 바뀌지 않았습니다. 다만 하나의 가중치에 대해 그레이디언트를 계산하는 것이 아니라 여러 개의 가중치에 대한 그레이디언트를 계산합니다(식 B.12). 어떤 가중치에 대한 그레이디언트를 계산하기 위해 δ값이 필요합니다. 이 값은 이전 층에 있는 많은 연결에 대한 오차로 구성됩니다. 따라서 이런 오차를 모두 더해야 합니다(식 B.13).

C
파이토치

이 부록에서 파이토치 PyTorch의 주요 경쟁자인 텐서플로와 비교하면서 차별 요소를 소개하겠습니다.

파이토치 기능

제14장에서 고수준으로 파이토치를 소개했습니다. 이 절에서 이 라이브러리의 핵심 기능을 설명하겠습니다.

자동미분 시스템

파이토치는 후진 모드 자동 미분 reverse-mode automatic differentiation[1] 원리를 사용한 자동미분 시스템 autograd system을 제공합니다. 제7장에서 자세히 설명했듯이 심층 신경망의 정방향 계산의 최종 결과는 연속적으로 연결된 함수입니다. 후진 모드 자동 미분은 연쇄 법칙을 적용하여 끝에서 역방향으로 비용에 대해 입력을 미분합니다(제8장과 부록 B에서 설명했습니다). 각 반복에서 신경망에 있는 뉴런의 활성화는 정방향으로 계산되고 각 함수는 그래프에 기록됩니다. 훈련 마지막에 이 그래프를 거꾸로 계산하여 각 뉴런의 그레이디언트를 계산합니다.

---

1 옮긴이_텐서플로도 후진 모드 자동 미분을 사용합니다. 후진 모드 자동 미분의 원리에 대한 자세한 내용은 핸즈온 머신 러닝, 제2판(한빛미디어, 2020)의 부록 D를 참조하세요.

Define-by-Run 프레임워크

자동미분을 특별히 흥미롭게 만드는 것은 이 프레임워크의 *define-by-run* 특성 때문입니다. 역전파를 위한 계산이 정방향 계산으로 정의됩니다. 이는 역전파 단계가 코드가 실행에만 의존한다는 의미이므로 중요합니다. 따라서 이런 역전파 수식은 정방향 계산에 의해 달라질 수 있습니다. 이런 성질은 자연어 처리 같은 환경에서 유용합니다. 자연어 처리에서는 일반적으로 입력 시퀀스 길이를 최대 길이로 설정합니다(즉, 말뭉치에서 가장 긴 문장). 그리고 (제11장에서 했듯이) 짧은 시퀀스는 0으로 패딩됩니다. 이와 달리 파이토치는 태생적으로 동적 입력을 지원하기 때문에 시퀀스를 패딩하거나 길이를 줄일 필요가 없습니다.

define-by-run 프레임워크는 이 프레임워크가 비동기적이지 않다는 것도 의미합니다. 한 라인이 실행될 때 코드가 실행됩니다. 따라서 디버깅이 훨씬 쉽습니다. 코드가 에러를 발생시키면 정확히 어떤 라인에서 에러가 발생되었는지 볼 수 있습니다. 또한 적절한 헬퍼 함수를 실행하여 소위 즉시 실행eager execution을 전통적인 그래프 기반 모델로 바꿀 수 있습니다. 그래프는 사전에 정의되므로 속도와 최적화에 이점이 있습니다.

파이토치 대 텐서플로

텐서플로 대신 파이토치를 언제 선택할지 궁금할 것입니다. 정답은 없지만 각 라이브러리의 장단점을 살펴보겠습니다.

이와 관련된 한 가지 주제는 적용 사례입니다. 텐서플로는 현재 파이토치보다 더 널리 사용됩니다. 파이토치는 2017년 1월에 처음 릴리즈되었고 텐서플로는 이보다 1년 전인 2015년 11월에 릴리즈되었습니다. 빠르게 발전하는 딥러닝 분야에서 출시 시기는 중요합니다. 실제로 파이토치의 1.0.0 버전은 2018년 12월 7일에 릴리즈되었습니다. 이렇게 텐서플로가 관심을 받았고 많은 튜토리얼과 스택 오버플로Stack Overflow 게시물이 온라인에 넘쳐나 구글의 라이브러리가 우위를 점하게 되었습니다.

두 번째 고려할 점은 텐서플로의 정적 특성에 비해 파이토치의 동적 인터페이스가 반복을 쉽고 빠르게 만들어 준다는 것입니다.[2] 파이토치에서는 미리 전체 모델을 정의하는 것이 아니라 진행하면서 노드node를 정의하고 변경하고 실행할 수 있습니다. 그래프가 실행

---

2 이 문제를 해결하기 위해 텐서플로 2.0에서는 즉시 실행 모드(eager mode)가 기본입니다.

시 정의되기 때문에 파이토치에서는 디버깅이 매우 쉽습니다. 이는 코드가 실행될 때 에러가 발생하면 문제 코드 라인을 더 쉽게 찾을 수 있다는 의미입니다.

텐서플로에서 시각화는 기본으로 제공하는 텐서보드^{TensorBoard} 덕택에 직관적이고 쉽습니다(그림 9.8). 하지만 파이토치에서 텐서보드를 사용할 수 있습니다. 또한 파이토치 모델을 훈련하는 동안에 데이터를 더 암묵적으로 사용할 수 있기 때문에 다른 라이브러리(예를 들면 맷플롯립^{matplotlib})를 사용해 맞춤형 솔루션을 빌드할 수 있습니다.

텐서플로는 구글에서 개발과 제품에 모두 사용됩니다. 이런 이유로 인해 이 라이브러리는 모바일 지원과 분산 학습 지원 같은 더 고급 배포 방법을 많이 가지고 있습니다. 파이토치는 역사적으로 이런 부분에 뒤쳐져 있습니다. 하지만 파이토치 1.0.0 버전에 JIT$^{\text{just in time}}$ 컴파일러와 새로운 분산 라이브러리가 이런 단점을 해결할 수 있습니다. 또한 모든 주요 클라우드 제공 업체에서 파이토치 지원을 발표했습니다. 여기에는 구글 클라우드에서 텐서보드와 TPU 지원도 포함됩니다![3]

매일 사용하는 라이브러리로서 파이토치가 텐서플로보다 더 파이썬스럽게 느껴집니다. 파이토치는 특별히 파이썬 라이브러리로 개발되었고 그래서 파이썬 개발자에게 더 익숙하게 느껴집니다. 텐서플로는 널리 사용되는 파이썬 구현이 있지만 원래 C++로 작성되었습니다. 따라서 파이썬 구현이 거추장스럽게 느껴질 수 있습니다. 물론 케라스가 이런 문제를 해결하기 위해 존재합니다. 하지만 이 과정에서 텐서플로의 일부 기능을 이해하기 어렵게 만듭니다.[4] 케라스에 관해서라면 파이토치는 Fast.ai 라이브러리를 가지고 있습니다.[5] 이 라이브러리는 케라스가 텐서플로에게 제공하는 것과 비슷하게 파이토치에게 고주순 추상화를 제공하는 것이 목적입니다.

이런 내용을 모두 고려했을 때 연구를 수행하기나 제품화에 대한 요구가 크지 않다면 파이토치가 최상의 선택입니다. 실험할 때 간편한 디버깅과 폭넓은 넘파이^{NumPy} 통합[6]에 더불어 반복 속도 때문에 파이토치가 연구에 더 잘 맞습니다. 하지만 딥러닝 모델을 제품 환경에 배포하려면 텐서플로의 지원이 더 좋습니다. 특히 분산 훈련이나 모바일 환경에서 추

론을 수행하는 경우입니다.

파이토치 실습

이 절에서 파이토치 설치와 기본적인 사용법을 알아 보겠습니다.

파이토치 설치

파이토치는 아나콘다[Anaconda][7]의 패키지 매니저인 conda나 파이썬 표준 패키지 매니저인 pip로 간단하게 설치할 수 있습니다. 자세한 내용은 파이토치 홈페이지[8]에 설명된 설치 방법을 참조하세요.

파이토치의 기본 단위

파이토치의 기본 단위는 텐서와 변수입니다. 차례대로 여기에서 설명하겠습니다.

기본 텐서 연산

텐서플로와 마찬가지로 텐서[tensor]는 행렬이나 벡터를 폼나게 부르는 것에 불과합니다. 텐서는 기능적으로 넘파이 배열과 같습니다. 다만 파이토치는 GPU에서 연산을 수행하기 위한 특수한 방법을 제공합니다. 내부적으로 보면 이 텐서는 (자동미분 시스템을 위해) 그래프와 그레이디언트의 기록을 가지고 있습니다.

  기본 텐서는 FloatTensor입니다. 파이토치는 정수와 실수를 포함해 10개 이상의 텐서 타입이 있습니다. 사용할 텐서 타입에 따라 메모리와 정확도에 영향이 미칩니다. 8비트 정수는 256개의 값(즉 [0 : 255])만 저장할 수 있고 64비트[9] 정수보다 훨씬 적은 메모리를 차지합니다. 하지만 최대 255개의 정수만 필요한 경우라면 이렇게 높은 차수의 정수는 불필요합니다. 일반적으로 GPU는 메모리가 부족하기 때문에 CPU에 비해 GPU에서 모델을 실행할 때 특히 이런 점을 고려해야 합니다. CPU에서는 RAM을 더 설치하는 것이 상대적으로 저렴합니다.

---

7 https://www.anaconda.com/

8 pytorch.org

9 64비트 정수는 $2^{63}-1$개의 값을 저장할 수 있습니다. 이 개수는 920경에 해당합니다.

```
import torch

x = torch.zeros(28, 28, 1, dtype=torch.uint8)

y = torch.randn(28, 28, 1, dtype=torch.float32)
```

이 코드는 uint8 타입[10]의 $28 \times 28 \times 1$ 크기 텐서 x를 만들고 0으로 채웁니다(이 코드를 비롯해 이 부록에 있는 모든 코드는 📁 14-2.pytorch.ipynb 주피터 노트북에 있습니다). torch.ones( )를 사용해 1로 채워진 텐서를 만듭니다. 두 번째 텐서 y는 표준 정규 분포를 따르는 랜덤한 숫자로 채워집니다.[11] 이 분포의 값은 8 비트 정수가 될 수 없고 따라서 32 비트 실수로 지정했습니다.

처음에 언급했듯이 텐서는 넘파이 n-차원 배열과 공통점이 많습니다. 예를 들어 torch.from_numpy( ) 메서드를 사용해 넘파이 배열에서 파이토치 텐서를 만들 수 있습니다. 파이토치 라이브러리는 텐서에서 효율적으로 수행되는 수학 연산을 많이 포함하고 있습니다. 이 메서드 중 다수는 넘파이 메서드와 사용법이 같습니다.

자동 미분

파이토치 텐서는 신경망의 계산 그래프와 그레이디언트를 저장할 수 있습니다. 텐서를 만들 때 requires_grad 매개변수를 True로 지정하면 됩니다. 각 텐서는 grad 속성에 그레이디언트를 저장합니다. 처음에는 텐서의 메서드가 호출되기 전까지 이 값은 None입니다. backward( ) 메서드는 기록된 연산을 거꾸로 거슬러 올라가면서 그래프에 있는 각 지점에서 그레이디언트를 계산합니다. 처음으로 backward( )를 호출한 후에 grad 속성에 그레이디언트 값이 채워집니다.

다음 코드 블록에서 간단한 텐서를 정의하고 어떤 수학 연산을 수행합니다. 그다음 backward( ) 메서드를 호출해 그래프를 거꾸로 거슬러 올라가면서 그레이디언트를 계산합니다. 그다음 grad 속성에 그레이디언트가 저장될 것입니다.

```
import torch
```

---

10 uint8의 'u'는 unsinged를 나타냅니다. 즉 −128~127 범위가 아니라 0~255 범위의 8 비트 정수를 의미합니다.

11 표준 정규 분포는 평균이 0이고 표준 편차가 1입니다.

```
x = torch.zeros(3, 3, dtype=torch.float32, requires_grad=True)

y = x - 4
z = y** 3  * 6
out = z.mean( )

out.backward( )

print(x.grad)
```

x에 `require_grad` 매개변수를 지정했기 때문에 이런 계산에 대해 역전파를 수행할 수 있습니다. 파이토치는 자동미분 시스템을 사용해 최종 출력을 생성하는 함수를 모아 놓았기 때문에 `out.backward( )`를 호출하면 그레이디언트를 계산하여 `x.grad`에 저장합니다. 최종 출력은 다음과 같습니다.

```
tensor([[32., 32., 32.],
        [32., 32., 32.],
        [32., 32., 32.]])
```

이 예에서 볼 수 있듯이 파이토치를 사용하면 자동 미분을 편리하게 수행할 수 있습니다. 다음에는 파이토치에서 기본적인 신경망을 만드는 방법을 다루어 보겠습니다.

파이토치로 심층 신경망 만들기

신경망을 만드는 핵심적인 패러다임은 익숙해졌을 것입니다. 차곡차곡 쌓인 여러 개의 층으로 구성됩니다(그림 4.2). 이 책의 예제에서 저수준 텐서플로 함수의 고수준 추상화로 케라스 라이브러리를 사용했습니다. 비슷하게 파이토치 nn 모듈은 층과 비슷한 모듈을 포함합니다. 입력으로 텐서를 받고 출력으로 텐서를 반환합니다. 다음 예제는 제2부에서 손글씨 숫자를 분류하는 데 사용했던 밀집층과 비슷한 2개의 층을 가진 신경망을 만듭니다.

```
import torch
```

```
# 입력과 출력으로 랜덤한 텐서를 정의합니다.
x = torch.randn(32, 784, requires_grad=True)
y = torch.randint(low=0, high=10, size=(32,))

# Sequential 클래스를 사용해 모델을 정의합니다.
model = torch.nn.Sequential(
    torch.nn.linear(784, 100),
    torch.nn.Sigmoid( ),
    torch.nn.Linear(100, 10),
    torch.nn.LogSoftmax(dim=1)
)

# 옵티마이저와 손실 함수를 정의합니다.
optimizer = torch.optim.Adam(model.parameters( ))
loss_fn = torch.nn.NLLLoss( )

for step  in range(1000):
    # 정방향 계산으로 예측을 만듭니다.
    y_hat = model(x)
    # 손실을 계산합니다.
    loss = loss_fn(y_hat, y)
    # 역전파를 수행하기 전에 그레이디언트를 0으로 만듭니다.
    optimizer.zero_grad( )
    # 손실에 대한 그레이디언트를 계산합니다.
    loss.backward( )
    # 결과를 출력합니다.
    print('스텝: :4d - 손실: :0.4f'.format(step+1, loss.item()))
    # 모델 파라미터를 업데이트합니다.
    optimizer.step( )
```

이 코드를 하나씩 살펴보죠.

- x와 y 텐서는 모델의 입력과 출력 값을 위한 플레이스홀더placeholder입니다.

- 케라스와 매우 비슷하게 Sequential 클래스를 사용해 일련의 층으로 모델 구축을 시작합니다(linear( )에서 LogSoftmax( )까지).

- 옵티마이저를 초기화합니다. 여기에서는 기본 매개변수로 설정된 Adam을 사용합니다. 또 최적화하려는 모든 텐서를 옵티마이저에게 전달합니다. 여기에서는 model. parameters( )입니다.

- 손실 함수를 초기화합니다. 여기에서는 매개변수가 필요하지 않습니다. 기본으로 제공하는 음의 로그 가능도 손실negative log-likelihood loss 함수 torch.nn.NLLLoss( )를 선택했습니다.[12]

- 수동으로 원하는 만큼 (여기에서는 1000번) 훈련을 반복했습니다(그림 8.5). 각 반복마다 다음을 수행합니다.

  - y_hat = model(x)을 사용해 모델 출력을 계산합니다.

  - 앞서 정의한 함수에 예측 $\hat{y}$값과 정답 y값을 전달해 손실을 계산합니다.

  - 그레이디언트를 0으로 초기화합니다. 그레이디언트는 덮어 쓰지 않고 버퍼에 누적되기 때문에 이 과정이 필수입니다.

  - 역전파를 수행해 손실에 대한 그레이디언트를 계산합니다.

  - 마지막으로 옵티마이저 단계를 수행합니다. 이 단계에서 그레이디언트를 사용해 모델 가중치를 업데이트합니다.

이 과정은 케라스에 있는 model.fit( ) 메서드와 많이 다릅니다. 하지만 이 책에서 다룬 모든 이론과 만들었던 실습 예제를 떠올리면 이 파이토치 코드에서 일어나는 일을 이해할 수 있을 것입니다. 큰 수고 없이 이 책에서 케라스로 만들었던 딥러닝 모델을 파이토치로 옮길 수 있을 것입니다.[13]

---

12 파이토치에서 LogSoftmax( ) 출력층과 torch.nn.NLLLoss( ) 비용 함수를 사용하는 것은 케라스에서 소프트맥스 출력층과 크로스-엔트로피 비용을 사용하는 것과 같습니다. 파이토치에 cross_entropy( ) 비용 함수가 있지만 이 함수는 소프트맥스 계산을 포함하고 있기 때문에 이 함수를 사용한다면 모델 출력에 소프트맥스 활성화 함수를 적용할 필요가 없습니다.

13 이 부록에 있는 파이토치 신경망 예제는 의미 있는 것을 학습하지 않습니다. 손실은 감소하지만 이 모델은 단순히 랜덤하게 생성한 훈련 데이터를 기억할 뿐입니다(과대적합입니다). 입력으로 랜덤한 숫자를 주입하고 랜덤한 숫자에 이를 매핑했습니다. 검증 데이터도 랜덤하게 생성했다면 검증 손실은 감소하지 않았을 것입니다. 도전 정신이 있다면 x와 y를 MNIST 데이터세트(코드 5.2에서처럼 케라스로 이 데이터를 적재할 수 있습니다) 같은 실제 데이터로 초기화하고 의미 있는 관계를 매핑하기 위해 파이토치 모델을 훈련해 보세요!

크레딧

그림 P.2   Cajal, S.-R. (1894). Les Nouvelles Idées sur la Structure du Système Nerveux chez l'Homme et chez les Vertébrés. Paris: C. Reinwald & Companie.

그림 1.5   Hubel, D. H., & Wiesel, T. N. (1959). Receptive fields of single neurones in the cat's striate cortex. The Journal of Physiology, 148, 574-91.

그림 1.13   Viola, P., & Jones, M. (2001). Robust real-time face detection. International Journal of Computer Vision, 57, 137-154.

그림 1.18   Screenshot of TensorFlow Playground © Daniel Smilkov and Shan Carter.

그림 1.19   Screenshot of TensorFlow Playground © Daniel Smilkov and Shan Carter.

그림 2.8   Screenshot of word2viz © Julia Bazinska.

그림 3.2   Goodfellow, I., et al. (2014). Generative adversarial networks. arXiv:1406.2661.

그림 3.3   Radford, A., et al. (2016). Unsupervised representation learning with deep convolutional generative adversarial networks. arXiv:1511.06434v2.

그림 3.5   Zhu, J.-Y., et al. (2017). Unpaired Image-to-Image Translation using Cycle-Consistent Adversarial Networks. arXiv:1703.10593.

그림 3.7   Zhang, H., et al. (2017). StackGAN: Text to photo-realistic image synthesis with stacked generative adversarial networks. arXiv:1612.03242v2.

그림 3.8   Chen, C. et al. (2018) Learning to See in the Dark. arXiv:1805.01934.

그림 4.5   Mnih, V., et al. (2015). Human-level control through deep reinforcement learning. Nature, 518, 529-533.

그림 4.8   Silver, D., et al. (2016). Mastering the game of Go with deep neural networks and tree search. Nature 529, 484-489.

그림 4.9   Silver, D., et al. (2016). Mastering the game of Go without human knowledge. Nature 550, 354–359.

그림 4.10   Silver, D., et al. (2017). Mastering Chess and Shogi by Self-Play with a General Reinforcement Learning Algorithm. *arXiv:1712.01815*.

그림 4.12   Levine, S., Finn, C., et al. (2016). End-to-End Training of Deep Visuomotor Policies. Journal of Machine Learning Research, 17, 1–40.

그림 4.13   Screenshot of OpenAI Gym © OpenAI.

그림 4.14   Screenshot of Deep Mind lab © 2018 DeepMind Technologies Limited.

그림 9.8   Screenshot of TensorBoard © Google Inc.

그림 10.14   Ren, S. et al. (2015). Faster R-CNN: Towards Real-Time Object Detection with Region Proposal Networks. *arXiv:1506.01497*.

그림 10.15   He, K., et al. (2017). Mask R-CNN. *arXiv:1703.06870*.

그림 12.5   Screenshot of Jupyter © 2019 Project Jupyter.

그림 13.10   Screenshot of SLM Lab © Wah Loon Keng and Laura Graesser.

찾아보기

옮긴이의 말

훌륭한 책을 써 준 저자들에게 감사하다는 말을 하고 싶습니다. 아그레이가 그린 재치 있는 삽화는 이 책을 읽는 내내 미소를 잃지 않게 만들어 주었고 존은 제 질문에 여러 차례 친절한 답변을 보내 주었습니다. 책을 번역하는 과정은 즐거운 여행이었습니다. 이 즐거움이 독자 여러분께도 전달될 거라 믿습니다.

멀티-백엔드 케라스를 사용했던 원서와 달리 번역서는 최신 텐서플로의 케라스 API를 사용했습니다. 제 블로그(http://bit.ly/dl-illustrated)에서 문의사항에 대한 답변과 정오표를 확인할 수 있습니다. 정오표는 책을 보기 전에 꼭 확인해 주세요. 번역서의 모든 코드(📁 표시)는 깃허브(http://bit.ly/dl-illustrated-git)에서 주피터 노트북으로 제공합니다.

좋은 책을 맡겨 주신 시그마프레스와 강학경 대표님께 감사드립니다. 번역이 많이 늦어졌어도 믿고 기다려 주신 이호선 과장님께 감사드립니다. GDE로 활동할 수 있는 기회를 준 구글 DevRel 팀과 GDE & GDG 커뮤니티에게 감사합니다. GPU 자원을 제공해 주신 래블업과 신정규 대표님께 감사드립니다. 한결같이 격려해 주시는 니트머스 김용재 대표님께 감사합니다.

매일 새 원두를 볶아 맛있는 커피를 내려 주는 주연이와 이따금 용돈으로 치킨을 사는 진우에게 사랑한다는 말을 전하고 싶습니다.

이 책에 관한 이야기라면 무엇이는 환영합니다. 언제든지 블로그나 이메일(haesunrpark @gmail.com)로 알려주세요.

2021년 1월
박해선

지은이 소개

존 크론 Jon Krohn은 머신러닝 회사 언탭트(untapt)의 수석 데이터 과학자입니다. 애디슨-웨슬리에서 출간한 여러 훌륭한 튜토리얼을 만들었습니다. 여기에는 *Deep Learning with TensorFlow LiveLessons*, *Deep Learning for Natural Language Processing LiveLessons* 등이 있습니다. 뉴욕시티 데이터사이언스아카데미에서 딥러닝 과정을 가르치고 있고 컬럼비아대학교에 초청 강연을 합니다. 옥스퍼드대학교에서 신경과학 박사학위를 받았고 2010년부터 *Advances in Neural Information Processing Systems*를 비롯해 주요 학술 저널에 머신러닝에 대해 기고하고 있습니다.

그랜트 베일레벨드 Grant Beyleveld는 언탭트의 데이터 과학자입니다. 딥러닝을 사용한 자연어 처리 분야를 다룹니다. 바이러스와 숙주 사이의 관계를 연구하면서 뉴욕시 마운트 시나이 병원에 있는 아이칸 의과대학에서 생의학 박사학위를 받았습니다. deeplearningstudygroup.org의 창립 멤버입니다.

아그레이 바슨스 Aglaé Bassens는 파리에서 활동하는 벨기에 출신 아티스트입니다. 유니버시티칼리지런던의 슬레이드예술대학에서 미술을 공부했습니다. 일러스트 작업 외에도 정물화와 벽화를 그립니다.

박해선

기계공학을 전공했지만 졸업 후엔 줄곧 코드를 읽고 쓰는 일을 했습니다. 텐서 플로우 블로그 (tensorflow.blog)에 글을 쓰고 머신러닝과 딥러닝에 관한 다수의 책을 집필·번역하면서 소프트웨어와 과학의 경계를 흥미롭게 탐험하고 있습니다.

『혼자 공부하는 데이터 분석 with 파이썬』(한빛미디어, 2022), 『혼자 공부하는 머신러닝+딥러닝』(한빛미디어, 2020), 『Do it! 딥러닝 입문』(이지스퍼블리싱, 2019)을 집필했습니다.

『트랜스포머를 활용한 자연어 처리』(한빛미디어, 2022), 『케라스 창시자에게 배우는 딥러닝 2판』(길벗, 2022), 『개발자를 위한 머신러닝&딥러닝』(한빛미디어, 2022), 『XGBoost와 사이킷런을 활용한 그레이디언트 부스팅』(한빛미디어, 2022), 『구글 브레인 팀에게 배우는 딥러닝 with TensorFlow.js』(길벗, 2022), 『(개정2판)파이썬 라이브러리를 활용한 머신러닝』(한빛미디어, 2022), 『머신러닝 파워드 애플리케이션』(한빛미디어, 2021), 『파이토치로 배우는 자연어 처리』(한빛미디어, 2021), 『머신 러닝 교과서 3판』(길벗, 2021), 『GAN 인 액션』(한빛미디어, 2020), 『핸즈온 머신러닝 2판』(한빛미디어, 2020), 『미술관에 GAN 딥러닝 실전 프로젝트』(한빛미디어, 2019), 『파이썬을 활용한 머신러닝 쿡북』(한빛미디어, 2019)을 포함하여 여러 권의 책을 우리말로 옮겼습니다.